※ 강의 커리큘럼은 사정에 따라 변경될 수 있습니다. 자세한 내용은 나두공 홈페이지를 참조하시기 바랍니다.

9급 공무원 응시자격

01 최종시험 예정일이 속한 연도를 기준으로 공무원 응시가능 연령(9급 : 18세이상)에 해당한다.
(단, 9급 교정·보호직의 경우 20세 이상)

02 아래의 공무원 응시 결격사유 중 어느 하나에도 해당되지 않는다.

1. 피성년후견인
2. 파산선고를 받고 복권되지 아니한 자
3. 금고 이상의 실형을 선고받고 그 집행이 종료되거나 집행을 받지 아니하기로 확정된 후 5년이 지나지 아니한 자
4. 금고 이상의 형을 선고받고 그 집행유예 기간이 끝난 날부터 2년이 지나지 아니한 자
5. 금고 이상의 형의 선고유예를 받은 경우에 그 선고유예 기간 중에 있는 자
6. 법원의 판결 또는 다른 법률에 따라 자격이 상실되거나 정지된 자
7. 징계로 파면처분을 받은 때부터 5년이 지나지 아니한 자
8. 징계로 해임처분을 받은 때부터 3년이 지나지 아니한 자
   단. 검찰직 지원자는 금고 이상의 형을 선고받은 경우 응시할 수 없습니다.

03 공무원으로서의 직무수행에 지장을 주지 않는 건강상태를 유지하고 있어, 공무원 채용 신체검사에서 불합격 판정기준에 해당되지 않는다.

04 9급 지역별 구분모집 지원자의 경우, 시험시행년도 1월 1일을 포함하여 1월 1일 전 또는 후로 연속하여 3개월 이상 해당 지역에 주민등록이 되어 있다.

05 지방직 공무원, 경찰 등 다른 공무원시험을 포함하여 공무원 임용시험에서 부정한 행위를 한 적이 없다.

06 국어, 영어, 한국사와 선택하고자 하는 직류의 시험과목 기출문제를 풀어보았으며, 합격을 위한 최소한의 점수는 과목별로 40점 이상임을 알고 있다.

- 위의 요건들은 7급, 9급 공무원 시험에 응시하기 위한 기본 조건입니다.
- 장애인 구분모집, 저소득층 구분모집 지원자는 해당 요건을 추가로 확인하시기 바랍니다.

"나두 공무원 할 수 있다"

나두공

9급 공무원 행정법총론

문제집

2025
나두공 9급 공무원 행정법총론 **문제집**

인쇄일 2024년 10월 1일 4판 1쇄 인쇄
발행일 2024년 10월 5일 4판 1쇄 발행
등 록 제17-269호
판 권 시스컴2024

발행처 시스컴 출판사
발행인 송인식
지은이 나두공 수험연구소

ISBN 979-11-6941-417-3 13350
정 가 17,000원

주소 서울시 금천구 가산디지털1로 225, 514호(가산포휴) | **시스컴** www.siscom.co.kr / **나두공** www.nadoogong.com
E-mail siscombooks@naver.com | **전화** 02)866-9311 | **Fax** 02)866-9312

최근 20, 30대 청년은 취업에 대한 좌절로 N포세대가 되는 경우가 많으며 그나마 국가의 지원으로 버티고 있는 실정이다. 취업의 안정성마저 불안해진 현재, 정규직 평가에서 떨어진 계약직 노동자들은 다른 일자리를 구해야 하는 실정이다.

이러한 사회 현상으로 인해 오래전부터 9급 공무원의 안정성은 청년들로 하여금 취업 안정성에 있어 좋은 평가를 받고 있으며 경쟁도 치열하다. 때문에 고등학생일 때부터 공무원시험을 준비하여 성인이 되자마자 9급 공무원이 되는 학생이 부쩍 늘어났으며, 직장인들 또한 공무원 시험을 고민하고 있다. 이에 발맞춰 지역인재를 채용하는 공고를 신설하기에 이르러 공개경쟁채용시험의 다양화로 시험 출제 방식도 체계화되었다.

이 책은 현재 출제되는 문제 위주로 고득점을 획득할 수 있도록 하였다. 대표 유형문제를 통해 최신 출제 유형을 파악할 수 있으며, 문제는 다양하고 풍부하게 구성하여 어려운 유형을 맞닥뜨리더라도 쉽게 풀어나갈 수 있게 해설 및 핵심정리를 덧붙여 점수 획득에 있어 도움이 될 수 있도록 하였다.

이 책을 통해 공무원 시험을 시작하려는 수험생과 기존에 시험을 봐왔던 수험생의 건승을 기원한다.

9급 공무원 시험 안내

시험 과목

직렬	직류	시험 과목
행정직	일반행정	국어, 영어, 한국사, 행정법총론, 행정학개론
	고용노동	국어, 영어, 한국사, 행정법총론, 노동법개론
	선거행정	국어, 영어, 한국사, 행정법총론, 공직선거법
직업상담직	직업상담	국어, 영어, 한국사, 노동법개론, 직업상담 · 심리학개론
세무직(국가직)	세무	국어, 영어, 한국사, 세법개론, 회계학
세무직(지방직)		국어, 영어, 한국사, 지방세법, 회계학
사회복지직	사회복지	국어, 영어, 한국사, 사회복지학개론, 행정법총론
교육행정직	교육행정	국어, 영어, 한국사, 교육학개론, 행정법총론
관세직	관세	국어, 영어, 한국사, 관세법개론, 회계원리
통계직	통계	국어, 영어, 한국사, 통계학개론, 경제학개론
교정직	교정	국어, 영어, 한국사, 교정학개론, 형사소송법개론
보호직	보호	국어, 영어, 한국사, 형사정책개론, 사회복지학개론
검찰직	검찰	국어, 영어, 한국사, 형법, 형사소송법
마약수사직	마약수사	국어, 영어, 한국사, 형법, 형사소송법
출입국관리직	출입국관리	국어, 영어, 한국사, 국제법개론, 행정법총론
철도경찰직	철도경찰	국어, 영어, 한국사, 형사소송법개론, 형법총론
공업직	일반기계	국어, 영어, 한국사, 기계일반, 기계설계
	전기	국어, 영어, 한국사, 전기이론, 전기기기
	화공	국어, 영어, 한국사, 화학공학일반, 공업화학
농업직	일반농업	국어, 영어, 한국사, 재배학개론, 식용작물
임업직	산림자원	국어, 영어, 한국사, 조림, 임업경영
시설직	일반토목	국어, 영어, 한국사, 응용역학개론, 토목설계
	건축	국어, 영어, 한국사, 건축계획, 건축구조
	시설조경	국어, 영어, 한국사, 조경학, 조경계획 및 설계

방재안전직	방재안전	국어, 영어, 한국사, 재난관리론, 안전관리론
전산직	전산개발	국어, 영어, 한국사, 컴퓨터일반, 정보보호론
	정보보호	국어, 영어, 한국사, 네트워크 보안, 정보시스템 보안
방송통신직	전송기술	국어, 영어, 한국사, 전자공학개론, 무선공학개론
법원사무직 (법원직)	법원사무	국어, 영어, 한국사, 헌법, 민법, 민사소송법, 형법, 형사소송법
등기사무직 (법원직)	등기사무	국어, 영어, 한국사, 헌법, 민법, 민사소송법, 상법, 부동산등기법
사서직 (국회직)	사서	국어, 영어, 한국사, 헌법, 정보학개론
속기직 (국회직)	속기	국어, 영어, 한국사, 헌법, 행정학개론
방호직 (국회직)	방호	국어, 영어, 한국사, 헌법, 사회
경위직 (국회직)	경위	국어, 영어, 한국사, 헌법, 행정법총론
방송직 (국회직)	방송제작	국어, 영어, 한국사, 방송학, 영상제작론
	취재보도	국어, 영어, 한국사, 방송학, 취재보도론
	촬영	국어, 영어, 한국사, 방송학, 미디어론

- 교정학개론에 형사정책 및 행형학, 국제법개론에 국제경제법, 행정학개론에 지방행정이 포함되며, 공직선 거법에 '제16장 벌칙'은 제외됩니다.
- 노동법개론은 근로기준법·최저임금법·노동조합 및 노동관계조정법에서 하위법령을 포함하여 출제됩니다.
- 시설조경 직류의 조경학은 조경일반(미학, 조경사 등), 조경시공구조, 조경재료(식물재료 포함), 조경생태(생태복원 포함), 조경관리(식물, 시설물 등)에서, 조경계획 및 설계는 조경식재 및 시설물 계획, 조경계획과 설계과정, 공원·녹지계획과 설계, 휴양·단지계획과 설계, 전통조경계획과 설계에서 출제됩니다.

※ 추후 변경 가능성이 있으므로 반드시 응시 기간 내 시험과목 및 범위를 확인하시기 바랍니다.

9급 공무원 시험 안내

응시자격

1. 인터넷 접수만 가능

2. 접수방법 : 사이버국가고시센터(www.gosi.kr)에 접속하여 접수할 수 있습니다.

3. 접수시간 : 기간 중 24시간 접수

4. 비용 : 응시수수료(7급 7,000원, 9급 5,000원) 외에 소정의 처리비용(휴대폰·카드 결제, 계좌이체비용)이 소요됩니다.

※ 저소득층 해당자(국민기초생활 보장법에 따른 수급자 또는 한부모가족지원법에 따른 지원대상자)는 응시수수료가 면제됩니다.

※ 응시원서 접수 시 등록용 사진파일(JPG, PNG)이 필요하며 접수 완료 후 변경 불가합니다.

학력 및 경력

제한 없음

시험방법

1. 제1·2차시험(병합실시) : 선택형 필기

2. 제3차시험 : 면접

※ 교정직(교정) 및 철도경찰직(철도경찰)의 6급 이하 채용시험의 경우, 9급 제1·2차 시험(병합실시) 합격자를 대상으로 실기시험(체력검사)을 실시하고, 실기시험 합격자에 한하여 면접시험을 실시합니다.

원서접수 유의사항

1. 접수기간에는 기재사항(응시직렬, 응시지역, 선택과목 등)을 수정할 수 있으나, 접수기간이 종료된 후에는 수정할 수 없습니다.

2. 응시자는 응시원서에 표기한 응시지역(시 도)에서만 필기시험에 응시할 수 있습니다.

※ 다만, 지역별 구분모집[9급 행정직(일반), 9급 행정직(우정사업본부)] 응시자의 필기시험 응시지역은 해당 지역모집 시·도가 됩니다.(복수의 시·도가 하나의 모집단위일 경우, 해당 시·도 중 응시희망 지역을 선택할 수 있습니다.)

3. 인사혁신처에서 동일 날짜에 시행하는 임용시험에는 복수로 원서를 제출할 수 없습니다.

양성평등채용목표제

1. 대상시험 : 선발예정인원이 5명 이상인 모집단위(교정 · 보호직렬은 적용 제외)
2. 채용목표 : 30%

※ 시험실시단계별로 합격예정인원에 대한 채용목표 비율이며 인원수 계산 시, 선발예정인원이 10명 이상
인 경우에는 소수점 이하를 반올림하며, 5명 이상 10명 미만일 경우에는 소수점 이하는 버립니다.

응시 결격 사유

해당 시험의 최종시험 시행예정일(면접시험 최종예정일) 현재를 기준으로 국가공무원법 제33조(외무공무
원은 외무공무원법 제9조, 검찰직 · 마약수사직 공무원은 검찰청법 제50조)의 결격사유에 해당하거나, 국
가공무원법 제74조(정년) · 외무공무원법 제27조(정년)에 해당하는 자 또는 공무원임용시험령 등 관계법령
에 의하여 응시자격이 정지된 자는 응시할 수 없습니다.

가산점 적용

구분	가산비율	비고
취업지원대상자	과목별 만점의 10% 또는 5%	• 취업지원대상자 가점과 의사상자 등 가점은 1개만 적용 • 취업지원대상자/의사상자 등 가점과 자격증 가산점은 각각 적용
의사상자 등	과목별 만점의 5% 또는 3%	
직렬별 가산대상 자격증 소지자	과목별 만점의 3~5% (1개의 자격증만 인정)	

기타 유의사항

1. 필기시험에서 과락(만점의 40% 미만) 과목이 있을 경우에는 불합격 처리됩니다. 필기시험의 합격선은
공무원임용시험령 제4조에 따라 구성된 시험관리위원회의 심의를 통해 결정되며, 구체적인 합격자 결
정 방법 등은 공무원임용시험령 등 관계법령을 참고하시기 바랍니다.
2. 9급 공채시험에서 가산점을 받고자 하는 자는 필기시험 시행 전일까지 해당요건을 갖추어야 하며, 반드
시 필기시험 시행일을 포함한 3일 이내에 사이버국가고시센터(www.gosi.kr)에 접속하여 자격증의 종
류 및 가산비율을 입력해야 합니다.

※ 자격증 종류 및 가산비율을 잘못 기재하는 경우에는 응시자 본인에게 불이익이 있을 수 있습니다.

※ 반드시 응시 기간 내 공고문을 확인하시기 바랍니다.

구성 및 특징

대표유형문제

각 장에 기출문제 또는 예상문제를 실어 대표적인 유형을 빠르게 파악할 수 있도록 하였습니다. 정답해설 및 오답해설을 통하여 문제 풀이의 핵심을 익히고, 핵심정리를 통하여 유사 주제의 문제에도 대비할 수 있도록 하였습니다.

단원별 구성

편과 장을 나두공 개념서 시리즈에 맞는 문제들로 구성하여 이론 학습과 문제 풀이를 간단하게 연계될 수 있도록 하였고, 최근 출제되는 유형들로 구성하여 효율적으로 시험에 대비할 수 있도록 하였습니다.

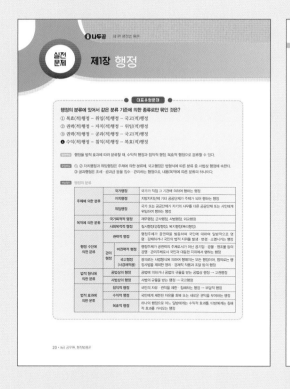

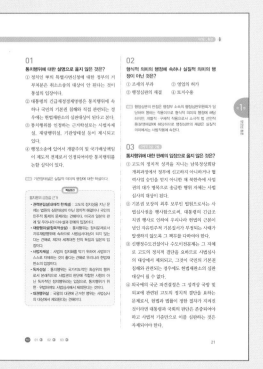

해 설

문제아래 해설을 통해 문제풀이 도중에 막히는 부분을 쉽게 알 수 있게 설명하여 주도적으로 정답을 찾을 수 있게 하였습니다. 또한 유사 문제를 풀 시에 오답을 방지할 수 있도록 보충 설명을 기재하였습니다.

핵심정리

문제에서 다룬 개념과 이론 등을 실어 주요 내용을 빠르게 파악할 수 있게 구성하였습니다. 요약한 이론을 통해 관련된 문제를 푸는데 있어 막힘이 없게 핵심만을 추려냈습니다.

목 차

20일 완성 Study Plan

분류			날짜	학습 시간
제1편 행정법 통론	Day 1~2	제1장 행정 · 제2장 행정법		
	Day 3	제3장 행정법관계		
	Day 4	제4장 행정법상의 법률요건과 법률사실		
제2편 행정작용법	Day 5	제1장 행정상 입법		
	Day 6~8	제2장 행정행위		
	Day 9	제3장 비권력적 행정작용		
	Day 10	제4장 행정계획		
	Day 11	제5장 정보공개 및 개인정보보호제도		
제3편 행정법상의 의무이행확보 수단	Day 12	제1장 행정강제		
	Day 13	제2장 행정벌		
	Day 14	제3장 새로운 의무이행확보수단		
제4편 행정구제법	Day 15	제1장 총설 · 제2장 사전적 구제제도		
	Day 16~17	제3장 행정상 손해전보		
	Day 18~20	제4장 행정쟁송		

SISCOM Special Information Service Company
독자분들께 특별한 정보를 제공하고자 노력하는 마음

w w w . s i s c o m . c o . k r

나두공

제1편

행정법 통론

실전 문제

제1장 행정

대표유형문제

행정의 분류에 있어서 같은 분류 기준에 의한 종류로만 묶인 것은?

① 복효(적)행정 – 위임(적)행정 – 국고(적)행정
② 권력(적)행정 – 자치(적)행정 – 위임(적)행정
③ 권력(적)행정 – 공과(적)행정 – 국고(적)행정
❹ 수익(적)행정 – 침익(적)행정 – 복효(적)행정

정답해설 행정을 법적 효과에 따라 분류할 때, 수익적 행정과 침익적 행정, 복효적 행정으로 분류할 수 있다.

오답해설 ①, ② 자치행정과 위임행정은 주체에 의한 분류에, 국고행정은 법형식에 따른 분류 중 사법상 행정에 속한다.
③ 공과행정은 조세 · 공과금 등을 징수 · 관리하는 행정으로, 내용(목적)에 따른 분류의 하나이다.

핵심정리 행정의 분류

주체에 의한 분류	국가행정		국가가 직접 그 기관에 의하여 행하는 행정
	자치행정		지방자치단체 기타 공공단체가 주체가 되어 행하는 행정
	위임행정		국가 또는 공공단체가 자기의 사무를 다른 공공단체 또는 사인에게 위임하여 행하는 행정
목적에 의한 분류	국가목적적 행정		재무행정, 군사행정, 사법행정, 외교행정
	사회목적적 행정		질서행정(경찰행정), 복지행정(복리행정)
행정 수단에 의한 분류	권력적 행정		행정주체가 공권력을 발동하여 국민에 대하여 일방적으로 명령 · 강제하거나 국민의 법적 지위를 발생 · 변경 · 소멸시키는 행정
	관리행정	비권력적 행정	행정주체가 공권력의 주체로서가 아닌 공기업 · 공물 · 영조물 등의 경영 · 관리주체로서 국민과 대등한 지위에서 행하는 행정
		국고행정 (사경제작용)	광의로는 사법형식에 의하여 행해지는 모든 행정이며, 협의로는 행정사법을 제외한 영리 · 경제적 작용과 조달 등의 행정
법적 형식에 의한 분류	공법상의 행정		공법에 의하거나 공법의 규율을 받는 공법상 행정 → 고권행정
	사법상의 행정		사법의 규율을 받는 행정 → 국고행정
법적 효과에 의한 분류	침익적 행정		국민의 자유 · 권익을 제한 · 침해하는 행정 → 부담적 행정
	수익적 행정		국민에게 제한된 자유를 회복 또는 새로운 권익을 부여하는 행정
	복효적 행정		하나의 행정으로 어느 일방에게는 수익적 효과를, 타방에게는 침해적 효과를 가져오는 행정

01

통치행위에 대한 설명으로 옳지 않은 것은?

① 정치인 甲의 특별사면신청에 대한 정부의 거부처분은 취소소송의 대상이 안 된다는 것이 통설의 입장이다.

② 대통령의 긴급재정경제명령은 통치행위에 속하나 국민의 기본권 침해와 직접 관련되는 경우에는 헌법재판소의 심판대상이 된다고 본다.

③ 통치행위를 인정하는 근거학설로는 사법자제설, 재량행위설, 기관양태설 등이 제시되고 있다.

④ 행정소송에 있어서 개괄주의 및 국가배상책임이 제도적 전제로서 인정되어야만 통치행위를 논할 실익이 있다.

해설 기관양태설은 실질적 의미의 행정에 대한 학설이다.

핵심정리

통치행위 긍정설 근거
- **권력분립설(내재적 한계설)** : 고도의 정치성을 지닌 문제는 법원의 심판대상이 아닌 정치적 해결이나 국민의 민주적 통제의 문제라는 견해이다. 미국과 일본의 판례 및 우리나라 다수설과 판례의 입장이다.
- **재량행위설(합목적성설)** : 통치행위는 정치문제로서 자유재량행위에 속하므로 사법심사대상이 되지 않는다는 견해로, 제2차 세계대전 전의 독일과 일본의 입장이다.
- **사법자제설** : 사법의 정치화를 막기 위하여 사법부가 스스로 자제하는 것이 좋다는 견해로 우리나라 헌법재판소의 입장이다.
- **독자성설** : 통치행위는 국가지도적인 최상위의 행위로서 본래적으로 사법권의 판단에 적합한 사항이 아닌 독자적인 정치행위라는 입장으로, 통치행위가 위헌·위법하여도 사법심사에서 제외된다는 것이다.
- **대권행위설** : 국왕의 대권에 근거한 행위는 사법심사의 대상에서 제외된다는 견해이다.

02

형식적 의미의 행정에 속하나 실질적 의미의 행정이 아닌 것은?

① 조세의 부과   ② 영업의 허가
③ 행정심판의 재결   ④ 토지수용

해설 행정심판의 판정은 행정부 소속의 행정심판위원회가 담당하여 행하는 작용이므로 형식적 의미의 행정에 해당하지만, 개별적·구체적 작용으로서 소극적 법 선언작용(분쟁해결)에 해당하므로 행정심판의 재결은 실질적 의미에서는 사법작용에 속한다.

03

통치행위에 대한 판례의 입장으로 옳지 않은 것은?

① 신행정수도건설이나 수도이전문제는 그 자체로 고도의 정치적 결단을 요하므로 사법심사의 대상으로 하기에 부적절하다고 할 수 없다.

② 대통령의 긴급재정·경제명령은 국가긴급권의 일종으로서 고도의 정치적 결단에 의하여 발동되는 행위라는 의미에서 통치행위에 속한다고 할 수 있으나, 통치행위를 포함하여 모든 국가작용은 국민의 기본권 침해와 직접 관련되는 경우에는 헌법재판소의 심판대상이 된다.

③ 고도의 정치성을 띤 국가행위에 대하여는 법원 스스로 사법심사권의 행사를 억제하여 그 심사대상에서 제외하는 영역이 있으나, 이와 같이 통치행위의 개념을 인정한다고 하더라도 과도한 사법심사의 자제가 기본권을 보장하고 법치주의 이념을 구현하여야 할 법원의 책무를 태만히 하거나 포기하는 것이 되지 않도록 그 인정을 지극히 신중하게 하여야 하며, 그 판단은 오로지 대통령에 의하여 이루어져야 한다.

④ 기본권 보장의 최후 보루인 법원으로서는 사법심사권을 행사함으로써, 대통령의 긴급조치권 행사로 인하여 우리나라 헌법의 근본이

념인 자유민주적 기본질서가 부정되는 사태가 발생하지 않도록 그 책무를 다하여야 한다.

해설 고도의 정치성을 띤 국가행위에 대하여는 이른바 통치행위라 하여 법원 스스로 사법심사권의 행사를 억제하여 그 심사대상에서 제외하는 영역이 있으나, 이와 같이 통치행위의 개념을 인정한다고 하더라도 과도한 사법심사의 자제가 기본권을 보장하고 법치주의 이념을 구현하여야 할 법원의 책무를 태만히 하거나 포기하는 것이 되지 않도록 그 인정을 지극히 신중하게 하여야 하며, 그 판단은 오로지 사법부만에 의하여 이루어져야 한다.

핵심정리

통치행위 관련판례

- **대통령의 계엄선포행위**(대판 1997.4.17. 96도3376)
  - 대통령의 비상계엄의 선포나 확대 행위는 고도의 정치적·군사적 성격을 지니고 있는 행위라 할 것이므로, 그것이 누구에게도 일견하여 헌법이나 법률에 위반되는 것으로서 명백하게 인정될 수 있는 등 특별한 사정이 있는 경우라면 몰라도, 그러하지 아니한 이상 그 계엄선포의 요건 구비 여부나 선포의 당·부당을 판단할 권한이 사법부에는 없다.
  - 그러나, 비상계엄의 선포나 확대가 국헌문란의 목적을 달성하기 위하여 행하여진 경우에는 법원은 그 자체가 범죄행위에 해당하는지의 여부에 관하여 심사할 수 있다.
- **대통령의 긴급재정·경제명령**(헌재 1996.2.29. 93헌마186)
  - 대통령의 긴급재정·경제명령은 국가긴급권의 일종으로서 고도의 정치적 결단에 의하여 발동되는 행위이고 그 결단을 존중하여야 할 필요성이 있는 행위라는 의미에서 이른바 통치행위에 속한다.
  - 그러나, 비록 고도의 정치적 결단에 의하여 행해지는 국가작용이라고 할지라도 그것이 국민의 기본권 침해와 직접 관련되는 경우에는 당연히 헌법재판소의 심판대상이 된다.
- **군사반란 및 내란행위 → 통치행위성 부정**(대판 1997.4.17. 96도3376)
  우리나라의 헌법질서 아래에서는 헌법에 정한 민주적 절차에 의하지 아니하고 폭력에 의하여 헌법기관의 권능행사를 불가능하게 하거나 정권을 장악하는 행위는 어떠한 경우에도 용인될 수 없다. 따라서 그 군사반란과 내란행위는 처벌의 대상이 된다.
- **남북정상회담의 개최 → 통치행위 ○, 대북송금행위 → 통치행위 ×**(대판 2004.3.26. 2003도7878).

- 남북정상회담의 개최는 고도의 정치적 성격을 지니고 있는 행위라 할 것이므로 특별한 사정이 없는 한 그 당부를 심판하는 것은 사법권의 내재적·본질적 한계를 넘어서는 것이 되어 적절하지 못하다.
- 그러나, 남북정상회담의 개최과정에서 재정경제부장관에게 신고하지 아니하거나 통일부장관의 협력사업 승인을 얻지 아니한 채 북한측에 사업권의 대가 명목으로 송금한 행위 자체는 헌법상 법치국가의 원리와 법 앞에 평등원칙 등에 비추어 볼 때 사법심사의 대상이 된다.
- **외국에의 국군파견결정**(이라크파병)(헌재 2004.4.29. 2003헌마814)
  현행 헌법이 채택하고 있는 대의민주제 통치구조 하에서 대의기관인 대통령과 국회의 고도의 정치적 결단은 가급적 존중되어야 한다.…외국에의 국군의 파견결정은 그 성격상 국방 및 외교에 관련된 고도의 정치적 결단을 요하는 문제로서, 헌법과 법률이 정한 절차를 지켜 이루어진 것임이 명백하므로, 대통령과 국회의 판단은 존중되어야 하고 헌법재판소가 사법적 기준만으로 이를 심판하는 것은 자제되어야 한다.

04

실질적 의미의 행정이라고 보기 어려운 것은?

① 징계처분
② 대통령의 비상계엄선포
③ 영업허가
④ 예산의 집행

해설 대통령의 비상계엄선포는 통치행위이다.

핵심정리

통치행위의 일반적 범위

- **정부의 행위**
  - 외교행위(국가승인·조약체결·선전포고·남북회담제의), 사면 및 복권, 영전수여 등 국가원수의 지위에서 행하는 국가작용
  - 국무총리·국무위원의 임면 등 조직법상 행위
  - 긴급명령, 긴급재정·명령, 계엄선포, 국회해산, 국민투표회부, 임시국회소집요구, 법률안거부 등

- **국회의 행위** : 국무총리 · 국무위원의 해임건의, 국회의 의사자율권, 국회의원의 자격심사 · 징계 · 제명, 국회의 조직행위 등
- **통치행위에 해당되지 않는 행위** : 법률안 제출행위(헌재 1994.8.31, 92헌마174), 비정치적 공무원의 징계 · 파면, 대통령 · 국회의원 선거, 지방자치단체장 선거연기, 도시계획확정공고, 규칙의 제정 등

해설 남북정상회담의 개최는 고도의 정치적 성격을 지니고 있는 행위라 할 것이므로 특별한 사정이 없는 한 그 당부를 심판하는 것은 사법권의 내재적 · 본질적 한계를 넘어서는 것이 되어 적절하지 못하지만, 남북정상회담의 개최과정에서 재정경제부장관(현 기획재정부)에게 신고하지 아니하거나 통일부장관의 협력사업 승인을 얻지 아니한 채 북한 측에 사업권의 대가 명목으로 송금한 행위 자체는 헌법상 법치국가의 원리와 법 앞에 평등원칙 등에 비추어 볼 때 사법심사의 대상이 된다(대판 2004.3.26, 2003도7878).

05 국가직 9급 기출

통치행위에 대한 설명으로 옳지 않은 것은? (다툼이 있는 경우 판례에 의함)

① 고도의 정치적 성격을 지니는 결정은 국방 및 외교와 관련된 고도의 정치적 결단을 요하는 문제로서 헌법과 법률이 정한 절차를 지켜 이루어진 것이 명백한 이상 사법적 기준만으로 이를 심판하는 것은 자제되어야 한다고 판시하였다.

② 비상계엄의 선포와 그 확대행위가 국헌문란의 목적을 달성하기 위하여 행하여진 경우에는 법원은 그 자체가 범죄행위에 해당하는지의 여부에 관하여 심사할 수 있다.

③ 남북정상회담 개최는 고도의 정치적 성격을 지니고 있는 행위로서 사법심사의 대상으로 하는 것은 적절치 못하므로 그 개최과정에서 당국에 신고하지 아니하거나 승인을 얻지 아니한 채 북한 측에 송금한 행위는 사법심사의 대상이 되지 않는다.

④ 대통령의 긴급재정경제명령은 고도의 정치적 결단에 의하여 발동되는 이른바 통치행위에 속하지만 그것이 국민의 기본권침해와 직접 관련되는 경우에는 헌법재판소의 심판대상이 된다.

06

실질적 의미의 행정에는 속하나 형식적 의미의 행정이 아닌 것은?

① 국회사무총장의 직원임명
② 행정심판의 재결
③ 부령(部令)의 제정
④ 조세체납처분

해설 국회사무총장의 직원임명은 실질적 의미에서는 행정이나 형식적 의미에서는 입법이다.

핵심정리

형식적 의미의 행정

구분	내용
입법적 행위	• 행정부에 의한 일반적 · 추상적인 법규의 정립행위 • 법규명령 및 행정규칙의 제정. 조례의 제정. 조약 체결. 대통령의 긴급명령 등
집행적 행위	• 법규 등으로 정해진 국가의사를 현실적으로 실현하기 위한 행정청의 행위 • 각종 증명서 발급. 공무원의 임명. 징계처분. 대집행의 계고. 군 당국의 징발처분 등
사법적 행위	• 행정청이 일정한 사실을 인정하고 거기에 법규를 해석 · 적용하여 일정한 판정을 내리는 행위 • 행정심판의 재결. 이의신청에 대한 결정. 토지수용위원회의 재결. 소청심사위원회의 결정. 징계의결. 대통령의 사면 등

07

행정의 개념에 대한 설명이 옳지 않은 것은?

① 행정현상의 복잡·다기성으로 인해 행정의 개념을 적극적으로 정의하지 않고 입법과 사법을 공제한 나머지가 행정이라고 하는 공제설이 있다.

② 행정을 국가목적 내지 공익실현을 목적으로 하는 작용으로 보는 목적설이 있다.

③ 입법은 헌법의 직접적 집행작용인 데 대하여 행정은 법의 집행을 통한 헌법의 간접적 집행작용이라 하여 입법과 행정을 단계적 구조의 차이로 보는 법단계설이 있다.

④ 행정을 법질서 아래서 법의 규제를 받으면서, 사법 이외의 국가목적 또는 공익을 실현하기 위하여 행하는 통일적이고 계속적인 형식적 국가활동이라고 정의한 기관양태설이 있다.

> **해설** 행정을 통일적이고 계속적인 형성적 국가활동이라고 정의한 것은 양태설이다.
> 기관양태설은 행정 작용의 성질에 따른 구별은 불가능하며 그 집행을 담당하는 기관의 양태상 구별이라는 형식적 기준에 의할 수 밖에 없다는 견해이다. 기관양태설은 부정설에 속하나 양태설은 긍정설에 속한다.
> ① 공제설은 권력분립론에서 출발한 이론으로서 행정을 전체 국가작용에서 입법과 사법을 공제한 나머지 작용, 즉 입법도 사법도 아닌 국가작용으로 정의하는 견해로 소극설이다(긍정설).
> ② 목적설은 행정을 국가목적 내지 공익의 실현을 위해 행하는 사법 이외의 작용으로 보는 견해로 적극설이다(긍정설).
> ③ 법단계설은 행정과 입법·사법의 구별은 오직 그 작용이 차지하는 실정법 질서의 단계적 구조에 불과하다고 보는 견해이다(부정설).

08

통치행위에 대한 설명으로 옳지 않은 것은?

① 통치행위라는 개념은 프랑스 판례를 통하여 처음 성립된 것으로 입법, 행정, 사법도 아닌 제4의 국가작용으로 불린다.

② 계엄의 선포, 조약의 체결, 선전포고 및 강화 등을 통치행위의 예로 들 수 있다.

③ 행정소송에 있어서의 개괄주의는 통치행위 긍정설의 근거가 된다.

④ 고도의 정치성을 띤 행위라 할지라도 헌법상의 국민주권의 원리, 비례의 원칙 등에 위배되어서는 안 된다.

> **해설** 행정소송에서의 개괄주의는 통치행위 부정설의 근거이다.

핵심정리

통치행위 부정설
- **부정설** : 국가작용에 있어 법치주의 원칙과 행정소송사항에 대한 개괄주의(헌법 제107조 제2항, 행정소송법 제1조)가 인정되고 있는 이상 사인의 권리를 침해하는 모든 행정작용은 사법심사의 대상이 되며 통치행위의 관념은 인정될 수 없다는 견해이다(순수법학파의 견해). 이러한 입장에서는 결국 통치행위의 인정을 사법권의 포기로 이해한다. 반면 국가경영을 함에 있어서 고도의 정치적 판단은 법 이론만으로는 해결하기 어려운 문제가 있다는 것을 간과하였다는 비판이 제기되고 있다.
- **개괄주의(概括主義)** : 모든 사항에 대하여 원칙적으로 행정쟁송을 인정하는 것으로, 쟁송사항으로 규정된 것에 대해서만 행정쟁송을 인정하는 열기주의와 대비되는 개념이다. 열기주의(列記主義)란 행정소송의 제기를 허용하는 사항을 개별화하여 특정한 사항만을 행정소송의 대상으로 삼는 제도를 말한다.

09

실질적 의미의 사법인 것은?

① 행정심판의 재결
② 긴급명령의 제정
③ 무허가 건물에 대한 행정대집행
④ 법무사 시행규칙의 제정

> **해설** 실질적 의미의 사법은 법률상 쟁송에 대해 무엇이 법인가를 판단함으로써 법질서를 유지하는 작용을 말하는데, 행정심판의 청구에 대해 행하는 판단을 의미하는 행정심판의 재결은 실질적 의미의 사법에 해당한다(행정기관이 행하므로 형식적 의미의 행정에 해당함).
> ② 긴급명령의 제정은 행정부(대통령)가 행하므로 형식적 의미의 행정이며, 규범을 정립하는 작용이므로 실질적 의미의 입법에 해당한다.
> ③ 행정대집행은 국가의 의사를 현실적으로 실현시키기 위한 행정청의 행위이므로 형식적 의미의 행정이면서 실질적 의미의 행정에 해당한다.
> ④ 규칙의 제정은 행정부에서 행하는 것이므로 형식적 의미에서는 행정이며, 규범의 정립에 해당하므로 실질적 의미에서는 입법활동이다.

10

통치행위와 직접 관계없는 것은?

① 정치행위성
② 사법심사 곤란성
③ 대권행위
④ 복리국가성

> **해설** 통치행위는 고도의 정치성을 띠는 국가작용으로 사법심사의 대상에서 제외되는 행위를 말한다. 프랑스의 경우 국사원 판례를 통해 발전했으며, 영국은 국왕의 대권행위로 보아 사법심사의 대상에서 제외시켰다.

11

우리나라 헌법에서 명문으로 사법심사의 대상에서 제외시킨 것은?

① 국회의원의 자격심사
② 긴급재정
③ 비상계엄선포
④ 조약체결

> **해설** 국회의원의 자격심사 · 징계 · 제명처분에 대하여는 법원에 제소할 수 없다(헌법 제64조 제4항).

핵심정리

우리나라에 있어서의 통치행위의 예(학설)

- 국무총리 및 국무위원의 임명동의, 해임건의
- 대통령의 법률안거부권 행사, 임시회 소집요구, 국민투표회부권, 사면 · 복권행위
- 의회의 자율권에 속하는 사항
- 긴급명령, 긴급재정 · 경제명령
- 영전의 수여
- 비상계엄선포
- 전쟁선포 · 강화, 군의 지휘 · 배치
- 외국정부의 승인 · 대사의 임명, 조약체결 · 비준
- 국경 · 공해에 대한 사항

12

실질적 의미의 행정이 아닌 것은?

① 무허가건물에 대한 행정대집행
② 지방공무원의 임용
③ 시행규칙 개정
④ 양도소득세 부과처분

> **해설** 시행규칙 개정은 집행명령으로서 행정입법이므로 형식적 의미의 행정이며 실질적 의미의 입법이다.

13

근대행정의 개념성립에 가장 큰 영향을 미친 것은?

① 민주주의   ② 법치주의
③ 권력분립주의   ④ 법리주의

> **해설** 행정관념은 권력분립원리에 입각한 개념으로서 역사적·제도적으로 형성·발전되어 온 국가목적을 구체적으로 실현하는 법의 집행작용이다.

14

행정의 정의에 대한 설명으로 옳지 않은 것은?

① 행정의 개념은 삼권분립제도를 채용한 근대헌법 아래서 비로소 정립되었다.
② 행정은 기술할 수 있지만 정의할 수 없다고 한 사람은 O. Mayer이다.
③ 행정이라는 관념은 역사적·제도적인 산물이다.
④ 법 아래서 법의 규제를 받으면서 현실적·구체적으로 국가목적의 적극적 실천을 도모하여 이루어지는 계속적·형성적 국가활동이다.

> **해설** 포르스트호프(E. Forsthoff)는 "행정은 정의내릴 수 없고 다만 묘사할 수밖에 없다."고 하여 행정개념 정립의 어려움을 밝힌 바 있다. O. Mayer는 행정을 국가목적 내지 공익실현을 목적으로 하는 작용으로 보았다(목적설).

15

다음 중 통치행위에 대한 설명으로 가장 옳지 않은 것은?

① 지방의회의 의원징계의결은 그로 인해 의원의 권리에 직접 법률효과를 미치는 행정처분의 일종으로서 행정소송의 대상이 된다.
② 서훈취소가 대통령이 국가원수로서 행하는 행위라고 하더라도 법원이 사법심사를 자제하여야 할 고도의 정치성을 띤 행위라고 볼 수는 없다.
③ 사면은 국가원수의 고유권한이라 볼 수 없으므로 권력분립의 원리에 대한 예가 된다.
④ 통치행위는 정부에 의해 이루어지는 것이 일반적이며, 국회에 의해 이루어질 수도 있다.

> **해설** 사면은 형의 선고의 효력 또는 공소권을 상실시키거나, 형의 집행을 면제시키는 국가원수의 고유한 권한을 의미하며, 사법부의 판단을 변경하는 제도로서 권력분립의 원리에 대한 예외가 된다. 사면제도는 역사적으로 절대군주인 국왕의 은사권(恩赦權)에서 유래하였으며, 대부분의 근대국가에서도 유지되어 왔고, 대통령제국가에서는 미국을 효시로 대통령에게 사면권이 부여되어 있다. 사면권은 전통적으로 국가원수에게 부여된 고유한 은사권이며, 국가원수가 이를 시혜적으로 행사한다(헌재 2000. 6. 1, 97헌바74).

16

통치행위에 대한 설명으로 옳은 것은?

① 국회와 사법부는 모두 통치행위의 주체가 될 수 있다.

② 대통령이 2007년 전시증원연습을 하기로 한 결정은 통치행위에 해당한다.

③ 통치행위 여부의 판단은 국회와 사법부의 협의에 의해서 이루어져야 한다.

④ 법률이 정치적인 문제를 포함하더라도 사법심사의 대상이 될 수 있다.

해설 신행정수도건설이나 수도이전의 문제가 정치적 성격을 가지고 있는 것은 인정할 수 있지만, 그 자체로 고도의 정치적 결단을 요하여 사법심사의 대상으로 하기에는 부적절한 문제라고까지는 할 수 없다. 더구나 이 사건 심판의 대상은 이 사건 법률의 위헌여부이고 대통령의 행위의 위헌여부가 아닌바, 법률의 위헌여부가 헌법재판의 대상으로 된 경우 당해법률이 정치적인 문제를 포함한다는 이유만으로 사법심사의 대상에서 제외된다고 할 수는 없다(헌재 2004. 10. 21. 2004헌마554 · 566 병합).

① 국회는 통치행위의 주체가 될 수 있지만 사법부의 행위는 통치행위로 인정되지 않는다.

② 한미연합 군사훈련은 1978. 한미연합사령부의 창설 및 1979. 2. 15. 한미연합연습 양해각서의 체결 이후 연례적으로 실시되어 왔고, 특히 이 사건 연습은 대표적인 한미연합 군사훈련으로서, 피청구인이 2007. 3.경에 한 이 사건 연습결정이 새삼 국방에 관련되는 고도의 정치적 결단에 해당하여 사법심사를 자제하여야 하는 통치행위에 해당된다고 보기 어렵다(헌재 2009. 5. 28. 2007헌마369).

③ 고도의 정치성을 띤 국가행위에 대하여는 이른바 통치행위라 하여 법원 스스로 사법심사권의 행사를 억제하여 그 심사대상에서 제외하는 영역이 있으나, 이와 같이 통치행위의 개념을 인정한다고 하더라도 과도한 사법심사의 자제가 기본권을 보장하고 법치주의 이념을 구현하여야 할 법원의 책무를 태만히 하거나 포기하는 것이 되지 않도록 그 인정을 지극히 신중하게 하여야 하며, 그 판단은 오로지 사법부만에 의하여 이루어져야 한다(대판 2004. 3. 26. 2003도7878).

실전문제

제2장 행정법

━━━━━━ 대표유형문제 ━━━━━━

행정법의 일반원칙에 관한 설명으로 가장 옳은 것은? (다툼이 있는 경우 판례에 의함)

❶ 행정규제기본법과 행정절차법은 각각 규제의 원칙과 행정지도의 원칙으로 비례원칙을 정하고 있다.

② 위법한 행정규칙에 의하여 위법한 행정관행이 형성되었다 하더라도 행정청은 정당한 사유 없이 이 관행과 달리 조치를 할 수 없는 자기구속을 받는다.

③ 신뢰보호의 원칙과 관련하여, 행정청의 선행조치가 신청자인 사인의 사위나 사실은폐에 의해 이뤄진 경우라도 행정청의 선행조치에 대한 사인의 신뢰는 보호되어야 한다.

④ 지방의회의 감사 또는 조사를 위하여 출석요구를 받은 증인이 출석하지 않을 경우 증인의 사회적 지위에 따라 과태료의 액수에 차등을 두는 것을 내용으로 하는 조례안은 헌법에 규정된 평등의 원칙에 위배된다고 볼 수 없다.

정답해설 규제의 대상과 수단은 규제의 목적을 실현하는데 필요한 최소한의 범위 안에서 가장 효과적인 방법으로 객관성, 투명성 및 공정성이 확보되도록 설정되어야 한다(행정규제기본법 제5조 제3항). 행정지도는 그 목적달성에 필요한 최소한도에 그쳐야 하며, 행정지도의 상대방의 의사에 반하여 부당하게 강요하여서는 아니 된다(행정절차법 제48조 제1항).

오답해설 ② 행정의 자기구속은 행정선례가 적법한 경우 적용되며 위법한 경우에는 자기구속의 법리가 적용되지 않는다(불법에서의 평등대우).

③ 상대방의 귀책사유가 있는 경우이므로 사인의 신뢰는 보호될 수 없다.

④ 지방의회의 조사·감사를 위해 채택한 증인의 불출석 등에 대하여 증인의 사회적 신분에 따라 미리부터 과태료의 액수에 차등을 두고 있는 조례는 평등의 원칙에 위배되어 무효이다(대판1997.2.25. 96추213).

핵심정리 행정법의 일반원칙

행정법의 일반원칙이란 행정의 모든 분야에 적용되고 모든 분야를 지배하는 일반적 원리로 현실행정에서 특히, 재량행위를 통제하는 원칙으로 기능한다. 이러한 행정법의 일반원칙은 행정법의 법원중의 하나로 이 원칙에 위반되는 행정행위는 당연히 위법하다. 행정법의 일반원칙에 위반되는 행정행위는 그 위법성의 정도(중대명백설)에 따라 무효 또는 취소사유가 된다. 행정법의 일반원칙에는 비례의 원칙, 평등의 원칙, 신뢰보호의 원칙, 신의성실의 원칙, 부당결부금지의 원칙이 있다.

01 국가직 9급 기출

행정법의 법원(法源)의 효력에 대한 설명으로 옳지 않은 것은? (다툼이 있는 경우 판례에 의함)

① 학교급식을 위해 국내 우수농산물을 사용하는 자에게 식재료나 구입비의 일부를 지원하는 것 등을 내용으로 하는 지방자치단체의 조례안이 '1994년 관세 및 무역에 관한 일반협정'을 위반하여 위법한 이상, 그 조례안은 효력이 없다.

② 국민의 권리 제한 또는 의무 부과와 직접 관련되는 법률, 대통령령, 총리령 및 부령은 긴급히 시행하여야 할 특별한 사유가 있는 경우를 제외하고는 공포일부터 적어도 30일이 경과한 날부터 시행되도록 하여야 한다.

③ 진정소급입법이라 하더라도 예외적으로 국민이 소급입법을 예상할 수 있었거나 신뢰보호의 요청에 우선하는 심히 중대한 공익상의 사유가 소급입법을 정당화하는 경우 등에는 허용될 수 있다.

④ 개발제한구역의 지정 및 관리에 관한 특별조치법령의 개정으로 허가나 신고 없이 개발제한구역 내 공작물 설치행위를 할 수 있게 되었다면, 그 법령의 시행 전에 이미 범하여진 위법한 설치행위에 대한 가벌성은 소멸한다.

해설 종전에 허가를 받거나 신고를 하여야만 할 수 있던 행위의 일부를 허가나 신고 없이 할 수 있도록 법령이 개정되었다 하더라도 이는 법률 이념의 변천으로 과거에 범죄로서 처벌하던 일부 행위에 대한 처벌 자체가 부당하다는 반성적 고려에서 비롯된 것이라기보다는 사정의 변천에 따른 규제 범위의 합리적 조정의 필요에 따른 것이라고 보이므로, 위 개발제한구역의 지정 및 관리에 관한 특별조치법과 같은 법 시행규칙의 신설 조항들이 시행되기 전에 이미 범하여진 개발제한구역 내 비닐하우스 설치행위에 대한 가벌성이 소멸하는 것은 아니다(대법원 2007. 9. 6. 선고 2007도4197 판결).

02 지방직 9급 기출

신뢰보호원칙에 대한 설명으로 옳지 않은 것은? (다툼이 있는 경우 판례에 의함)

① 건축허가 신청 후 건축허가기준에 관한 관계 법령 및 조례의 규정이 신청인에게 불리하게 개정된 경우, 당사자의 신뢰를 보호하기 위해 처분 시가 아닌 신청 시 법령에서 정한 기준에 의하여 건축허가 여부를 결정하는 것이 원칙이다.

② 행정절차법과 국세기본법에서는 법령 등의 해석 또는 행정청의 관행이 일반적으로 국민에게 받아들여졌을 때와 관련하여 신뢰보호의 원칙을 규정하고 있다.

③ 신뢰보호원칙에서 행정청의 견해표명이 정당하다고 신뢰한 데에 대한 개인의 귀책사유의 유무는 상대방뿐만 아니라 그로부터 신청행위를 위임받은 수임인 등 관계자 모두를 기준으로 판단하여야 한다.

④ 서울지방병무청 총무과 민원팀장이 국외영주권을 취득한 사람의 상담에 응하여 법령의 내용을 숙지하지 못한 채 민원봉사차원에서 현역입영대상자가 아니라고 답변하였다면 그것이 서울지방병무청장의 공적인 견해표명이라 할 수 없다.

해설 건축허가기준에 관한 관계 법령 및 조례(이하 '법령'이라고만 한다)의 규정이 개정된 경우, 새로이 개정된 법령의 경과규정에서 달리 정함이 없는 한 처분 당시에 시행되는 개정 법령에서 정한 기준에 의하여 건축허가 여부를 결정하는 것이 원칙이고, 그러한 개정 법령의 적용과 관련하여서는 개정 전 법령의 존속에 대한 국민의 신뢰가 개정 법령의 적용에 관한 공익상의 요구보다 더 보호가치가 있다고 인정되는 경우에 그러한 국민의 신뢰를 보호하기 위하여 그 적용이 제한될 수 있는 여지가 있을 따름이다(대법원 2007. 11. 16. 선고 2005두8092 판결).

신뢰보호원칙의 이론상 근거

- **법정 안정성설** : 신뢰보호의 근거를 헌법상 법치국가의 구성요소인 법적 안정성에서 찾는 견해로, 오늘날의 다수설에 해당한다.
- **신의칙설** : 신뢰보호의 원칙에 대한 이론적 근거를 사법 분야에서 발달된 신의성실의 원칙에서 찾는 견해로, 독일 연방 헌법재판소의 '미망인 연금청구권 사건'에서 인용된 바 있다(종전의 다수설).

03 국가직 9급 기출

행정법의 효력에 대한 설명으로 옳지 않은 것은? (다툼이 있는 경우 판례에 의함)

① 신뢰보호의 요청에 우선하는 심히 중대한 공익상의 사유가 소급입법을 정당화하는 경우 등에는 예외적으로 진정소급입법이 허용된다.

② 부진정소급입법은 원칙적으로 허용되지만 소급효를 요구하는 공익상의 사유와 신뢰보호의 요청 사이의 교량과정에서 신뢰 보호의 관점이 입법자의 형성권에 제한을 가하게 된다.

③ 경과규정 등의 특별규정 없이 법령이 변경된 경우, 그 변경 전에 발생한 사항에 대하여 적용할 법령은 개정 후의 신 법령이다.

④ 대통령령, 총리령 및 부령은 특별한 규정이 없으면 공포한 날부터 20일이 경과함으로써 효력을 발생한다.

해설 법령이 변경된 경우 신 법령이 피적용자에게 유리하여 이를 적용하도록 하는 경과규정을 두는 등의 특별한 규정이 없는 한 헌법 제13조 등의 규정에 비추어 볼 때 그 변경 전에 발생한 사항에 대하여는 변경 후의 신 법령이 아니라 변경 전의 구 법령이 적용되어야 한다(대판 2002.12.10, 2001두3228).

①, ② 부진정소급입법은 원칙적으로 허용되지만 소급효를 요구하는 공익상의 사유와 신뢰보호의 요청 사이의 교량과정에서 신뢰보호의 관점이 입법자의 형성권에 제한을 가하게 되는 데 반하여, … 그리고 신뢰보호의 요청에 우선하는 심히 중대한 공익상의 사유가 소급입법을 정당화하는 경우 등에는 예외적으로 진정소급입법이 허용된다(헌재 1999. 7. 22. 97헌바76 등).

④ 대통령령, 총리령 및 부령은 특별한 규정이 없으면 공포한 날부터 20일이 경과함으로써 효력을 발생한다(법령등공포에관한법률 제13조).

04

행정법의 법원(法源)에 대한 설명으로 옳은 것은?

① 국세기본법은 조세행정에서 행정선례법의 존재를 인정하는 조항을 두고 있다.

② 대법원은 "유사 사건에 관한 대법원 판례가 하급심법원을 직접 기속한다."고 판시한 바 있다.

③ 일반적으로 승인된 국제법규라도 의회에 의한 입법절차를 거쳐야 행정법의 법원이 된다.

④ 성문법주의를 원칙으로 하기 때문에 조리(법의 일반원칙)는 행정법의 법원이 되지 못한다.

해설 세법의 해석이나 국세행정의 관행이 일반적으로 납세자에게 받아들여진 후에는 그 해석이나 관행에 의한 행위 또는 계산은 정당한 것으로 보며, 새로운 해석이나 관행에 의하여 소급하여 과세되지 아니한다(국세기본법 제18조 제3항).

② 대법원의 판례가 사안이 서로 다른 사건을 재판하는 하급심법원을 직접 기속하는 효력이 있는 것은 아니다(대판 1996.10.25, 96다31307).

③ 일반적으로 승인된 국제법규는 국제적으로 승인되었다는 점이 구체적인 사건에서 인정되면 의회의 입법절차 없이 행정법의 법원이 된다.

④ 조리는 최후의 법원으로서 행정법의 법원이 된다.

핵심정리

행정법 법원의 이론적 근거

• 행정의 예측가능성과 안전성을 기하고, 행정작용의 공정성을 확보할 수 있음
• 행정법의 획일·강행성과 기술성으로 인해 성문화가 요청됨
• 국가의 규제·지도·조성·보호 등의 행정에 관해서는 그 목적 및 기관을 명확하게 할 필요가 있음
• 행정구제사항을 명확히 하여 국민의 권익보호를 용이하게 함

05 국가직 9급 기출

법률유보의 원칙에 대한 설명으로 옳지 않은 것은? (다툼이 있는 경우 판례에 의함)

① 법률유보의 원칙에서 요구되는 법적 근거는 작용법적 근거를 의미한다.
② 개인택시운송사업자의 운전면허가 아직 취소되지 않았더라도 운전면허 취소사유가 있다면 행정청은 명문 규정이 없더라도 개인택시운송사업면허를 취소할 수 있다.
③ 법률유보의 원칙은 국민의 기본권실현과 관련된 영역에 있어서는 입법자가 그 본질적 사항에 대해서 스스로 결정하여야 한다는 요구까지 내포하고 있다.
④ 국회가 형식적 법률로 직접 규율하여야 하는 필요성은 규율대상이 기본권 및 기본적 의무와 관련된 중요성을 가질수록, 그에 관한 공개적 토론의 필요성 또는 상충하는 이익 사이의 조정 필요성이 클수록 더 증대된다.

해설 개인택시운송사업자에게 운전면허 취소사유가 있다 하더라도 그로 인하여 운전면허 취소처분이 이루어지지 않은 이상 개인택시운송사업면허를 취소할 수는 없다(대법원 2008. 5. 15. 선고 2007두26001판결).

06 지방직 9급 기출

행정법의 일반원칙에 대한 설명으로 옳은 것은? (다툼이 있는 경우 판례에 의함)

① 법령 개정에 대한 신뢰와 관련하여, 법령에 따른 개인의 행위가 국가에 의하여 일정한 방향으로 유인된 경우에 특별히 보호 가치가 있는 신뢰이익이 인정될 수 있다.
② 행정청 내부의 사무처리준칙에 해당하는 지침의 공표만으로도 신청인은 보호가치 있는 신뢰를 갖게 된다.
③ 신뢰보호원칙이 적용되기 위한 행정청의 공적 견해표명이 있었는지 여부는 전적으로 행정조직상의 권한분장에 의해 결정된다.
④ 위법한 행정처분이라도 수차례에 걸쳐 반복적으로 행하여졌다면 그러한 처분은 행정청에 대하여 자기구속력을 갖게 된다.

해설 법률에 따른 개인의 행위가 단지 법률이 반사적으로 부여하는 기회의 활용을 넘어서 국가에 의하여 일정 방향으로 유인된 것이라면 특별히 보호가치가 있는 신뢰이익이 인정될 수 있고, 원칙적으로 개인의 신뢰보호가 국가의 법률개정이익에 우선된다고 볼 여지가 있다(헌재결2002.11.28, 2002헌바45).
② 행정청 내부의 사무처리준칙(재량준칙)에 해당하는 지침의 공표만으로는 지침에 명시된 요건을 충족할 경우 사업자로 선정되어 벼 매입자금 지원 등의 혜택을 받을 수 있다는 보호가치 있는 신뢰를 가지게 되었다고 보기도 어렵다(대판 2009.12.24, 2009두7967).
③ 행정청의 공적 견해표명은 행정조직상의 형식적인 권한분장에 구애될 것은 아니고 담당자의 조직상의 지위와 임무, 당해 언동을 하게 된 구체적인 경위 및 그에 대한 상대방의 신뢰가능성에 비추어 실질에 의하여 판단하여야 한다(대판 1997.9.12, 96누18380).
④ 위법한 행정처분이 수차례에 걸쳐 반복적으로 행하여졌다 하더라도 그러한 처분이 위법한것인 때에는 행정청에 대하여 자기구속력을 갖게 된다고 할 수 없다(대판 2009.6.25, 2008두13132).

07 국가직 9급 기출

행정법의 일반원칙에 관련된 다음의 설명 중 옳은 것은? (다툼이 있는 경우 판례에 의함)

① 국가가 국민의 생명·신체의 안전에 대한 보호의무를 다하지 않았는지 여부를 헌법재판소가 심사할 때에는 국가가 이를 보호하기 위하여 적어도 적절하고 효율적인 최소한의 보호조치를 취하였는가 하는 '과소보호 금지원칙'의 위반 여부를 기준으로 삼는다.

② 행정청이 조합설립추진위원회의 설립승인 심사에서 위법한 행정처분을 한 선례가 있는 경우에는, 행정청에 대해 자기구속력을 갖게 되어 이후에도 그러한 기준에 따라야 한다.

③ 공무원 임용신청 당시 잘못 기재된 호적상 출생연월일을 생년월일로 기재하고, 임용 후 36년 동안 이의를 제기하지 않다가, 정년을 1년 3개월 앞두고 정정된 출생연월일을 기준으로 정년연장을 요구하는 것은 신의성실의 원칙에 반한다.

④ 일반적으로 행정청이 폐기물처리업 사업계획에 대한 적정 통보를 한 경우 이는 토지에 대한 형질변경신청을 허가하는 취지의 공적 견해표명까지도 포함한다.

해설 ② 위법한 행정처분이 수차례에 걸쳐 반복적으로 행하여졌다는 것만으로 그것이 행정청에 대하여 자기구속력을 가진다고는 할 수 없다(대판 2009. 6. 25, 2008두13132).
③ 지방공무원 임용신청 당시 잘못 기재된 호적상 출생연월일에 대하여 이의를 제기하지 않다가, 정년을 앞두고 출생연월일을 정정한 후 정년의 연장을 요구하는 것이 신의성실의 원칙에 반하지 않는다고 본 사례이다(대판 2009. 3. 26, 2008두21300).
④ 일반적으로 폐기물처리업 사업계획에 대한 적정통보에 당해 토지에 대한 형질변경허가신청을 허가하는 취지의 공적 견해표명이 있는 것으로는 볼 수 없다(대판 1998. 9. 25, 98두6494).

08

법률유보에 대한 설명으로 옳지 않은 것은?

① 침해유보설은 자유권적 기본권이 기본권의 전부로 인식되던 19세기 후반 독일에서 확립된 이론이다.

② 침해행정 이외에 급부행정의 비중이 커지고 있음을 감안할 때 국민의 권리보호에 불충분하다는 비판을 받고 있는 것은 전부유보설이다.

③ 본질사항유보설은 '내용이 비어 있는 공식' 또는 '법이론상의 파산선고'라는 비판이 가해지고 있다.

④ 사회유보설은 전통적인 침해행정 이외에 급부행정에도 법률유보의 원칙이 적용되어야 한다는 견해이다.

해설 국민의 권리보호에 불충분하다는 비판을 받고 있는 것은 침해유보설이다. 전부유보설은 행정의 모든 영역에 법률유보의 원칙이 적용되어야 한다는 견해로, 권력분립주의를 망각하고 있을 뿐만 아니라 탄력적이고 신속한 행정활동을 저해하고 행정부를 단순히 입법부의 도구로 전락시킬 우려가 있다는 비판을 받고 있다.

09

행정법의 기본 원리가 아닌 것은?

① 민주행정주의   ② 법치국가주의
③ 지방분권주의   ④ 행정국가주의

해설 우리나라는 행정에 대한 사건에 대해서 1심은 행정법원이 다루고 있지만, 궁극적인 최종심은 대법원이 관할하므로 행정국가주의가 아닌 '사법국가주의'를 취하고 있다.

10 국가직 9급 기출

법률유보의 원칙에 대한 설명으로 옳지 않은 것은?

① 다수설에 따르면 행정지도에 관해서 개별법에 근거규정이 없는 경우 행정지도의 상대방인 국민에게 미치는 효력을 고려하여 행정지도를 할 수 없다고 본다.

② 대법원은 지방의회의원에 대하여 유급보좌인력을 두는 것은 지방의회의원의 신분·지위 및 그 처우에 관한 현행 법령상의 제도에 중대한 변경을 초래하는 것으로서, 이는 개별 지방의회의 조례로써 규정할 사항이 아니라 국회의 법률로써 규정하여야 할 입법사항이라고 한다.

③ 헌법재판소는 토지등소유자가 도시환경정비사업을 시행하는 경우, 사업시행인가 신청시 필요한 토지등소유자의 동의정족수를 정하는 것은 국민의 권리와 의무의 형성에 관한 기본적이고 본질적인 사항으로 법률유보 내지 의회유보의 원칙이 지켜져야 할 영역이라고 한다.

④ 헌법재판소는 법률에 근거를 두면서 헌법 제75조가 요구하는 위임의 구체성과 명확성을 구비하는 경우에는 위임입법에 의하여도 기본권을 제한할 수 있다고 한다.

해설 행정지도는 비권력적 사실행위에 해당하므로 법적 근거가 없다고 하여도 할 수 있다는 것이 다수설의 입장이다.

11

신뢰보호의 원칙에 대한 설명으로 옳지 않은 것은?

① 선행조치인 공적인 견해표명에는 명시적 의사표시뿐만 아니라 묵시적 의사표시도 포함되며 반드시 문서의 형식일 필요도 없다.

② 공무원임용결격자에 대한 공무원 임용행위는 무효이나 이 경우 임용결격자는 신뢰보호원칙을 주장할 수 있다.

③ 수익적 행정행위가 수익자의 귀책사유가 있는 신청에 의해 행하여졌다면 그 신뢰의 보호가치성은 인정되지 않는다.

④ 신뢰보호의 원칙과 관련하여 사인의 사위나 사실은폐 등이 있는 경우 또는 사후에 선행조치가 변경될 것을 사인이 예상하였거나 예상할 수 있었음에도 중대한 과실로 알지 못한 경우에는 보호가치 있는 신뢰라고 볼 수 없다.

해설 국가가 공무원임용결격사유가 있는 자에 대하여 결격사유가 있는 것을 알지 못하고 공무원으로 임용하였다가 사후에 결격사유가 있는 자임을 발견하고 공무원 임용행위를 취소하는 것은 당사자에게 원래의 임용행위가 당초부터 당연무효이었음을 통지하여 확인시켜 주는 행위에 지나지 아니하는 것이므로, 그러한 의미에서 당초의 임용처분을 취소함에 있어서는 신의칙 내지 신뢰의 원칙을 적용할 수 없고 또 그러한 의미의 취소권은 시효로 소멸하는 것도 아니다(대판 1987. 4. 14. 86누459)

12

법률에 의한 행정원리에 대한 설명으로 옳은 것은?

① 법률의 우위는 행정기관과의 관련에서는 행정작용의 법률종속성을 의미하며 법률의 내용으로부터 벗어나는 행정작용은 위법의 효과가 주어지게 된다.

② 법률우위의 원칙에서 법률이란 헌법, 형식적 의미의 법률, 법규명령과 관습법 등 불문법을 포함한 모든 법규범을 포함하며 행정규칙도 원칙적으로 이에 포함된다.

③ 법률유보의 원칙은 행정의 모든 분야에서 적용되지만 법률우위의 원칙에서는 법률우위의 원칙이 적용되는 행정의 범위가 문제가 된다.

④ 법률유보의 원칙에서 법률이란 국회에서 법률의 제정 절차에 따라 만들어진 형식적 의미의 법률뿐만 아니라 국회의 의결을 거치지 않은 명령이나 불문법원으로서의 관습법이나 판례법도 포함한다.

> **해설** ② 행정규칙은 이에 포함되지 않는다.
> ③ 범위에 대한 견해대립이 있으나 법률우위의 원칙은 모든 행정작용에 대해서 적용된다.
> ④ 법률유보의 원칙에서 법률에는 성문법만 포함되며 불문법은 포함되지 않는다.

핵심정리

법률우위의 원칙
행정은 합헌적 절차에 따라 제정된 법률에 위반하여서는 안 된다는 것을 의미한다. 행정이 법규에 위반하여서는 안 된다는 의미에서 소극적 의미의 법률적합성 원칙(법치주의의 소극적 측면)이라고도 하며 법률우위 원칙에서의 법률은 헌법과 국회에서 제정한 법률 외에, 법률의 위임에 따른 법규명령, 관습법·판례법과 같은 불문법을 포함한다.

---

13 국가직 9급 기출

행정법의 법원(法源)에 대한 설명으로 옳지 않은 것은? (다툼이 있는 경우 판례에 의함)

① 지방자치단체가 제정한 조례가 헌법에 의하여 체결·공포된 조약에 위반되는 경우 그 조례는 효력이 없다.

② 행정소송에 관하여 행정소송법에 특별한 규정이 없는 사항에 대하여는 법원조직법과 민사소송법 및 민사집행법의 규정을 준용한다.

③ 평등원칙은 일체의 차별적 대우를 부정하는 절대적 평등을 의미하는 것이 아니라 입법과 법의 적용에 있어서 합리적인 근거가 없는 차별을 배제하는 상대적 평등을 뜻한다.

④ 개정 법령이 기존의 사실 또는 법률관계를 적용대상으로 하면서 국민의 재산권과 관련하여 종전보다 불리한 법률효과를 규정하고 있는 경우, 그러한 사실 또는 법률관계가 개정법률이 시행되기 이전에 이미 완성 또는 종결된 것이 아니라면 소급입법금지원칙에 위반된다.

> **해설** 행정처분은 그 근거 법령이 개정된 경우에도 경과 규정에서 달리 정함이 없는 한 처분 당시 시행되는 개정 법령과 그에서 정한 기준에 의하는 것이 원칙이고, 그 개정 법령이 기존의 사실 또는 법률관계를 적용대상으로 하면서 국민의 재산권과 관련하여 종전보다 불리한 법률효과를 규정하고 있는 경우에도 그러한 사실 또는 법률관계가 개정 법률이 시행되기 이전에 이미 완성 또는 종결된 것이 아니라면 이를 헌법상 금지되는 소급입법에 의한 재산권 침해라고 할 수는 없으며, 그러한 개정 법률의 적용과 관련하여서는 개정 전 법령의 존속에 대한 국민의 신뢰가 개정 법령의 적용에 관한 공익상의 요구보다 더 보호가치가 있다고 인정되는 경우에 그러한 국민의 신뢰보호를 보호하기 위하여 그 적용이 제한될 수 있는 여지가 있을 따름이다(대판 2000. 3. 10. 97누13818).

핵심정리

행정법의 규정내용상 특성

- **공익목적성(공익우선성)** : 사법이 사인 간의 이해관계를 조절하는 내용으로 하는 데 비해 행정법은 공익실현을 기본적인 목적 내지 내용으로 하여 사법체계와는 달리 상이한 규율을 적용하는 경우가 많다. 이러한 특질은 사익을 배제하는 의미가 아니라 공익과 사익의 조화를 전제로 한다는 의미이다.
- **행정주체의 우월성** : 사법상 법률관계 당사자는 대등주의가 원칙적으로 적용되지만, 공익의 효과적인 실행을 위하여 행정법은 행정주체에 대하여 우월한 법적 지위를 부여한다. 이러한 행정주체의 우월성은 일방적으로 국민에 대해 명령할 수 있고(행정주체의 지배권과 형성권), 국민이 의무를 불이행한 경우 일방적으로 강제집행할 수 있으며(강제력·자력집행력), 행정주체의 법적 행위는 취소할 때까지 유효한 것으로 추정되며(행정행위의 공정력), 행정법 위반행위에 대해 행정주체에 의한 제재권 행사가 가능하다는 점 등을 들 수 있다.
- **집단성·평등성** : 행정법은 공익실현과 관련하여 사법과는 달리 불특정다수인을 규율대상으로 하는 집단적 성질을 지니며, 집단구성원 상호 간의 법적 평등의 보장을 내용으로 하는 것이 일반적이다.

14

행정의 자기구속의 원칙에 대한 설명으로 옳지 않은 것은?

① 현대행정의 기능 확대에 따라 법률에 의한 행정의 구속만으로는 행정에 대한 법적 통제가 불충분함이 등장 배경이다.

② 대법원은 대중음식점 영업정지처분 취소사건에서 행정규칙인 처분기준을 행정청이 따르지 아니하고 특정한 개인에 대해서만 위 처분기준을 과도하게 초과하는 처분을 한 경우 재량권이 한계를 일탈한 것으로 보지 않는다고 판시하였다.

③ 법률로부터 자유로운 행정영역 혹은 법률 스스로가 행정에게 재량여지를 부여하고 있는 사안에 있어서 행정의 자유를 한정하는 기능이 있다.

④ 재량행정의 영역에서 국민의 권리보호를 위하여 행정의 재량권 행사에 대한 사후적 사법통제를 확대시키는 데 그 의의가 있다.

해설 특정한 개인에 대하여만 처분기준을 과도하게 초과하는 처분을 한 경우에는 재량권의 한계를 일탈한다(대판 1993.6.29, 93누5635).

핵심정리

행정의 자기구속의 원칙 인정근거

신뢰보호원칙 내지 신의성실 원칙에서 찾는 견해와 평등의 원칙에서 찾는 견해가 있으나, 행정의 자기구속은 자유로운 판단이 가능한 영역에서 스스로 제시한 기준에 따라 자신이 행한 그간 행위로부터 정당한 사유 없이 이탈할 수 없으며 이를 이탈하는 경우 신뢰유무를 불문하고 불합리한 차별에 해당되어 평등의 원칙에 위반된다는 것을 논거로 하는 평등의 원칙이 다수설이다. 판례는 평등원칙과 신뢰보호원칙을 그 근거로 한다.

15

현대 행정법에 있어 조리법에 대한 설명으로 옳은 것은?

① 조리법 중에서는 헌법상 효력을 갖는 경우도 있다.

② 조리법을 위반 시에는 부당의 경우가 발생하지만, 위법의 문제는 발생하지 않는다.

③ 재량행위를 행사하는 기준에 대한 행정규칙에는 자기구속의 법리가 적용되지 않는다.

④ 비례원칙은 침익적 행정행위에 한하여 적용되고 수익적 행정행위에는 적용되지 않는다.

해설 조리법은 일반원칙으로 표현되는 것으로 헌법적 효력을 지니는 헌법상의 원리들이 인정된다.
② 조리법을 위반 시에는 위법을 면치 못한다.
③ 재량행위의 행사기준인 재량준칙의 적용에 있어 자기구속의 원칙이 적용된다.
④ 비례원칙은 모든 행정작용에 적용된다.

16

행정법의 특수성이 아닌 것은?

① 행정법의 형식의 다양성

② 행정법의 획일 · 강행성

③ 행정법의 공익성

④ 행정법의 정치성

해설 ① 규정형식상의 특수성
② 규정성질상의 특수성
③ 규정내용상의 특수성

17

법률유보 원칙의 적용범위에 있어 그 이론적 근거로 우리나라에서 거론될 여지가 가장 적은 것은?

① 행정작용 중 국민생활에 영향을 미치는 중요사항은 근거규범이 필요하다는 중요사항유보설

② 국민의 자유, 재산을 침해하는 행정활동은 근거규범이 필요하다는 침해유보설

③ 수익적 행정작용인 급부행정에도 근거규범이 필요하다는 사회유보설

④ 행정작용도 권력분립에 의한 민주적 정당성이 있으므로 일정 행정활동에는 행정입법의 근거규범만 필요하다는 배타적 행정유보설

해설 배타적 행정유보설은 일정한 사항에 대하여는 법률의 개입을 배제하고 행정권의 입법권을 인정한다는 것으로, 우리나라는 행정입법의 근거규범을 필요로 하는 허용적 행정유보설에 한정하고 있다. 그러므로 배타적 행정유보설은 거론될 여지가 적다.

18

국세기본법 제18조 제3항과 관련이 있는 것은?

① 부당결부금지의 원칙

② 신뢰보호의 원칙

③ 비례의 원칙

④ 신의성실의 원칙

해설 **신뢰보호의 원칙**
세법의 해석이나 국세행정의 관행이 일반적으로 납세자에게 받아들여진 후에는 그 해석이나 관행에 의한 행위 또는 계산은 정당한 것으로 보며, 새로운 해석이나 관행에 의하여 소급하여 과세되지 아니한다(국세기본법 제18조 제3항).

19 국회직 8급 기출

신뢰보호의 원칙에 관한 설명으로 옳지 않은 것은?(다툼이 있는 경우 판례에 따름)

① 행정청의 확약 또는 공적인 의사표명이 그 자체에서 정한 유효기간을 경과하거나 사실적·법률적 사실상태가 변경되었다면 확약 또는 공적인 의사표명은 실효된다.

② 행정청이 공적인 견해표명에 반하는 처분을 함으로써 달성하려는 공익이 행정청의 공적 견해표명을 신뢰한 개인이 그 행정처분으로 인하여 입게 되는 이익의 침해를 정당화할 수 있을 정도로 강한 경우에는 신뢰보호의 원칙을 들어 그 행정처분이 위법하다고는 할 수 없다.

③ 헌법재판소의 위헌결정은 신뢰보호의 원칙의 적용요건 중의 하나인 '공적인 견해 표명'에 해당한다.

④ 행정기관의 선행조치의 하자가 당사자의 사실은폐나 기타 사위의 방법에 의한 신청행위에 기인한 것이라면 당사자는 그 처분에 의한 이익이 위법하게 취득되었음을 알아 그 취소가능성도 예상하고 있었다고 할 것이므로 그 자신이 위 처분에 관한 신뢰이익을 원용할 수 없다.

⑤ 시의 도시계획과장과 도시계획국장이 도시계획사업의 준공과 동시에 사업부지에 편입한 토지에 대한 완충녹지 지정을 해제함과 아울러 당초의 토지소유자들에게 환매하겠다는 약속을 했음에도, 이를 믿고 토지를 협의매매한 토지소유자의 완충녹지지정해제신청을 거부한 것은 행정상 신뢰보호의 원칙을 위반한 위법한 처분이다.

해설 헌법재판소의 위헌결정은 행정청이 개인에 대하여 신뢰의 대상이 되는 공적인 견해를 표명한 것이라고 할 수 없으므로 그 결정에 관련한 개인의 행위에 대하여는 신뢰보호의 원칙이 적용되지 아니한다(대판 2003. 06.27, 2002두6965).

① 행정청이 상대방에게 확약 또는 공적인 의사표명을 하였다고 하더라도, 그 자체에서 상대방으로 하여금 언제까지 처분의 발령을 신청을 하도록 유효기간을 두었는데도 그 기간 내에 상대방의 신청이 없었거나 확약 또는 공적인 의사표명이 있은 후에 사실적·법률적 상태가 변경되었다면, 그와 같은 확약 또는 공적인 의사표명은 실효된다(대판 1996.08.20, 95누10877).

② 행정청의 행위에 대하여 신뢰보호의 원칙이 적용되기 위한 요건 중 공적견해의 표명이라는 요건 등 일부 요건이 충족된 경우라고 하더라도 행정청이 앞서 표명한 공적인 견해에 반하는 행정처분을 함으로써 달성하려는 공익이 행정청의 공적 견해표명을 신뢰한 개인이 그 행정처분으로 인하여 입게 되는 이익의 침해를 정당화할 수 있을 정도로 강한 경우에는 신뢰보호의 원칙을 들어 그 행정처분이 위법하다고 할 수 없다(대판 2008. 4. 24, 2007두25060).

④ 행정처분의 하자가 당사자의 사실은폐나 기타 사위의 방법에 의한 신청행위에 기인한 것이라면 당사자는 그 처분에 의한 이익이 위법하게 취득되었음을 알아 그 취소가능성도 예상하고 있었다고 할 것이므로, 그 자신이 위 처분에 관한 신뢰이익을 원용할 수 없음은 물론 행정청이 이를 고려하지 아니하였다고 하여도 재량권의 남용이 되지 아니한다(대판 1996.10.25, 95누14190).

⑤ 대판 2008.10.9, 2008두6127

20 [지방직·서울시 9급]

행정법의 일반원칙에 대한 설명으로 옳은 것은?
(다툼이 있는 경우 판례에 의함)

① 비례의 원칙은 행정에만 적용되는 원칙이므로 입법에서는 적용될 여지가 없다.

② 신뢰보호의 원칙이 적용되기 위한 요건인 행정권의 행사에 관하여 신뢰를 주는 선행조치가 되기 위해서는 반드시 처분청 자신의 적극적인 언동이 있어야만 한다.

③ 동일한 사항을 다르게 취급하는 것은 합리적 이유가 없는 차별이므로, 같은 정도의 비위를 저지른 자들은 비록 개전의정이 있는지 여부에 차이가 있다고 하더라도 징계 종류의 선택과 양정에 있어 동일하게 취급받아야 한다.

④ 재량권행사의 준칙인 행정규칙이 그 정한 바에 따라 되풀이 시행되어 행정관행이 이루어지게 되면 평등의 원칙이나 신뢰보호의 원칙에 따라 행정기관은 그 상대방에 대한 관계에서 그 규칙에 따라야 할 자기구속을 받게 된다.

해설 재량권 행사의 준칙인 규칙이 그 정한 바에 따라 되풀이 시행되어 행정관행이 이룩되게 되면 평등의 원칙이나 신뢰보호의 원칙에 따라 행정기관은 그 상대방에 대한 관계에서 그 규칙에 따라야 할 자기구속을 당하게 되는 경우에는 대외적인 구속력을 가지게 된다(헌재결 1990. 9. 3. 90헌마13 전원재판소).

① '국민의 모든 자유와 권리는 국가안전 보장·질서유지 또는 공공복리를 위하여 필요한 경우에 한하여 법률로써 제한할 수 있으며, 제한하는 경우에도 자유와 권리의 본질적인 내용을 침해할 수 없다(헌법 제37조 제2항).'는 규정내용 중 '필요한 경우'를 들 수 있다. 여기에서 '필요한 경우'란 광의의 비례원칙, 즉 적합성의 원칙, 필요성의 원칙, 상당성의 원칙을 포괄적 의미로 해석한다. 따라서 비례원칙은 헌법상 지위를 가지며 헌법적 효력을 갖는다.

② 신뢰보호가 인정되기 위해서는 행정청의 선행조치가 있어야 한다. 이러한 선행조치는 법령·행정규칙·처분·확약·계약·합의·행정계획·행정지도 등에 의해 적극적·소극적 또는 명시적·묵시적 언동, 적

법·위법행위를 불문하고 국민이 신뢰하게 만드는 것을 말한다.

③ 같은 정도의 비위를 저지른 자들 사이에 있어서도 그 직무의 특성 등에 비추어, 개전의 정이 있는지 여부에 따라 징계의 종류의 선택과 양정에 있어서 차별적으로 취급하는 것은, 사안의 성질에 따른 합리적 차별로서 이를 자의적 취급이라고 할 수 없는 것이어서 평등원칙 내지 형평에 반하지 아니한다(대법원 1999. 8. 20. 선고 99두2611 판결).

21

형식적 법치주의에 대한 설명이 옳지 않은 것은?

① 행정주체의 광범위한 재량권을 인정한다.

② 행정권발동의 근거에 대하여 침해유보설을 취한다.

③ 법률의 형식과 절차만을 중시한다.

④ 행정소송에 있어 개괄주의를 취한다.

해설 형식적 법치주의에서는 법률의 목적이나 내용적 정당성은 고려되지 않으므로 쟁송사항으로 규정된 것에 대해서만 행정쟁송을 인정하는 열기주의를 취한다.

핵심정리

형식적 법치주의의 특징 및 한계

• **실질적 인권보장의 미흡(형식적 인권보장)** : 법치행정을 의회가 제정한 형식적 법률에 적합한 것으로 이해하고 법률의 내용과 목적, 이념 등은 문제 삼지 않음으로써 국민의 권리보장은 형식적인 것에 그치게 되었다.

• **소송과 재판상의 권익구제 기회의 축소** : 법치행정 보장을 위한 재판에 있어 사법재판소에서 독립된 행정재판소가 담당하게 되고 행정소송사항에 있어서도 열기주의를 취하여 국민의 권익구제의 기회가 축소되었다.

• **법률우위의 지나친 강조** : 국가권력에 대한 무조건적 복종을 강요하는 수단으로 전락할 수 있다.

• **법률로부터 자유로운 행정의 인정** : 행정권 발동의 근거에 있어 침해유보설의 입장을 취하는 경우 법률로부터 자유로운 행정 영역을 인정하게 된다.

• **인권탄압 수단으로 악용** : 법률의 근거만 있으면 어떠한 권력의 발동도 정당화될 수 있는 위험성을 내재하므로 인권탄압의 수단으로 악용되기도 하였다(나치독일과 일본의 군국주의).

22

법률유보원칙에 관한 설명으로 가장 옳은 것은?

① 법률유보원칙에서의 법률은 원칙적으로 국회에서 법률제정의 절차에 따라 만들어진 형식적 의미의 법률을 의미하며 불문법원으로서의 관습법이나 판례법은 포함되지 않는다.

② 행정상 즉시강제는 개인에게 미리 의무를 명할 시간적 여유가 없는 경우를 전제로 하므로 그 긴급성을 고려할 때 원칙적으로 법률적 근거를 요하지 아니한다.

③ 헌법재판소는 법률이 공법적 단체 등의 정관에 자치법적 사항을 위임하는 경우에는 의회유보원칙이 적용될 여지가 없다고 한다.

④ 헌법재판소는 국회의 의결을 거쳐 확정되는 예산도 일종의 법규범이므로 법률과 마찬가지로 국가기관 뿐만 아니라 국민도 구속한다고 본다.

해설 법률유보원칙에서 말하는 법률은 원칙적으로 국회에서 제정한 형식적 의미의 법률을 의미하며 국회의 의결을 거치지 않은 명령이나 불문법원으로서의 관습법, 판례법은 법률유보원칙에서 말하는 법률에 포함되지 않는다. 다만, 법률유보의 원칙은 '법률에 의한' 규율만을 뜻하는 것이 아니라 '법률에 근거한' 규율을 요청하는 것이므로 기본권 제한의 형식이 반드시 법률의 형식일 필요는 없고 법률에 근거를 두면서 헌법 제75조가 요구하는 위임의 구체성과 명확성을 구비하기만 하면 위임입법에 의하여도 기본권 제한을 할 수 있다(헌재 2005. 2. 24. 2003헌마289).

② 행정상 즉시강제란 행정상 장해가 존재하거나 장해의 발생이 목전의 급박한 경우 그 장해를 제거할 필요가 있는 경우에, 미리 의무를 명할 시간적 여유가 없거나 그 성질상 의무를 명해서는 행정목적을 달성할 수 없는 때에 법률적 근거 없이도 행정청이 직접 개인의 신체나 재산에 실력을 가하여 행정상 필요한 상태를 실현하는 권력적 사실행위의 작용을 말한다.

③ 헌법 제75조, 제95조가 정하는 포괄적인 위임입법의 금지는, 그 문리해석상 정관에 위임한 경우까지 그 적용 대상으로 하고 있지 않고, 또 권력분립의 원칙

을 침해할 우려가 없다는 점 등을 볼 때, 법률이 정관에 자치법적 사항을 위임한 경우에는 원칙적으로 적용되지 않는다(헌재 2001. 4. 26. 2000헌마122 전원재판부).

④ 예산은 일종의 법규범이고 법률과 마찬가지로 국회의 의결을 거쳐 제정되지만 법률과 달리 국가기관만을 구속할 뿐 일반국민을 구속하지 않는다. 국회가 의결한 예산 또는 국회의 예산안 의결은 헌법재판소법 제68조 제1항 소정의 '공권력의 행사'에 해당하지 않고 따라서 헌법소원의 대상이 되지 아니한다(헌재 2006. 4. 25. 2006헌마409 제2지정재판부).

핵심정리

법률유보원칙

• **침해유보설(일부유보설)** : 국민의 자유와 권리를 제한하거나 새로운 의무를 부과하는 침해적 행정작용은 법률의 근거를 요하나, 수익적 행정작용이나 특별권력관계를 포함한 국가내부적 영역과 같이 국민의 권리와 의무에 직접 관계없는 행정작용은 법률의 근거를 요하지 아니한다는 견해이다.

• **권력행정유보설(권리 · 의무유보설)**
 − 침해행정이든 수익적 행정이든 불문하고 모든 권력적 국가작용은 법률의 근거를 요한다는 것으로, 법률의 법규창조력을 근거로 한다.
 − 권력행정유보설에 대해서는 침해유보설의 변형적 견해에 불과하다는 비판이 있다.

• **사회유보설** : 침해행정뿐만 아니라 급부행정 중 사회보장행정에 대하여 법률의 수권이 필요하다는 견해이다.

• **급부행정유보설**
 − 침해행정뿐만 아니라 수익적 행정인 급부행정 전반에 대해서도 법률의 수권이 필요하다는 견해로서, 사회국가이념과 법 앞에 평등원칙에 기초하고 있다.
 − 침해유보설이 국가(행정)에 대한 자유를 강조한 데 비해, 급부행정유보설은 급부에 대한 공평한 참여와 수익을 의미하는 국가(행정)를 통한 자유의 중요성을 강조한다.
 − 급부행정의 범위가 불분명하며, 법률이 없으면 급부가 불가능하게 된다는 점에서 비판이 제기되고 있다.

• **본질사항유보설(중요사항유보설, 단계설)** : 독일의 연방헌법재판소의 판례(Kalkar 결정)에 의해 정립된 것으로, 각 행정부문에 있어 중요하고도 본질적인 사항에 관한 규율은 법률에 유보되어야 한다는 견해이다(본질적 사항은 법률에 유보되어야 하고, 비본질적인 사항은 법률 근거 없이도 가능).

• **신침해유보설(확장된 침해유보설)** : 원칙적으로 침해 유보설의 기본 입장을 유지하면서 급부행정유보설과 전부유보설에 대해 반대하며 제기된 견해이다. 특별권력관계의 경우에도 법률유보의 적용을 긍정하며, 급부행정의 경우 조직법의 근거만 있으면 권한 내에서 예산에 근거하여 발동할 수 있다고 본다.

• **전부유보설**
- 국민주권주의와 의회민주사상을 기초로 하여, 모든 행정작용은 법률의 근거가 필요하다는 견해이다.
- 입법자가 법률을 제정하지 않는 한 국민에게 필요한 급부를 할 수 없는 문제가 있으며, 행정청의 활동영역의 축소와 권력분립원칙을 저해하는 결과를 초래할 수 있다.

23 지방직 9급 기출

행정법의 일반원칙에 대한 판례의 입장으로 옳지 않은 것은?

① 행정청이 폐기물처리업 사업계획에 대하여 적정통보를 한 것만으로 그 사업부지토지에 대한 국토이용계획변경신청을 승인하여 주겠다는 취지의 공적인 견해표명을 한 것으로 볼 수 없다.

② 헌법재판소의 위헌결정은 행정청이 개인에 대하여 신뢰의 대상이 되는 공적인 견해를 표명한 것이라고 할 수 있으므로 그 결정에 관련한 개인의 행위에 대하여는 신뢰보호의 원칙이 적용된다.

③ 지방자치단체장이 사업자에게 주택사업계획승인을 하면서 그 주택사업과는 아무런 관련이 없는 토지를 기부채납하도록 하는 부관을 붙인 경우, 그 부관은 부당결부금지의 원칙에 위반되어 위법하다.

④ 법령 개폐에 있어서 신뢰보호원칙의 위반 여부는 한편으로는 침해받은 신뢰이익의 보호가

치, 침해의 중한 정도, 신뢰침해의 방법 등과 다른 한편으로는 새 입법을 통해 실현코자 하는 공익목적을 종합적으로 비교형량하여 판단하여야 한다.

해설 헌법재판소의 위헌결정은 행정청이 개인에 대하여 신뢰의 대상이 되는 공적인 견해를 표명한 것이라고 할 수 없으므로 그 결정에 관련한 개인의 행위에 대하여는 신뢰보호의 원칙이 적용되지 아니한다(대법원 2003. 6. 27. 선고 2002두6965 판결).

24

행정법의 법원(法源)에 대한 설명으로 옳은 것은?

① 행정법은 획일성과 강행성이 요구되므로, 민법의 영역과 같이 관습법이 성립될 여지가 없다.

② 지방자치단체의 자치입법 중 지방의회가 제정한 조례는 행정법의 법원이 되지만, 지방자치단체장이 제정한 규칙은 법원이 될 수 없다.

③ 조리는 행정법 분야에 있어서 입법의 불비와 법의 흠결이 있는 경우 법원으로 기능할 수 있다.

④ 조약은 행정법의 법원이 될 수 없다.

해설 ① 행정법의 법원으로서 관습법을 인정하는 것이 통설이나, 그 실례는 매우 제한된 범위에서만 발견할 수 있다.
② 지방자치단체장이 제정한 규칙도 법원이 될 수 있다.
④ 조약은 국내행정에 대한 사항을 포함하고 있을 때에는 그 한도 내에서 행정법의 법원이 될 수 있다.

25

행정법의 특성이 아닌 것은?

① 사법에 비하여 획일·강제적 성질이 있다.
② 객관성·외관성이 인정된다.
③ 사법법(司法法)에 비하여 재량성이 많다.
④ 능력규정을 원칙으로 한다.

해설 행정법은 명령규정을 주로 하고 사법은 능력규정을 주로 한다.

> **핵심정리**
>
> **행정법의 법원(法源)**
> 행정권의 조직과 작용 및 그 구제에 대한 실정법의 존재 형식 또는 법의 인식근거를 말한다.
> - **협의설(법규설)** : 법규만을 법원으로 보고 있는 견해로 일본과 독일의 다수설 입장이다. 따라서 행정주체 내부관계를 규율하는 행정규칙은 법원에서 제외된다.
> - **광의설(행정기준설)** : 수범자의 범위에 관계없이 법적으로 구속력을 갖는 성문·불문의 규율을 법규로 이해하는 견해로, 법규는 물론 행정사무의 기준이 되는 법규범까지 법원으로 본다(행정규칙도 법원이 됨). → 우리나라 다수설

26

행정법의 법원(法源)에 대한 설명으로 옳은 것은?

① 관습법의 효력에 대하여는 성문법이 없는 경우에 보충적 효력만을 인정하는 견해가 다수설의 견해이다.
② 행정법에는 법의 흠결이 존재하는 경우가 적지 않기 때문에 사법에 비하여 관습법이 성립할 가능성이 크다.
③ 대륙법계의 국가에서는 판례가 법적 구속력을 갖는다.
④ 광의의 법원개념을 취하더라도 행정규칙은 법원이 될 수 없다.

해설 ② 행정의 유동성이나 성문법률의 수 증가 등으로 인하여 행정법관계에서는 관습법이 성립되기 어렵다.
③ 선례기속의 원칙이 채택되어 있는 영미법계의 경우와 달리 대륙법계 국가의 경우에는 판례의 법원성에 관하여 부정적인 견해가 존재하며 그 결과 판례의 법적 구속력 역시 인정되기 곤란하다.
④ 광의의 법원개념을 채택하면 행정규칙도 법원성을 인정받을 수 있다.

27 〔서울시 9급 기출〕

행정법의 법원(法源)에 대한 설명으로 가장 옳은 것은?

① 인간다운 생활을 할 권리와 같은 헌법상의 추상적인 기본권에 관한 규정은 행정법의 법원이 되지 못한다.
② 국제법규도 행정법의 법원이므로, 사인이 제기한 취소소송에서 WTO협정과 같은 국제협정 위반을 독립된 취소사유로 주장할 수 있다.
③ 위법한 행정관행에 대해서도 신뢰보호의 원칙이 적용될 수 있다.
④ 행정의 자기구속의 원칙은 처분청이 아닌 제3자 행정청에 대해서도 적용된다.

해설 행정청의 선행조치는 법령·행정규칙·처분·확약·계약·합의·행정계획·행정지도 등에 의해, 적극적·소극적 또는 명시적·묵시적 언동이든 적법·위법행위든 불문하고 국민이 신뢰하게 만든 것을 말하는데, 판례는 이를 공적인 견해표명이라 표현하고 있다. 다만, 무효인 행정행위는 신뢰의 대상이 될 수 없으므로 여기에 해당하지 않는다.

① 헌법은 근본조직과 작용에 관한 법으로 국가의 기본
법으로서 행정작용·행정구제·행정조직 등 행정에
관한 근본적 사항을 규율하고 있으므로 헌법에 위반
되는 법률은 효력이 없으므로 추상적 기본권에 관한
규정도 행정법의 법원이 된다.
② 협정은 국가와 국가 사이의 권리·의무관계를 설정
하는 국제협정으로, 그 내용 및 성질에 비추어 이와
관련한 법적 분쟁은 위 WTO 분쟁해결기구에서 해결
하는 것이 원칙이고, 사인에 대하여는 위협정의 직접
효력이 미치지 아니한다고 보아야 할 것이므로, 위
협정에 따른 회원국 정부의 반덤핑부과처분이 WTO
협정위반이라는 이유만으로 사인이 직접 국내 법원
에 회원국 정부를 상대로 그 처분의 취소를 구하는
소를 제기하거나 위 협정위반을 처분의 독립된 취소
사유로 주장할 수는 없다(대법원 2009. 1. 30. 선고
2008두17936 판결).
④ 자기구속의 원칙은 처분청에 적용되는 원칙이다.

해설 판례는 국세기본법 제15조, 제18조 제3항의 규정이 정
하는 신의칙 내지 비과세관행이 성립되었다고 하려면
장기간에 걸쳐 어떤 사항에 대하여 과세하지 아니하였
다는 객관적 사실이 존재할 뿐만 아니라 … 특히 그 의
사표시가 납세자의 추상적인 질의에 대한 일반론적인
견해표명에 불과한 경우에는 위 원칙의 적용을 부정하
여야 한다고 보았다(대판 1993.7.27. 90누10384). 즉,
단순 법령 해석은 일정한 처분과 관련된 것이 아니므로
신뢰보호의 적용대상이 될 수 없다.

핵심정리

신뢰보호원칙의 일반적 요건
• 행정청의 선행조치
• 보호가치가 있는 사인(관계인)의 신뢰
• 신뢰에 기인한 사인의 처리(처리보호)
• 공적인 견해표명과 관계인 행위 사이의 인과관계
• 선행조치에 반하는 행정청의 후행처분과 권익침해

28

다음 판례상 나타난 신뢰보호의 원칙 요건에 대한 설명이 옳지 않은 것은?

① 행정권의 행사에 관하여 상대방인 국민에게
신뢰를 주는 선행조치인 공적 견해표명이 있
어야 하며 선행조치는 적극적 언동뿐만 아니
라 소극적 언동일 수도 있다.
② 행정권의 행사와 무관하게 단순히 법령의 해
석에 대하여 회신해 주는 것도 신뢰보호원칙
의 적용 대상이다.
③ 처분청 자신의 공적인 견해표명이 있어야 하
는 것은 아니며 경우에 따라서는 보조기관인
담당 공무원의 공적인 견해표명도 신뢰의 대
상이 될 수 있다.
④ 선행조치에 대한 관계인의 신뢰가 보호가치
있는 것이어야 한다.

29

법률유보에 대한 다음 甲, 乙, 丙의 어느 견해에
따르더라도 법률적 근거 없이 할 수 있는 것은?

甲 : 자유주의의 요청에 따르면 행정이 인간의
자유와 재산을 침해하는 행위에 대해서만
법률의 근거를 요한다.
乙 : 복지국가 이념과 평등원칙에 근거를 두는
현대의 사회적 복지국가에서는 행정에 의
해 급부를 공평하게 가지는 것도 중요한
권리로 보았으므로, 그 배분을 확보하기
위한 급부행정의 작용에서도 법적 기속이
요청된다.
丙 : 법률의 법규창조력에 근거를 두어 국민생
활에 영향을 주는 일방적·권력적 행위에
대한 새로운 규범을 정립하는 것은 입법권
의 전권에 속한다.

① 국민기초생활수급자에 대한 생계급여 지급 결정
② 병역의무를 위한 징집명령
③ 감염병자의 강제검진
④ 예산안편성지침의 수립

해설 甲은 침해유보설, 乙은 급부행정유보설, 丙은 권력행정유보설에 대한 설명이다.
법률유보원칙의 적용범위에 관하여 어떠한 학설을 따르는지에 따라 행정작용을 함에 있어서 법률적 근거의 필요 여부가 달라지지만 ④의 경우 행정내부에서의 활동기준에 대한 것일 뿐이므로 甲, 乙, 丙의 어느 견해에 따르더라도 법률적 근거를 요하지 않게 된다.

30

신뢰보호의 원칙에 대한 설명으로 옳지 않은 것은? (다툼이 있는 경우 판례에 의함)

① 재량권 행사의 준칙인 행정규칙의 공표만으로 상대방은 보호가치 있는 신뢰를 갖게 되었다고 볼 수 있다.
② 신뢰보호원칙의 위반은 국가배상법상의 위법 개념을 충족시킨다.
③ 재량권 행사의 준칙인 행정규칙의 공표만으로 상대방은 보호가치 있는 신뢰를 갖게 되었다고 볼 수 없다.
④ 행정청이 공적 견해를 표명하였는지를 판단할 때는 반드시 행정조직상의 형식적인 권한분장에 구애될 것은 아니다.

해설 재량권 행사의 준칙인 행정규칙이 그 정한 바에 따라 되풀이 시행되어 행정관행이 이루어지게 되면 평등의 원칙이나 신뢰보호의 원칙에 따라 행정기관은 그 상대방에 대한 관계에서 그 규칙에 따라야 할 자기구속을 받게 되므로, 이러한 경우에는 특별한 사정이 없는 한 그를 위반하는 처분은 평등의 원칙이나 신뢰보호의 원칙에 위배되어 재량권을 일탈·남용한 위법한 처분이 된다. 위 지침

이 되풀이 시행되어 행정관행이 이루어졌다거나 그 공표만으로 신청인이 보호가치 있는 신뢰를 갖게 되었다고 볼 수 없다(대판 2009. 12. 24, 2009두7967)고 하였으므로 행정관행이 이루어졌다거나 그 공표만으로 신청인이 보호가치 있는 신뢰를 갖게 되었다고 볼 수 없다.
④ 행정청의 공적 견해표명이 있었는지의 여부를 판단함에 있어서는, 반드시 행정조직상의 형식적인 권한분장에 구애될 것은 아니고, 담당자의 조직상의 지위와 임무, 당해 언동을 하게 된 구체적인 경위 및 그에 대한 상대방의 신뢰가능성에 비추어 실질에 의하여 판단하여야 한다(대판 2008. 1. 17, 2006두10931).

제1편

행정법총론

31

행정상 신뢰보호의 원칙에 대한 설명으로 가장 옳지 않은 것은?

① 신뢰보호의 원칙이란 행정기관의 일정한 언동의 정당성 또는 존속성에 대한 사인의 보호가치 있는 신뢰는 보호해 주어야 한다는 원칙을 말한다.
② 신뢰보호의 원칙은 대륙법계의 관념이지만 영미법계의 보통법상 금반언의 법리와 같은 이념을 가지고 있다.
③ 국세기본법 제18조 제3항, 행정절차법 제4조 제2항 등이 신뢰보호의 원칙을 명문화하여 규정하고 있다.
④ 판례는 무효인 처분과 관련하여서도 신뢰보호의 원칙을 적용할 수 있다고 판시하였다.

해설 판례는 무효인 처분은 그 하자가 중대하고 명백하여 신뢰보호의 원칙을 적용할 수 없다고 한다.

● 관련 판례

국가가 공무원임용결격사유가 있는 자에 대하여 결격사유가 있는 것을 알지 못하고 공무원으로 임용하였다가 사후에 결격사유가 있는 자임을 발견하고 공무원 임용행위를 취소하는 것은 당사자에게 원래의 임용행위가 당초부터 당연무효이었음을 통지하여 확인시켜 주는 행위에 지나지 아니하는 것이므로, 그러한 의미에서 당초의 임용처분을 취소함에 있어서는 신의칙 내지 신뢰의 원칙을 적용할 수 없고 또 그러한 의미의 취소권은 시효로 소멸하는 것도 아니다(대판 1987.4.14, 86누459).

32

다음은 행정법상의 일반원칙이 나타내고 있는 실정법의 규정을 나열한 것이다. 이 중에서 그 법리적 관련성이 가장 적은 것은?

① 규제의 대상과 수단은 규제의 목적 실현에 필요한 최소한의 범위에서 가장 효과적인 방법으로 객관성·투명성 및 공정성이 확보되도록 설정되어야 한다(행정규제기본법 제5조 제3항).
② 경찰관의 직권은 그 직무수행에 필요한 최소한도에서 행사되어야 하며 남용되어서는 아니 된다(경찰관직무집행법 제1조 제2항).
③ 의무자가 이행하지 아니하는 경우 다른 수단으로써 그 이행을 확보하기 곤란하고 또한 그 불이행을 방치함이 심히 공익을 해할 것으로 인정될 때에는 ……(행정대집행법 제2조)
④ 수급자에 대한 급여는 정당한 사유 없이 수급자에게 불리하게 변경할 수 없다(국민기초생활보장법 제34조).

해설 불이익변경금지 원칙에 대한 규정으로 이는 행정법의 일반법 원칙과는 관련성이 적다.
①, ②, ③ 비례의 원칙에 대한 규정이다.

33

부당결부금지의 원칙을 위반할 소지가 많은 것은?

① 불량식품에 대한 과징금
② 배출물을 초과하여 배출한 경우에 부과하는 부과금
③ 위법건축에 대한 단전 내지 단수행위
④ 감염병자의 강제격리조치

해설 부당결부금지원칙의 적용영역
• 행정행위에 대한 새로운 실효성확보수단(위법건축물의 전기·수도·전화 및 가스공급 중단, 명단을 공표하거나 관허사업의 제한 등)
• 행정계약(행정계약을 체결함에 있어 반대급부를 결부시키는 경우)
• 급부행정(행정주체 등이 일반국민에게 급부를 행함에 있어 관련 없는 상대방의 반대급부와 결부시키는 경우)
• 부관(부관에 의해 당해 행정행위의 목적과 무대한 다른 목적을 위한 반대급부를 결부시키는 경우)

핵심정리

부당결부금지의 원칙
• **의의** : 행정청이 행정작용을 함에 있어서 그것과 실체적인 관련성이 없는 상대방의 반대급부를 조건으로 하여서는 안 된다는 원칙을 말한다. 이는 행정기관의 권한행사와 반대급부 간에 실질적 관련성이 있어야 한다는 의미에서 관련성의 명령이라 하기도 한다.
• **법적 근거** : 헌법적 효력설과 법률적 효력설, 별도 근거설이 대립되나, 헌법상의 법치국가 원리와 자의금지 원칙을 근거로 한다는 헌법적 효력설이 다수설의 입장이다.
• **요건** : 행정청의 행정작용의 존재, 즉 공권력의 행사가 있어야 하며, 공권력의 행사가 상대방의 반대급부와 결부되어야 한다. 또한 공권력의 행사와 상대방의 반대급부가 부당한 내적 관련성을 가져야 한다.

34 [국가직 9급 기출]

행정법에 대한 설명으로 옳지 않은 것은?

① 대륙법계는 공법과 사법(私法)의 구별을 강조하면서 행정사건은 사법(司法)법원이 아닌 별도의 법원(재판소)의 관할에 속하도록 하고 있다.

② 프랑스에서 행정법원(재판소, Conseil d'Etat)이 출범하게 된 배경은 대혁명 이후 행정사건에 대한 사법(司法)법원의 간섭을 배제하기 위한 필요성과 관련이 있다.

③ 공법과 사법(私法)의 구별을 강조하지 않는 영미법계 국가에서는 오늘날 행정법의 특수성은 인정되지 않으며 행정기관의 결정에 대한 재판권은 통상의 사법(司法)법원이 행사한다.

④ 우리나라의 행정법은 전통적으로 대륙법계의 영향을 받아 행정에 특유한 공법으로서의 성격을 강조하고 있으면서도 행정사건은 별도의 행정법원(재판소)이 아닌 사법(司法)법원의 관할에 속한다.

해설 영미법계 국가의 경우 20세기 이후 다수의 행정위원회를 설치·운영하면서 그 조직과 권한행사의 절차, 사법심사 등을 규율하기 위한 수단으로 행정법이 성립·발달하고 있으며 이러한 측면에서 영미법계 국가도 행정법의 특수성을 인정하고 있다고 할 수 있다.

핵심정리
영미법계 국가의 행정법 유형
- **영국** : "영국에는 행정법이 없다. – 다이시(Dicey)"
- **미국** : 20세기 행정위원회가 설치되어 행정법이 성립·발전
- **일본** : 2차 대전 이후 행정재판소가 폐지되어 사법국가 형태를 취함

35

신뢰보호의 원칙의 요건으로 보기 가장 어려운 것은? (다툼이 있는 경우 다수의 견해에 의함)

① 행정청의 선행조치
② 선행조치의 적법성
③ 신뢰에 기인한 사인의 처리
④ 보호가치가 있는 사인의 신뢰

해설 신뢰보호의 원칙이 적용되기 위한 요건의 하나로 행정청의 선행조치가 존재하여야 하는바, 이러한 선행조치가 반드시 적법할 필요는 없다. 즉, 위법한 선행조치에 대해서도 신뢰보호의 원칙은 적용된다.

36

반드시 관보에 게재할 사항에 해당되지 않는 것은?

① 헌법개정안의 공고
② 총리령의 공포
③ 예산의 공고
④ 국회의장에 의한 법률의 공포

해설 **공포 및 공고의 절차(법령등공포에관한법률 제11조)**
- 헌법개정·법률·조약·대통령령·총리령 및 부령의 공포와 헌법개정안·예산 및 예산 외 국고부담계약의 공고는 관보에 게재함으로써 한다.
- 국회법 제98조 제3항 전단에 따라 하는 국회의장의 법률 공포는 서울특별시에서 발행되는 둘 이상의 일간신문에 게재함으로써 한다.
- 제1항에 따른 관보는 종이로 발행되는 관보(종이관보)와 전자적 형태로 발행되는 관보(전자관보)로 운영한다.
- 관보의 내용 해석 및 적용 시기 등에 대하여 종이관보와 전자관보는 동일한 효력을 가진다.

정답 32 ④ 33 ③ 34 ③ 35 ② 36 ④

37

법원 판례의 입장과 다른 것은?

① 당구장업의 경우 출입문에 18세 미만자의 출입금지표시를 하도록 규정한 체육시설의설치·이용에관한법률 시행령 제5조는 평등의 원칙 위반으로 판시하였다.

② 교사의 신규채용 시 국·공립교육대학졸업자에게 우선권을 주도록 한 교육공무원법은 평등의 원칙에 반한다.

③ 유예기간 없이 개인택시운송사업 면허기준을 변경하고 그에 기하여 면허신청을 거부한 처분은 평등의 원칙 위반이라고 하였다.

④ 국회의원에 대하여만 개인후원회를 허용하고 지방의회의원에는 이를 허용하지 않는 것은 평등의 원칙 위반이 아니라고 하였다.

해설 매년 그때의 상황에 따라 적절히 면허숫자를 조절해야 할 필요성이 있는 개인택시면허제도의 성격상 그 자격요건이나 우선순위의 요건을 일정한 범위 내에서 강화하고 그 요건을 변경함에 있어 유예기간을 두지 아니하였다 하더라도 면허신청접수거부처분이 신뢰보호의 원칙이나 형평의 원칙, 재량권의 남용에 해당하지 않는다(대판 1996.7.30, 95누12897).

① 체육시설의설치·이용에관한법률 시행규칙 제5조는 직업선택의 자유와 평등권을 침해하고 위임입법의 한계를 일탈한 것이다(헌재 1993.5.13, 92헌마80).

② 교육공무원법 제11조 제1항은 이를 정당화할 합리적인 근거가 없으므로 헌법상 평등의 원칙에 어긋난다(헌재 1990.10.8, 89헌마89).

④ 같은 정치활동이라 하더라도 그에 수반하여 정치자금을 필요로 하는 정도나 소요자금의 양에서도 현격한 차이가 있으므로 시·도의원에게 개인후원회를 금지하였다하여 평등의 원칙에 위반된다고 할 수 없다(헌재 2000.6.1, 99헌마576).

38 지방직·서울시 9급 기출

행정법의 법원(法源)의 효력에 대한 설명으로 옳지 않은 것은?

① 헌법개정·법률·조약·대통령령·총리령 및 부령의 공포는 관보에 게재함으로써 한다.

② 국회법에 따라 하는 국회의장의 법률 공포는 서울특별시에서 발행되는 둘 이상의 일간신문에 게재함으로써 한다.

③ 법령의 공포일은 해당 법령을 게재한 관보 또는 신문이 발행된 날로 한다.

④ 관보의 내용 해석 및 적용 시기 등에 대하여 종이관보가 전자관보보다 우선적 효력을 가진다.

해설 법령등공포에관한법률 제11조 4항에 따라 공포 및 공고의 절차에 따라 관보의 내용 해석 및 적용 시기 등에 대하여 종이관보와 전자관보는 동일한 효력을 가진다.

① 제11조 1항에 따라 헌법개정·법률·조약·대통령령·총리령 및 부령의 공포와 헌법개정안·예산 및 예산 외 국고부담계약의 공고는 관보(官報)에 게재함으로써 한다.

② 제11조 2항에 국회법 제98조 제3항 전단에 따라 하는 국회의장의 법률 공포는 서울특별시에서 발행되는 둘 이상의 일간신문에 게재함으로써 한다.

③ 제12조에 따라 법령 등의 공포일 또는 공고일은 해당 법령 등을 게재한 관보 또는 신문이 발행된 날로 한다.

39

법령의 공포와 효력에 대한 설명으로 옳은 것은?

① 모든 법령은 어떠한 경우에도 대통령이 공포한다.

② 대통령령, 총리령 및 부령은 공포 14일 경과 후 효력을 발생한다.

③ 국민의 권리 제한과 관련된 법률은 공포일부터 30일이 경과한 날부터 시행되어야 한다.

④ 국회의장이 공포하는 경우는 관보에 게재해야 한다.

해설 국민의 권리제한 또는 의무 부과와 직접 관련되는 법률, 대통령령, 총리령 및 부령은 긴급히 시행하여야 할 특별한 사유가 있는 경우를 제외하고 공포일부터 적어도 30일이 경과한 날부터 시행되도록 하여야 한다.

　① 법률의 경우 대통령 또는 국회의장이 공포하고, 명령(대통령령, 총리령, 부령)은 형식적 권한이 있는 자가 공포한다.

　② 특별한 규정이 없을 경우 공포한 날부터 20일이 경과함으로써 효력을 발생한다.

　④ 국회의장이 법률을 공포하고자 할 때에는 서울특별시에서 발행되는 둘 이상의 일간신문에 게재함으로써 한다(법령등공포에관한법률 제11조 제2항).

핵심정리

행정법 효력발생시기
- **시행일(효력발생일)** : 법률과 대통령령·총리령·부령, 조례·규칙 등은 특별한 규정이 없으면 공포한 날부터 20일이 경과함으로써 효력을 발생한다(헌법 제53조, 법령등공포에관한법률 제13조, 지방자치법 제32조).
- **법령의 시행유예기간(주지기간)** : 국민의 권리 제한 또는 의무 부과와 직접 관련되는 법률, 대통령령, 총리령 및 부령은 긴급히 시행하여야 할 특별한 사유가 있는 경우를 제외하고는 공포일부터 적어도 30일이 경과한 날부터 시행되도록 하여야 한다(법령등공포에관한법률 제13조의2).

40

신뢰보호의 원칙에 대한 설명으로 옳지 않은 것은?

① 대법원은 과세관청의 의사표시가 납세자의 추상적인 질의에 대한 일반론적인 견해표명에 불과한 경우는 행정관청의 선행조치로서의 공적 견해의 표명이 있었다고 볼 수 없다고 판시한 바 있다.

② 신뢰보호가치성은 법률적합성의 원칙의 실현에 대한 공익과 당해 조치의 존속에 대한 관계자의 사익을 비교형량하여 판단하여야 한다.

③ 수익자의 사기·강박 등 부정한 방법에 기해 수익적 행정행위가 발하여진 경우에도 취소에 대한 공익이 우선시 될 수 없다.

④ 법원은 실권의 법리를 신의성실의 원칙에 바탕을 둔 파생원칙으로 판시한 바 있다.

해설 수익적 처분이 있으면 상대방은 그것을 기초로 하여 새로운 법률관계 등을 형성하게 되는 것이므로, 이러한 상대방의 신뢰를 보호하기 위하여 수익적 처분의 취소에는 일정한 제한이 따르는 것이나, 수익적 처분이 상대방의 허위 기타 부정한 방법으로 인하여 행하여졌다면 상대방은 그 처분이 그와 같은 사유로 인하여 취소될 것임을 예상할 수 없었다고 할 수 없으므로, 이러한 경우에까지 상대방의 신뢰를 보호하여야 하는 것은 아니라고 할 것이다(대판 1995.1.20, 94누6529)라고 한 판례에 비추어 볼 때 공익이 우선시 된다고 할 수 있다.

실전
문제

제3장 행정법관계

 대표유형문제

행정상 법률관계에 대한 설명으로 옳지 않은 것은? (다툼이 있는 경우 판례에 의함)

① 주민등록의 신고는 행정청에 도달하기만 하면 신고로서의 효력이 발생하는 것이 아니라 행정청이 수리한 경우에 비로소 신고의 효력이 발생한다.

② 국가나 지방자치단체에 근무하는 청원경찰의 징계처분에 대한 소송은 행정법상의 행정소송에 해당한다.

③ 공법관계에 있어서 자연인의 주소는 주민등록지이고, 그 수는 1개소에 한한다.

❹ 농지개량조합의 직원에 대한 징계처분은 처분성이 인정되지 않는다.

정답해설 농지개량조합과 그 직원과의 관계는 사법상의 근로계약관계가 아닌 공법상의 특별권력관계이고, 그 조합의 직원에 대한 징계처분의 취소를 구하는 소송은 행정소송사항에 속한다(대판 1995. 6. 9, 94누10870).

오답해설 ① 주민등록의 신고는 수리를 요하는 신고이다. 시장 등의 주민등록전입신고 수리 여부에 관한 심사의 범위와 대상에서 주민등록법이 아닌 다른 법률에 의하여 규율되어야 하며, 주민등록전입신고의 수리 여부를 심사하는 단계에서는 고려 대상이 될 수 없다(대판2009.7.9, 2008두19048)

② 국가나 지방자치단체에 근무하는 청원경찰은 국가공무원법이나 지방공무원법상의 공무원은 아니지만 그 외 임용자격, 직무, 복무의무 내용 등을 종합하여 볼 때, 그 근무관계를 사법상의 고용계약관계로 보기는 어려우므로 그에 대한징계처분의 시정을 구하는 소는 행정소송의 대상이지 민사소송의 대상이 아니다(대판 1993. 7. 13, 92다47564).

③ 공법관계에 있어서 자연인의 주소는 주민등록지이고, 그 수는 1개소에 한하고 30일 이상 거주 목적이 있는 경우이다.

핵심정리 행정상 법률관계

행정상 법률관계는 공법관계일 수도 있고 사법관계일 수도 있다. 공법관계인 경우 행정법 관계라고 부르고 권력관계(행정주체가 사인에 대해서 법률관계를 일방적으로 형성 – 변경 – 소멸시키거나 명령 – 강제하는 행정법관계)와 관리관계(대등한 당사자 간의 법률관계)로 구분된다. 사법관계인 경우 국고관계(행정주체가 일반사인과 같은 지위에서 사법상의 행위를 함에 있어 사인과 맺는 법률관계)와 행정사법관계(행정 주체가 사법형식으로 공행정을 수행하는 법률관계로서 사법관계이나 그 공적 목적 때문에 공법적 제약이 인정되는 법률관계)로 부른다.

01

행정법관계에 대한 설명이 옳은 것은?

① 각종 행정처분으로 인한 권리나 의무의 주체는 처분주체와 일치한다.

② 모든 행정처분은 법원의 판결을 매개하지 않고 자력으로 강제할 수 있는 힘을 갖는다는 것이 판례, 학설의 태도이다.

③ 위법한 영업정지처분으로 입은 영업상 금전적 손해배상의 청구소송은 민사소송에 의한다는 것이 판례의 입장이다.

④ 제기기간을 초과한 행정심판 청구의 부적법을 간과한 채 행정청이 실질적 재결을 한 경우 행정소송의 전치요건을 충족한 것으로 보는 것이 판례의 입장이다.

해설 ① 행정법관계에 있어 처분의 주체는 행정청이나 당해 처분의 법적 효과(권리·의무)는 처분청이 아니라 행정주체에게 귀속된다.
② 하명이 아닌 처분의 경우에는 자력강제의 문제가 발생하지 않는다.
④ 행정청이 행정심판의 제기기간을 도과한 부적법한 심판에 대하여 그 부적법을 간과한 채 실질적 재결을 한 경우 행정소송 역시 전치의 요건을 충족치 못한 것이 되어 부적법 각하를 면치 못한다(대판 1991.6.25, 90누8091).

핵심정리

행정주체와 행정관청의 구별
- **행정주체** : 행정상의 법률관계에 있어서 행정권을 행사하고, 그 법적 효과가 궁극적으로 귀속되는 당사자를 의미한다.
- **행정관청(행정청)** : 국가 또는 공공단체의 의사를 결정하고 외부에 표시하는 행정기관을 의미하며, 그 효과를 귀속시키는 주체는 아니다.

02

다음 중 행정주체의 지위를 갖는 것을 모두 고른 것은? (다툼이 있는 경우 판례에 의함)

ㄱ 구 도시및주거환경정비법(2007.12.21. 법률 제8785호로 개정되기 전의 것)에 따른 주택재건축정비사업조합
ㄴ 지방자치단체
ㄷ 서울대학교
ㄹ 국가

① ㄱ, ㄴ　　② ㄴ, ㄷ
③ ㄱ, ㄴ, ㄷ　　④ ㄱ, ㄴ, ㄷ, ㄹ

해설 ㄱ 주택재건축정비사업조합은 정비구역 안에 있는 토지와 건축물의 소유자 등으로부터 조합설립의 동의를 받는 등 관계 법령에서 정한 요건과 절차를 갖추어 관할 행정청으로부터 조합설립인가를 받은 후 등기함으로써 법인으로 성립한다. 그리고 이러한 절차를 거쳐 설립된 재건축조합은 관할 행정청의 감독 아래 정비구역 안에서 도시정비법상의 '주택재건축사업'을 시행하는 목적 범위 내에서 법령이 정하는 바에 따라 일정한 행정작용을 행하는 행정주체로서의 지위를 갖는다(대판 2009.10.15, 2009다30427).
ㄴ 국가영토의 일부 지역을 그 구성단위로 하여 그 지역 안의 주민을 통치하는 포괄적 자치권을 가진 공법인으로서 전래적 행정주체이다.
ㄷ 서울대학교는 2011.12.28부터 영조물기관(행정기관)으로서의 국립대학교가 아닌 영조물법인(전래적 행정주체, 공공단체)이 되었다.
ㄹ 국가는 시원적으로 행정권을 가지고 있는 행정주체이다.

03

특별권력관계에 대한 설명으로 옳은 것은?

① 특별권력관계이론은 19세기 후반 독일에서 성립된 독일법에 특유한 이론으로 프랑스법에는 특별권력관계이론이 존재하지 않는다.

② 바호프(Bachof)는 특별권력관계 내에서 취해진 행위 중 기본관계에서의 행위는 사법심사의 대상이 되지만 경영수행관계에서의 행위는 사법심사의 대상이 되지 않는다고 하였다.

③ 특별권력관계의 행정주체에게는 명령권, 징계권, 경찰권, 과세권을 그 내용으로 하는 포괄적 지배권과 징계권의 특별권력이 인정된다.

④ 오늘날에도 특별권력관계에 대하여는 법률의 유보 및 사법심사가 완전히 배제된다고 하는 것이 학설과 판례의 입장이다.

> **해설** ② 울레(Ule)의 특별권력관계 수정론의 설명이다.
> ③ 경찰권이나 과세권은 일반통치권에 근거한 일반권력의 발동이다.
> ④ 오늘날에는 특별권력관계를 부정하여 법률의 유보 및 사법심사가 가능하다고 본다.

─ 핵심정리 ─

특별권력관계와 일반권력관계와의 차이

구분	특별권력관계	일반권력관계
성립 원인	특별한 법률원인	국민지위로서 당연 성립
지배권	포괄적인 특별권력	일반통치권
관계	행정주체와 공무원	행정주체와 행정객체
법치주의 적용	법치주의 원칙 제한, 법률유보 배제	법치주의 원칙 적용, 법률유보 인정
사법심사	원칙적으로 제한됨	전면적으로 가능

04

관리관계에 대한 설명으로 옳지 않은 것은?

① 관리관계는 행정주체의 우월한 공권력 행사의 주체로서 개인과 관계를 형성한다.

② 관리관계는 공정력·확정력·강제력 등이 인정되지 않는다.

③ 관리관계는 공법원리가 전면적으로 적용되지 않는다.

④ 관리관계는 행정주체의 행위에 공공성이 요구된다.

> **해설** 권력관계에 대한 설명이다. 관리관계는 행정주체와 행정객체가 대등한 지위에서 이루어지는 관계이다.

05

행정상 법률관계에 대한 설명으로 옳지 않은 것은?

① 권력관계에 대하여도 사법이 적용될 수 있는 경우도 있다.

② 관리관계에 대한 법적 분쟁은 민사소송의 관할에만 속한다.

③ 판례는 규정이 없는 경우 손실보상청구권에 대한 소송을 민사소송이라고 본다.

④ 행정사법관계에서의 법적 분쟁은 원칙적으로 민사소송에 의한다.

> **해설** 관리관계는 행정주체의 행위에 공공성이 요구되는 한도 내에서만 공법원리가 적용되며 그 외에는 원칙적으로 사법원리가 적용된다. 공법적 규율을 받는 관리관계에서의 분쟁은 행정소송 중 당사자소송에 의하며 그 외에는 민사소송에 의한다.

06 국가직 9급 기출

개인적 공권에 대한 설명으로 옳은 것은? (다툼이 있는 경우 판례에 의함)

① 규제권한발동에 관해 행정청의 재량을 인정하는 건축법의 규정은 소정의 사유가 있는 경우 행정청에 건축물의 철거 등을 명할 수 있는 권한을 부여한 것일 뿐만 아니라, 행정청에 그러한 의무가 있음을 규정한 것이다.

② 공무원의 직무행위로 인한 국가배상책임이 인정되려면 공무원에게 부과된 직무상의무의 내용이 단순히 공공 일반의 이익을 위한 것이거나 행정기관 내부의 질서를 규율하기 위한 것이 아니고 전적으로 또는 부수적으로 사회구성원 개인의 안전과 이익을 보호하기 위하여 설정된 것이어야 한다.

③ 다수의 검사 임용신청자 중 일부만을 검사로 임용하는 결정을 함에 있어, 임용신청자들에게 전형의 결과인 임용 여부의 응답을 할 것인지는 임용권자의 편의재량사항이다.

④ 일반적인 개인적 공권의 성립요건인 사익보호성은 무하자재량행사청구권이나 행정개입청구권에는 적용되지 않는다.

해설 공무원이 고의 또는 과실로 그에게 부과된 직무상 의무를 위반하였을 경우라고 하더라도 국가는 그러한 직무상의 의무 위반과 피해자가 입은 손해 사이에 상당인과관계가 인정되는 범위 내에서만 배상책임을 지는 것이고, 이 경우 상당인과관계가 인정되기 위하여는 공무원에게 부과된 직무상 의무의 내용이 단순히 공공 일반의 이익을 위한 것이거나 행정기관 내부의 질서를 규율하기 위한 것이 아니고 전적으로 또는 부수적으로 사회구성원 개인의 안전과 이익을 보호하기 위하여 설정된 것이어야 한다(대판 2010.9.9, 2008다77795).

　① 구 건축법 및 기타 관계 법령에 국민이 행정청에 대하여 제3자에 대한 건축허가의 취소나 준공검사의 취소 또는 제3자 소유의 건축물에 대한 철거 등의 조치를 요구할 수 있다는 취지의 규정이 없고, 같은 법 제69조 제1항 및 제70조 제1항은 각 조항 소정의 사

유가 있는 경우에 시장·군수·구청장에게 건축허가 등을 취소하거나 건축물의 철거 등 필요한 조치를 명할 수 있는 권한 내지 권능을 부여한 것에 불과할 뿐, 시장·군수·구청장에게 그러한 의무가 있음을 규정한 것은 아니므로 위 조항들도 그 근거 규정이 될 수 없으며, 그 밖에 조리상 이러한 권리가 인정된다고 볼 수도 없다(대판 1999.12.7, 97누17568).

　③ 검사의 임용 여부는 임용권자의 자유재량에 속하는 사항이나, 임용권자가 동일한 검사신규임용의 기회에 원고를 비롯한 다수의 검사 지원자들로부터 임용신청을 받아 전형을 거쳐 자체에서 정한 임용기준에 따라 이들 일부만을 선정하여 검사로 임용하는 경우에 있어서 법령상 검사임용 신청 및 그 처리의 제도에 관한 명문 규정이 없다고 하여도 조리상 임용권자는 임용신청자들에게 전형의 결과인 임용 여부의 응답을 해줄 의무가 있다고 할 것이며, 응답할 것인지 여부조차도 임용권자의 편의재량사항이라고는 할 수 없다(대판 1991.2.12, 90누5825).

　④ 무하자재량행사청구권이 성립하기 위해서는 당해 행정작용의 근거규범이 공익뿐 아니라 최소한 부수적으로라도 사익을 보호의 대상으로 하고 있어야 한다. 행정개입청구권이 성립하려면 당해 근거 법규와 관계 법규의 목적, 취지가 공익만이 아니라 적어도 사익까지 보호하려는 취지여야 한다.

핵심정리

개인적 공권의 종류

- **자유권** : 행정주체에 의한 침해를 저지하는 소극적인 권리로, 헌법상의 자유권적 기본권이 이에 해당된다. 따라서 위법한 행정청의 처분으로 거주·이전의 자유를 침해받은 자는 헌법 제14조에 근거하여 직접 당해 처분의 취소를 구할 수 있다. 자유권은 수익권과 달리 적극적 기능은 없으며, 위법한 공권력 행사를 거부하고 배제하는 기능을 지닌다.

- **수익권** : 개인이 적극적으로 행정주체에 대하여 작위나 급부 등을 청구할 수 있는 권리를 말한다. 이러한 수익권의 존부 또는 그 구체적 내용은 헌법·법률의 규정이나 행정행위 또는 행정계약에 의해서 결정되는 근거를 필요로 한다. 수익권의 예로는, 공법상금전청구권(공무원보수청구권등), 공물사용권(도로등의사용권), 영조물이용권(국립대학에서 교육을 받을 권리 등), 특정행위 요구권(허가, 등록청구권, 급부청구권, 행정심판청구권 등)을 들 수 있다.

- **참정권** : 국민이 능동적으로 국가·공공단체 등의 통치작용에 참가하는 권리로서 선거권·국민투표권·공무담임권 등이 있다.

07

행정주체와 행정기관에 대한 설명으로 옳지 않은 것은?

① 행정주체의 행정사무담당자를 행정기관이라고 한다는 점에서 행정주체와 행정기관의 관계는 회사(법인)와 대표이사와의 관계와 유사하다.

② 공공단체와 같은 행정주체는 행정객체가 될 수 없다.

③ 전통적으로 영·미행정법에서는 행정기관은 주로 '행정관서'를 의미하나, 독일행정법에서는 주로 '행정관서의 장'을 의미한다.

④ 행정주체는 인격성을 가지나 행정기관은 그에게 법률효과가 귀속되는 것은 아니므로 인격성을 가지지 못한다.

> **해설** 지방자치단체가 국가의 감독을 받는 관계에서 보듯이 공공단체가 행정객체가 되는 경우도 있다.

08

행정주체가 될 수 없는 자는?

① 한국은행

② 대전광역시

③ 순찰 중에 있는 순경

④ 사인으로서 토지를 수용하는 사업시행자

> **해설** 순찰 중에 있는 순경은 집행기관이다.
> ① 영조물법인
> ② 지방자치단체
> ④ 공무수탁사인

09 지방직 9급 기출

공무수탁사인에 대한 설명으로 옳지 않은 것은?

① 행정임무를 자기 책임하에 수행함이 없이 단순한 기술적 집행만을 행하는 사인인 행정보조인과는 구별된다.

② 국가가 자신의 임무를 스스로 수행할 것인지 아니면 그 임무의 기능을 민간부문으로 하여금 수행하게 할 것인지에 대하여 입법자에게 광범위한 입법재량 내지 형성의 자유가 인정된다고 보는 것이 판례의 입장이다.

③ 소득세법에 의한 원천징수의무자의 원천징수행위는 법령에서 규정된 징수 및 납부의무를 이행하기 위한 것에 불과한 것이지, 공권력의 행사로서의 행정처분에 해당되지 아니한다고 보는 것이 판례의 입장이다.

④ 법령에 의하여 공무를 위탁받은 공무수탁사인이 행한 처분에 대하여 항고소송을 제기하는 경우 피고는 위임행정청이 된다.

> **해설** 공무를 위탁받은 공무수탁사인이 행한 처분에 대한 항고소송에 있어서 피고는 공무수탁사인이 된다. 행정소송법(제2조)에서도 법령에 의하여 행정권한의 위임 또는 위탁을 받은 행정기관, 공공단체 및 그 기관 또는 사인도 행정소송법의 적용을 받는 행정청으로 규정하고 있다(행정주체의 지위와 행정청의 지위를 동시에 가짐).
> ① 공무수탁사인은 자신의 이름으로 공행정 사무를 처리할 수 있는 권한을 법률 또는 그에 근거한 행위에 의해 위임받아 그 범위 안에서 행정주체로서의 지위를 지니나 행정보조인은 독립적인 행정권한이 없고 법률관계의 대외적 주체가 될 수 없다.
> ③ 대판 1990.3.23, 89누4789

10

행정법관계의 특수성에 대한 설명으로 옳지 않은 것은?

① 행정주체의 의사가 위법하여 하자가 있는 경우에도 권한이 있는 행정청의 취소가 있기 전까지 의사의 효력이 인정된다.

② 행정주체는 권력관계에 있어서 타인의 힘을 빌리지 않고 스스로의 힘에 의해 자기의사를 실현할 수 있다.

③ 행정쟁송제기기간이 경과하면 더 이상 다툴 수 없다.

④ 행정법관계의 권리 · 의무는 사법관계의 그것보다 더욱 예리하게 이해관계가 대립된다.

해설 ① 공정력
② 자력집행력
③ 불가쟁력

핵심정리

행정법관계의 특질

- **법률적합성** : 행정행위는 공익실현의 작용이라는 점에서 엄격한 법적 기속을 받음
- **국가의사의 공정력** : 성립에 하자가 있더라도 그것이 중대하고 명백하여 당연무효가 아닌 한 권한 있는 기관에 의하여 취소될 때까지는 구속력이 있는 것으로 통용
- **국가의사의 확정력(불가변력, 불가쟁력)** : 하자 있는 행정행위라 할지라도 행정주체가 일정기간의 경과 또는 그 성질상 이를 임의로 취소 · 철회할 수 없는 힘
- **국가의사의 강제력(제재력, 자력집행력)** : 행정목적을 실현하기 위하여 행정상 의무를 상대방이 이행하지 않을 경우 행정청이 직접 실력을 행사하여 의무이행을 확보하는 힘
- **권리 · 의무의 특수성** : 포기성 · 이전성 제한, 비대체성, 보호의 특수성
- **권리구제수단의 특수성** : 행정상 손해전보, 행정쟁송

11

개인적 공권에 대한 설명으로 옳지 않은 것은?

① 공권은 법에 의하여 보호되는 이익이기 때문에 침해된 경우에는 소송을 통한 법적 구제를 받을 수 있다.

② 경찰허가를 통하여 누리는 사실상의 독점적 이익은 반사적 이익의 하나이다.

③ 헌법재판소는 개인의 공문서열람청구권을 인정하지 않고 있다.

④ 행정주체의 행위가 재량행위인 경우에도 '재량권의 영으로의 수축이론'을 통하여 기속행위로 전환시킴으로써 공권의 성립을 인정하고 있다.

해설 국민의 알 권리의 실현은 법률의 제정이 뒤따라 이를 구체화시키는 것이 충실하고도 바람직하지만, 그러한 법률이 제정되어 있지 않다고 하더라도 불가능한 것은 아니고 헌법 제21조에 의해 직접 보장될 수 있다(헌재 1991.5.13. 90헌마133).

12

독일에서 개인적 공권의 확대이론으로 논의되어진 것과 관련이 없는 것은?

① 행정개입청구권
② 무하자재량행사청구권
③ 수용유사침해이론
④ 행정처분발급청구권

해설 수용유사침해이론은 손해전보제도이다.

13 서울시 9급 기출

〈보기〉의 행정상 법률관계 중 행정소송의 대상이 되는 경우만을 모두 고른 것은?

───── 보기 ─────

ㄱ. 지방재정법에 따라 지방자치단체가 당사자가 되어 체결하는 계약에 있어 계약보증금의 귀속조치
ㄴ. 국유재산의 무단점유자에 대한 변상금의 부과
ㄷ. 시립무용단원의 해촉
ㄹ. 행정재산의 사용·수익허가 신청의 거부

① ㄱ, ㄷ
② ㄴ, ㄹ
③ ㄱ, ㄷ, ㄹ
④ ㄴ, ㄷ, ㄹ

해설 ㄴ. 국유재산법 제51조 제1항은 국유재산의 무단점유자에 대하여는 대부 또는 사용, 수익허가 등을 받은 경우에 납부하여야 할 대부료 또는 사용료 상당액 외에도 그 징벌적 의미에서 국가측이 일방적으로 그 2할 상당액을 추가하여 변상금을 징수토록 하고 있으며 동조 제2항은 변상금의 체납시 국세징수법에 의하여 강제징수토록 하고 있는 점 등에 비추어 보면 국유재산의 관리청이 그 무단점유자에 대하여 하는 변상금부과처분은 순전히 사경제 주체로서 행하는 사법상의 법률행위라 할 수 없고 이는 관리청이 공권력을 가진 우월적 지위에서 행한 것으로서 행정소송의 대상이 되는 행정처분이라고 보아야 한다(대법원 1988. 2. 23. 선고 87누1046,1047 판결).

ㄷ. 서울특별시립무용단원의 공연 등 활동은 지방문화 및 예술을 진흥시키고자 하는 서울특별시의 공공적 업무수행의 일환으로 이루어진다고 해석될 뿐 아니라, 단원으로 위촉되기 위하여는 일정한 능력요건과 자격요건을 요하고, 계속적인 재위촉이 사실상 보장되며, 공무원연금법에 따른 연금을 지급받고, 단원의 복무규율이 정해져 있으며, 정년제가 인정되고, 일정한 해촉사유가 있는 경우에만 해촉되는 등 서울특별시립무용단원이 가지는 지위가 공무원과 유사한 것이라면, 서울특별시립무용단 단원의 위촉은 공법상의 계약이라고 할 것이고, 따라서 그 단원의 해촉에 대하여는 공법상의 당사자소송으로 그 무효확인을 청구할 수 있다(대법원 1995. 12. 22. 선고 95누4636 판결).

ㄹ. 행정재산의 사용·수익허가처분의 성질에 비추어 국민에게는 행정재산의 사용·수익허가를 신청할 법규상 또는 조리상의 권리가 있다고 할 것이므로 공유재산의 관리청이 행정재산의 사용·수익에 대한 허가 신청을 거부한 행위 역시 행정처분에 해당한다(대법원 1998. 2. 27. 선고 97누1105판결).

ㄱ. 예산회계법에 따라 체결되는 계약은 사법상의 계약이라고 할 것이고 동법 제70조의5의 입찰보증금은 낙찰자의 계약체결의무이행의 확보를 목적으로 하여 그 불이행시에 이를 국고에 귀속시켜 국가의 손해를 전보하는 사법상의 손해배상 예정으로서의 성질을 갖는 것이라고 할 것이므로 입찰보증금의 국고 귀속조치는 국가가 사법상의 재산권의 주체로서 행위하는 것이지 공권력을 행사하는 것이거나 공권력 작용과 일체성을 가진 것이 아니라 할 것이므로 이에 관한 분쟁은 행정소송이 아닌 민사소송의 대상이 될 수밖에 없다고 할 것이다(대법원 1983. 12. 27. 선고 81누366 판결).

14

무하자재량행사청구권을 설명한 것이 아닌 것은?

① 무하자재량행사청구권은 독일 행정법에서 제2차 세계대전 이후 승인되기에 이른 일종의 개인적 공권이다.
② 무하자재량행사청구권이 인정되면 행정청은 특정한 의무를 행하여야 할 의무를 지게 된다.
③ 협의설에 의하면 무하자재량행사청구권은, 결정재량은 부정되고 선택재량권만을 가지고 있는 경우에 재량권의 하자없는 행사를 청구할 수 있는 권리를 의미한다.
④ 무하자재량행사청구권이 인정되면 원고적격의 폭이 넓어져 민중소송의 우려가 있다는 부정설을 주장하는 학자도 있다.

해설 무하자재량행사청구권은 특정의 처분을 구하는 것이 아니므로 행정청이 특정한 의무를 행하여야 할 의무는 없다.

15

공권의 확대를 위한 노력과 관련이 없는 것은?

① 재량권의 0(零)으로의 수축
② 사익보호성의 확대
③ 제3자의 원고적격 확대
④ 기속행위의 재량화

해설 기속행위의 재량화는 오히려 공권을 축소시킬 우려가 있다.

16

행정법상의 개인적 공권(내지 법률상 이익)에 대한 설명으로 옳지 않은 것은?

① 판례에 의하면 처분의 직접적 근거규정만으로 공권의 성립요건의 충족 여부를 판단한다고 한다.
② 현행 행정소송법상으로 행정개입청구권이 완전하게 관철되기는 어렵다.
③ 공권의 성립요건 가운데 의사력(법상의 힘)의 존재의 중요성은 감퇴되고 있음이 많은 문헌에서 강조되고 있다.
④ 판례에 의하면 건축공사가 완료된 후에는 위법건축물에 대한 건축허가의 취소 등의 조치를 행정청에 요구할 수 있는 권리는 부정된다고 한다.

해설 대법원이 원고적격의 인정 여부와 관련하여 법률상 이익의 존재를 판단함에 있어 처분의 직접적 근거규정뿐만 아니라 '처분시 준용되는' 규정도 근거법률에 포함시키고 있고(대판 1995.9.26, 94누14544), 헌법재판소는 법률상 이익의 유무를 헌법상의 기본권을 고려하여 판단하고 있다(헌재 1998.4.30, 97헌마141).

17

다음의 사례를 설명할 수 있는 행정법관계의 특질로 옳은 것은?

> A씨는 조세부과처분에 의하여 국세를 납부한 후 그 처분이 중대하고 명백한 흠이 아닌 위법한 처분임을 알게 되어 세무당국에 납부한 금액의 반환청구를 하였으나, 처분이 취소가 되기 전까지는 납부금액을 반환할 수 없다고 한다.

① 행정의사의 강제력
② 행정의사의 존속력
③ 행정의사의 구속력
④ 행정의사의 공정력

해설 **행정의사의 공정력(예선적 효력)**
• 공정력은 행정행위에 비록 하자(위법·부당)가 있더라도 그것이 중대하고 명백하여 당연무효가 아닌 한, 권한 있는 기관에 의하여 취소될 때까지 일단 유효한 것으로 추정되어 상대방 및 이해관계가 있는 제3자를 구속하는 힘을 말한다.
• 공정력은 하자(흠)로부터 독립한 사실상의 효력(절차적 효력)이며, 행정행위가 부존재하거나 당연무효인 경우에는 인정되지 않는다.

• 공정력은 사인보다 행정주체의 우월한 지위에서 나온 것으로, 예선적 효력이라 하기도 한다.
• 공정력을 상대방에 대한 관계에서 법적 안정성이 원칙상 인정되는 유효성 추정력이라 보고, 타 국가기관과의 관계에서 권한분립이 원칙상 인정되는 구성요건적 효력과 구별하는 견해도 있다. 이 견해에서는 공정력을 행정행위의 상대방이나 이해관계인에 대한 구속력으로 보며, 구성요건적 효력을 제3의 국가기관(처분청 이외의 행정청, 수소법원 이외의 법원)에 대한 구속력이라 본다.

핵심정리

재량권의 0으로의 수축이론

• **의의** : 재량권의 영으로의 수축이란 재량행위임에도 불구하고 행정청이 자유영역을 갖지 못하고 오로지 하나의 결정만을 하여야 하는 것을 말한다. 여기서 '영(0)'이란 재량영역이 없다는 것을 의미한다.
• **도입배경** : 종래에는 재량영역에서는 행정권에게 아무런 의무가 존재하지 않으므로 공권의 성립여지가 없었다. 그러나 반사적 이익을 공권으로 해석하는 경향이 확대됨으로써 생명·신체, 재산에 중대한 위해가 발생하여 다른 구제수단이 없는 경우에는 재량권이 영으로 수축되어 행정청은 특정한 처분을 발동하여야 하는 경우가 상정되며, 여기에서 행정개입청구권이 발생되었다. 결국, 재량권의 영으로 수축이론은 행정청의 부작위에 대한 행정개입청구권권과 손해배상청구권을 구성하기 위한 법리로서 성립·발전되어 왔다.

18

재량권의 0(零)으로의 수축이론에 대한 설명으로 옳지 않은 것은?

① 재량권의 불행사에 대한 국가배상책임을 인정하기 위한 법리로서 성립·발전되었다.
② 재량권의 0(零)으로의 수축이론은 행정청의 재량권을 통제하기 위한 이론인데, 재량권이 0(零)으로 수축되는 경우 당해 재량행위는 내용적으로 기속행위로 전환된다고 본다.
③ 자기를 위하여 타인에 대해 행정권을 발동할 것을 요구할 수 있는 공권인 행정개입청구권은 재량권의 0(零)으로의 수축이론과는 무관하다.
④ 우리나라의 판례에도 이를 인정한 바 있다.

> **해설** 재량권이 0(零)으로 수축되어 오직 하나의 처분만이 적법한 재량권 행사로 인정되는 경우에는 개인이 행정청에 대하여 특정처분을 할 것을 청구할 수 있으므로 이 경우 행정개입청구권으로 전환된다.

19

공권에 대한 설명으로 옳지 않은 것은?

① 반사적 이익과는 소송법적 측면에서 구별실익이 있다.
② 뷜러(O.Bühler)는 공권성립의 요소로 강행법규의 존재, 사익보호성, 법상의 힘(의사력·청구권능)의 존재를 들었다.
③ 강행법규의 존재는 반드시 공권개념을 성립시키기 위한 필요적 전제조건으로 이해하지 않는 것이 최근의 경향이다.
④ 오늘날 공권이 확대화되는 경향이 있다.

> **해설** 뷜러의 공권성립의 3요소 중 공권개념을 성립시키기 위한 필요적 전제조건으로 법상의 힘을 제외한 '강행법규의 존재'와 '사적 이익의 보호'만으로 충분하다는 것이 최근의 경향이다.

20

개인적 공권의 성립에 대한 설명으로 옳지 않은 것은?

① 개인적 공권은 기속적 법규범에서만 성립된다.

② 개인적 공권은 헌법상 기본권으로부터 직접 도출될 수도 있다.

③ 재량권수축이론은 전통적 편의주의와 반사적 이익관을 수정한 법리이다.

④ 무하자재량청구권은 개인의 주관적 공권에 속한다.

해설 개인적 공권은 행정행위가 재량행위인 경우에도 무하자 재량행사청구권은 인정될 수 있으며, 또한 예외적으로 재량권이 0으로 수축되는 경우에 행정개입청구권도 인정될 수 있다.

21

무하자재량행사청구권과 행정개입청구권에 대한 설명으로 옳지 않은 것은?

① 재량행위의 경우에는 무하자재량행사청구권이 인정되고 행정개입청구권은 원칙상 인정되지 않지만 재량권이 영으로 수축하는 경우에는 무하자재량행사청구권이 행정개입청구권으로 전환되어 행정개입청구권이 인정된다.

② 행정개입청구권의 보장을 위한 가장 적절한 소송수단은 의무이행소송이지만 현행법상 인정되고 있지 않다.

③ 행정개입청구권은 특정한 내용의 처분을 하여 줄 것을 청구하는 권리가 아니고 재량권을 흠 없이 행사하여 처분을 하여 줄 것을 청구하는 권리인 점에서 형식적 권리라고 할 수 있다.

④ 무하자재량행사청구권은 행정기관이 선택재량을 가지는 경우뿐만 아니라 결정재량만을 가지는 경우에도 인정된다.

해설 행정개입청구권은 재량이 영으로 수축된 경우 특정 처분을 구하는 실체적 권리이며 형식적 권리가 아니다.

핵심정리

행정개입청구권의 성질

• 행정개입청구권은 행정작용을 구하는 적극적 공권이며, 행정청에 특정한 행위를 요구할 수 있는 실체적 권리라는 점에서 무하자재량행사청구권과 구별된다.

• 행정개입청구권은 결정재량과 관련되어 논의되는 것이며, 선택재량과 관련되어 논의되는 것이 아니다.

• 행정청의 위법한 부작위에 대한 구제수단으로서, 사전 예방적 · 사후시정적 수단으로서의 성질을 지니며, 특히 복효적 행정행위에서 중요한 역할을 수행한다.

22

행정법관계의 특질에 대한 설명으로 옳지 않은 것은? (다툼이 있는 경우 판례에 의함)

① 불가쟁력이 발생한 행위라도 행정청은 직권으로 취소할 수 있다.

② 판례에 의할 때, 무효가 아닌 위법한 조세부과처분에 의하여 국세를 이미 납부한 개인이 제기한 부당이득반환청구사건에서 법원은 청구를 인용하여야 한다.

③ 불가쟁력이 발생한 경우라도 관계 법령의 해석상 신청권이 인정될 수 있는 특별한 상정이 있다면 해당 처분의 변경에 대한 신청권이 인정된다.

④ 불가변력은 행정행위의 성질상 행정행위를 한 행정청이나 감독청 자신도 그 행정행위의 내용을 변경하거나 취소 · 철회할 수 없도록 하는 효력을 말한다.

해설 과세처분이 당연무효라고 볼 수 없는 한 과세처분에 취소할 수 있는 위법사유가 있다 하더라도 그 과세처분은 행정행위의 공정력 또는 집행력에 의하여 그것이 적법하게 취소되기 전까지는 유효하다. 따라서 민사법원은 처분의 효력에 공정력이 인정되므로 선결문제로서 그 효력을 판단할 수 없어 법원은 청구를 기각해야 한다.

① 불가쟁력이 발생한 행정행위라도 불가변력이 발생하지 않는 한 행정청은 직권으로 이를 취소할 수 있다.
③ 대판 2007.4.26, 2005두11104
④ 불가변력은 행정청이나 감독청이 행정행위의 내용을 변경하거나 취소·철회할 수 없도록 함으로써 법적 안정성 및 당사자의 신뢰를 보호하기 위한 수단이다.

23
행정상 법률관계에 대한 판례 중 옳지 않은 것은?

① 판례는 국가의 철도운행사업을 사경제적 작용으로 보고 있다.
② 농지개량조합의 직원에 대한 징계처분의 취소를 구하는 소송은 행정소송이다.
③ 소득세법상의 원천징수의무자는 공무수탁사인에 해당하지 않는다.
④ 대법원은 국유잡종재산(일반재산)의 대부행위를 공법상 계약으로 본다.

해설 국유재산법 제31조, 제32조 제3항, 산림법 제75조 제1항의 규정 등에 의하여 국유잡종재산에 대한 관리 처분의 권한을 위임받은 기관이 국유잡종재산을 대부하는 행위는 국가가 사경제 주체로서 상대방과 대등한 위치에서 행하는 사법상의 계약이고, 행정청이 공권력의 주체로서 상대방의 의사 여하에 불구하고 일방적으로 행하는 행정처분이라고 볼 수 없으며, 국유잡종재산에 대한 대부료의 납부고지 역시 사법상의 이행청구에 해당하고, 이를 행정처분이라고 할 수 없다(대판 2000.2.11, 99다61675).

24
행정주체와 행정객체의 지위를 동시에 지닐 수 없는 것은?

① 국가
② 지방자치단체
③ 공공조합
④ 사인

해설 행정객체란 행정주체에 대하여 그 상대방이 되는 자를 말한다. 행정객체는 주로 사인이 되나 공공단체도 행정객체가 되는 경우가 있다. 그러나 국가는 행정객체가 될 수 없다.

25 서울시 9급 기출
다음 중 행정주체가 아닌 것은?

① 행정안전부장관
② 서울특별시
③ 재개발조합
④ 한국연구재단

해설 행정주체는 행정을 집행하는 주체로 법무부장관은 행정청(행정기관 중 대내적 의사결정, 대외적 의사표기의 권한이 있는 기관)에 해당한다. 행정주체에는 국가, 공공단체, 영조물법인, 공무수탁사인 등이 있다.

26
공법관계에 대한 사법규정의 적용에 대한 설명으로 옳지 않은 것은?

① 법의 일반원리는 행정법관계에도 적용된다.
② 사적자치의 원칙도 역시 행정법관계에 적용된다.
③ 관리관계에는 사법규정이 원칙적으로 적용된다.
④ 신의성실의 원칙은 행정법관계에도 매우 중요하다.

해설 대등한 당사자 간에 적용되는 사법원칙인 사적자치의 원리는 행정주체의 우월적 지위에서 공익을 우선하는 행정법관계에는 적용될 수 없다.

핵심정리

행정법관계에 그대로 적용되지 않는 사법규정

- 사적자치의 원칙(제한)
- 제한능력자의 행위(취소권제한, 유효)
- 착오에 의한 의사표시(착오결과에 따라 무효·취소·유효)
- 공서양속에 반하는 행위(취소사유)
- 소멸시효기간(5년)
- 주소의 수(단수주의)
- 시효중단사유(독촉, 납입고지서, 통고처분 등도 중단사유가 됨)
- 등기(공유수면 등은 등기 배제)
- 취득시효의 대상(공물의 취득시효 대상이 아님) 등

- 공무원관계(구성원의 직무관계) : 공무원에 대한 직무명령 등 → 사법심사 배제
- 영조물이용관계 : 폐쇄적 이용관계(감염병환자 강제입원 등 격리병원재원관계, 수형자에 대한 행형 등 교도소재소관계 등), 개방적 이용관계(국·공립학교 재학관계, 국·공립도서관 이용관계, 국·공립병원 재원관계, 학생에 대한 통상적인 수업이나 과제물부과행위, 시험평가 등) → 사법심사 배제

27

울레(C. H. Ule)의 특별권력관계 수정설에 의할 때 사법심사의 대상이 되지 않는 것은?

① 공무원의 파면처분
② 수형자의 교도소 수감
③ 방위근무관계
④ 국·공립도서관 이용관계

해설 특별권력관계 수정설에서는 공무원관계와 개방적 영조물이용관계를 사법심사 대상에서 배제한다.

핵심정리

특별권력관계 수정설(내부·외부관계 수정설)

- **기본관계**
  - 특별권력관계 자체의 발생·변경·종료 또는 구성원의 법적 지위의 본질적 사항에 관한 법률관계를 말한다.
  - 군인의 입대·제대, 수형자의 형의 집행, 공무원의 임명·전직·파면, 국·공립학교학생의 입학허가·제적·정학·전과 등이 기본관계에 해당된다.
  - 기본관계에서 이루어지는 행정작용은 행정처분의 성격을 지니고 있어 법치주의와 사법심사가 적용된다.
- **경영수행관계(업무관계)**
  - 방위근무관계 : 군인에 대한 훈련·관리 등

28

행정상 법률관계의 당사자에 관한 설명으로 옳은 것은? (다툼이 있는 경우 판례에 의함)

① 서울대학교는 영조물법인에 해당하여 행정주체가 될 수 있다.
② 법인격 없는 단체는 공무수탁사인이 될 수 없다.
③ 국가나 지방자치단체는 행정청과 마찬가지로 당사자소송의 당사자가 될 수 없고 국가배상책임의 주체가 될 수 없다.
④ 민영교도소등의 설치·운영에 관한 법률 상의 민영교도소는 행정보조인(행정보조자)에 해당한다.

해설 국립대학법인 서울대학교 설립·운영에 관한 법률에 의하여 국립대학법인 서울대학교는 법인이 되며 영조물법인의 경우 행정주체가 될 수 있다.
② 공무수탁사인이 되는 단체는 반드시 법인격이 있어야 하는 것은 아니다.
③ 당사자 소송의 당사자(피고)는 행정주체가 되며, 국가배상책임의 주체에 대하여는 헌법은 국가, 공공단체로 하고 있고, 국가배상법은 국가, 지방자치단체로 하고 있다.
④ 민영교도소 등의 설치·운영에 관한 법률에 따라 민영교도소를 운영하는 종교재단은 행정보조인이 아니라 독립된 법인격을 가진 행정주체에 해당한다.

29

행정법이론의 최근 경향이라 보기 어려운 것은?

① 행정입법에 대한 통제의 강화
② 행정절차의 존중과 주민참가의 실현
③ 행정재량의 확대
④ 지방자치와 지방분권의 실현

> **해설** 최근의 행정법은 과거 재량행사의 부당에서 한계를 설정하여 이를 위반하는 경우 재량행사의 남용을 인정하는 등 행정재량의 통제 쪽으로 나아가고 있다.

30

무하자재량행사청구권에 대한 판례의 내용으로 옳지 않은 것은?

① 검사지원자 중 한정된 수의 임용대상자에 대한 임용결정은 한편으로는 그 임용대상에서 제외한 자에 대한 임용거부결정이라는 양면성을 지니는 것이다.
② 임용대상에서 제외한 자에 대한 임용거부의 의사표시는 본인에게 직접 고지되지 않았다고 하여도 본인이 이를 알았거나 알 수 있었을 때에 그 효력이 발생한 것으로 보아야 한다.
③ 법령상 검사임용신청 및 그 처리에 대한 명문규정이 없는 경우에는 조리상 임용권자는 임용신청자들에게 전형의 결과인 임용 여부의 응답을 해 줄 의무가 없다.
④ 검사의 임용에 있어서 임용권자가 임용 여부에 관하여 어떠한 내용의 응답을 할 것인지는 임용권자의 자유재량에 속한다.

> **해설** 검사의 임용 여부는 임용권자의 자유재량에 속하는 사항이나, 임용권자가 동일한 검사신규임용의 기회에 원고를 비롯한 다수의 검사 지원자들로부터 임용신청을 받아 전형을 거쳐 자체에서 정한 임용기준에 따라 이들 중 일부만을 선정하여 검사로 임용하는 경우에 있어서 법령상 검사임용신청 및 그 처리의 제도에 대한 명문규정이 없다고 하여도 조리상 임용권자는 임용신청자들에게 전형의 결과인 임용 여부의 응답을 해 줄 의무가 있다고 보아야 하고, 응답할 것인지 여부조차도 임용권자의 편의재량사항이라고는 할 수 없다(대판 1991.2.12, 90누5825).

31

행정상 법률관계에 대한 설명으로 옳지 않은 것은?

① 권력관계는 경찰작용과 같이 행정주체의 일방적인 명령강제에 의하여 지배되고 있는 관계로 원칙적으로 사법규정의 적용이 배제된다.
② 관리관계의 예로는 공물의 설치 · 유지 · 관리나 공기업의 경영 · 관리 등을 들 수 있으며 원칙적으로 공법규정이 적용되며 예외적으로 사법규정이 적용된다.
③ 국고관계의 예로는 국가가 물품매개계약을 하고 청사 · 도로 · 교량 등의 건설도급계약을 하거나 국유재산(일반재산)을 관리 매각하는 것 등을 들 수 있으며 전적으로 사법규정이 적용된다고 보는 것이 통설이다.
④ 행정조직법관계에서 발생하는 분쟁은 기관쟁의로서 법률상쟁송에 대해서만 관할권을 가지므로 사법심사의 대상이 되지 않는 것이 원칙이다.

> **해설** 관리관계는 원칙적으로 사법이 적용되며 공익목적의 달성에 필요한 한도 내에서만 공법규정이 적용된다.

핵심정리

행정상 법률관계의 종류

행정상 법률관계 (광의의 행정상 법률관계)	행정조직법 관계	행정조직 내부관계	
		행정주체 상호 간의 관계	
	행정작용법 관계(협의의 행정상 법률 관계)	공법관계 (행정법관계)	권력관계
			관리관계
		사법관계 (광의의 국고관계)	협의의 국고 관계
			행정사법관계

산 관리청의 행정재산 사용 · 수익의 허가(특허) 및 사용 · 수익자에 대한 사용료 부과처분, 무단점유자에 대한 국유재산 관리청의 변상금부과처분 등
• **사법관계로 본 판례** : 가스 · 전기 · 전화의 공급관계, 국가재정법에 의한 입찰보증금 국고귀속조치, 서울지하철공사와 소속 임 · 직원의 관계, 종합유선방송위원회 직원의 근무관계, 공무원 및 사립학교직원 의료보험관리공단 직원의 근무관계, 조세과오납금 환급청구권의 행사, 행정청의 국유임야 대부 · 매각행위, 환매권의 행사 등

32

판례에 의할 때 공법관계에 해당되지 않는 것은?

① 구 예산회계법상 입찰보증금의 국고귀속조치
② 국가인권위원회의 성희롱결정 및 시정조치의 권고
③ 공무원연금관리공단의 급여결정
④ 국유재산무단점유자에 대한 변상금부과처분

해설 구 예산회계법에 따라 체결되는 계약은 사법상의 계약이라고 할 것이고 동법 제70조의5의 입찰보증금은 낙찰자의 계약체결의무이행의 확보를 목적으로 하여 그 불이행시에 이를 국고에 귀속시켜 국가의 손해를 전보하는 사법상의 손해배상 예정으로서의 성질을 갖는 것이라고 할 것이므로 입찰보증금의 국고귀속조치는 국가가 사법상의 재산권의 주체로서 행위하는 것이지 공권력을 행사하는 것이거나 공권력작용과 일체성을 가진 것이 아니라 할 것이므로 이에 관한 분쟁은 행정소송이 아닌 민사소송의 대상이 될 수밖에 없다고 할 것이다(대판 1983.12.27, 81누366).

핵심정리

공법관계와 사법관계의 구분(판례)

• **공법관계로 본 판례** : 상하수도이용관계 및 수도료 강제징수관계, 귀속재산처리관계, 서울대학생 제적 관계, 채권입찰관계, 조세채무관계, 징발권자(국가)와 피징발자의 관계, 공립유치원 전임강사 근무관계, 공유재

33

특별권력관계와 법치행정의 원리에 대한 설명으로 가장 타당하지 않은 것은?

① 전통적 특별권력관계이론은 법치행정의 원리가 제한 또는 배제되는 행정의 고유영역을 정당화하기 위한 것이다.
② 전통적 특별권력관계이론에서는 법률의 근거 없이 재소자의 권리를 제한할 수 있다.
③ 울레(Ule)의 수정설에 따르면 군인의 입대 · 제대와 같은 기본관계에 대해서는 사법심사가 허용되지 않는다.
④ 현대적 견해에 따르면 특별권력관계에 대해서도 일반권력관계와 동일한 사법심사가 미친다고 본다.

해설 울레(Ule)는 특별권력관계를 특별권력관계 자체의 발생 · 변경 · 소멸에 관련된 기본관계(공무원의 임명, 군인의 입대 등)와 특별권력관계 내부의 경영수행질서에 관련된 경영수행관계(직무명령, 군사훈련 등)로 구분한 후, 특히 전자에 대해서는 사법심사가 허용될 수 있음을 지적한 바 있다.

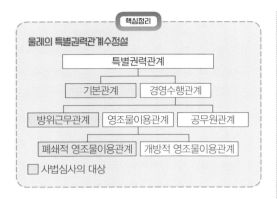

핵심정리

울레의 특별권력관계수정설

특별권력관계
├─ 기본관계 / 경영수행관계
│   ├─ 방위근무관계 / 영조물이용관계 / 공무원관계
│   └─ 폐쇄적 영조물이용관계 / 개방적 영조물이용관계
└─ □ 사법심사의 대상

34

개인적 공권에 대한 설명으로 옳은 것은? (다툼이 있는 경우 판례에 의함)

① 근로자가 퇴직급여를 청구할 수 있는 권리와 같은 이른바 사회적 기본권은 헌법 규정에 의하여 바로 도출되는 개인적 공권이라고 할 수 없다.

② 환경영향평가에 관한 자연공원법령 및 환경영향평가법령들의 취지는 환경공익을 보호하려는 데 있으므로 환경영향평가 대상지역 안의 주민들이 수인한도를 넘는 환경침해를 받지 아니하고 쾌적한 환경에서 생활할 수 있는 개별적 이익까지 보호하는 데 있다고 볼 수는 없다.

③ 행정상 법률관계에 있어 개인적 공권이 인정되는 경우라도 행정소송상 원고적격 인정은 되지 않는다.

④ 단순히 반사적 이익이 침해된 자라 하더라도 손해배상을 청구할 수 있다.

> 해설 ② 환경영향평가에 관한 자연공원법령 및 환경영향평가법령의 규정들의 취지는 집단시설지구개발사업이 환경을 해치지 아니하는 방법으로 시행되도록 함으로써 집단시설지구개발사업과 관련된 환경공익을 보호

하려는 데에 그치는 것이 아니라 그 사업으로 인하여 직접적이고 중대한 환경피해를 입으리라고 예상되는 환경영향평가대상지역 안의 주민들이 개발 전과 비교하여 수인한도를 넘는 환경침해를 받지 아니하고 쾌적한 환경에서 생활할 수 있는 개별적 이익까지도 이를 보호하려는 데에 있다(대판1998.4.24. 97누3286).

③ 행정상 법률관계에 있어 개인적 공권이 인정되는 경우에는 행정소송상 원고적격이 인정된다.

④ 반사적 이익은 법의 보호를 받는 이익이 아니므로 원고적격이 인정되지 않아, 공권과 달리 반사적 이익이 침해된 경우에는 손해배상을 청구할 수 없다.

● 관련 판례

헌법 제32조 제1항이 규정하는 근로의 권리는 사회적 기본권으로서 … 고용증진을 위한 사회적·경제적 정책을 요구할 수 있는 권리에 그치며, 근로의 권리로부터 국가에 대한 직접적인 직장존속청구권이 도출되는 것도 아니다. 나아가 근로자가 퇴직급여를 청구할 수 있는 권리도 헌법상 바로 도출되는 것이 아니라 퇴직급여법 등 관련 법률이 구체적으로 정하는 바에 따라 비로소 인정될 수 있는 것이다(헌재 2011.07.28. 2009헌마408).

35

개인적 공권에 대한 설명으로 옳지 않은 것은? (다툼이 있는 경우 판례에 의함)

① 상수원보호구역 설정의 근거가 되는 규정은 상수원의 확보와 수질보전일 뿐이고, 그 상수원에서 급수를 받고 있는 지역 주민들이 가지는 이익은 상수원의 확보와 수질보호라는 공공의 이익이 달성됨에 따라 반사적으로 얻게 되는 이익에 불과하다.

② 사회권적 기본권의 성격을 가지는 공무원연금수급권은 헌법규정만으로는 실현할 수 없고 수급요건, 수급권자의 범위 및 급여금액 등과 같은 구체적인 내용이 법률에 의하여 확정된다.

③ 기존 시내버스업자는 시외버스사업을 하는 자에 대해 시내버스로 전환함을 허용하는 사업계획변경인가처분의 취소를 구할 법률상 이익이 있다.

④ 헌법상의 모든 기본권은 법률에 의해 구체화되지 않더라도 재판상 주장될 수 있는 구체적 공권이다.

해설 사회적 기본권과 청구권적 기본권은 자유권적 기본권과 달리 헌법 규정에 의해 바로 도출되는 개인적 공권이 아니라, 관련 법률이 구체적으로 정하는 바에 따라 비로소 구체적 권리로 인정된다.

[핵심정리]

개인적 공권

• **의의** : 사인이 자기의 이익을 위하여 국가 등의 행정주체에 대하여 일정한 행위를 요구할 수 있도록 공법상 부여되어 있는 법적인 힘(법에 의하여 보호되는 법적 이익)

• **성립요건(2요소설 : 행정주체의 의무존재+사익보호성)**
  – (법률, 관습법, 헌법상의 기본권규정, 공법상의 계약 등에 의해)국가 등의 행정주체에게 일정한 행위의무가 있어야 한다.
  – 행정주체의 의무는 사익을 보호하기 위한 것으로 인정되어야 한다.

36

무하자재량행사청구권을 설명한 것이 아닌 것은?

① 독일 행정법에서 제2차 세계대전 이후 승인되기에 이른 일종의 개인적 공권이다.

② 광의의 무하자재량행사청구권은 결정재량과 선택재량이 인정되는 경우에 개인이 행정청에 대해 하자 없는 재량처분을 청구하는 권리이다.

③ 무하자재량행사청구권이 인정되면 행정청은 특정한 의무를 행하여야 할 의무를 지게 된다.

④ 무하자재량행사청구권이 인정되면 원고 적격의 폭이 넓어져 민중 소송의 우려가 있다는 부정설을 주장하는 학자도 있다.

해설 무하자재량행사청구권은 개인이 행정청에 대하여 하자 없는 적법한 재량처분을 요구할 수 있는 권리를 말하며 구체적인 처분을 구하는 것이 아니다.

[핵심정리]

무하자재량행사청구권의 법적 성질

• **형식적 공권** : 자신에게 특정한 처분을 해 줄 것을 청구하는 권리가 아니라, 단지 행정청에 대해 재량권을 행사함에 있어 흠 없이 행사할 것을 청구하는 것에 지나지 않음

• **절차적 공권** : 행위의 상대방이나 이해관계인이 행정 과정에의 절차적 참가를 요구하는 것을 내용으로 하는 절차적 공권임

• **적극적 공권** : 적법한 재량처분을 구하는 적극적 공권임

• **제한적 공권** : 재량의 법적 한계를 준수할 것을 요구할 수 있는 제한적 공권임

제4장 행정법상의 법률요건과 법률사실

 대표유형문제

행정청의 수리를 요하지 않는 신고에 대한 설명으로 옳지 않은 것은?

① 요건을 갖춘 적법한 신고가 행정청에 도달된 때에 신고의 법적 효력이 발생한다.

② 요건을 갖춘 적법한 신고인 경우 행정청이 수리를 거부하더라도 신고의 법적 효력은 발생한다.

③ 요건을 갖춘 적법한 신고인 경우에는 행정청이 그 수리를 거부하더라도 수리거부에 대해 취소소송으로 다툴 수 없다.

❹ 요건을 갖추지 못한 부적법한 신고라도 행정청이 이를 수리한 경우에는 신고의 법적 효력이 발생한다.

정답해설 자체완성적 사인의 공법행위로서의 신고의 경우 요건을 갖추지 못한 부적법한 신고는 행정청이 이를 수리하였다 하더라도 신고의 법적 효력이 발생하지 않는다. 수리를 요하는 신고의 경우도 부적법한 신고를 행정청이 수리한 경우 그 수리행위는·위법한 행위가 된다.

오답해설 ① 본래적 의미의 신고에 있어, 요건을 갖춘 적법한 신고는 행정청에 도달된 때에 관계 법령이 정한 법적 효력이 발생한다(행정청의 신고수리 여부는 이에 영향을 미치지 않음).

②, ③ 적법한 신고는 접수기관에 도달 시 효력이 발생하고 신고의 수리여부는 효력발생에 영향을 미치지 않으므로, 행정청이 수리를 거부하더라도 신고의 법적 효력은 발생하며 수리거부에 대해서 취소소송을 제기할 수 없다.

핵심정리 사인의 공법행위로서의 신고

- **의의** : 신고란 사인이 공법적 효과의 발생을 목적으로 행정주체에 대하여 일정한 사실·관념을 알리거나 의사를 표시하는 행위를 말한다. 일반적으로 신고에는 자체완성적(자족적) 공법행위로서의 신고와 행정요건적 공법행위로서 신고(완화된 허가제로서의 신고)가 있다. 신고를 이렇게 구별하는 것은 양자가 그 신고의 효과, 신고에 대한 신고필증의 의미, 신고수리의 의미, 신고수리의 거부처분의 성질 등을 달리하기 때문이다. 특히 처분성 인정여부와 관련하여 항고소송의 대상적격과 관련하여 구별해 논의할 필요성이 크다고 하겠다.

- **종류**
  - 자체완성적 공법행위로서 신고(본래적 의미의 신고) : 체육시설의 변경신고, 혼인신고, 담장설치신고, 건축법상의 신고와 같이 법령 등에서 사인이 행정청에 대하여 일정한 사항을 통지함으로써 신고의무가 이행되는 신고를 말한다. 이는 단순한 사실로서의 신고에 해당하므로 행정청의 수리를 요하지 않는다(일방적 통고행위의 성격을 지님). 다만, 신고 그 자체로서 아무런 법적 효과가 수반하지 아니하는 통보와는 구별된다.
  - 행정요건적 공법행위로서 신고(수리를 요하는 신고) : 체육시설업(영리 목적으로 체육시설을 설치·경영하는 업)신고, 건축주 명의변경신고, 사업양수·영업양도에 따른 지위승계신고 등과 같이 사인이 행정청에 일정한 사항을 통지하고 행정청이 이를 수리함으로써 법적 효과가 발생하는 신고를 말한다.

01

사인의 공법행위로서의 신고에 대한 설명으로 옳은 것은? (다툼이 있는 경우 판례에 의함)

① 신고대상인 건축물의 건축행위를 하고자 할 경우에는 관계법령에 정해진 적법한 요건을 갖춘 신고를 하더라도 행정청의 수리처분 등 별도의 조치를 기다려야 한다.

② 구 체육시설의 설치 · 이용에 관한 법률에 의한 골프장이용료 변경신고서는 도지사에게 제출하여 접수되었다 하더라도 도지사의 수리행위가 있어야만 신고가 있었다고 볼 수 있다.

③ 유통산업발전법상 대규모점포의 개설 등록은 행정처분에 해당한다.

④ 액화석유가스충전사업의 지위승계신고를 수리하는 행위는 행정처분이 아니라 사실행위에 해당한다.

해설 구 유통산업발전법 제12조의2 제1항, 제2항, 제3항은 기존의 대규모점포의 등록된 유형 구분을 전제로 '대형마트로 등록된 대규모점포'를 일체로서 규제 대상으로 삼고자 하는 데 취지가 있는 점, 대규모점포의 개설 등록은 이른바 '수리를 요하는 신고'로서 행정처분에 해당한다(대판 2015. 11. 19, 2015두295).

① 구 건축법(1996. 12. 30. 법률 제5230호로 개정되기 전의 것) 제9조 제1항에 의하여 신고를 함으로써 건축허가를 받은 것으로 간주되는 경우에는 건축을 하고자 하는 자가 적법한 요건을 갖춘 신고만 하면 행정청의 수리행위 등 별다른 조치를 기다릴 필요 없이 건축을 할 수 있는 것이므로, 행정청이 위 신고를 수리한 행위가 건축주는 물론이고 제3자인 인근 토지 소유자나 주민들의 구체적인 권리 의무에 직접 변동을 초래하는 행정처분이라 할 수 없다(대판 1999. 10. 22, 98두18435).

② 행정청에 대한 신고는 일정한 법률사실 또는 법률관계에 관하여 관계행정청에 일방적으로 통고를 하는 것을 뜻하는 것으로서 법에 별도의 규정이 있거나 다른 특별한 사정이 없는 한 행정청에 대한 통고로서 그치는 것이고 그에 대한 행정청의 반사적 결정을 기다릴 필요가 없는 것이므로, 회사가 한 이 사건 변경신고서는 그 신고자체가 위법하거나 그 신고에 무효

사유가 없는 한 이것이 경기도지사에게 제출하여 접수된 때에 신고가 있었다고 볼 것이고, 경기도지사의 수리행위가 있어야만 신고가 있었다고 볼 것은 아니다(대판 1993. 7. 6.자 93마635).

④ 액화석유가스의안전및사업관리법 제7조 제2항에 의한 사업양수에 의한 지위승계신고를 수리하는 허가관청의 행위는 단순히 양도, 양수자 사이에 발생한 사법상의 사업양도의 법률효과에 의하여 양수자가 사업을 승계하였다는 사실의 신고를 접수하는 행위에 그치는 것이 아니라 실질에 있어서 양도자의 사업허가를 취소함과 아울러 양수자에게 적법히 사업을 할 수 있는 법규상 권리를 설정하여 주는 행위로서 사업허가자의 변경이라는 법률효과를 발생시키는 행위이므로 허가관청이 법 제7조 제2항에 의한 사업양수에 의한 지위승계신고를 수리하는 행위는 행정처분에 해당한다(대판 1993. 6. 8, 91누11544)

02

기간계산에 있어 익일부터 기산하지 않고 초일부터 기산하여야 하는 경우는?

① 법률의 효력발생일로 정하여진 공법상의 기간

② 국세체납처분의 독촉기간

③ 공소시효기간

④ 공법상의 금전채권의 소멸시효기간

해설 기간계산에 있어 초일을 산입하는 경우
- 오전 영시부터 시작한 경우
- 민원처리기간
- 국회의 회기계산
- 형의 집행과 시효기간
- 출생 · 사망 등 가족관계의 등록 등에 관한 법률상의 신고기간 등

03

사인의 공법행위로서 신고에 대한 설명으로 옳지 않은 것은?

① 자체완성적 신고의 수리의 거부에 대하여 취소소송이 가능하다.
② 행정요건적 신고의 수리에 하자가 있는 경우에는 직권취소의 대상이 된다.
③ 행정절차법은 자체완성적 신고에 대한 절차를 규정하고 있다.
④ 수산업법에 의한 어업신고는 행정요건적 신고에 해당한다.

해설 단순한 사실행위에 불과한 수리를 요하지 않는 신고(자체완성적 신고)의 거부처분에 대한 취소소송은 제기할 수 없다.

04 국가직 9급 기출

신고에 대한 설명으로 옳지 않은 것은? (다툼이 있는 경우 판례에 의함)

① 건축법상 인·허가의제 효과를 수반하는 건축신고는 특별한 사정이 없는 한 행정청이 그 실체적 요건에 관한 심사를 한 후 수리하여야 하는 이른바 '수리를 요하는 신고'이다.
② 건축법상의 착공신고의 경우에는 신고 그 자체로서 법적 절차가 완료되어 행정청의 처분이 개입될 여지가 없으므로, 행정청의 착공신고 반려행위는 항고소송의 대상인 처분에 해당하지 않는다.
③ 주민등록의 신고는 행정청에 도달하기만 하면 신고로서의 효력이 발생하는 것이 아니라 행정청이 수리한 경우에 비로소 신고의 효력이 발생한다.

④ 행정청이 구 식품위생법상의 영업자지위승계신고 수리처분을 하는 경우, 행정청은 종전의 영업자에 대하여 행정절차법 소정의 행정절차를 실시하여야 한다.

해설 건축주 등으로서는 착공신고가 반려될 경우, 당해 건축물의 착공을 개시하면 시정명령, 이행강제금, 벌금의 대상이 되거나 당해 건축물을 사용하여 행할 행위의 허가가 거부될 우려가 있어 불안정한 지위에 놓이게 된다. 따라서 착공신고 반려행위가 이루어진 단계에서 당사자로 하여금 반려행위의 적법성을 다투어 법적 불안을 해소한 다음 건축행위에 나아가도록 함으로써 장차 있을 지도 모르는 위험에서 미리 벗어날 수 있도록 길을 열어주고, 위법한 건축물의 양산과 철거를 둘러싼 분쟁을 조기에 근본적으로 해결할 수 있게 하는 것이 법치행정의 원리에 부합한다. 그러므로 행정청의 착공신고 반려행위는 항고소송의 대상이 된다고 보는 것이 옳다(대법원 2011. 6. 10. 선고 2010두7321 판결).

핵심정리

신고의 종류

수리를 요하지 않는 신고 (자체완성적 신고)	수리를 요하는 신고 (행정요건적 신고)
• 접수된 때에 법적 효과 발생 • 신고필증은 단순한 사실적 의미 • 접수거부는 항고소송의 대상인 처분이 아님 • 본래적 의미의 신고	• 수리가 있어야 법적 효과 발생 • 신고필증은 법적 의미 • 접수(수리)거부는 항고소송의 대상인 처분에 해당 • 완화된 허가제의 성질

05

공법상의 소멸시효 또는 제척기간에 대한 설명으로 옳지 않은 것은?

① 일반적으로 제척기간은 소멸시효기간보다 짧다.

② 소멸시효의 기간은 권리를 행사할 수 있을 때부터 진행한다.

③ 행정소송 제기기간은 제척기간이며 불변기간이다.

④ 제척기간에 있어서도 중단 · 정지의 제도가 있다.

해설 제척기간은 권리를 행사할 수 있는 법정기간을 말한다. 행정심판청구기간이나 행정소송제소기간 등이 여기에 속하며, 권리의 존속기간이므로 기간의 중단이 있을 수 없다.

핵심정리

소멸시효와 제척기간의 구별

구분	소멸시효	제척기간
목적	사실상태의 보호를 통한 법적 안정 도모	법률관계의 신속한 확정(소멸시효기간보다 단기)
중단 및 정지	인정	불인정
입증책임	시효취득의 이익을 주장하는 자	법원이 직권으로 참작
시효이익의 포기	시효완성 후 포기 가능(시효완성 전 포기 불가)	포기제도 없음
기간	장기(원칙상 5년)	단기(통상 1년 이내)
기간 기산점	권리행사를 할 수 있는 때부터	권리가 발생한 때부터
소급효	소급하여 권리소멸(소급효)	장래에 향하여 권리소멸(비소급효)

06

공법상 시효에 대한 설명으로 가장 옳지 않은 것은?

① 다른 법률의 규정에도 불구하고 공법상의 채권의 소멸시효는 5년이다.

② 시효의 중단과 정지에 대해서는 다른 법률에서 특별한 규정이 없는 한 민법의 규정이 준용된다.

③ 지방자치단체의 납입의 고지는 시효중단의 효력이 있다.

④ 국유의 일반재산(구 잡종재산)은 사인에 의한 시효취득이 인정된다.

해설 국가재정법과 지방재정법 등은 '다른 법률에 특별한 규정이 없는 경우'에는 원칙적으로 5년을 시효기간으로 규정하고 있다.

07

다음 설명이 옳지 않은 것은?

① 행정소송에 있어서의 제척기간은 불변기간이며 중단의 제도가 없다.

② 제척기간은 권리를 행사할 수 있는 때를 기산점으로 하며, 소멸시효는 권리가 발생한 때를 기산점으로 한다.

③ 소멸시효와 제척기간은 그 기간경과로 권리가 소멸된다는 점에서는 같다.

④ 제척기간은 소멸시효보다 일반적으로 짧다.

해설 '제척기간'은 '권리가 발생한 때'를 기산점으로 하며, '소멸시효'는 '권리를 행사할 수 있는 때'를 기산점으로 한다.

08

행정법상의 사건에 대한 설명으로 옳지 않은 것은?

① 민법의 기간계산에 대한 규정은 공법상 특별한 규정이 없는 한 공법상의 기간계산에도 적용된다.

② 공무원연금법에 의한 단기급여의 경우 금전채권의 소멸시효기간은 5년이다.

③ 소멸시효완성의 효과에 관해 법원은 절대적 소멸설을 취하면서도 당사자의 원용이 없으면 직권으로 시효를 고려하지 않는다고 하였다.

④ 공물의 취득시효에 관해 공물은 취득시효의 목적이 될 수 없다는 부정설이 다수설이다.

해설 국가의 국민에 대한 금전채권의 경우 다른 법률에 특별한 규정이 없는 한 5년 동안 행사하지 아니하면 시효로 인하여 소멸한다고 규정하고 있다. '다른 법률의 규정'으로는 공무원연금법상의 단기급여지급청구권(3년), 국가배상법상의 국가배상청구권(손해 및 가해자를 안 날로부터 3년)을 들 수 있다.

핵심정리

소멸시효

• **소멸시효의 기간** : 시효기간에 대한 공법상의 특별규정에 따라 민법의 시효기간보다 단축되는 경우가 있다.
  - 금전채권의 소멸시효 기간 : 5년(국가재정법 제96조, 지방재정법 제82조)
  - 관세징수권, 과오납금환급청구권 : 5년(관세법 제22조)
  - 국가배상청구권 : 3년
  - 공무원 단기급여지급청구권 : 3년(단, 장기급여는 5년)
  - 공무원징계권 : 3년(단, 금품의 향응·수수, 공금의 유용·횡령의 경우는 5년)
• **소멸시효의 기산점** : 소멸시효는 권리를 행사할 수 있는 때로부터 진행한다(민법 제166조 제1항).

09

행정청의 행려병사자 처리나 그 유품의 관리는 어느 것에 해당하는가?

① 공법상의 법정대리

② 공법상의 사무관리

③ 공법상의 부당이득

④ 사법상의 대리행위

해설 공법상의 사무관리 중 보호관리에 해당되는 내용이다.

10

공법상 소멸시효에 대한 설명으로 옳지 않은 것은?

① 소멸시효는 기산일에 소급하여 효력이 생긴다.

② 납입고지는 시효중단효력을 가진다.

③ 공법상 소멸시효도 당사자의 원용이 없으면 직권으로 시효를 고려하지 않는다는 것이 판례의 태도이다.

④ 행정재산은 언제나 취득시효의 대상이 되지 않는다.

해설 공물의 취득시효

• 사물(私物)의 경우 원칙적으로 시효취득의 대상이 되지만, 공물(公物)의 경우 학설상의 대립(긍정설·부정설)에도 불구하고 국유재산법 제7조 제2항의 규정에 따라 시효취득의 대상이 되지 않는다.

• 국유재산 중 행정재산만이 시효취득의 대상에서 제외되므로 일반재산(종전의 잡종재산)은 시효취득의 대상이 된다. 따라서 잡종재산을 시효취득의 대상에서 제외하던 구 국유재산법의 관련 규정은 헌법재판소의 위헌결정(헌재 1991.5.13, 89헌가97)으로 개정되었다.

이 판결이 무하자행사재량청구권을 원고적격(소권)을 가져다 주는 독자적인 권리로 인정한 것은 아니라는 견해도 있다.

11 지방직 9급 기출

사인의 공법행위에 대한 설명으로 옳지 않은 것은? (다툼이 있는 경우 판례에 의함)

① 신청권은 행정청의 응답을 구하는 권리이며, 신청된 대로의 처분을 구하는 권리는 아니다.

② 신청에 따른 행정청의 처분이 기속행위인 때에는 행정청은 신청에 대한 응답의무를 지지만, 재량행위인 때에는 응답의무가 없다.

③ 법규상 또는 조리상 신청권이 없는 경우에는 거부행위의 처분성이 인정되지 아니한다.

④ 사인의 공법상 행위는 명문으로 금지되거나 성질상 불가능한 경우가 아닌 한, 그에 의거한 행정행위가 행하여질 때까지는 자유로이 철회나 보정이 가능하다.

> **해설** 행정청의 처분이 기속행위 혹은 재량행위인지 여부와 무관하게 행정청은 신청에 따른 응답의무가 있다.

● **관련 판례**

검사의 임용에 있어서 임용권자가 임용 여부에 관하여 어떠한 내용의 응답을 할 것인지는 임용권자의 자유재량에 속하므로 일단 임용거부라는 응답을 한 이상 설사 그 응답내용이 부당하다고 하여도 사법심사의 대상으로 삼을 수 없는 것이 원칙이나, 적어도 재량권의 한계 일탈이나 남용이 없는 위법하지 않은 응답을 할 의무가 임용권자에게 있고 이에 대응하여 임용신청자로서도 재량권의 한계 일탈이나 남용이 없는 적법한 응답을 요구할 권리가 있다고 할 것이며, 이러한 응답신청권에 기하여 재량권 남용의 위법한 거부처분에 대하여는 항고소송으로서 그 취소를 구할 수 있다고 보아야 하므로 임용신청자가 임용거부처분이 재량권을 남용한 위법한 처분이라고 주장하면서 그 취소를 구하는 경우에는 법원은 재량권남용 여부를 심리하여 본안에 관한 판단으로서 청구의 인용 여부를 가려야 한다(대판 1991.2.12, 90누5825).
판례는 검사임용거부처분취소청구사건에 대한 판결(대판 90누5825)에서 무하자재량행사청구권을 독자적인 권리로 인정하였다(다수설). 다만, 이에 대해 '원고의 응답신청권은 단순한 응답신청권이 아니라 검사임용청구와 관련된 응답청구인 것이고, 그러한 응답권은 헌법·국가 공무원법·검찰청법 등에서 나오는 공무담임권에서 나오는 실질적인 권리이지, 재량행사의 하자 그 자체를 대상으로 하는 권리는 아니다'라고 하여

12 지방직 9급 기출

사인의 공법행위에 대한 설명으로 옳지 않은 것은? (다툼이 있는 경우 판례에 의함)

① 부동산 투기나 이주대책 요구 등을 방지할 목적으로 주민등록전입신고를 거부하는 것은 주민등록법의 입법 목적과 취지 등에 비추어 허용될 수 없다.

② 구 의료법 시행규칙 제22조제3항에 의하면 의원개설 신고서를 수리한 행정관청이 소정의 신고필증을 교부하도록 되어있기 때문에 이와 같은 신고필증의 교부가 없으면 개설신고의 효력이 없다.

③ 건축법상 건축신고 반려행위는 항고소송의 대상이 되는 행정처분에 해당한다.

④ 식품위생법에 의한 영업양도에 따른 지위승계신고를 수리하는 허가관청의 행위는 단순히 양도·양수인 사이에 이미 발생한 사법상의 사업양도의 법률효과에 의하여 양수인이 그 영업을 승계하였다는 사실의 신고를 접수하는 행위에 그치는 것이 아니라, 영업허가자의 변경이라는 법률효과를 발생시키는 행위이다.

> **해설** 의료법시행규칙 제22조 제3항에 의하면 의원개설 신고서를 수리한 행정관청이 소정의 신고필증을 교부하도록 되어있다 하여도 이는 신고사실의 확인행위로서 신고필증을 교부하도록 규정한 것에 불과하고 그와 같은 신고필증의 교부가 없다 하여 개설신고의 효력을 부정할 수 없다(대법원 1985. 4. 23. 선고 84도2953 판결).

핵심정리

사인의 공법행위

- **정의** : 행정법 관계에서 사인의 행위로서 공법적 효과의 발생을 목적으로 하는 법률행위
- **특징** : 공정력 · 확정력 · 자력집행력 등이 인정되지 않는다.
- **적용법규** : 사인의 공법행위에 관한 일반법은 없으며, 다수의 개별법에서 규정을 두고 있다. 특별한 규정이 없는 경우에는 성질에 반하지 않는 한 민법의 법률행위에 관한 규정이 유추적용 될 수 있다.
- **부관** : 행정법관계의 명확성과 신속한 확정을 위하여 사인의 공법행위에는 특별한 규정이 없는 한 조건 · 기한 등의 부관을 붙일 수 없다.
- **효과** : 사인의 공법행위 중 자체완성적 공법행위는 사인의 공법행위로 효력이 발생하고 행정청의 별도의 조치가 필요 없다. 그런데 신청 등 일정한 행정요건적 공법행위에 대하여는 행정청에게 처리의무가 부과된다.

13

사인의 공법행위에 대한 설명으로 옳지 않은 것은?

① 판례는 건축법상 증축신고와 골프장 이용료 변경신고를 자체완성적 사인의 공법행위로서 신고에 해당한다고 본다.
② 공무원이 제출한 사직원은 그에 따른 의원면직처분이 있을 때까지 철회가 가능하다.
③ 사인의 공법행위에 적용할 일반적 · 통칙적 규정이 없다.
④ 판례는 민법상 비진의 의사표시의 무효에 대한 규정은 사인의 공법행위에도 적용된다고 본다.

해설 이른바 1980년의 공직자숙정계획의 일환으로 일괄사표의 제출과 선별수리의 형식으로 공무원에 대한 의원면직처분이 이루어진 경우, 사직원 제출행위가 강압에 의하여 의사결정의 자유를 박탈당한 상태에서 이루어진 것이라고 할 수 없고 민법상 비진의 의사표시의 무효에 대한 규정은 사인의 공법행위에 적용되지 않는다는 등

의 이유로 그 의원면직처분을 당연무효라고 할 수 없다(대판 2000.11.14, 99두5481).
① 사인이 행정청에 대하여 일정한 사항을 통지함으로써 신고의무가 이행되는 신고를 자체완성적 공법행위로서의 신고라 한다.
② 공무원이 한 사직 의사표시의 철회나 취소는 그에 터잡은 의원면직처분이 있을 때까지는 할 수 있는 것이고, 일단 면직처분이 있고 난 이후에는 철회나 취소할 여지가 없다(대판 2001.8.24, 99두9971).
③ 사인의 공법행위에 관한 일반적 · 통칙적 규정이 없으며, 다른 특별 규정이 없는 한 민법의 규정이 유추적용된다. 단 예외적으로 행정심판법이나 행정절차법, 민원처리에관한법률 등 개별법에 특별한 규정을 두고 있다.

14

사인의 공법행위에 대한 설명으로 옳지 않은 것은?

① 자체완성적 사인의 공법행위로서의 신고인 경우에는 부적법한 신고를 행정청이 수리하였다 하더라도 신고의 효과가 발생하지 않는다.
② 사인의 공법행위는 사법행위와 비교해 볼 때 법률관계의 명확성 및 법적 안정성 등이 요구된다.
③ 사인의 공법행위에는 명문의 규정이 없는 한 부관을 붙일 수 없다.
④ 건축법령상 건축주명의변경신고는 자체완결적 신고이다.

해설 건축법상 건축주명의변경신고는 수리를 요하는 행위요건적 신고이다(대판 1992.3.31, 91누4911).

도 그 무효에 대한 법리를 선언한 민법 제107조 제1항 단서의 규정은 그 성질상 사인의 공법행위에는 적용되지 않는다 할 것이므로 그 표시된 대로 유효한 것으로 보아야 한다(대판 1994.1.11, 93누10057).

핵심정리

수리를 요하는 신고(행정요건적 신고)

- 수리가 있어야 효과 발생
- 접수거부는 항고소송의 대상인 처분
- 완화된 허가제의 성질
- 종류 : 학교보건법상 체육시설업 신고, 건축대장상의 건축주 명의변경신고, 액화석유가스사업 양수에 의한 지위승계신고, 어업의 신고, 주유소사업 양도에 따른 지위승계신고, 유흥음식점 영업양도시 지위승계신고 등

15

사인의 공법행위에 대한 설명으로 옳지 않은 것은?

① 사인의 공법행위도 기본적으로는 의사능력과 행위능력이 필요하다.
② 판례는 사인의 공법행위에도 민법의 비진의 의사표시에 대한 규정이 적용된다고 판시하였다.
③ 사인의 공법행위의 효력발생시기에 관하여 개별 법률에 다른 규정이 없는 경우에는 도달주의원칙에 따라야 한다.
④ 사인의 공법행위에 있어서는 법규정에 의하여 또는 행위의 성질상 대리가 허용되지 않는 경우가 많다.

해설 민법상의 진의 아닌 의사표시(비진의 의사표시)의 무효 법리는 그 성질상 사인의 공법행위에는 적용될 수 없다는 것이 판례의 입장이다.

● 관련 판례

군인사정책상 필요에 의하여 복무연장지원서와 전역(여군의 경우 면역임)지원서를 동시에 제출하게 한 방침에 따라 위 양 지원서를 함께 제출한 이상, 그 취지는 복무연장지원의 의사표시를 우선으로 하되, 그것이 받아들여지지 아니하는 경우에 대비하여 원에 의하여 전역하겠다는 조건부 의사표시를 한 것이므로 그 전역지원의 의사표시도 유효한 것으로 보아야 한다. 위 전역지원의 의사표시가 진의 아닌 의사표시라 하더라

16

사인의 공법행위에 대한 설명으로 옳지 않은 것은?

① 사인의 공법행위는 법적 행위인 점에서 사법행위와 동일하나 공법적 효과의 발생을 목적으로 하는 행위인 점에서 사법행위와 구별된다.
② 수리를 요하는 신고는 자체완성적 사인의 공법행위로 효력이 발생하고 행정청의 별도의 조치가 필요 없다.
③ 자체완성적 신고의 경우에 적법한 신고가 있으면 행정청의 수리여부에 관계없이 신고서가 접수기관에 도달한 때에 신고의무가 이행된 것으로 본다.
④ 행정법관계의 안정성의 요구에 비추어 사인의 공법행위에는 사법행위에서와 달리 부관을 붙일 수 없다.

해설 수리를 요하는 신고는 행위요건적 사인의 공법행위로서 수리라는 행정청의 별도의 조치가 필요하다.

핵심정리

수리를 요하지 않는 신고(자체완성적 신고)

- 접수된 때에 법적 효과 발생
- 접수거부는 처분이 아님
- 본래적 의미의 신고
- 종류 : 체육시설의 변경신고, 건축법상의 신고, 국세환급금결정의 신청, 수산업법상의 수산제조업 신고, 골프연습장 이용료 변경신고, 치과 · 한의원 개설신고, 숙박업 · 목욕장업 · 세탁업의 영업신고, 옥외집회 및 시위의 신고

17 국가직 9급 기출

신고에 대한 설명으로 옳은 것은? (다툼이 있는 경우 판례에 의함)

① 신고는 사인이 행하는 공법행위로 행정기관의 행위가 아니므로 행정절차법에는 신고에 관한 규정을 두고 있지 않다.

② 신고의 수리는 타인의 행위를 유효한 행위로 받아들이는 행정행위를 말하며, 이는 강학상 법률행위적 행정행위에 해당한다.

③ 행정절차법상 사전통지의 상대방인 당사자는 행정청의 처분에 대하여 직접 그 상대가 되는 자를 의미하므로, 식품위생법상의 영업자지위승계신고를 수리하는 행정청은 영업자지위를 이전한 종전의 영업자에 대하여 사전통지를 할 필요가 없다.

④ 숙박업을 하고자 하는 자가 법령이 정하는 시설과 설비를 갖추고 행정청에 신고를 하면 행정청은 공중위생관리법령의 규정에 따라 원칙적으로 이를 수리하여야 하므로, 새로 숙박업을 하려는 자가 기존에 다른 사람이 숙박업 신고를 한 적이 있는 시설 등의 소유권 등 정당한 사용권한을 취득하여 법령에서 정한 요건을 갖추어 신고하였다면, 행정청으로서는 특별한 사정이 없는 한 이를 수리하여야 하고, 기존의 숙박업 신고가 외관상 남아있다는 이유로 이를 거부할 수 없다.

> **해설** 숙박업을 하고자 하는 자가 법령이 정하는 시설과 설비를 갖추고 행정청에 신고를 하면, 행정청은 공중위생관리법령의 위 규정에 따라 원칙적으로 이를 수리하여야 한다. 행정청이 법령이 정한 요건 이외의 사유를 들어 수리를 거부하는 것은 위 법령의 목적에 비추어 이를 거부해야 할 중대한 공익상의 필요가 있다는 등 특별한 사정이 있는 경우에 한한다. 이러한 법리는 이미 다른 사람 명의로 숙박업 신고가 되어 있는 시설 등의 전부 또는 일부에서 새로 숙박업을 하고자 하는 자가 신고를 한 경우에도 마찬가지

이다. 기존에 다른 사람이 숙박업 신고를 한적이 있더라도 새로 숙박업을 하려는 자가 그 시설 등의 소유권 등 정당한 사용권한을 취득하여 법령에서 정한 요건을 갖추어 신고하였다면, 행정청으로서는 특별한 사정이 없는 한 이를 수리하여야 하고, 단지 해당 시설 등에 관한 기존의 숙박업 신고가 외관상 남아있다는 이유만으로 이를 거부할 수 없다(대법원 2017. 5. 30. 선고 2017두34087 판결).

① 법령등에서 행정청에 일정한 사항을 통지함으로써 의무가 끝나는 신고를 규정하고 있는 경우 신고를 관장하는 행정청은 신고에 필요한 구비서류, 접수기관, 그 밖에 법령등에 따른 신고에 필요한 사항을 게시(인터넷 등을 통한 게시를 포함한다)하거나 이에 대한 편람을 갖추어 두고 누구나 열람할 수 있도록 하여야 한다(행정절차법 제40조 제1항).

② 확인행위, 공증행위, 통지행위, 수리행위는 준법률행위적 행정행위에 해당한다.

③ 행정청이 당사자에게 의무를 과하거나 권익을 제한하는 처분을 함에 있어서는 당사자 등에게 처분의 사전통지를 하고 의견제출의 기회를 주어야 하며, 여기서 당사자라 함은 행정청의 처분에 대하여 직접 그 상대가 되는 자를 의미한다 할 것이고, 지방세법에 의한 압류재산 매각절차에 따라 영업시설의 전부를 인수함으로써 그 영업자의 지위를 승계한 자가 관계행정청에 이를 신고하여 행정청이 이를 수리하는 경우에는 종전의 영업자에 대한 영업허가 등은 그 효력을 잃는다 할 것인데, 위 규정들을 종합하면 위 행정청이 구 식품위생법 규정에 의하여 영업자지위승계신고를 수리하는 처분은 종전의 영업자의 권익을 제한하는 처분이라 할 것이고 따라서 종전의 영업자는 그 처분에 대하여 직접 그 상대가 되는 자에 해당한다고 봄이 상당하므로, 행정청으로서는 위 신고를 수리하는 처분을 함에 있어서 행정절차법 규정 소정의 당사자에 해당하는 종전의 영업자에 대하여 위 규정 소정의 행정절차를 실시하고 처분을 하여야 한다(대법원 2003. 2. 14. 선고 2001두7015 판결).

18 서울시 9급 기출

다음 중 사인의 공법행위에 대한 설명으로 가장 옳지 않은 것은?

① 사인의 공법행위에는 행위능력에 관한 민법의 규정이 원칙적으로 적용된다.

② 판례에 의하면 민법상 비진의 의사표시의 무효에 관한 규정은 그 성질상 영업재개신고나 사직의 의사표시와 같은 사인의 공법행위에 적용된다.

③ 사인의 공법행위가 행정행위의 단순한 동기에 불과한 경우에는 그 하자는 행정행위의 효력에 아무런 영향을 미치지 않는다는 것이 일반적인 견해이다.

④ 공무원이 한 사직의사표시의 철회나 취소는 그에 터잡은 의원면직처분이 있을 때까지 할 수 있는 것이고, 일단 면직처분이 있고 난 이후에는 철회나 취소할 여지가 없다.

> **해설** 판례에 의하면 민법상 비진의 의사표시의 무효에 관한 규정은 그 성질상 영업재개신고나 사직의 의사표시와 같은 사인의 공법행위에 적용되지 않는다(대판 1978.7.25, 76누276).

19

사인의 공법행위에 대한 설명으로 옳지 않은 것은?

① 사인의 공법행위에도 공정력이 인정된다.

② 사인의 공법행위에 대한 적용법규에 관하여는 개별법의 규정 외에 일반적 규정은 없다.

③ 사인의 공법행위에는 원칙적으로 부관을 붙일 수 없다.

④ 사인의 공법행위와 행정행위는 공법적 효과를 나타낸다는 공통점이 있다.

> **해설** 사인의 공법행위란 공법관계에서 공법적 효과발생을 목적으로 하는 사인의 행위를 말하는 것으로, 공법적 효과가 나타나는 점에서는 행정청의 행정행위와 같지만 권력작용이 아니므로 공정력 · 확정력 · 강제력 · 집행력 등의 우월적 효력은 인정되지 않는다.
> ② 사인의 공법행위에 적용할 일반적 · 통칙적 규정은 없으므로 개별법 규정을 준용하거나 유추적용한다.
> ③ 사인의 공법행위에는 명확성과 법률관계의 신속한 확정을 위해서 원칙상 부관이 허용되지 않는다.
> ④ 사인의 공법행위와 행정청의 행정행위는 공법적 효과를 나타낸다는 점에서 같다.

20

수리를 요하지 않는 신고에 대한 설명으로 옳지 않은 것은?

① 행정청의 수리 여부와 관계없이 신고서가 접수기관에 도달된 때에 신고의무가 이행된 것으로 본다.

② 행정청은 요건을 갖추지 못한 신고서가 제출된 경우 지체 없이 상당한 기간을 정하여 보완을 요구하여야 한다.

③ 수리를 요하지 않는 신고의 수리거부는 행정소송의 대상이 되는 처분에 해당한다.

④ 건축법상 신고사항에 관하여는 건축을 하고자 하는 자가 적법한 요건을 갖춘 신고만 하면 건축을 할 수 있고, 행정청의 수리처분 등 별다른 조처를 기다릴 필요가 없다.

해설 수리를 요하지 않는 신고, 즉 자기완결적(자체완성적) 신고의 수리 및 수리거부행위의 처분성은 부정되며, 대법원 역시 건축법 제9조 등에 의한 소규모 건축물을 건축하고자 하는 자는 적법한 요건을 갖춘 신고만 하면 행정청의 수리처분 등 별단의 조처를 기다릴 필요 없이 건축을 할 수 있으므로, 위 건축신고에 대한 행정청의 반려조치는 국민의 구체적인 권리의무에 변동을 초래하는 것을 내용으로 하는 행정처분이라고 볼 수 없다고 하여 (대판 2000.9.5, 99두8800) 같은 입장을 취하고 있다.

21

공법상의 주소에 대한 설명으로 옳지 않은 것은?

① 주민등록법상의 주소는 주민등록지로 한다.

② 전입신고일을 기준으로 주소가 변경된 것으로 본다.

③ 공법상의 주소는 1개로 한다.

④ 특수사정이 있을 시는 복수주소가 가능하다.

해설 다른 법률에 특별한 규정이 없으면 이 법에 따른 주민등록지를 공법(公法) 관계에서의 주소로 한다(주민등록법 제23조 제1항). 즉, 개별적인 특수사정이 아니라 개별법령에서 규정되어 있는 경우를 말한다.

22

사인의 공법행위로 볼 수 없는 것은?

① 영업허가의 신청

② 행정심판청구

③ 사인의 국가와의 물품납부계약

④ 국민투표행위

해설 사인의 국가와의 물품납부계약은 사법관계에 해당하므로 사인의 공법행위로 볼 수 없다.

핵심정리

사인의 공법행위

사인의 공법행위이란 공법관계에서 공법적 효과발생을 목적으로 하는 행정주체에 대하여 행하는 사인의 모든 행위를 말한다. 이는 사인의 의사표시를 요소로 하는 행위(행정행위의 신청 등)이든, 의사표시 이외의 정신작용을 요소로 하는 행위(사망신고 등)이든 불문한다.

제 2 편

행정작용법

실전
문제

제1장 행정상 입법

● 대표유형문제 ●

행정규칙에 대한 설명으로 옳은 것은?

❶ 행정규칙의 제정에는 법률우위의 원칙이 적용된다.

② 총리령이나 부령형식의 행정규칙은 재판규범성을 긍정하고 있다.

③ 국세청훈령인 재산제세 사무처리규정은 행정규칙의 효력을 가진다.

④ 행정규칙은 공포를 요한다.

정답해설 행정규칙의 제정은 행정작용 중의 하나로 법률유보의 원칙은 적용되지 않으나 법률우위의 원칙이 적용된다.

오답해설 ② 총리령이나 부령형식의 행정규칙은 행정규칙으로서의 성질을 상실하지 아니한다고 하여 재판규범성을 부정
하고 있다.

③ 국무총리훈령인 개별토지가격 합동조사지침, 국세청훈령인 주류면허제도 개선업무 처리지침과 함께 행정규
칙이 실질적으로 법의 내용을 보충함으로써 개인에게 직접적 영향을 미치기 때문에 법규명령으로 보아야 한
다고 판시한 바 있다.

④ 행정규칙은 공포를 요하지 않는다.

핵심정리 행정규칙

- **일반적 개념** : 행정규칙이란 행정조직관계 또는 특별한 공법상 법률내부관계에서 그 조직과 활동을 규율하는
일반적·추상적 명령으로서 법규범의 성질을 갖지 않는 것을 말한다. 즉, 행정기관이 내부관계에서 독자적으
로 제정하는 일반적·추상적 규정으로, 흔히 훈령·예규·지시·운영지침 등의 형식으로 제정되는 행정내부
규범을 의미한다. 이러한 행정규칙은 학문상의 용어로서, 행정명령 또는 행정규정이라고도 한다.

- **특별명령과의 구분** : 특별명령은 특별권력관계의 구성원을 수범자로 하여 법률의 수권 없이 규율하는 일반
적·추상적 규정을 말한다. 즉, 특별권력관계 내부에서 권력자의 지위·신분·이용관계를 규율하는 명령이다
(영조물규칙 등). 이러한 특별명령을 우리나라에서는 행정규칙으로 보아 법규성을 부정하는 것이 일반적이다.

- **필요성** : 현대행정조직의 복잡성과 행정작용의 전문성과 기술성, 관련행정법규의 해석과 집행에 있어 행정기
관의 재량권 확대 등에 따른 행정작용 간의 통일·조화 및 효율성 제고를 위해 상급기관에 의한 행정규칙의
제정이 필요하다고 하겠다.

- **행정규칙의 근거**
  - 행정규칙은 국민의 법적 지위에 직접 영향을 미치는 것이 아니고 하급기관의 권한행사를 지휘하는 것이므
  로, 상급기관이 포괄적 감독권에 근거하여 발한다. 따라서 행정규칙은 개별적인 근거법규, 즉 상위법령의 구
  체적인 수권 없이도 행정목적의 달성을 위하여 발동될 수 있다.
  - 이러한 성격으로 인해 행정규칙을 조직규범으로 보며, 행정규칙의 발령을 규율하는 법률은 직무범위에 관
  한 권한규범이지 수권규범으로 보지 않는다.

- **행정규칙의 한계** : 행정규칙의 제정은 법률이나 상위규칙이나 비례원칙 등에 반하지 아니한 범위 내에서(법규
  상 한계), 행정목적을 달성하는 데 필요한 범위 내에서 발하여야 한다(목적상 한계). 또한, 행정규칙은 법규성이
  인정될 수 없으므로 국민의 권리와 의무에 관련한 사항을 새로이 규정할 수 없다(내용상 한계).

01

법규명령의 사법적 통제에 대한 설명으로 옳지 않은 것은?

① 명령·규칙이 헌법이나 법률에 위반되는 여부가 재판의 전제가 되는 경우는 대법원이 최종적으로 심사할 권한을 갖는다.

② 법규명령을 제정하지 않고 있는 경우에 대한 부작위위법확인소송은 허용된다.

③ 명령·규칙이 국민의 기본권을 침해한 경우에는 헌법소원을 인정하는 것은 헌법에 반하지 않는다.

④ 헌법재판소는 법무사법 시행규칙(대법원규칙)에 대한 헌법소원을 받아들여 동 규칙이 위헌임을 결정한 바 있다.

해설 행정입법부작위에 대한 부작위위법확인소송은 허용되지 않는다. 구체적인 권리나 의무의 변동문제가 아니기 때문이다.

02

우리나라의 행정입법에 대한 통제방법이라고 할 수 없는 것은?

① 국회의 국정조사 및 감사

② 행정절차에 의한 통제

③ 국회의 동의권유보

④ 행정부에 의한 내부적 통제

해설 동의권유보는 행정입법의 성립 및 발효에 있어 국회의 동의를 받도록 유보하는 것을 말하며 독일 등 일부 외국에서 사용되고 있는 방법으로 우리나라의 경우 이 같은 통제제도는 없다.

03 국가직 9급 기출

행정입법에 대한 설명으로 옳은 것은? (다툼이 있는 경우 판례에 의함)

① 법규명령 형식의 행정규칙과 관련하여 대법원은 대통령령(시행령)과 부령(시행규칙) 간의 구분 없이 실질적인 행정규칙의 성질을 인정하고 있다.

② 독점규제및공정거래에관한법률 제23조 제3항에 근거한 불공정거래행위의 지정고시 또는 대외무역법 제19조 제2항에 근거한 물품수출입공고 등은 행정규칙의 형식을 취하고 있으므로 내용상으로도 행정규칙으로 보는 것이 타당하다.

③ 상급행정기관이 하급행정기관에 대하여 업무처리지침이나 법령의 해석적용에 관한 기준을 정하여서 발하는 이른바 행정규칙은 일반적으로 행정조직 내부에서의 효력뿐만 아니라 대외적인 구속력도 갖는다.

④ 고시(告示)에 대하여 헌법재판소는 고시가 일반·추상적 성격을 가질 때는 법규명령 또는 행정규칙에 해당하지만, 고시가 구체적인 규율의 성격을 갖는다면 행정처분에 해당한다고 본다.

해설 ① 대법원은 그 행정규칙의 제정형식에 따라 법규성 여부를 달리보고 있다.
② 행정규칙의 형식으로 규정되었지만 실질적·내용적으로는 근거법령의 규정과 결합하여 보충적 성질을 가지는 법규명령에 해당한다(다수설·판례).
③ 행정규칙은 원칙적으로 법규성이 부인되므로 대외적 구속력이 없다.

04 국가직 9급 기출

행정규칙에 대한 설명으로 옳지 않은 것은? (다툼이 있는 경우 판례에 의함)

① 법령의 위임이 없음에도 법령에 규정된 처분요건에 해당하는 사항을 부령에서 변경하여 규정한 경우에는 그 부령의 규정은 행정명령의 성격을 지닐 뿐 국민에 대한 대외적 구속력은 없다.

② 행정관청 내부의 사무처리규정에 불과한 전결규정에 위반하여 원래의 전결권자 아닌 보조기관 등이 처분권자인 행정관청의 이름으로 행정처분을 한 경우, 그 처분은 권한 없는 자에 의하여 행하여진 것으로 무효이다.

③ 법령의 규정이 특정 행정기관에게 법령 내용의 구체적 사항을 정할 수 있는 권한을 부여하면서 권한행사의 절차나 방법을 특정하지 아니한 경우에는 수임 행정기관은 행정규칙으로 법령 내용이 될 사항을 구체적으로 정할 수 있다.

④ 재량권행사의 준칙인 행정규칙이 그 정한 바에 따라 되풀이 시행되어 행정관행이 형성되어 행정기관이 그 상대방에 대한 관계에서 그 행정규칙에 따라야 할 자기구속을 당하게 되는 경우에는 그 행정규칙은 헌법소원의 심판대상이 될 수도 있다.

해설 전결과 같은 행정권한의 내부위임은 법령상 처분권자인 행정관청이 내부적인 사무처리의 편의를 도모하기 위하여 그의 보조기관 또는 하급 행정관청으로 하여금 그의 권한을 사실상 행사하게 하는 것으로서 법률이 위임을 허용하지 않는 경우에도 인정되는 것이므로, 설사 행정관청 내부의 사무처리규정에 불과한 전결규정에 위반하여 원래의 전결권자 아닌 보조기관 등이 처분권자인 행정관청의 이름으로 행정처분을 하였다고 하더라도 그 처분이 권한 없는 자에 의하여 행하여진 무효의 처분이라고는 할 수 없다(대법원 1998. 2. 27. 선고 97누1105 판결).

05 국가직 9급 기출

행정규칙에 대한 설명으로 옳지 않은 것은?

① 훈령, 지시, 예규, 일일명령 등 행정기관이 그 하급기관이나 소속 공무원에 대하여 일정한 사항을 지시하는 문서는 지시 문서이다.

② 대법원은 교육부장관이 내신성적산정지침을 시·도 교육감에게 통보한 것은 행정조직 내부에서 내신성적평가에 관한 심사기준을 시달한 것에 불과하다고 보아 위 지침을 행정처분으로 볼 수 없다고 판단하였다.

③ 대법원은 제재적 처분의 기준이 부령 형식으로 규정되어 있더라도 그것은 행정청 내부의 사무처리준칙을 정한 것에 지나지 아니하여 대외적으로 국민이나 법원을 기속하는 효력이 없고, 당해 처분의 적법여부는 위 처분기준뿐만 아니라 관계 법령의 규정내용과 취지에 따라야 한다고 판단하였다.

④ 대법원은 행정적 편의를 도모하기 위해 법령의 위임을 받아 제정된 절차적 규정을 법령보충적 행정규칙으로 본다.

해설 법인은 법인세 신고 시 세무조정사항을 기입한 소득금액조정합계표와 유보소득 계산서류인 적정유보초과소득조정명세서(을) 등을 신고서에 첨부하여 제출하여야 하는데, 위 소득금액조정합계표 작성요령 제4호 단서는 잉여금 증감에 따른 익금산입 및 손금산입 사항의 처분인 경우 익금산입은 기타 사외유출로, 손금산입은 기타로 구분하여 기입한다고 규정하고 있고, … 위와 같은 작성요령은 법률의 위임을 받은 것이기는 하나 법인세의 부과징수라는 행정적 편의를 도모하기 위한 절차적 규정으로서 단순히 행정규칙의 성질을 가지는 데 불과하여 과세관청이나 일반국민을 기속하는 것이 아니다(대판 2003.09.05. 선고 2001두403).

06

부령에 대한 설명으로 옳은 것은?

① 법제처장은 부령을 제정할 수 있다.
② 부령을 제정하기 위해서는 국무회의의 심의를 거쳐야 한다.
③ 부령은 대통령령과 달리 공포를 요하지 않는다.
④ 위임명령과 집행명령은 보통 하나의 명령에 혼합적으로 규정된다.

> **해설** ① 법제처장은 부령제정권이 아닌 부령심사권을 가진다.
> ② 대통령령은 법제처의 심의를 거친 후 국무회의의 심의를 거쳐야 하지만 총리령, 부령은 법제처의 심의만 거치면 된다.
> ③ 모든 법규명령은 공포되어야 한다.

07

법규명령과 행정규칙을 비교한 것으로 옳지 않은 것은?

① 법규명령은 일반통치권을 기초로 하고 행정규칙은 포괄적 특별권력을 기초로 한다.
② 법규명령과 행정규칙은 모두 공포를 통해 효력을 발생한다.
③ 법규명령은 위반행위에 대한 행정소송 제기가 가능하나 행정규칙은 위반행위에 대한 행정소송은 할 수 없다.
④ 법규명령의 형식으로는 총리령, 부령, 감사원규칙 등이 있으며 행정규칙의 형식으로는 훈령, 지시, 예규 등이 있다.

> **해설** 행정규칙은 공포 없이도 효력을 발할 수 있다.

08

법규명령에 대한 설명으로 옳지 않은 것은?

① 위임명령은 법률에서 구체적으로 범위를 정하여 위임받은 사항에 관하여 제정이 허용되며 벌칙도 규정할 수 있다.
② 집행명령으로는 벌칙을 규정할 수 없다.
③ 집행명령은 근거법령인 상위법령이 폐지되면 특별한 규정이 없는 한 실효된다.
④ 집행명령은 근거법령인 상위법령이 개정됨에 그친 경우에도 당연히 실효된다.

> **해설** 상위법령의 시행에 필요한 세부적 사항을 정하기 위하여 행정관청이 일반적 직권에 의하여 제정하는 이른바 집행명령은 근거법령인 상위법령이 폐지되면 특별한 규정이 없는 이상 실효되는 것이나, 상위법령이 개정됨에 그친 경우에는 개정법령과 성질상 모순, 저촉되지 아니하고 개정된 상위법령의 시행에 필요한 사항을 규정하고 있는 이상 그 집행명령은 상위법령의 개정에도 불구하고 당연히 실효되지 아니하고 개정법령의 시행을 위한 집행명령이 제정, 발효될 때까지는 여전히 그 효력을 유지한다(대판 1989.9.12, 88누6962). 즉, 집행명령의 근거법이 소멸되지 않고 개정된 경우에는 개정된 법과 상충·모순되지 않는 한 유효하다.

핵심정리

법규명령의 폐지
- **직접폐지** : 법규명령의 효력을 장래에 향하여 소멸시키는 행정권의 직접적·명시적 의사표시로 개개의 구체적인 법규명령을 폐지하는 것을 말한다.
- **간접폐지** : 법규명령은 내용이 충돌하는 동위의 명령(신법우선의 원칙 적용) 또는 상위법령의 제정이나 개정에 의하여 저촉되게 됨으로써 효력이 소멸되는 것을 말한다(사실상의 실효사유).

09

행정입법에 대한 설명으로 옳은 것은? (다툼이 있는 경우 판례에 의함)

① 교육부장관이 대학입시기본계획의 내용에서 내신성적 산정기준에 관한 시행지침을 정한 경우, 각 고등학교는 이에 따라 내신성적을 산정할 수밖에 없더라도 이는 행정처분에 해당하지 않는다.

② 위임명령은 법률이나 상위명령에서 구체적으로 범위를 정한 개별적 위임이 없어도 제정이 가능하다.

③ 행정소송에 대한 대법원 판결에 의하여 명령 · 규칙이 헌법 또는 법률에 위반된다는 것이 확정된 경우, 대법원은 지체없이 그 사유를 해당 법령의 소관부처의 장에게 통보하여야 한다.

④ 상위 법령등의 단순한 집행을 위해 총리령을 제정하려는 경우, 행정상 입법예고를 해야 한다.

> **해설** 교육부장관이 내신성적 산정기준의 통일을 기하기 위해 대학입시기본계획의 내용에서 내신성적산정기준에 관한 시행지침을 마련하여 시 · 도 교육감에서 통보한 것은 행정조직 내부에서 내신성적 평가에 관한 내부적 심사기준을 시달한 것에 불과하며, 각 고등학교에서 위 지침에 일률적으로 기속되어 내신성적을 산정할 수밖에 없고 또 대학에서도 이를 그대로 내신성적으로 인정하여 입학생을 선발할 수밖에 없는 관계로 장차 일부 수험생들이 위 지침으로 인해 어떤 불이익을 입을 개연성이 없지는 아니하나, 그러한 사정만으로서 위 지침에 의하여 곧바로 개별적이고 구체적인 권리의 침해를 받은 것으로는 도저히 인정할 수 없으므로, 그것만으로는 현실적으로 특정인의 구체적인 권리의무에 직접적으로 변동을 초래케 하는 것은 아니라 할 것이어서 내신성적 산정지침을 항고소송의 대상이 되는 행정처분으로 볼 수 없다(대판 1994. 9. 10, 94두33).
> ② 위임명령은 법률의 내용을 보충하는 보충명령으로, 법률이나 상위명령에서 구체적으로 범위를 정한 개별적인 위임이 있어야 제정할 수 있다.

③ 행정소송에 대한 대법원판결에 의하여 명령 · 규칙이 헌법 또는 법률에 위반된다는 것이 확정된 경우에는 대법원은 지체없이 그 사유를 행정안전부장관에게 통보하여야 한다(행정소송법 제6조 제1항).

④ 법령등을 제정 · 개정 또는 폐지(이하 "입법"이라 한다)하려는 경우에는 해당 입법안을 마련한 행정청은 이를 예고하여야 한다(행정절차법 제41조 제1항). 다만, '상위법령등의 단순한 집행을 위한 경우'에는 예고를 하지 아니할 수 있다(행정절차법 제41조 제1항 제2호).

10

행정입법에 대한 설명으로 옳지 않은 것은?

① 대통령령이 적법하게 성립하여 효력을 발생하기 위해서는 법제처의 심사와 국무회의의 심의를 거쳐야 한다.

② 도로교통법 시행규칙 제53조 제1항 [별표 16]의 운전면허 행정처분기준은 행정청 내의 사무처리준칙을 규정한 것에 불과하다는 것이 판례의 입장이다.

③ 행정기관이 재량준칙을 위반하여 행정처분을 한 경우 상대방은 평등원칙이나 신뢰보호원칙을 근거로 위법을 주장할 수 있다.

④ 헌법재판소는 법규명령에 대한 헌법소원을 인정하지 않고 있다.

> **해설** 헌법재판소는 헌법 제107조 제2항의 규정에도 불구하고 법규명령(대법원규칙인 법무사법 시행규칙)에 대한 헌법소원을 받아 들여 동 규칙이 위헌임을 결정한 바 있다(헌재 1990.10.15, 89헌마178).

11

행정입법에 대한 설명으로 옳지 않은 것은?

① 행정입법은 행정주체인 행정기관이 일반적 · 추상적인 규범을 정립하는 작용이다.

② 집행명령은 위임명령과 달리 법규성을 갖지 않는다.

③ 위임받은 입법권의 재위임은 원칙적으로 금지된다.

④ 국회의 전속적 입법사항에 대해서는 행정부에 위임할 수 없다.

> **해설** 집행명령과 위임명령은 법규명령으로서 법규성을 갖는다.

12

행정규칙에 대한 설명으로 옳지 않은 것은?

① 수명(受命) 공무원이 행정규칙에 반한 경우 원칙적으로 위반행위 자체의 효력에는 영향이 없다.

② 법원은 행정규칙의 재판규범성을 부정하는 것이 원칙적 태도이다.

③ 행정규칙의 제정에 있어 법률우위의 원칙은 적용되지 않으나 법률유보의 원칙은 적용되어야 한다.

④ 행정규칙의 위반을 이유로 행정소송을 제기할 수는 없으나 행정규칙의 위반이 평등의 원칙 등에 반하는 결과를 가져옴으로써 위법이 될 수는 있다.

> **해설** 행정규칙의 제정에 있어 법률유보의 원칙은 적용되지 않으나 법률우위의 원칙은 적용되어야 한다.

13 국가직 9급 기출

행정입법에 대한 판례의 입장으로 옳은 것은?

① 행정입법부작위는 부작위위법확인소송의 대상이 된다.

② 의료기관의 명칭표시판에 진료과목을 함께 표시하는 경우 진료과목의 글자 크기를 제한하고 있는 구 의료법 시행규칙 제31조는 그 자체로서 국민의 구체적인 권리의 무나 법률관계에 직접적인 변동을 초래하므로 항고소송의 대상이 되는 행정처분이라 할 수 있다.

③ 법률의 위임에 의하여 효력을 갖는 법규명령의 경우 구법에 위임의 근거가 없어 무효였더라도 사후에 법개정으로 위임의 근거가 부여되면 그때부터는 유효한 위임명령이 된다.

④ 국립대학의 대학입학고사 주요요강은 행정쟁송의 대상인 행정처분에 해당되지만 헌법소원의 대상인 공권력의 행사에는 해당되지 않는다.

> **해설** 일반적으로 법률의 위임에 의하여 효력을 갖는 법규명령일 경우 구법에 위임의 근거가 없어 무효였더라도 사후에 법개정으로 위임의 근거가 부여되면 그때부터 유효한 법규명령이 되나, 반대로 구법의 위임에 의한 유효한 법규명령이 법개정으로 위임의 근거가 없어지게 되면 그때부터 무효인 법규명령이 된다(대판 1995.6.30. 93추83).
> ① 부작위위법확인소송의 대상이 될 수 있는 것은 구체적 권리 · 의무에 관한 분쟁이어야 하고 추상적인 법령에 관하여 제정의 여부 등은 그 자체로서 국민의 구체적인 권리 · 의무에 직접적인 변동을 초래하는 것이 아니어서 행정소송의 대상이 될 수 없다(대판 1992.5.8. 91누11261).
> ② 의료기관의 명칭표시판에 진료과목을 함께 표시하는 경우 글자 크기를 제한하고 있는 구 의료법 시행규칙 제31조는 그 자체로서 국민의 구체적인 권리의무나 법률관계에 직접적인 변동을 초래하지 아니하므로 항고소송의 대상이 되는 행정처분이라고 할 수 없다(대판2007.4.12. 2005두15168).
> ④ 국립대학인 서울대학교의 '1994학년도 대학입학고사 주요요강'은 사실상의 준비행위 내지사전안내로

서 행정쟁송의 대상이 될 수 있는 행정처분이나 공권력의 행사는 될 수 없지만 그 내용이 국민의 기본권에 직접 영향을 끼치는 내용이고 앞으로 법령의 뒷받침에 의하여 그대로 실시될 것이 틀림없을 것으로 예상되어 그로 인하여 직접적으로 기본권 침해를 받게 되는 사람에게는 사실상의 규범작용으로 인한 위험성이 이미 현실적으로 발생하였다고 보아야 할 것이므로 이는 헌법소원의 대상이 되는 헌법재판소법 제68조 제1항 소정의 공권력의 행사에 해당된다고 할 것이며, 이 경우 헌법소원 외에 달리 구제방법이 없다(헌재 1992.10.1,92헌마68, 76).

14

법규명령에 대한 설명으로 옳지 않은 것은?

① 헌법재판소 판례에 의하면, 재량준칙인 행정규칙도 행정의 자기구속의 법리에 의거하여 헌법소원심판의 대상이 될 수 있다.
② 법률의 위임에 의하여 효력을 갖는 법규명령은 구법에 위임의 근거가 없어 무효였더라도 사후에 법률개정으로 위임의 근거가 부여되면 소급하여 유효한 법규명령이 된다.
③ 대법원 판례에 의하면, 법률의 위임관계를 명확히 하기 위해서 근거가 되는 상위 법령의 해당 조항을 구체적으로 명시하고 있어야 한다.
④ 처벌법규나 조세법규는 다른 법규보다 구체성과 명확성의 요구가 강화되어야 한다.

해설 대법원 판례에 의하면, 법령의 위임관계는 반드시 하위법령의 개별조항에서 위임의 근거가 되는 상위 법령의 해당 조항을 구체적으로 명시하고 있어야만 하는 것은 아니라고 할 것(대판 1999. 12. 24, 99두5658)이라고 하였으므로 옳지 않다.

15

법률에 위반되는 법규명령과 법규명령에 위반되는 행정행위의 효력에 대한 설명으로 옳은 것은?

① 법률에 위반한 법규명령은 취소 · 무효사유가 된다.
② 법률에 위반한 법규명령은 무효가 된다.
③ 법규명령에 위반한 행정행위는 언제나 무효이다.
④ 법규명령에 위반한 행정행위는 취소사유로만 된다.

해설 법규명령이 성립 · 효력요건을 갖추지 못하여 하자있는 명령이 되는 경우 이의 효력에 대해 견해가 대립하나 다수설 · 판례에 의하면 행정행위와는 달리 하자있는 법규명령은 하자의 정도에 관계없이 무효이고 취소할 수 있는 법규명령은 존재하지 않는다고 한다.

16

법규명령에 대한 설명으로 옳지 않은 것은?

① 위임명령은 국민의 권리 · 의무에 관한 사항을 정할 수 없다.
② 위임명령은 법령의 구체적, 개별적 수권이 있어야 한다.
③ 위임명령은 그 내용상 명확해야 한다.
④ 위임명령을 전면적으로 재위임하는 것은 허용되지 않는다.

해설 위임명령은 법률 등을 보충하여 국민의 권리 · 의무를 새롭게 설정하는 것으로서 법률 또는 상위명령에 의하여 개별적 작용법상 수권에 의하여 제정되는 명령이다.

17 국가직 9급 기출

행정입법에 대한 판례의 입장으로 옳지 않은 것은?

① 헌법재판소는 대법원규칙인 구 법무사법 시행규칙에 대해, 법규명령이 별도의 집행행위를 기다리지 않고 직접 기본권을 침해하는 것일 때에는 헌법 제107조제2항의 명령 · 규칙에 대한 대법원의 최종심사권에도 불구하고 헌법소원심판의 대상이 된다고 한다.

② 대법원은 구 여객자동차 운수사업법 시행규칙 제31조제2항 제1호, 제2호, 제6호는 구 여객자동차 운수사업법 제11조제4항의 위임에 따라 시외버스운송사업의 사업계획변경에 관한 절차, 인가기준 등을 구체적으로 규정한 것으로서 행정청 내부의 사무 처리준칙을 규정한 행정규칙에 불과하다고 할 수는 없다고 한다.

③ 대법원은 재량준칙이 되풀이 시행되어 행정관행이 성립된 경우에는 당해 재량준칙에 자기구속력을 인정한다. 따라서 당해 재량준칙에 반하는 처분은 법규범인 당해재량준칙을 직접 위반한 것으로서 위법한 처분이 된다고 한다.

④ 헌법재판소는 법률이 일정한 사항을 행정규칙에 위임하더라도 그 위임은 전문적 · 기술적 사항이나 경미한 사항으로서 업무의 성질상 위임이 불가피한 사항에 한정된다고 한다.

> **해설** 재량준칙이 반복 적용되어 행정규칙이 법규명령으로 인정되는 준법규설은 자기구속의 법리를 통하여 간접적 외부적 효력을 인정하는 것이므로 이를 위반한 경우에는 일반 법규명령과 같이 직접 위반 한 것이 아니라 재량준칙을 위반하여 일탈, 남용하여 위법한 처분이 된다고 보고 있다.

18

행정규칙에 대한 설명으로 옳지 않은 것은?

① 행정규칙에 위반한 처분은 위법한 처분으로 행정소송의 대상이 된다.

② 행정규칙은 법적 근거를 요하지 않는다.

③ 훈령 중 법령보충규칙은 법규명령의 성격을 갖는다는 것이 판례의 입장이다.

④ 행정의 자기구속의 법리가 적용되는 행정규칙은 주로 재량준칙이다.

> **해설** 수명(受命) 공무원이 행정규칙에 위반한 경우 원칙적으로 위반행위 자체의 효력에는 영향이 없고(즉, 위법이 아니고), 단지 징계사유가 될 뿐이다. 따라서 행정규칙의 위반을 이유로 행정소송을 제기할 수 없다.

핵심정리

행정규칙
- **법규성** : 법규성 부정
- **성질** : 형식적 · 실질적 행정
- **권력의 기초** : 특별권력
- **형식** : 훈령, 지시, 예규, 일일명령, 공시, 통첩, 지침, 시달 등
- **법적근거요부** : 행정권의 당연한 권능
- **효력** : 일면적 구속력
- **규율대상** : 행정조직 또는 특별권력관계 내부의 사항 규율
- **범위와 한계** : 법규명령에 위반하지 않는 범위 내에서 규정
- **제정절차** : 특별한 절차규정 없음
- **형식과 공포** : 문서나 구두로 가능하며, 하급기관에 도달하면 효력 발생(공포 불요)
- **위반의 효과** : 원칙적으로 위반행위에 대해 행정소송 불가

19

시행규칙(부령) 형식으로 되어 있는 제재적 처분 기준을 규정하고 있는 경우의 성질에 대한 판례의 입장으로 옳은 것은? (다툼이 있는 경우 판례에 의함)

① 법적 성질은 행정규칙이며 이에 따른 처분은 당연히 적법이다.

② 법적 성질은 행정규칙이며 대외적 효력을 갖는 법규명령의 효력을 갖는다.

③ 법적 성질은 법규명령이며 이에 위반한 처분은 적법이다.

④ 법규명령의 형식이라도 행정규칙적인 성질일 때에는 행정규칙이며, 그 처분의 적법 여부는 관련법의 규정 및 취지에 적합한 것인가의 여부에 따라서 판단하여야 한다.

해설 도로교통법시행규칙 제53조 제1항이 정하고 있는 [별표 16] 운전면허행정처분기준은 관할 행정청이 운전면허의 취소 및 운전면허의 효력정지 등의 사무처리를 함에 있어서 처리기준과 방법 등의 세부사항을 규정한 행정기관 내부의 처리지침에 불과한 것으로서 대외적으로 국민이나 법원을 기속하는 것은 아니므로, 자동차운전면허 취소처분의 적법 여부는 위 운전면허행정처분기준이 상위법령에 근거가 있는지 여부 등에 의하여 판단할 것이 아니라 도로교통법의 규정 내용과 취지에 따라 판단하여야 하고, 따라서 위 운전면허행정처분기준이 상위법령에 근거가 없다 하여 자동차운전면허 취소처분이 위법한 것이라고 단정할 수는 없다(대판 1996.4.12, 95누10396).

20 지방직 9급 기출

행정입법에 대한 설명으로 옳지 않은 것은? (다툼이 있는 경우 판례에 의함)

① 구 청소년보호법의 위임에 따라 제정된 청소년보호법 시행령으로 정한 '위반행위의 종별에 따른 과징금처분기준'은 법규명령에 해당되며, 그 기준에서 정한 과징금액수는 정액이 아니라 최고한도액이다.

② 상위법령에서 세부사항 등을 시행규칙으로 정하도록 위임하였음에도 이를 고시등행정규칙으로 정하였다면, 당해 고시 등은 상위법령과 결합하여 대외적 구속력을 가지는 법규명령으로서 효력이 인정된다.

③ 법률이 공법적 단체 등의 정관에 자치법적 사항을 위임한 경우에는 포괄적인 위임입법의 금지는 원칙적으로 적용되지 않는다.

④ 법령의 위임관계는 반드시 하위법령의 개별조항에서 위임의 근거가 되는 상위법령의 해당 조항을 구체적으로 명시하고 있어야만 하는 것은 아니다.

해설 상위법령에서 세부사항 등을 시행규칙으로 정하도록 위임하였음에도 이를 고시 등 행정규칙으로 정하였다면 그 역시 대외적 구속력을 가지는 법규명령으로서 효력이 인정될 수 없다(대판 2012.7.5, 2010다72076).

21 [지방직 9급 기출]

행정입법에 대한 설명으로 옳지 않은 것은? (다툼이 있는 경우 판례에 의함)

① 법규명령에 대한 사법적 통제로 우리나라는 구체적 규범통제를 원칙으로 한다.

② 행정입법부작위에 대한 국가배상은 인정되지 않으며, 실무적으로 무명항고소송을 통해 해결하고 있다.

③ 보건복지부 고시가 다른 집행행위의 매개 없이 그 자체로서 요양기관, 국민건강보험공단, 국민건강보험 가입자 등의 법률관계를 직접 규율하고 있다면 항고소송의 대상이 된다.

④ 제재적 행정처분에서 정한 제재기간의 경과로 그 효과가 소멸되었으나, 부령인 시행규칙의 형식으로 정한 처분기준에서 제재적 행정처분을 받은 것을 가중사유나 전제요건으로 삼아 장래의 제재적 행정처분을 하도록 정하고 있는 경우, 선행처분인 제재적 행정처분을 받은 상대방이 그 처분에서 정한 제재기간이 경과하였더라도 그 처분의 취소를 구할 법률상 이익이 존재한다.

해설 행정입법부작위로 인하여 손해가 발생한 경우 행정권에게 과실이 있다면 국가배상청구가 인정될 수 있다.

● **관련 판례**

구 군법무관임용법 제5조 제3항과 군법무관임용 등에 관한 법률 제6조가 군법무관의 보수의 구체적 내용을 시행령에 위임했음에도 불구하고 행정부가 정당한 이유 없이 시행령을 제정하지 않은 것이 불법행위에 해당한다(대판 2007.11.29, 2006다3561).

22

행정규칙에 대한 설명으로 옳지 않은 것은?

① 공법상 특별권력에 기초를 두고 있다.

② 일반적으로 수명자만을 구속하는 일면적·편면적·대내적 구속력을 지닌다.

③ 행정규칙의 위반은 위법이 되지 않고 징계책임의 대상이 될 뿐이다.

④ 행정규칙은 국가와 국민 사이에 효력을 가진다.

해설 국가와 국민 사이에 효력을 갖는 것은 법규명령이고, 행정규칙은 행정조직 내부에서만 효력을 가진다.

23

법규문서 이외의 문서로서 반복적 행정사무처리의 기준을 제시하는 명령은?

① 예규　　　　② 훈령

③ 지시　　　　④ 일일명령

해설 ② 상급행정기관이 장기간에 걸쳐 하급행정기관의 권한행사를 일반적으로 지휘·감독하기 위해 발하는 명령

③ 상급기관이 직권 또는 하급기관의 문의나 신청에 따라 개별적·구체적으로 발하는 명령

④ 출장·당직·특근·각종 휴가 등 일일업무에 관한 명령

24

법규명령에 대한 설명으로 옳지 않은 것은?

① 헌법에서 법률로 정하는 것으로 규정된 사항이라도 법규명령에 위임할 수 있다는 것이 일반적인 견해이다.

② 법률에 의하여 위임된 사항을 전부 하위명령에 재위임하는 것은 금지된다.

③ 위임명령에 대한 법칙의 개별적 위임은 일정한 조건하에서 가능하다.

④ 집행명령의 제정에는 법률의 명시적 수권이 필요하다.

해설 집행명령은 법률의 명시적 근거가 없더라도 발할 수 있다.

25

법규성을 부인하고 단순한 행정규칙으로 본 사례가 아닌 것은?

① 주택건설촉진법 시행령 제10조의3 제1항 [별표 1 : 등록업자의 등록말소 및 영업정지처분기준]

② 공유수면관리에 관한 사무처리규정(해운항만청훈령)

③ 지적사무처리규정(내무부예규)

④ 주세사무처리규정(국세청훈령 제766호)

해설 당해 처분의 기준이 된 주택건설촉진법 시행령 제10조의3 제1항 [별표 1]은 주택건설촉진법 제7조 제2항의 위임규정에 터잡은 규정형식상 대통령령이므로 … 대외적으로 국민이나 법원을 구속하는 힘이 있는 법규명령에 해당한다(대판 1997.12.26, 97누15418).

26

행정규칙에 대한 설명으로 옳지 않은 것은?

① 행정규칙은 이를 대외적으로 인식시키기 위하여 대부분 관보에 의하여 공포하고 있다.

② 행정규칙은 법령에서 인정된 직무권한 범위 내에서 발령하는 것이므로 법령의 개별적, 구체적 수권을 요하지 않는다.

③ 재산제세조사사무처리규정에 대해 다수설은 판례와 마찬가지로 규범구체화 행정규칙의 예로 본다.

④ 행정규칙은 그 형식면에서 문서나 구술 모두 가능하며, 절차면에서도 일반적으로 따라야 할 법정절차가 없다.

해설 다수설과 판례는 법령보충적 행정규칙으로 법규명령의 성질을 갖는다고 본다.

> **핵심정리**
>
> **행정규칙 형식의 법규명령(법령보충규칙)**
>
> 법령보충적 행정규칙이 그 자체로서 대외적 구속력을 발생하는 것은 아니며, 상위법령과 결합하여 일체가 되는 한도 내에서 대외적 구속력을 갖는다고 보았다.
>
> • 국세청장훈령 '재산제세사무처리규정'(대판 1989.9. 29, 86누484)
>
> • 국세청장훈령 '재산제세조사사무처리규정'(대판 1989.11.14, 89누5676)
>
> • 국무총리훈령 '개별토지가격합동조사지침'(대판 1984.2.8, 93누111)
>
> • 국세청장훈령 '주류도매면허제도개선업무처리지침'(대판 1994.4.26, 93누21668)
>
> • 보건복지부장관훈령 '노령복지사업지침'(대판 1996. 4.12, 95누7727)
>
> • 국토해양부장관훈령 '택지개발업무처리지침'(대판 2008.3.27, 2006두3742)

27

법규명령의 통제에 대한 설명으로 옳지 않은 것은?

① 법원은 법률에 위반되는 법규명령에 대하여 추상적 규범통제를 통하여 무효로 할 수 있다.

② 법규명령에 대하여 헌법소원을 제기할 수 있는가에 대하여 우리 헌법재판소는 이를 긍정하고 있다.

③ 법원에 의한 법규명령의 통제는 구체적 사건에 대한 재판의 전제가 되는 경우 간접적 통제방식으로 한다.

④ 법규명령이 직접적으로 국민의 법적 지위에 영향을 미치는 경우 그 처분성이 인정되어 항고소송의 대상이 될 수도 있다.

해설 헌법 제107조 제2항은 명령 · 규칙 또는 처분이 헌법이나 법률에 위반되는 여부가 재판의 전제가 된 경우에는 대법원은 이를 최종적으로 심사할 권한을 가진다고 규정함으로써 추상적 규범통제가 아닌 구체적 규범통제제도를 인정하고 있다.

┌─ **핵심정리** ─┐

구체적 규범통제

• **의의** : 구체적 규범통제란 규범 그 자체는 직접 소송의 대상이 될 수 없고, 구체적 사건에서 재판의 전제가 된 경우에 한하여 법원의 심사대상이 될 수 있다는 것이다.

• **주체** : 주체는 각급법원이지만 최종심사의 권한을 가진 자는 대법원이다.

• **대상** : 법규성을 가지는 법규명령(명령 · 규칙)이므로 법규성이 없는 행정규칙은 제외된다.

28

행정입법에 대한 설명으로 옳지 않은 것은? (다툼이 있는 경우 판례에 의함)

① 행정입법권의 불행사로 국민의 기본권이 직접적 · 구체적으로 침해될 경우, 행정입법부작위도 헌법소원의 대상이 될 수 있다.

② 집행명령은 상위법령의 집행에 필요한 세칙을 정하는 범위 내에서만 가능하고 새로운 국민의 권리 · 의무를 정할 수 없다.

③ 법규적 효력을 가지는 행정입법의 제정은 반드시 구체적이어야 하며 명확한 법률의 위임을 요한다.

④ 추상적인 법규명령을 제정하지 않은 행정입법부작위에 대하여 행정소송법상 부작위위법확인소송을 제기하여 다툴 수 있다.

해설 행정소송은 구체적 사건에 대한 법률상 분쟁을 법에 의하여 해결함으로써 법적 안정을 기하자는 것이므로 부작위위법확인소송의 대상이 될 수 있는 것은 구체적 권리의무에 관한 분쟁이어야 하고 추상적인 법령에 관하여 제정의 여부 등은 그 자체로서 국민의 구체적인 권리의무에 직접적 변동을 초래하는 것이 아니어서 그 소송의 대상이 될 수 없다(대판 1992. 5. 8. 91누11261).

29

행정입법에 대한 설명으로 옳은 것은?

① 범죄요건을 추상적으로 위임하는 것도 가능하다.

② 법률에 의하여 위임된 입법권을 하위기관에 재위임하는 것은 허용되지 않는다.

③ 행정주체가 정하는 개별적·구체적 규범으로 처분성이 인정된다.

④ 판례는 법규명령 형식의 부령의 내용이 행정청의 내부 관계를 규정한 것에 불과한 경우 행정규칙의 성질을 갖는다고 판시한다.

해설 ① 위임입법에 관한 헌법 제75조는 처벌법규에도 적용되는 것이지만 처벌법규의 위임은 특히 긴급한 필요가 있거나 미리 법률로써 자세히 정할 수 없는 부득이한 사정이 있는 경우에 한정되어야 하고 이 경우에도 법률에서 범죄의 구성요건은 처벌대상인 행위가 어떠한 것일 것이라고 이를 예측할 수 있을 정도로 구체적으로 정하고, 형벌의 종류 및 그 상한과 폭을 명백히 규정하여야 한다(헌재 1991.7.8, 91헌가4).
② 재위임에 의한 부령의 경우에도 위임에 의한 대통령령에 가해지는 헌법상의 제한이 당연히 적용되므로 법률에서 위임받은 사항을 전혀 규정하지 아니하고 그대로 재위임하는 것은 허용되지 않으며 위임받은 사항에 관하여 대강을 정하고 그 중의 특정사항을 범위를 정하여 하위법령에 다시 위임하는 경우에만 재위임이 허용된다(헌재 1996.2.29, 94헌마213).
③ 행정입법은 행정주체가 정하는 일반적·추상적 규범으로 처분성이 인정되지 않음이 원칙이다.

30

행정입법에 대한 설명으로 옳지 않은 것은? (다툼이 있는 경우 판례에 의함)

① 법률의 시행령이 형사처벌에 관한 사항을 규정하면서 법률의 명시적인 위임 범위를 벗어나 처벌의 대상을 확장하는 것은 죄형법정주의원칙에 어긋나는 것이므로, 그러한 시행령은 위임입법의 한계를 벗어난 것으로서 무효이다.

② 다양한 사실관계를 규율하거나 사실관계가 수시로 변화될 것이 예상되는 분야에서는 다른 분야에 비하여 상대적으로 입법 위임의 명확성·구체성이 완화된다.

③ 행정입법부작위에 대해서는 당사자의 신청이 있는 경우에 한하여 부작위위법확인소송의 대상이 된다.

④ 자치법적 사항을 규정한 조례에 대한 법률의 위임은 법규 명령에 대한 법률의 위임과 같이 반드시 구체적으로 범위를 정하여야 할 필요가 없으며 포괄적인 것으로 족하다.

해설 항고소송으로서 부작위위법확인소송은 행정청의 구체적 처분을 부작위하는 경우 인정되는 것으로 일반적·추상적 행정입법부작위는 처분을 대상으로 하는 것이 아니므로 입법부작위위법확인소송이 허용되지 않는다는 것이 판례이다.

핵심정리

행정입법부작위의 요건
• 행정입법부작위는 항고소송의 대상이 아니다.
– 판례 : 하위 행정입법의 제정 없이 상위 법령의 규정만으로도 집행이 이루어질 수 있는 경우라면 하위행정입법을 제정하여야 할 작위의무는 인정되지 아니한다고 할 것이다. (대판 2007.1.11, 2004두10432)
• 행정입법부작위의 경우 부작위위법확인소송의 대상이 되지 않는다.
– 판례 : 추상적인 법령의 제정 여부 등은 부작위위법확인소송의 대상이 될 수 없다. (대판 1992.5.8, 91누11261)

- 행정입법부작위도 헌법소원의 대상은 된다. 다만, 행정입법권의 불행사로 국민의 기본권이 직접적 · 구체적으로 침해되어야 한다.
  - 판례 : 법률이 제정된 때로부터 20년 이상 경과되었음에도 치과전문의와 관련된 시행규칙을 제정하지 않은 것은 헌법에 위반된다. 행정입법부작위도 헌법소원의 대상이 될 수 있다. (헌재 전원재판부 1998.7.16. 96헌마246)
- 행정입법부작위도 손해배상청구권이 인정될 수 있다.
  - 판례 : 법률에서 군법무관의 보수의 구체적인 내용을 시행령에 위임했음에도 불구하고 행정부가 정당한 이유 없이 시행령을 제정하지 않은 것은 불법행위에 해당하여 국가배상청구가 가능하다. (대판 2007.11.29. 2006다3561)

31

법규명령과 행정규칙에 대한 설명으로 옳지 않은 것은?

① 법규명령은 위반하면 무효가 되고 행정규칙은 위반 시 취소가 된다.
② 법규명령은 법률의 근거를 요하나 행정규칙은 법률의 근거를 요하지 않는다.
③ 법규명령은 공포를 요하나 행정규칙은 공포를 요하지 않는다.
④ 법규명령은 국가와 국민 사이를 구속하지만 행정규칙은 행정조직 내부만을 구속한다.

해설 법규명령의 위반행위는 위법행위이므로 무효 · 취소사유가 되며, 행정규칙의 위반행위는 유효하며 위반행위를 한 공무원은 징계책임을 진다.

32

법규명령에 대한 설명으로 옳지 못한 것은?

① 집행명령은 상위법령의 명시적 근거가 없는 경우에는 발할 수 없다.
② 위임명령은 위임된 범위 내에서는 새로운 입법사항에 관해서도 규정할 수 있다.
③ 국회의사규칙, 헌법재판소규칙, 대법원규칙도 법규명령의 일종으로 볼 수 있다.
④ 정당한 권한을 가진 행정청이 수권의 범위 내에서 발하여야 한다.

해설 집행명령은 상위법령의 명시적 근거가 없는 경우에도 발할 수 있지만 새로운 입법사항에 관해서는 규율할 수 없다.

33 국가직 9급 기출

'행정입법에 대한 통제'에 대한 설명으로 옳지 않은 것은?

① 법규명령이 그 자체로서 처분적 효과를 발생하는 때에는 이를 항고소송으로 다투는 것이 가능하다.
② 명령 · 규칙의 위헌 · 위법심사는 그 위헌 또는 위법의 여부가 재판의 전제가 된 경우에 가능하다.
③ 판례는 행정입법의 부작위에 대하여 이를 항고소송으로 다툴 수 있다고 본다.
④ 명령 · 규칙에 대한 헌법소원도 가능하다는 것이 헌법재판소 결정례의 입장이다.

해설 행정소송은 구체적 사건에 대한 법률상 분쟁을 법에 의하여 해결함으로써 법적 안정을 기하자는 것이므로 부작위위법확인소송의 대상이 될 수 있는 것은 구체적 권리의무에 관한 분쟁이어야 하고 추상적인 법령에 관하여 제정의 여부 등은 그 자체로서 국민의 구체적인 권리의무에 직접적 변동을 초래하는 것이 아니어서 그 소송의 대상이 될 수 없다(대판 1992.5.8. 91누11261).

행정입법부작위에 대한 통제(부작위위법확인소송)
- 행정입법부작위란 행정입법을 제정 및 개폐할 법적 의무가 있음에도 불구하고 행정청이 이를 시행하지 않는 경우를 말한다.
- 우리 법제에서는 행정입법의 제정의무를 규정하는 명시적인 법률규정이 없음에도 불구하고, 법치행정상 현행 헌법하에서 행정입법의 제정의무가 있다는 것이 다수설이자 헌법재판소의 태도이다. 다만, 집행명령이 없어도 법령이 시행될 수 있는 경우에 특별한 규정이 없는 한 행정권에게 집행명령을 제정해야 할 의무는 없다.

34

법규명령에 대한 설명으로 옳은 것은? (다툼이 있는 경우 판례에 의함)

① 집행명령은 상위법령에 규정이 없더라도 국민의 권리와 의무에 관한 사항을 집행명령에서 새롭게 규정할 수 있다.

② 법규명령의 위임근거가 되는 법률에 대하여 위헌결정이 선고되더라도 그 위임에 근거하여 제정된 법규명령은 원칙적으로 효력을 상실하지 않는다.

③ 조례에 대한 법률의 위임은 법규명령에 대한 법률의 위임과 같이 구체적으로 범위를 정하여 할 필요가 있으며 포괄적인 것으로는 부족하다.

④ 법규명령의 근거법률 위반에 의한 무효인지 여부의 판단은 입법 취지, 시행령의 다른 규정들과 연혁 등을 종합적으로 검토하여 판단해야 한다.

해설 ① 집행명령은 법률 또는 상위명령의 집행에 필요한 구체적 절차·형식만을 규정하여야 하며 상위법령에 규정이 없다면 국민의 권리와 의무에 관한 사항을 집행명령에서 새롭게 규정할 수 없다.

② 법규명령의 위임근거가 되는 법률에 대하여 위헌결정이 선고되면 그 위임에 근거하여 제정된 법규명령도 원칙적으로 효력을 상실한다.

③ 조례에 대한 법률의 위임은 법규명령에 대한 법률의 위임과 같이 반드시 구체적으로 범위를 정하여야 할 필요가 없으며 포괄적인 것으로 족하다고 할 것이다 (헌재 1995.4.20. 92헌마264).

35 서울시 9급 기출

판례에 따를 때 행정입법에 관한 설명으로 가장 옳지 않은 것은?

① 법률의 위임 규정 자체가 그 의미 내용을 정확하게 알 수 있는 용어를 사용하여 위임의 한계를 분명히 하고 있는데도 고시에서 그 문언적 의미의 한계를 벗어나면 위임의 한계를 일탈한 것으로써 허용되지 아니한다.

② 한국표준산업분류는 우리나라의 산업구조를 가장 잘 반영하고 있고, 업종의 분류에 관하여 가장 공신력 있는 자료로 평가받고 있는 점 등을 고려하면, 업종의 분류에 관하여 판단자료와 전문성의 한계가 있는 대통령이나 행정 각부의 장에게 위임하기보다는 통계청장이 고시하는 한국표준산업분류에 위임할 필요성이 인정된다.

③ "가공품의 원료로 가공품이 사용될 경우 원산지표시는 원료로 사용된 가공품의 원료 농산물의 원산지를 표시하여야 한다"는 농림부고시인 농산물원산지 표시요령은 법규명령으로서의 대외적 구속력을 가진다.

④ 공공기관의운영에관한법률에 따라 입찰참가자격 제한 기준을 정하고 있는 구 공기업·준정부기관 계약사무규칙, 국가를 당사자로 하는 계약에 관한 법률 시행규칙은 대외적으로 국민이나 법원을 기속하는 효력이 없다.

해설 농림부고시인 농산물원산지 표시요령 제4조 제2항의 규정내용이 근거법령인 구농수산물품질관리법시행규칙에 의해 고시로써 정하도록 위임된 사항에 해당한다고 할 수 없어 법규명령으로서 대외적 구속력을 가질 수 없다(대판 2006.4.28, 2003마715).

36

행정입법에 대한 판례의 설명으로 옳지 않은 것은?

① 공정거래위원회의 '부당한 지원행위의 심사지침'은 공정거래위원회 내부의 사무처리준칙에 불과하다.

② 국무총리훈령 형식으로 제정된 '개별토지가격합동조사지침'은 집행명령으로서 법률보충적인 구실을 하는 법규적 성질을 가진다.

③ 한국감정평가업협회가 제정한 '토지보상평가지침'은 일반국민이나 법원을 기속하는 효력을 가진다.

④ 구 청소년보호법 시행령 제40조 [별표 6]의 '위반행위의 종별에 따른 과징금 처분기준'의 법적 성격은 법규명령이다.

해설 판례는 한국감정평가업협회가 제정한 '토지보상평가지침'은 내부기준에 불과하며 일반 국민이나 법원을 기속하는 효력을 가지는 것이 아니라 하였다.

● **관련 판례**

한국감정평가업협회가 제정한 토지보상평가지침에서 입목본수도 등에 따른 관계 법령상의 사용제한 등을 개별요인이 아닌 기타요인에서 평가하도록 정하고 있으나, 위 토지보상평가지침은 단지 한국감정평가업협회가 내부적으로 기준을 정한 것에 불과하여 일반 국민이나 법원을 기속하는 것이 아니므로 위와 같은 법령상의 제한사항을 기타요인이 아닌 개별요인의 비교시에 반영하였다는 사정만으로 감정평가가 위법하게 되는 것은 아니다(대판 2007.7.12, 2006두11507).

37

행정입법에 대한 설명으로 옳지 않은 것은?

① 행정규칙인 고시가 법령의 수권에 의해 법령을 보충하는 사항을 정하는 경우에는 근거법령규정과 결합하여 대외적으로 구속력 있는 법규명령의 효력을 갖는다.

② 고시가 구체적 성격을 가질 때에는 법규명령 또는 행정규칙에 해당하지만, 고시가 일반·추상적인 규율의 성격을 갖는다면 행정처분에 해당한다.

③ 법규명령은 대통령령, 총리령, 부령 등의 법형식을 갖는다.

④ 국무총리 또는 행정각부의 장은 소관사무에 관하여 법률이나 대통령령의 위임 또는 직권으로 총리령 또는 부령을 발할 수 있다.

해설 고시 또는 공고의 법적 성질은 일률적으로 판단될 것이 아니라 고시에 담겨진 내용에 따라 구체적인 경우마다 달리 결정된다고 보아야 한다. 즉, 고시가 일반·추상적 성격을 가질 때는 법규명령 또는 행정규칙에 해당하지만, 고시가 구체적인 규율의 성격을 갖는다면 행정처분에 해당한다(헌재 1998. 4. 30, 97헌마141)

핵심정리

행정입법
- **개념** : 행정주체가 법조의 형식으로 일반적·추상적 법규범을 정립하는 작용
- **종류**
  - 주체를 기준
    - 가) 국가행정권에 의한 행정입법 : 법규명령(대통령령, 총리령, 부령)과 행정규칙
    - 나) 지방자치단체에 의한 행정입법 : 자치입법(조례, 규칙, 교육규칙)
  - 성질(법규성 유무)을 기준
    - 가) 법규명령 : 행정청과 일반국민에 법적 구속(대외적 구속력)이 발생한다.
    - 나) 행정규칙 : 특별권력관계 내부에만 효력이 있고, 일반국민에 대하여는 구속력이 없다.

38 [국가직 9급 기출]

행정입법에 대한 설명으로 옳지 않은 것은? (다툼이 있는 경우 판례에 의함)

① 국민의 구체적인 권리의무에 직접적으로 변동을 초래하지 않는 추상적인 법령의 제정 여부 등은 부작위위법확인소송의 대상이 될 수 없다.

② 보건복지부 고시인 구 약제급여 · 비급여목록 및 급여상한 금액표는 그 자체로서 국민건강보험가입자, 국민건강보험공단, 요양기관 등의 법률관계를 직접 규율하는 성격을 가지므로 항고소송의 대상이 되는 행정처분에 해당한다.

③ 행정규칙의 공표는 행정규칙의 성립요건이나 효력요건은 아니나, 행정절차법에서는 행정청은 필요한 처분기준을 당해 처분의 성질에 비추어 될 수 있는 한 구체적으로 공표하도록 하고 있다.

④ 일반적으로 시행령이 헌법이나 법률에 위반된다는 사정은 그 시행령의 규정을 위헌 또는 위법하여 무효라고 선언한 대법원의 판결이 선고되지 않은 상태에서도 그 시행령 규정의 위헌 내지 위법 여부가 객관적으로 명백하다고 할 수 있으므로, 이러한 시행령에 근거한 행정처분의 하자는 무효사유에 해당한다.

해설 일반적으로 시행령이 헌법이나 법률에 위반된다는 사정은 그 시행령의 규정을 위헌 또는 위법하여 무효라고 선언한 대법원의 판결이 선고되지 아니한 상태에서는 그 시행령 규정의 위헌 내지 위법 여부가 해석상 다툼의 여지가 없을 정도로 명백하였다고 인정되지 아니하는 이상 객관적으로 명백한 것이라 할 수 없으므로, 이러한 시행령에 근거한 행정처분의 하자는 취소사유에 해당할 뿐 무효사유가 된다고 볼 수는 없다(대법원 2007. 6. 14. 선고 2004두619).

39

법률종속적 법규명령에 대한 설명으로 옳은 것은?

① 헌법 제76조에 규정된 대통령의 긴급재정 · 경제명령은 법률종속적 법규명령이다.

② 법률종속적 법규명령이라고 해서 반드시 법률에 근거가 있어야만 제정가능한 것은 아니다.

③ 법률로부터 위임받은 사항을 전면적으로 재위임하는 것도 허용된다는 것이 일반적 견해이다.

④ 법률종속적 법규명령이 문제가 있는 경우에 우리나라는 원칙적으로 추상적 규범통제절차를 채택하고 있다.

해설 ① 대통령의 긴급재정 · 경제명령은 법률과 동위의 효력을 갖는 법률대위명령이다.
③ 상위법령에 의하여 위임된 입법에 관한 권한을 전면적으로 다시 하위명령에 재위임하는 것(백지재위임)은 실질적으로는 수권법의 내용을 개정하는 결과가 되기 때문에 허용되지 않는다.
④ 우리나라의 경우 법규명령의 위헌 · 위법 여부가 구체적인 재판의 전제가 될 때 법원이 간접적으로 그 위법 여부를 심사할 수 있는 구체적 규범통제를 인정하고 있을 뿐 법규명령 자체를 직접 다투는 행정쟁송은 인정하지 않고 있다.

핵심정리

법률종속명령
법률의 명시적 수권에 기하여(위임명령) 또는 법률의 집행을 위하여(집행명령) 발하는 명령을 말한다. 이는 가장 전형적인 법규명령의 형태로서 법률보다 하위의 효력을 갖는 법규명령이다. 헌법 제75조의 대통령령, 헌법 제95조의 총리령 · 부령, 헌법 제114조 제6항의 중앙선거관리위원회의 규칙 등이 이에 해당된다.

40 국회직 8급 기출

행정입법에 대한 설명으로 옳지 않은 것은? (다툼이 있는 경우 판례에 의함)

① 추상적인 법령에 관한 입법부작위는 국민의 구체적인 권리의무에 직접적인 변동을 초래하지 않으므로 부작위위법확인소송의 대상이 되지 않는다.

② 조례가 집행행위의 개입 없이도 그 자체로서 직접 국민의 구체적인 권리의무나 법적 이익에 영향을 미치는 등의 법률상 효과를 발생하는 경우 그 조례는 행정소송의 대상이 되는 행정처분에 해당한다.

③ 상위법령의 시행에 필요한 세부적 사항을 정하기 위하여 행정관청이 일반적 직권에 의하여 제정하는 이른바 집행명령은 근거법령인 상위법령이 폐지되면 특별한 규정이 없는 이상 실효된다.

④ 행정소송에 대한 대법원판결에 의하여 명령·규칙이 헌법 또는 법률에 위반된다는 것이 확정된 경우에는 대법원은 지체 없이 그 사유를 행정안전부장관에게 통보하여야 한다.

⑤ 명령·규칙 또는 처분이 헌법이나 법률에 위반되는 여부가 재판의 전제가 된 경우에는 헌법재판소가 이를 최종적으로 심사할 권한을 가진다.

해설 명령·규칙 또는 처분이 헌법이나 법률에 위반되는 여부가 재판의 전제가 된 경우에는 대법원은 이를 최종적으로 심사할 권한을 가진다(헌법 제107조 제2항).

41

행정입법의 필요성에 대해 기술한 것으로 옳지 않은 것은?

① 행정현상의 급격한 변화에 적응하기 위한 탄력성 있는 입법의 필요성 증가

② 전시, 기타 비상시에의 대처를 위한 광범위한 수권의 불가피성

③ 법률규정만으로는 각 지방별·분야별 특수한 사정을 규율하기 곤란한 점

④ 법치주의 원칙의 철저화를 기하기 위하여

해설 ①, ②, ③ 외에 행정입법의 필요성으로는 전문적·기술적 입법사항의 증대 등이 있다.

핵심정리

행정입법의 필요성

- 사회·경제·과학기술 등 행정현상의 급격한 변천에 적응하기 위한 탄력성 있는 입법필요성의 증가
- 행정활동의 내용이 고도의 전문화·기술화됨에 따라 국회의 심의보다는 전문적·직업적 공무원의 심의가 보다 적임인 전문적·기술적인 입법사항의 증대
- 법률의 일반규정으로는 지방별·분야별 특수사정을 규율하기 곤란
- 전시, 기타 비상사태에 신축성 있는 대응을 위해서는 불가피
- 행정분야에서는 객관적 공정성이 요구되기 때문에 국회의 획일적·전면적 입법으로는 행정현실에 타당하지 않은 경우가 존재

실전
문제

제2장 행정행위

 대표유형문제

강학상 허가와 예외적 승인을 구분한 내용으로 옳지 않은 것은?

❶ 예외적 승인은 상대적으로 금지된 자유를 회복시켜 주는 것이어서 허가의 경우보다 개인의 법적 지위를 확대시켜 주는 의미가 약하다.

② 일반적으로 허가는 기속행위의 성질을 가지는 데 반하여, 예외적 승인은 재량행위의 성질을 가진다.

③ 허가는 공익침해의 우려가 있어 잠정적으로 금지된 행위를 적법하게 수행하도록 하는 행위인 데 반하여, 예외적 승인은 그 자체가 사회적으로 유해하여 법령에 의해 일반적으로 금지된 행위를 예외적으로 적법하게 수행할 수 있도록 하는 것이다.

④ 허가는 예방적 금지의 해제, 예외적 승인은 억제적 금지의 해제에 관한 것이다.

정답해설 허가는 일반적인 상대적 금지를 해제함으로써 자연적·본래적 자유를 회복시켜 주는 행정행위인 데 비해, 예외적 승인은 법령상 금지(억제적·제재적 금지)를 해제하여 예외적으로 허가해 주는 것이므로 개인의 법적 지위를 확대시켜 주는 의미가 더 강하다.

오답해설 ② 일반적으로 허가는 기속행위, 예외적 승인은 재량행위의 성질을 가진다.
③, ④ 허가는 공익침해 등의 우려로 인한 잠정적·예방적 금지를 해제하여 적법하게 수행하도록 하는 것(자연적 자유의 회복)을 말하는 데 비해, 예외적 승인은 사회적으로 유해하거나 바람직하지 않은 것에 대한 억제적·제재적 금지를 예외적으로 허가하여 적법하게 수행할 수 있게 해주는 것이다.

핵심정리 허가와 예외적 승인의 비교

구분	허가	예외적 승인
개념	공익을 위한 상대적·예방적 금지를 해제하여 자연적 자유를 회복시키는 행정행위	법령상의 억제적·제재적 금지를 예외적으로 해제하여 적법하게 수행하게 하는 행위
공권 성립 여부	허가발령을 구하는 공권이 성립	예외적 승인의 발령을 구하는 공권이 성립하지 않음
성질	기속(재량)행위	재량행위(공익기준으로 결정)
사례	운전면허, 의사·약사·한의사면허, 건축허가, 유기장면허, 광천음료수제조업허가, 목욕장허가, 전당포영업허가, 양곡가공업허가, 대중음식점영업허가, 약국영업허가, 기부금품모집허가, 약사면허, 어업면허, 수출입허가, 일시적 도로사용허가 등	마약류취급면허, 개발제한구역이나 군사지역의 건축허가, 자연공원법상 개발허가, 산림형질변경허가, 입목의 벌채허가, 전자유기장의 영업허가, 치료목적의 아편사용허가, 카지노사업의 영업허가, 총포 등의 소지허가 등

01 국가직 9급 기출

행정행위의 취소와 철회에 대한 판례의 입장으로 옳지 않은 것은?

① 행정처분을 한 처분청은 그 처분에 하자가 있는 경우에는 원칙적으로 별도의 법적근거가 없더라도 스스로 이를 직권으로 취소할 수 있고, 이러한 경우 이해관계인에게는 처분청에 대하여 그 취소를 요구할 신청권이 부여된 것으로 볼 수 있다.

② 변상금 부과처분에 대한 취소소송이 진행 중이라도 그 부과권자는 위법한 처분을 스스로 취소하고 그 하자를 보완하여 다시 적법한 부과처분을 할 수도 있다.

③ 행정행위를 한 처분청은 사정변경이 생겼거나 또는 중대한 공익상의 필요가 발생한 경우에는 그 효력을 상실케 하는 별개의 행정행위로 이를 철회할 수 있다고 할 것이나, 기득권을 침해하는 경우에는 기득권의 침해를 정당화할 만한 중대한 공익상의 필요 또는 제3자의 이익보호의 필요가 있는 때에 한하여 상대방이 받는 불이익과 비교·교량하여 철회하여야 한다.

④ 행정청이 의료법인의 이사에 대한 이사취임승인취소처분을 직권으로 취소하면 이사의 지위가 소급하여 회복된다.

> **해설** 직권취소를 할 수 있다는 사정만으로 이해관계인에게 처분청에 대하여 그 취소를 요구할 신청권이 부여된 것으로 볼 수는 없으므로, 처분청이 취소신청을 거부하더라도, 그 거부행위는 항고소송의 대상이 되는 처분에 해당하지 않는다(대판 2006.6.30. 2004두701).

02

행정행위의 개념에 대한 설명으로 옳지 않은 것은?

① 행정행위는 원칙적으로 실정법상에서 사용하는 개념이 아니다.

② 구체적 사실에 대한 법집행행위로서 불특정다수인을 대상으로 하는 일반처분은 행정행위가 아니라는 것이 다수의 의견이다.

③ 행정청이 국민·주민 등 사인에 대하여 행하는 행위이므로 행정조직 내부의 행위는 행정행위가 아니다.

④ 행정청이 국민·주민에게 의무를 과하거나 권리를 부여하는 법적 행위이다.

> **해설** 일반처분에 대해서는 법규범과 행정처분의 중간영역으로 평가된다는 견해도 있으나, 행정행위의 일종으로 보는 것이 다수설과 판례의 입장이다.

핵심정리

학설상의 행정행위(개관)

구분	내용	특징
최광의	행정청이 행하는 일체의 행위	통치행위, 사실행위, 법적 행위(공법·사법행위) 모두 포함
광의	행정청이 행하는 공법행위	최광의의 관념에서 사실행위, 사법행위 제외
협의	행정청의 법집행적 공법행위	협의의 행정행위인 권력적 단독행위와 관리행위(공법상 계약과 합동행위) 포함
최협의 (통설·판례)	행정청의 법집행적·권력적 단독행위인 공법행위	법률행위적·준법률행위적행정행위 등이 포함

03 국가직 9급 기출

행정행위에 대한 판례의 내용으로 옳지 않은 것은? (다툼이 있는 경우 판례에 의함)

① 침익적 행정행위를 한 처분청은 그 행위에 하자가 있는 경우에 별도의 법적 근거가 없더라도 스스로 이를 취소할 수 있다.

② 허가에 붙은 기한이 그 허가된 사업의 성질상 부당하게 짧은 경우에는 이를 그 허가자체의 존속기간이 아니라 그 허가 조건의 존속기간으로 보고 그 기한이 도래함으로써 그 조건의 개정을 고려한다.

③ 건설업자가 시공자격 없는 자에게 전문공사를 하도급한 행위에 대하여 과징금부과처분을 하는 경우, 구체적인 부과기준에 대하여 처분시의 법령이 행위시의 법령보다 불리하게 개정되었고 어느 법령을 적용할 것인지에 대하여 특별한 규정이 없다면 행위시의 법령을 적용하여야 한다.

④ 헌법재판소가 법률을 위헌으로 결정하였다면 이러한 결정이 있은 후 그 법률을 근거로 한 행정처분은 중대한 하자이기는 하나 명백한 하자는 아니므로 당연무효는 아니다.

> **해설** 법률이 위헌으로 결정된 후 그 법률에 근거하여 발령되는 행정처분은 위헌결정의 기속력에 반하므로 그 하자가 중대하고 명백하여 당연무효가 된다.

04 국가직 9급 기출

행정행위에 대한 설명으로 옳은 것만을 모두 고르면? (다툼이 있는 경우 판례에 의함)

> ㄱ. 행정의사가 외부에 표시되어 행정청이 자유롭게 취소·철회할 수 없는 구속을 받게 되는 시점에 처분이 성립하고, 그 성립 여부는 행정청이 행정의사를 공식적인 방법으로 외부에 표시하였는지를 기준으로 판단해야 한다.
>
> ㄴ. 구 공중위생관리법상 공중위생영업에 대하여 영업을 정지할 위법사유가 있다면, 관할 행정청은 그 영업이 양도·양수되었다 하더라도 양수인에 대하여 영업정지 처분을 할 수 있다.
>
> ㄷ. 도시 및 주거환경정비법상 주택재건축조합에 대해 조합설립 인가처분이 행하여진 후에는, 조합설립결의의 하자를 이유로 조합설립의 무효를 주장하려면 조합설립 인가처분의 취소 또는 무효확인을 구하는 소송으로 다투어야 하며, 따로 조합설립결의의 하자를 다투는 확인의 소를 제기할 수 없다.
>
> ㄹ. 공정거래위원회가 부당한 공동행위를 한 사업자들 중 자진신고자에 대하여 구 독점규제 및 공정거래에 관한 법령에 따라 과징금 부과처분(선행처분)을 한 뒤, 다시 자진신고자에 대한 사건을 분리하여 자진신고를 이유로 과징금 감면처분(후행처분)을 한 경우라도 선행처분의 취소를 구하는 소는 적법하다.

① ㄴ, ㄷ   ② ㄱ, ㄴ, ㄷ
③ ㄱ, ㄴ, ㄹ   ④ ㄱ, ㄷ, ㄹ

> **해설** ㄱ. 일반적으로 처분이 주체·내용·절차와 형식의 요건을 모두 갖추고 외부에 표시된 경우에는 처분의 존재가 인정된다. 행정의사가 외부에 표시되어 행정청이 자유롭게 취소·철회할 수 없는 구속을 받게 되는 시점에 처분이 성립하고, 그 성립 여부는 행정

청이 행정의사를 공식적인 방법으로 외부에 표시하였는지를 기준으로 판단해야 한다(대판 2019. 7. 11. 2017두38874).

ㄴ. 만일 어떠한 공중위생영업에 대하여 그 영업을 정지할 위법사유가 있다면, 관할 행정청은 그 영업이 양도·양수되었다 하더라도 그 업소의 양수인에 대하여 영업정지처분을 할 수 있다고 봄이 상당하다(대판 2001. 6. 29, 2001두1611).

ㄷ. 행정청이 도시 및 주거환경정비법 등 관련 법령에 근거하여 행하는 조합설립인가처분은 단순히 사인들의 조합설립행위에 대한 보충행위로서의 성질을 갖는 것에 그치는 것이 아니라 법령상 요건을 갖출 경우 도시 및 주거환경정비법상 주택재건축사업을 시행할 수 있는 권한을 갖는 행정주체(공법인)로서의 지위를 부여하는 일종의 설권적 처분의 성격을 갖는다고 보아야 한다. 그리고 그와 같이 보는 이상 조합설립결의는 조합설립인가처분이라는 행정처분을 하는 데 필요한 요건 중 하나에 불과한 것이어서, 조합설립결의에 하자가 있다면 그 하자를 이유로 직접 항고소송의 방법으로 조합설립인가처분의 취소 또는 무효확인을 구하여야 하고, 이와는 별도로 조합설립결의 부분만을 따로 떼어내어 그 효력 유무를 다투는 확인의 소를 제기하는 것은 원고의 권리 또는 법률상의 지위에 현존하는 불안·위험을 제거하는 데 가장 유효·적절한 수단이라 할 수 없어 특별한 사정이 없는 한 확인의 이익은 인정되지 아니한다(대판 2009. 9. 24, 2008다60568).

ㄹ. 공정거래위원회가 부당한 공동행위를 행한 사업자로서 구 독점규제 및 공정거래에 관한 법률(2013. 7. 16. 법률 제11937호로 개정되기 전의 것) 제22조의2에서 정한 자진신고나 조사협조자에 대하여 과징금 부과처분(이하 '선행처분'이라 한다)을 한 뒤, 독점규제 및 공정거래에 관한 법률 시행령 제35조 제3항에 따라 다시 자진신고자 등에 대한 사건을 분리하여 자진신고 등을 이유로 한 과징금 감면처분(이하 '후행처분'이라 한다)을 하였다면, 후행처분은 자진신고 감면까지 포함하여 처분 상대방이 실제로 납부하여야 할 최종적인 과징금액을 결정하는 종국적 처분이고, 선행처분은 이러한 종국적 처분을 예정하고 있는 일종의 잠정적 처분으로서 후행처분이 있을 경우 선행처분은 후행처분에 흡수되어 소멸한다. 따라서 위와 같은 경우에 선행처분의 취소를 구하는 소는 이미 효력을 잃은 처분의 취소를 구하는 것으로 부적법하다(대판 2015. 2. 12, 2013두987).

05 국가직 9급 기출

다음 사례에 대한 설명으로 옳은 것은?

> 식품위생법은 관할관청이 영업허가를 하는 때에는 필요한 조건을 붙일 수 있다고 규정하고 있다. 이에 군수 A는 유흥주점영업을 허가하면서 일정한 규모의 주차공간을 확보할 것을 조건으로 붙였다.

① 식품위생법상의 영업허가는 재량행위이므로 이러한 조건을 붙일 수 있는 것이다.

② 여기에서 조건은 강학상 법률효과의 일부배제라고 부른다.

③ 식품위생법상의 근거규정이 있기 때문에 유흥주점영업허가에 조건을 붙일 수 있다.

④ 취소소송을 통하여 조건을 다투는 경우에 조건을 포함한 유흥주점영업허가를 취소소송의 대상으로 하면서 조건만을 취소해달라고 청구하는 경우는 진정일부취소소송이라 한다.

해설 법령에 근거규정이 있는 경우 기속행위에도 부관을 붙일 수 있다(통설·판례).

① 식품위생법상의 주점영업허가나 음식점영업허가, 건축법상의 건축허가 등은 성질상 기속행위이다.

② 부관 중 법률효과의 일부배제는 법률에서 부여한 법률효과의 일부를 배제하는 부관을 말하는데, 여기서의 조건은 법률효과의 일부배제가 아니라 '조건' 또는 '부담'으로 볼 수 있다(조건과 부담의 구별이 불명확한 경우 최소침해 원칙에 따라 국민에게 유리한 부담으로 보는 것이 통설).

④ 형식상으로는 부관을 포함한 영업허가를 전체를 취소소송의 대상으로 하면서 내용상 부관만을 취소해달라고 청구하는 경우는 부진정일부취소소송이라 한다. 진정일부취소소송은 형식상으로나 내용상으로나 부관만의 취소를 구하는 소송을 말한다.

06

기속행위와 재량행위로 구별하는 필요성을 가장 옳게 기술한 것은?

① 행정행위에 대한 사법심사의 한계를 설정하기 위하여

② 공익과 사익의 구별을 분명히 하기 위하여

③ 행정소송과 민사소송의 구분을 명확하게 하기 위하여

④ 행정행위를 가능하면 엄격하게 통제하기 위하여

[해설] 기속행위와 재량행위의 구별필요성은 행정소송대상의 결정, 부관의 가능성 여부, 확정력(불가변력)의 인정, 공권의 성립 등에 있어 다르기 때문이며 궁극적으로는 사법심사의 한계를 설정하기 위한 것이다.

핵심정리

기속행위와 재량행위의 구별실익

- **사법심사의 대상** : 기속행위의 경우 그 위법성에 대하여 사법심사의 대상이 되나 재량행위에 속하는 것은 당·부당의 문제로서 행정소송법상의 행정소송 대상이 될 수 없다. 하지만 재량의 일탈·남용여부에 대해서 법원이 심사를 하게 된다(행정소송법 제27조).
- **부관(附款)상 이유** : 재량행위에만 부관이 가능하며, 기속행위에는 부관을 붙일 수 없고 붙였다 하더라도 무효라는 것이 다수설과 판례의 입장이다.
- **공권성립 여부** : 기속행위에 있어서 행정청은 기속행위를 할 의무를 지게 되므로 행정객체인 상대방은 기속행위를 요구할 수 있는 공권이 생기나, 재량행위는 그렇지 않다.
- **확정력(불가변력)과의 관계** : 기속행위에는 확정력이 인정되지만, 재량행위에는 확정력이 없다.
- **경원관계에서의 선원주의** : 기속행위의 경우 경원관계에서 선원주의가 적용되지만, 재량행위에는 선원주의가 적용되지 않는다.

07

행정행위의 부관에 대한 판례의 입장으로 옳지 않은 것은?

① 건축허가를 하면서 일정 토지의 기부채납을 허가조건으로 하는 부관은 기속행위 내지 기속적 재량행위에 붙인 부담이거나 또는 법령상 근거가 없는 부관이어서 무효이다.

② 공유재산에 대하여 40년간 사용허가기간을 신청한 것에 대해 행정청이 20년간 사용허가 한 경우에 허가기간에 대해서 독립하여 취소소송이 가능하다.

③ 기부채납의 부관이 당연무효이거나 취소되지 않은 이상 토지 소유자는 위 부관으로 인하여 증여계약의 중요부분에 착오가 있음을 이유로 증여계약을 취소할 수 없다.

④ 행정행위의 부관 중 부담은 행정행위의 불가분적 요소가 아니고 그 존속이 본체인 행정행위의 존재를 전제로 하는 것일 뿐이므로 그 자체로서 행정소송의 대상이 될 수 있다.

[해설] 행정행위의 부관은 부담(負擔)인 경우를 제외하고는 독립하여 행정소송의 대상이 될 수 없는바, 기부채납받은 행정재산에 대한 사용·수익허가에서 공유재산의 관리청이 정한 사용·수익허가의 기간은 그 허가의 효력을 제한하기 위한 행정행위의 부관으로서 이러한 사용·수익허가의 기간에 대해서는 독립하여 행정소송을 제기할 수 없다(대판 2001.6.15, 99두509).

08

복효적(제3자효) 행정행위에 대한 설명으로 옳지 않은 것은?

① 행정행위로 인한 법률상 이익을 침해받은 자만이 당해 행위의 취소를 청구할 수 있다.

② 제3자가 처분을 구할 수 있는 청구권을 가지는 경우, 행정소송의 제기는 물론 집행정지나 가처분신청도 가능하다는 것이 다수설·판례의 입장이다.

③ 복효적 행정행위 신청권의 행사에 대하여 행정청이 거부처분을 한 경우는 이행심판과 취소소송을 제기할 수 있다.

④ 복효적 행정행위의 취소·철회에 있어서는 공익과 상대방의 신뢰보호뿐만 아니라 제3자의 이익도 구체적으로 비교·형량하여야 할 것이다.

해설 집행정지는 신청할 수 있으나 가처분신청은 신청할 수 없다는 것이 다수설·판례의 입장이다.

핵심정리

복효적 행정행위

• **의의** : 이중효과적 행정행위, 제3자효적 행정행위를 말하며 하나의 행정행위에 의해서 수익적 효과와 침익적 효과가 동시에 발생하는 행정행위를 말한다.

• **복효적 처분의 행정쟁송** : 제3자도 복효적 행정행위의 처분성이 인정되면 행정심판법 또는 행정소송법상의 취소심판·취소소송과 무효확인심판·무효확인소송을 제기할 수 있다. 또한 그 처분이 제3자에게 수익적인 경우에, 그 제3자의 청구가 있음에도 불구하고 행정청이 이를 방치한 때에는 제3자도 의무이행심판 내지 부작위위법확인소송을 제기할 수 있다.

09

강학상 허가에 대한 설명으로 옳지 않은 것은?

① 강학상 허가는 허가를 유보한 일반적 상대적 금지의 존재를 전제로 하기 때문에 절대적 금지 사항에 대하여는 허가할 수 없다.

② 절대적 금지 사항의 해제에 대한 예외적 승인도 허가와 마찬가지로 관련 법규의 표현이 불확실한 경우에는 기속행위의 성질을 가지는 것으로 본다.

③ 허가의 대부분은 공공질서의 유지를 목적으로 하는 경찰 허가의 성질을 가지는 것이기 때문에 신청이 법정의 결격사유나 기타 허가를 거부할 사유에 해당하지 않는 한 공익상의 장애요인이 제거되었다고 보아 관련 법규의 표현이 불확실한 경우에는 행정청은 허가에 기속된다고 보아야 할 것이다.

④ 허가의 효과는 원칙적으로 그 허가를 받은 사람에 대해서만 발생되지만 대물적 허가의 경우에는 허가 대상인 물건이나 시설 등의 이전에 따라 그 물건이나 시설을 이전받은 자에게 허가의 효과도 이전된다.

해설 **예외적 승인과 허가의 구별**

예외적 승인은 사회적으로 유해한 행위를 대상으로 일반적으로 금지를 예정하면서 예외적으로 금지를 해제해 주는 것이라면(마약취급의 승인, 개발제한구역 안의 건축허가 등), 허가는 위험방지 목적으로 일반적으로 해제가 예정되어 있는 경우의 금지를 해제해 주는 것, 즉 예방적 금지해제를 의미한다. 따라서 예외적 승인은 억제적 금지 사항을 해제해 주는 것으로 재량행위의 성질을 가진다.

10

행정행위의 하자에 대한 설명으로 옳지 않은 것은? (다툼이 있는 경우 판례에 의함)

① 행정청이 식품위생법상의 청문절차를 이행함에 있어 청문서 도달기간을 다소 어겼지만 영업자가 이의하지 아니한 채 청문일에 출석하여 의견을 진술하고 변명하는 등 방어의 기회를 충분히 가졌다면 청문서 도달기간을 준수하지 아니한 하자는 치유되었다고 본다.

② 행정처분을 한 처분청은 그 처분의 성립에 하자가 있는 경우 이를 취소할 별도의 법적 근거가 없다고 하더라도 직권으로 이를 취소할 수 있다.

③ 행정처분에 있어 여러 개의 처분사유 중 일부가 적법하지 않으면 다른 처분사유로써 그 처분의 정당성이 인정된다고 하더라도, 그 처분은 위법하게 된다.

④ 계고처분의 후속절차인 대집행에 위법이 있다고 하더라도 그와 같은 후속절차에 위법성이 있다는 점을 들어 선행절차인 계고처분이 부적법하다는 사유로 삼을 수는 없다.

> **해설** 수개의 징계사유 중 그 일부가 인정되지 않는다 하더라도 인정되는 타의 일부 징계사유만으로도 당해징계처분이 정당하다고 인정되는 경우에는 그 징계처분을 유지한다고 하여 위법하다고 할 수 없다(대법원 1997. 5. 9. 선고 96누1184 판결).

핵심정리

행정행위의 하자
행정행위의 효력 발생을 저해하는 사유가 되는 흠결로 내용적으로는 위법과 부당, 효과 면에서는 무효 원인인 하자와 취소로 나누어진다.

11

행정행위의 부관에 대한 설명으로 옳은 것만을 모두 고르면? (다툼이 있는 경우 판례에 의함)

ㄱ. 허가에 붙은 기한이 그 허가된 사업의 성질상 부당하게 짧아 그 기한을 허가조건의 존속기간으로 볼 수 있는 경우에 허가기간이 연장되기 위하여는 그 종기가 도래하기 전에 그 허가기간의 연장에 관한 신청이 있어야 한다.

ㄴ. 토지소유자가 토지형질변경행위허가에 붙은 기부채납의 부관에 따라 토지를 기부채납(증여)한 경우, 기부채납의 부관이 당연무효이거나 취소되지 않은 상태에서 그 부관으로 인하여 증여계약의 중요 부분에 착오가 있음을 이유로 증여계약을 취소할 수 없다.

ㄷ. 행정청이 수익적 행정처분을 하면서 사전에 상대방과 체결한 협약상의 의무를 부담으로 부가하였는데, 부담의 전제가 된 주된 행정처분의 근거 법령이 개정되어 부관을 붙일 수 없게 된 경우에는 곧바로 협약의 효력이 소멸한다.

ㄹ. 행정처분과 실제적 관련성이 없어 부관으로 붙일 수 없는 부담이라고 하더라도 행정처분의 상대방에게 사법상 계약의 형식으로 이를 부과할 수 있다.

① ㄱ, ㄴ   ② ㄴ, ㄷ

③ ㄷ, ㄹ   ④ ㄱ, ㄴ, ㄹ

> **해설** ㄱ. 일반적으로 행정처분에 효력기간이 정하여져 있는 경우에는 그 기간의 경과로 그 행정처분의 효력은 상실되고, 다만 허가에 붙은 기한이 그 허가된 사업의 성질상 부당하게 짧은 경우에는 이를 그 허가 자체의 존속기간이 아니라 그 허가조건의 존속기간으로 보아 그 기한이 도래함으로써 그 조건의 개정을 고려한다는 뜻으로 해석할 수는 있지만, 그와 같은 경우라 하더라도 그 허가기간이 연장되기 위하여는

그 종기가 도래하기 전에 그 허가기간의 연장에 관한 신청이 있어야 하며, 만일 그러한 연장신청이 없는 상태에서 허가기간이 만료하였다면 그 허가의 효력은 상실된다(대법원 2007. 10. 11. 선고 2005두12404 판결).

ㄴ. 토지소유자가 토지형질변경행위허가에 붙은 기부채납의 부관에 따라 토지를 국가나 지방자치단체에 기부채납(증여)한 경우, 기부채납의 부관이 당연무효이거나 취소되지 아니한 이상 토지소유자는 위 부관으로 인하여 증여계약의 중요부분에 착오가 있음을 이유로 증여계약을 취소할 수 없다(대법원 1999. 5. 25. 선고 98다53134 판결).

ㄷ. 행정청이 수익적 행정처분을 하면서 부가한 부담의 위법 여부는 처분 당시 법령을 기준으로 판단하여야 하고, 부담이 처분 당시 법령을 기준으로 적법하다면 처분 후 부담의 전제가 된 주된 행정처분의 근거 법령이 개정됨으로써 행정청이 더 이상 부관을 붙일 수 없게 되었다 하더라도 곧바로 위법하게 되거나 그 효력이 소멸하게 되는 것은 아니다. 따라서 행정처분의 상대방이 수익적 행정처분을 얻기 위하여 행정청과 사이에 행정처분에 부가할 부담에 관한 협약을 체결하고 행정청이 수익적 행정처분을 하면서 협약상의 의무를 부담으로 부가하였으나 부담의 전제가 된 주된 행정처분의 근거 법령이 개정됨으로써 행정청이 더 이상 부관을 붙일 수 없게 된 경우에도 곧바로 협약의 효력이 소멸하는 것은 아니다(대법원 2009. 2. 12. 선고 2005다65500 판결).

ㄹ. 공무원이 인·허가 등 수익적 행정처분을 하면서 상대방에게 그 처분과 관련하여 이른바 부관으로서 부담을 붙일 수 있다 하더라도, 그러한 부담은 법치주의와 사유재산 존중, 조세법률주의 등 헌법의 기본 원리에 비추어 비례의 원칙이나 부당결부의 원칙에 위반되지 않아야만 적법한 것인바, 행정처분과 부관 사이에 실제적 관련성이 있다고 볼 수 없는 경우 공무원이 위와 같은 공법상의 제한을 회피할 목적으로 행정처분의 상대방과 사이에 사법상 계약을 체결하는 형식을 취하였다면 이는 법치행정의 원리에 반하는 것으로서 위법하다(대법원 2009. 12. 10. 선고 2007다63966 판결).

12

행정행위에 대한 설명으로 옳은 것은?

① 명령적 행정행위는 국민에게 새로운 권리, 능력, 기타 포괄적 법률관계를 발생·변경·소멸시키는 행위이다.

② 명령적 행정행위의 수명자가 하명에 의하여 과하여진 의무를 이행하지 않는 경우에는 행정상 강제집행에 의하여 그 의무이행이 강제되거나 또는 행정상 제재가 부과된다.

③ 공법상 대리는 법률의 규정에 의한 법정대리가 아니라, 본인의 의사에 따른 대리행위이다.

④ 명령적 행정행위는 타인을 위하여 그 행위의 효력을 보충, 완성하는 행위와 타인을 대신하여 행하는 행위로 나누어진다.

해설 수명자가 하명을 위반·불이행한 경우에는 행정상 강제집행 또는 행정벌의 대상이 된다. 하지만 하명은 적법요건에 지나지 않으므로 그에 위반한 행위의 효력은 그 자체는 원칙적으로 유효하다. 단, 법률규정에서 무효로 규정하는 경우에는 당연히 무효가 된다.
① 형성적 행정행위에 대한 설명이다.
③ 공법상 대리는 법률에 의한 것이므로 법정대리이다.
④ 명령적 행정행위는 하명, 허가, 면제로 나누어진다.

13 〔서울시 9급 기출〕

다음 중 단계별 행정행위에 관한 판례의 태도로서 가장 옳지 않은 것은?

① 폐기물처리업에 대하여 관할 관청의 사전 적정통보를 받고 막대한 비용을 들여 허가요건을 갖춘 다음 허가신청을 하였음에도 청소업자의 난립으로 효율적인 청소업무의 수행에 지장이 있다는 이유로 한 불허가처분이 신뢰보호의 원칙에 반하여 재량권을 남용한 위법한 처분이다.

② 폐기물처리업 사업계획에 대하여 적정통보를 한 것만으로 그 사업부지 토지에 대한 국토이용계획변경신청을 승인하여 주겠다는 취지의 공적인 견해표명을 한 것으로 볼 수 없다.

③ 행정청이 내인가를 한 다음 이를 취소하는 행위는 인가 신청을 거부하는 처분으로 보아야 한다.

④ 구 주택건설촉진법에 의한 주택건설사업계획 사전결정이 있는 경우 주택건설계획 승인 처분은 사전결정에 기속되므로 다시 승인 여부를 결정할 수 없다.

> **해설** 주택건설사업에 대한 사전결정을 하였다고 하더라도 사업승인단계에서 그 사전결정에 기속되지 않고 다시 사익과 공익을 비교형량하여 그 승인 여부를 결정할 수 있다(대판 1999.5.25. 99두1052).

14

같은 성질의 행정행위끼리 알맞게 짝지어진 것은?

① 도로관리청에 의한 도로점용허가 – 운전면허
② 의사면허 – 공유수면매립면허
③ 화약제조허가 – 귀화허가
④ 공공조합의 설립인가 – 사립대학의 총장취임 승인

> **해설** ① 도로관리청에 의한 도로점용허가(특허) – 운전면허(허가)
> ② 의사면허(허가) – 공유수면매립면허(특허)
> ③ 화약제조허가(허가) – 귀화허가(특허)

15

허가에 대한 설명으로 옳지 않은 것은?

① 법규에 의한 부작위하명을 특정한 경우에 해제하는 것을 말한다.
② 기속행위 또는 기속재량행위라는 것이 다수의 의견이다.
③ 허가는 형성적 행위라는 것이 통설이다.
④ 허가는 반드시 일정한 형식을 요하는 것은 아니다.

> **해설** 허가가 단순히 자연적 자유를 회복시켜주는 것에 그치는 것이 아니라 적법한 권리행사를 가능케 하여 주는 행위라는 점을 강조하면서 허가가 형성적 행위의 성질을 갖는다는 견해도 있으나, 현재의 다수설은 허가를 명령적 행위로 보고 있다.

16

행정행위에 대한 설명으로 옳은 것은?

① 특허는 상대방에게 권리를 설정해 주는 행위로서 제3자가 이를 침해하면 권리침해에 해당한다.

② 하명위반의 행위는 사법상의 효과까지 부인된다.

③ 특허는 일반적·상대적 금지의 해제이다.

④ 대리는 법률상 효과를 완성시켜 주는 보충적 행위이다.

해설 ② 하명은 직접적인 법률행위의 효과를 제한하거나 부정함을 목적으로 한 것은 아니기 때문에, 하명의무에 위반한 행위에 대하여 처벌은 할 수 있으나 법률행위의 효력에는 영향을 미치지 않는 것이 원칙이다.
③ 허가에 대한 설명이다.
④ 인가에 대한 설명이다.

17

대법원이 기속행위로 본 경우가 아닌 것은?

① 건축법상의 건축허가

② 개발제한구역 내에서의 건축허가

③ 구 공중위생법상의 위생접객업허가

④ 약사법에 의한 의약품 제조업허가사항 변경허가

해설 대법원은 개발제한구역 내에서의 건축허가와 관련하여 그 법률적 성질이 재량행위 내지 자유재량행위에 속하는 것이라고 판시한 바 있다(대판 2001.2.9, 98두17593).

18 국가직 9급 기출

인가에 대한 설명으로 옳지 않은 것은? (다툼이 있는 경우 판례에 의함)

① 공유수면매립면허의 공동명의자 사이의 면허로 인한 권리의무 양도약정은 면허관청의 인가를 받지 않은 이상 법률상 아무런 효력도 발생할 수 없다.

② 재단법인의 임원취임을 인가 또는 거부할 것인지 여부는 주무관청의 권한에 속하는 사항이라고 할 것이고, 재단법인의 임원취임승인 신청에 대하여 주무관청이 이에 기속되어 이를 당연히 승인(인가)하여야 하는 것은 아니다.

③ 인가처분에 하자가 없다면 기본행위에 하자가 있다 하더라도 따로 그 기본행위의 하자를 다투는 것은 별론으로 하고 기본 행위의 무효를 내세워 바로 그에 대한 행정청의 인가처분의 취소 또는 무효확인을 소구할 법률상의 이익이 없다.

④ 공익법인의 기본재산 처분에 대한 허가의 법률적 성질이 형성적 행정행위로서의 인가에 해당하므로, 그 허가에 조건으로서의 부관의 부과가 허용되지 아니한다.

해설 공익법인의 기본재산의 처분에 관한 공익법인의 설립·운영에 관한 법률 제11조 제3항의 규정은 강행규정으로서 이에 위반하여 주무관청의 허가를 받지 않고 기본재산을 처분하는 것은 무효라 할 것인데, 위 처분허가에 부관을 붙인 경우 그 처분허가의 법률적 성질이 형성적 행정행위로서의 인가에 해당한다고 하여 조건으로서의 부관의 부과가 허용되지 아니한다고 볼 수는 없다(대법원 2005. 9. 28.선고 2004다50044 판결).

19 [지방직 9급 기출]

행정행위의 효력에 대한 설명으로 옳지 않은 것은? (다툼이 있는 경우 판례에 의함)

① 과·오납세금반환청구소송에서 민사법원은 그 선결문제로서 과세처분의 무효 여부를 판단할 수 있다.

② 행정처분이 위법임을 이유로 국가배상을 청구하기 위한 전제로서 그 처분이 취소되어야만 하는 것은 아니다.

③ 영업허가취소처분이 청문절차를 거치지 않았다 하여 행정심판에서 취소되었더라도 그 허가취소처분 이후 취소재결시까지 영업했던 행위는 무허가영업에 해당한다.

④ 건물 소유자에게 소방시설 불량사항을 시정·보완하라는 명령을 구두로 고지한 것은 행정절차법에 위반한 것으로 하자가 중대·명백하여 당연 무효이다.

해설 영업의 금지를 명한 영업허가취소처분 자체가 나중에 행정쟁송절차에 의하여 취소되었다면 그 영업허가취소처분은 그 처분시에 소급하여 효력을 잃게 되며, 그 영업허가취소처분에 복종할 의무가 원래부터 없었음이 확정되었다고 봄이 타당하고, 영업허가취소처분이 장래에 향하여서만 효력을 잃게 된다고 볼 것은 아니므로 그 영업허가취소처분 이후의 영업행위를 무허가영업이라고 볼 수는 없다(대법원 1993. 6. 25. 선고 93도277 판결).

핵심정리

하자있는 법규명령에 근거한 행정행위의 효력

하자있는 행정행위는 단순한 위법인 경우 취소사유이고 중대·명백한 위법인 경우 무효사유가 되는데, 하자있는 (위헌·위법) 법규명령에 근거한 행정행위는 내용상 중대한 하자에 해당하나 행정청에 법령심사권이 없으므로 반드시 명백하다고 단정할 수 없어(무효로 볼 수 없어) 원칙적으로 취소사유로 보는 것이 타당하다(판례도 법원의 판결 이전에는 명백한 것이 아니므로 취소사유에 해당한다고 판시함). 다만, 그 하자가 외관상 명백한 경우는 중대·명백한 위법에 해당되므로 그 법규명령에 근거한 행정행위도 무효가 된다.

20

행정행위의 부관에 대한 설명으로 옳지 않은 것은?

① 조건과 부담의 구분이 불명확한 경우에는 국민에게 유리한 부담으로 해석하여야 한다.

② 사후부관은 허용되지 않는 것이 원칙이나 예외적으로 법령의 규정 또는 상대방의 동의가 있는 경우에는 가능하다.

③ 철회권이 유보되어 있다는 사유만으로 철회를 할 수 있다는 것이 판례의 입장이다.

④ 부관은 법률행위적 행정행위 중에서도 재량행위에만 붙일 수 있고 기속행위에는 붙일 수 없다는 것이 통설적 견해이다.

해설 허가 또는 특허에 종료의 기한을 정하거나 취소권을 유보한 경우 그 기한이 그 허가 또는 특허된 그 사업의 성질상 부당하게 짧게 정하여졌다면 그 기한은 허가 또는 특허의 존속기한을 정한 것이며 그 기한도래시 그 조건의 개정을 고려한다는 뜻으로 해석할 것이고 또 취소권의 유보의 경우에 있어서도 무조건으로 취소권을 행사할 수 있는 것이 아니고 취소를 필요로 할 만한 공익상의 필요가 있는 때에 한하여 취소권을 행사할 수 있는 것이다(대판 1962.2.22, 4293행상42).

① 조건과 부담의 구별이 불명확한 경우에는 최소침해의 원칙에 따라 국민에게 유리한 부담으로 판단해야 한다는 것이 통설이다.

② 사후부관은 원칙적으로 허용되지 않으나, 법령의 근거가 있는 경우나 법규나 행정처분의 성질상 사후부관이 예상되거나 행정행위 당시에 유보한 경우, 상대방의 동의가 있는 경우 등에는 예외적으로 인정된다는 것이 다수설과 판례의 입장이다.

④ 일반적으로 행정행위의 부관은 법률행위적 행정행위 중에서도 재량행위에만 붙일 수 있고 기속행위에는 붙일 수 없으나 법령에 근거규정이 있는 경우에는 기속행위에도 붙일 수 있다.

21 [지방직 9급 기출]

행정행위의 부관에 대한 설명으로 옳지 않은 것은? (다툼이 있는 경우 판례에 의함)

① 행정행위의 부관은 법령이 직접 행정행위의 조건이나 기한 등을 정한 경우와 구별되어야 한다.

② 재량행위에는 법령상의 제한에 근거한 것이 아니라 하더라도 공익상 필요에 의하여 부관을 붙일 수 있다.

③ 허가에 붙은 기한이 그 허가된 사업의 성질상 부당하게 짧은 경우에 그 기한은 허가조건의 존속기간이 아니라 허가 자체의 존속기간으로 보아야 한다.

④ 부담은 독립하여 항고소송의 대상이 될 수 있으며, 부담부 행정행위는 부담의 이행여부를 불문하고 효력이 발생한다.

해설 일반적으로 행정처분에 효력기간이 정하여져 있는 경우에는 그 기간의 경과로 그 행정처분의 효력은 상실되고, 다만 허가에 붙은 기한이 그 허가된 사업의 성질상 부당하게 짧은 경우에는 이를 그 허가자체의 존속기간이 아니라 그 허가조건의 존속기간으로 보아 그 기한이 도래함으로써 그 조건의 개정을 고려한다는 뜻으로 해석할 수는 있지만, 그와 같은 경우라 하더라도 그 허가기간이 연장되기 위하여는 그 종기가 도래하기 전에 그 허가기간의 연장에 관한 신청이 있어야 하며, 만일 그러한 연장신청이 없는 상태에서 허가기간이 만료하였다면 그 허가의 효력은 상실된다(대법원 2007. 10. 11. 선고 2005두12404 판결).

핵심정리

기한(期限)

• **의의** : 기한이란 행정행위 효력의 발생·소멸을 장래의 확실한 사실에 의존하는 부관을 말한다. 따라서 기한은 장래의 사실이 도래할 것이 확실하다는 점에서 조건과 다르다.

• **분류**
－ 확정기한 : '12월 31일까지 사용을 허가한다'라는 경우와 같이, 당해 사실의 도래시기가 확정되어 있는 것을 말한다.
－ 불확정기한 : '갑(甲)이 사망할 때까지 연금을 지급한다'와 같이, 당해사실이 도래할 것은 분명하나 그 도래시기가 불확정된 것을 말한다.
－ 시기(始期) : '2020년 6월 10일부터 사용을 허가한다'라는 경우와 같이, 장래 확실한 사실의 발생 시 행정행위의 효력이 발생하는 부관을 말한다. → 행정행위의 효력 발생에 관한 기한
－ 종기(終期) : '2020년 12월 31일까지 사용을 허가한다'와 같이, 장래 확실한 사실의 발생 시 행정행위의 효력이 소멸하는 부관을 말한다. → 소멸에 관한 기한

22

재량행위에 대한 설명으로 옳지 않은 것은?

① 공유수면점용허가는 허가의 요건이 충족된 경우에도 공익을 이유로 거부할 수 있다.

② 현행법상 재량하자의 사법심사에 관한 명문의 규정은 존재하지 않는다.

③ 단순한 재량위반은 부당함에 그치는 것이나 그 일탈·남용은 당해 재량행위를 위법하게 만든다.

④ 행정청의 재량행위가 재량권을 일탈한 경우 법원은 이를 취소할 수 있다.

해설 행정청의 재량에 속하는 처분이라도 재량권의 한계를 넘거나 그 남용이 있는 때에는 법원은 이를 취소할 수 있다(행정소송법 제27조). 즉, 재량행사에 하자가 있는 경우에 그에 대한 사법심사가 허용될 수 있음을 명문으로 규정하고 있다.

23

재량행위에 대한 설명으로 옳지 않은 것은?

① 행정청의 처분이 재량권의 한계를 넘거나 남용이 있는 때에는 법원은 이를 취소할 수 있다.

② 행정청의 재량결정이 재량권의 내적 한계를 벗어난 경우를 재량의 유월이라 한다.

③ 재량행위는 원칙적으로 행정소송사항이 될 수 없다.

④ 행정행위의 성질이 국민에 대하여 권익을 부여하고 그에 대하여 특히 기속하는 규정이 없는 경우 행정청의 재량이 인정된다.

> **해설** 재량권의 내적 한계를 벗어난 경우를 재량의 남용, 재량권의 외적 한계를 넘어서는 경우를 재량의 유월이라 한다.

24

공증의 처분성을 긍정한 사례는?

① 임야대장에의 등재·등재사항의 변경

② 지적공부의 복구신청·변경신청의 거부

③ 지목변경신청에 대한 반려(거부)행위

④ 자동차운전면허대장에의 등재

> **해설** 지목은 토지소유권을 제대로 행사하기 위한 전제요건으로서 토지소유자의 실체적 권리관계에 밀접하게 관련되어 있으므로 지적공부 소관청의 지목변경신청 반려행위는 국민의 권리관계에 영향을 미치는 것으로서 항고소송의 대상이 되는 행정처분에 해당한다고 할 수 있다(대판 2004.4.22, 2003두9015).

25 `국회직 8급 기출`

명령적 행정행위에 관한 설명으로 옳지 않은 것은?

① 위법한 하명으로 권리가 침해된 자는 취소소송이나 무효등 확인소송을 제기하여 위법상태를 제거할 수 있고 손해배상청구소송을 제기하여 손해를 배상받을 수 있다.

② 허가가 기속행위인지 재량행위인지 여부는 개별법령이 정하는 바에 의한다.

③ 허가를 받은 후에 할 수 있는 행위를 허가를 받지 아니하고 행하면 일반적으로 행정상 강제집행 또는 행정벌이 가해지며 경우에 따라서는 무효가 되기도 한다.

④ 예외적 승인은 위험방지를 대상으로 하고 허가는 사회적으로 유해한 행위를 대상으로 한다.

⑤ 의무해제라는 점에서 허가와 면제는 같으나 허가는 부작위무의 해제인 데 반하여 면제는 작위, 급부 및 수인의무의 해제라는 점에서 다르다.

> **해설** 허가는 법령에 의한 일반적인 상대적 금지를 해제함으로써 일정한 행위를 적법하게 할 수 있도록 자연적 자유를 회복시켜 주는 행정행위를 말하며, 예외적 승인은 사회적으로 유해하거나 바람직하지 않은 것에 대하여 법령상 금지된 행위자체를 예외적으로 허가하여 당해 행위를 적법하게 할 수 있게 해주는 행위를 말한다.

핵심정리

허가와의 비교

구분	허가	예외적 승인
개념	상대적 · 예방적 금지를 해제	억제적 · 제재적 금지를 해제
성질	원칙적으로 기속(재량)행위	원칙적으로 재량행위 (공익기준으로 결정)
사례	운전면허, 의사 · 약사 · 한의사면허, 건축허가, 유기장면허, 광천음료수제조허가, 목욕장가, 전당포영업허가, 양곡가공업허가, 대중음식점영업허가, 약국영업허가, 기부금품모집허가, 어업면허, 수렵면허, 화약제조허가, 수출입허가, 일시적 도로사용허가, 입산금지 · 수렵금지 등의 해제	마약류취급면허, 개발제한구역이나 군사지역의 건축허가, 도시계획법상 도시계획구역 내 건물의 증 · 개축 및 형질변경, 자연공원법 적용 지역의 개발 및 영업허가, 산림형질변경허가, 입목의 벌채허가, 토지수용법상 타인토지에 대한 출입허가, 학교환경위생정화구역 유흥주점업 허가, 전자유기장의 영업허가, 치료목적의 아편사용허가, 카지노사업의 영업허가, 총포 등의 소지허가 등

26

인가에 대한 설명으로 옳지 않은 것은?

① 인가는 형성적 행정행위이다.

② 인가는 사실행위에도 적용된다.

③ 인가신청의 내용을 수정하는 것은 불가하다.

④ 기본적 법률행위 무효 시 인가도 무효가 된다.

해설 인가는 법률행위에만 적용된다.

27 지방직 9급 기출

하천점용허가에 대한 설명으로 옳은 것은? (다툼이 있는 경우 판례에 의함)

① 하천점용허가는 성질상 일반적 금지의 해제에 불과하여 허가의 일정한 요건을 갖춘 경우 기속적으로 판단하여야 한다.

② 위법한 점용허가를 다투지 않고 있다가 제소기간이 도과한 경우에는 처분청이라도 그 점용허가를 취소할 수 없다.

③ 하천점용허가에 조건인 부관이 부가된 경우 해당 부관에 대해서는 독립적으로 소를 제기할 수 없다.

④ 점용허가취소처분을 취소하는 확정판결의 기속력은 판결의 주문에 미치는 것으로 그 전제가 되는 처분 등의 구체적 위법사유에 관한 이유 중의 판단에 대해서는 인정되지 않는다.

해설 행정행위의 부관은 행정행위의 일반적인 효력이나 효과를 제한하기 위하여 의사표시의 주된 내용에 부가되는 종된 의사표시이지 그 자체로서 직접 법적 효과를 발생하는 독립된 처분이 아니므로 현행행정쟁송제도 아래서는 부관 그 자체만을 독립된 쟁송의 대상으로 할 수 없는 것이 원칙이나 행정행위의 부관 중에서도 행정행위에 부수하여 그 행정행위의 상대방에게 일정한 의무를 부과하는 행정청의 의사표시인 부담의 경우에는 다른 부관과는 달리 행정행위의 불가분적인 요소가 아니고 그 존속이 본체인 행정행위의 존재를 전제로 하는 것일 뿐이므로 부담 그 자체로서 행정쟁송의 대상이 될 수 있다(대법원 1992. 1. 21. 선고 91누1264 판결).

① 하천부지 점용허가 여부는 관리청의 재량에 속하고 재량행위에 있어서는 법령상의 근거가 없어도 부관을 붙일 것인가의 여부는 당해 행정청의 재량에 속한다(대법원 2008. 7. 24. 선고 2007두25930,25947,25954 판결).

② 불가쟁력이 발생한 이후에도 당해 행정행위의 위법을 이유로 직권취소할 수 있다.

④ 행정소송법 제30조 제1항에 의하여 인정되는 취소소송에서 처분 등을 취소하는 확정판결의 기속력은 주로 판결의 실효성 확보를 위하여 인정되는 효력으로서 판결의 주문뿐만 아니라 그 전제가 되는 처분 등의 구체적 위법사유에 관한 이유 중의 판단에 대하여도 인정된다(대법원 2001. 3. 23.선고 99두5238 판결).

제2편

행정작용법

28

인가에 대한 설명으로 옳은 것은?

① 인가의 대상이 되는 법률행위가 무효이면 인가도 당연히 무효가 된다.
② 인가의 대상이 되는 법률행위는 계약에 한한다.
③ 사법행위는 인가의 대상이 되는 법률행위가 될 수 없다.
④ 기본행위에 취소원인이 있더라도 인가가 있은 후에는 기본행위를 취소할 수 없다.

해설 ② 인가의 대상이 되는 법률행위는 계약뿐만 아니라 정관변경 인가와 같은 행위도 대상이 된다.
③ 인가의 대상은 공법상 행위와 사법상 행위 모두 대상이 된다.
④ 인가 후에도 기본행위를 취소할 수 있다.

핵심정리

인가(보충행위)

• **의의** : 인가란 행정청이 제3자의 법률행위를 동의로써 보충하여 그 행위의 효력을 완성시키는 행정행위를 말한다(이러한 의미에서 인가를 보충행위라고 함).
• **대상** : 인가의 대상은 성질상 언제나 법률적 행위에 한하며, 사실행위에서는 인정되지 않는다. 법률행위이면 공법상의 행위이건 사법상의 행위이건 가능하다.
• **성질**
 − 특허와 같은 형성적 행위에 속한다.
 − 하명·특허와 달리 법규인가는 허용되지 않는다.
 − 재량인 경우도 있고 기속행위인 경우도 있다.
 − 무인가행위는 처벌대상은 되지 않지만 원칙적으로 무효이다(허가는 적법요건이므로 무허가행위는 처벌의 대상이 되지만 행위 자체는 유효).
• **형식** : 언제나 구체적인 처분의 형식으로 행하여지며(법규에 의하여 행하여지는 경우는 없음), 일정 형식이 요구되는 경우를 제외하고는 원칙적으로 불요식행위이다.

29 국가직 9급 기출

전통적 견해에서 허가를 설명한 내용으로 옳지 않은 것은?

① 허가는 일반적 금지를 해제하여 본래의 자유를 회복시켜 주는 명령적 행위라고 할 수 있다.
② 허가는 근거법상의 금지를 해제하는 효과만 있을 뿐, 타법에 의한 금지까지 해제하는 효과가 있는 것은 아니다.
③ 이미 허가한 영업시설과 동종의 영업허가를 함으로써 기존업자의 영업이익에 피해가 발생한 경우 기존업자는 동종의 신규 영업허가의 취소소송을 제기할 수 있는 원고적격이 인정된다.
④ 허가를 받지 않고 행한 영업행위는 행정상 강제집행이나 처벌의 대상은 되지만, 행위 자체의 법률적 효력은 영향을 받지 않는 것이 원칙이다.

해설 허가에 의한 금지해제로 얻는 이익은 원칙적으로 법적 이익이 아니라 반사적 이익에 불과하다고 보므로, 기존 업자는 동종의 신규 영업허가의 취소소송에 대한 원고적격이나 소송상 구제이익이 없다. 다만, 최근 권리구제의 확대 경향에 따라 이를 법률상 보호이익으로 보는 경우도 있다.
① 허가란 일반적인 상대적 금지를 해제함으로써 적법하게 일정한 행위를 할 수 있도록 자연적 자유를 회복시켜 주는 명령적 행위이다.
② 허가의 효과는 상대적인 것이어서 근거 법령상의 행위에 대한 법적 제한(금지)을 해제해 줄 뿐, 그 외의 제한(금지)까지 해제하는 것은 아니다.
④ 허가받지 않은 행위는 위법행위가 되어 행정벌이나 행정상 강제집행의 대상이 될 뿐, 그 법률적 효력은 유효하다.

30 서울시 9급 기출

다음 중 행정행위의 취소와 철회에 대한 설명으로 가장 옳은 것은?

① 특별한 사정이 없는 한 부담적 행정행위의 취소는 원칙적으로 자유롭지 않다.

② 수익적 행정행위에 대한 철회권 유보의 부관은 그 유보된 사유가 발생하여 철회권이 행사된 경우 상대방이 신뢰보호원칙을 원용하는 것을 제한한다는 데 실익이 있다.

③ 철회권이 유보된 경우라도 수익적 행정행위의 철회에 있어서는 반드시 법적근거가 필요하다.

④ 판례는 불가쟁력이 생긴 행정처분이라도 공권의 확대화 경향에 따라 이에 대한 취소 또는 변경을 구할 신청권을 적극적으로 인정하고 있다.

해설 행정행위의 부관으로 취소권이 유보되어 있는 경우 당해 행정행위를 한 행정청은 그 취소사유가 법령에 규정되어 있는 경우뿐만 아니라 의무위반이 있는 경우, 사정변경이 있는 경우, 좁은 의미의 취소권이 유보된 경우, 또는 중대한 공익상의 필요가 발생한 경우 등에도 그 행정처분을 취소(철회)할 수 있다(대판 1984.11.13, 84누269).
  ① 특별한 사정이 없는 한 부담적 행정행위의 취소는 원칙적으로 자유롭다.
  ③ 철회권이 유보된 경우라면 수익적 행정행위의 철회에 있어서는 반드시 법적근거가 필요하지 않다.
  ④ 판례는 불가쟁력이 생긴 행정처분이라면 공권의 확대화 경향에 따라 이에 대한 취소 또는 변경을 구할 신청권을 인정하지 않는다.

31

부관에 대한 설명으로 옳지 않은 것은?

① 기속행위에도 법률요건충족적 부관을 붙일 수 있다는 것이 다수설의 입장이다.

② 부담이 조건보다 상대방에게 유리하다.

③ 기속행위에도 법적 근거가 있으면 부관이 가능하다.

④ 부담부 행정행위의 경우 부담을 이행해야 주된 행정행위의 효력이 발생한다.

해설 부담부 행정행위는 처음부터 완전한 효력을 발생한다.

32

허가에 대한 판례의 입장으로 옳지 않은 것은?

① 유기장 영업허가로 인한 영업상 이익은 반사적 이익이다.

② 건축허가신청이 법정요건에 합치하는 경우에는 특별한 사정이 없는 한 이를 허가하여야 한다.

③ 개축허가 신청에 대하여 행정청이 착오로 대수선 및 용도변경을 하였다 하더라도 취소 등 적법한 처분 없이 그 효력을 부인할 수 없다.

④ 주류제조면허를 통하여 누리는 이익은 반사적 이익이다.

해설 주류제조면허는 국가의 수입확보를 위하여 설정된 재정허가의 일종이지만 일단 이 면허를 얻은 자의 이득은 단순한 사실상의 반사적 이득에만 그치는 것이 아니라 주세법의 규정에 따라 보호되는 이득이고, 주세법상 주류제조면허의 양도가 인정되지 않고 있으나, 국세청훈령으로 보충면허제도를 두어 기존면허업자가 그 면허를 자진취소함과 동시에 그에 대체하여 동일제조장에 동일 면허종목을 신청하는 경우에는 그 면허를 부여함으로써 당사자 간의 면허의 양도를 간접적으로 허용하고 있으며, 주류제조의 신규면허는 주세당국의 억제책으로 사실상 그 취득이 거의 불가능하여 위와 같은 보충면허를 받는 방법으로 면허권의 양도가 이루어지고 있는 이상, 위 면허권이 가지는 재산적 가치는 현실적으로 부인할 수 없을 것이므로 주류제조회사의 순자산가액을 평가함에 있어서 주류제조면허를 포함시키지 아니한 것은 잘못이다(대판 1989.12.22, 89누46).
① 대판 1986.11.25, 84누147
② 대판 1995.10.13, 94누1427
③ 대판 1985.11.26, 85누382

해설 민사소송에 있어서 어느 행정처분의 당연무효 여부가 선결문제로 되는 때에는 이를 판단하여 당연무효임을 전제로 판결할 수 있고 반드시 행정소송 등의 절차에 의하여 그 취소나 무효확인을 받아야 하는 것은 아니다(대법원 2010. 4. 8. 선고 2009다90092 판결).

33 지방직 9급 기출

행정행위의 효력에 대한 설명으로 옳지 않은 것은? (다툼이 있는 경우 판례에 의함)

① 민사소송에 있어서 어느 행정처분의 당연무효 여부가 선결문제로 되는 때에는 당해 소송의 수소법원은 이를 판단하여 그 행정처분의 무효확인판결을 할 수 있다.

② 과세처분의 하자가 단지 취소할 수 있는 정도에 불과할 때에는 과세관청이 이를 스스로 취소하거나 행정쟁송절차에 의하여 취소되지 않는 한 그로 인한 조세의 납부가 부당이득이 된다고 할 수 없다.

③ 구 소방시설설치·유지및안전관리에관한법률 제9조에 의한 소방시설 등의 설치 또는 유지·관리에 대한 명령이 행정처분으로서 하자가 있어 무효인 경우에는 명령에 따른 의무위반이 생기지 아니하므로, 명령 위반을 이유로 행정형벌을 부과할 수 없다.

④ 행정처분이 불복기간의 경과로 인하여 확정될 경우, 그 확정력은 처분으로 인하여 법률상 이익을 침해받은 자가 처분의 효력을 더 이상 다툴 수 없다는 의미일 뿐 판결에 있어서와 같은 기판력이 인정되는 것은 아니다.

34 지방직 9급 기출

행정행위에 대한 설명으로 옳은 것은? (다툼이 있는 경우 판례에 의함)

① 수익적 행정행위에 철회원인이 있는 경우에 행정청은 철회원인이 있다는 것만으로 자유로이 철회권을 행사할 수 있다.

② 국유임야대부·매각행위 및 대부계약에 의한 대부료 부과조치는 취소소송의 대상이 되는 처분에 해당하지 않는다.

③ 공중보건의사 채용계약 해지의 의사표시에 대하여는 대등한 당사자 간의 소송형식인 공법상의 당사자소송으로 그 의사표시의 무효확인을 청구할 수 없고 행정처분을 전제한 항고소송을 제기하여야 한다.

④ 침해적 행정처분을 할 때 처분의 근거법령 등에서 청문을 실시하도록 규정하고 있다면 행정절차법 등의 예외에 해당하지 않는 한 반드시 청문을 실시하여야 하며, 그러한 절차를 결여한 처분은 위법한 처분으로서 당연무효이다.

해설 ① 수익적 행정행위의 철회는 … 철회사유가 있다 하더라도 철회에 의하여 침해되는 사익과 실현하고자 하는 공익상의 필요 또는 제3자 이익보호의 필요 등을 비교·형량하여 결정하여야 한다(대판 2004.7.22, 2003두7606).
③ 공중보건의사 채용계약 해지의 의사표시에 대하여는 공법상의 당사자소송으로 그 의사표시의 무효확인을 청구할 수 있는 것이지, 이를 항고소송의 대상

이 되는 행정처분이라는 전제에서 그 취소를 구하는 항고소송을 제기할 수는 없다(대판 1996.5.31, 95누 10617).
④ 법령에서 실시하도록 규정하고 있는 청문 절차를 결여한 처분은 위법한 처분으로서 취소사유에 해당한다(대판 2007.11.16, 2005두15700).

멸실된 지적공부를 복구하거나 지적공부에 기재된 일정한 사항을 변경하는 행위는 행정사무집행의 편의와 사실증명의 자료로 삼기 위한 것으로 이로 인하여 당해 토지에 대한 실체상의 권리관계에 어떤 변동을 가져오는 것이 아니고, 특단의 사정이 없는 한 토지의 소재, 지번, 지목 및 경계가 지적공부의 기재에 의하여 확정된다 하여 토지 소유권의 범위가 지적공부의 기재만에 의하여 증명되는 것도 아니므로, 소관청이 지적공부의 복구신청을 거부하거나 그 등재사항에 대한 변경신청을 거부한 것을 가리켜 항고소송의 대상이 되는 행정처분이라고 할 수 없다(대판 1991.12.24, 91누8357).

35

강학상 행정행위로 볼 수 없는 것은?

① 당선인의 결정　　② 대집행계고
③ 경관의 불심검문　④ 영업의 허가

해설 경관의 불심검문은 행정조사로 보는 견해가 통설이다. 단, 즉시강제로 보는 소수설도 있다.

36

공증행위에 대한 설명으로 옳지 않은 것은?

① 공증은 특정한 사실 또는 법률관계의 존부를 공적으로 증명하는 행위이다.
② 공증은 원칙적으로 기속행위이며 요식행위이다.
③ 판례는 지적공부에의 기재를 공증으로 보아 처분성을 긍정한다.
④ 공증은 의문이나 다툼이 없는 사항에 대하여 공적 권위로써 증명하는 것이다.

해설 판례는 지적공부에의 기재의 처분성을 부정한다.

37

행정행위에 대한 설명으로 옳지 않은 것은?

① 행정행위는 당해 행위로써 직접 법적 효과를 가져오는 행위이므로, 행정청이 건축허가의 신청을 반려하는 행위도 행정행위에 해당된다.
② 행정행위는 상대방에 대한 통지(도달)로써 그 효력이 발생한다.
③ 부담부 행정행위는 상대방이 그 부담을 이행하지 아니하면 효력이 소멸한다.
④ 화장장 설치허가는 복효적 행정행위에 해당한다.

해설 부담부 행정행위는 부담의 이행여부와 상관없이 주된 행정행위의 효력이 먼저 발생한다. 부담의 불이행은 주된 행정행위의 철회사유가 될 뿐 이행하지 않았다고 하여 효력이 당연히 상실되는 것은 아니다.

38

공유수면매립면허를 함에 있어서 3개월 내에 공사를 착수하지 않으면 효력을 상실한다는 부관을 붙였다. 이때의 부관의 종류는?

① 철회권 유보   ② 정지조건

③ 부담   ④ 해제조건

해설 조건이 성취되면 효력이 소멸하는 해제조건에 해당한다.

핵심정리

조건(條件)

- **의의** : 조건이란 행정행위 효력의 발생·소멸을 장래에 발생여부가 객관적으로 불확실한 사실에 의존하게 하는 부관을 말한다. 따라서 불확실한 장래의 사실의 발생이 행정행위 상대방의 의사에 달려 있는 경우의 조건(부진정조건)은 여기서의 조건에 해당되지 않는다.
- **종류**
  - 정지조건 : 조건의 성취로 행정행위의 효력이 발생하게 하는 행정청의 종된 의사표시를 말한다.
    예 도로확장을 조건으로 하는 자동차운수사업면허, 시설완성을 조건으로 하는 학교법인설립인가, 우천이 아닐 것을 조건으로 하는 옥외집회장소허가 등이 있다.
  - 해제조건 : 조건성취로 인하여 행정행위의 효력이 소멸되는 행정청의 종된 의사표시를 말한다.
    예 기한 내에 공사를 착수하지 않으면 실효되는 것을 조건으로 한 공유수면매립면허, 호우기 전에 제방축조를 조건으로 한 공물사용특허 등이 있다.
- **부담과의 구별** : 조건과 부담의 구별이 불명확한 경우에는 최소침해의 원칙에 따라, 국민에게 유리한 부담으로 파악한다는 것이 통설이다.

39

정지조건과 부담에 대한 설명으로 옳지 않은 것은?

① 불명확할 때 부담으로 해석하는 것이 유리하다.

② 이행하지 않을 때 양자 모두 강제집행이 가능하다.

③ 부담은 독립쟁송가능성이 인정된다.

④ 부담은 정지조건과 달리 처음부터 행정행위의 효력이 발생한다.

해설 정지조건은 장래의 도래가 불확실한 사실이므로 강제집행은 불가능하다.

핵심정리

부담(負擔)

- **의의** : 부담이란 행정행위의 주된 의사표시에 부가하여 그 효과를 받는 상대방에게 작위·부작위·급부 또는 수인의무를 명하는 행정청의 의사표시를 말한다.
- **부담과 조건의 구별** : 조건과 부담의 구별이 불명확한 경우에는 최소침해의 원칙에 따라 국민에게 유리한 부담으로 판단(추정)해야 한다(통설).

정지조건과의 구별	정지조건부 행정행위는 조건이 성취되어야 효력이 발생하나, 부담부 행정행위는 처음부터 효력이 발생하고, 다만 그와 관련하여 상대방에게 일정한 의무가 부과된다는 점에서 구별된다.
해제조건과의 구별	해제조건부 행정행위는 조건이 성취되면 당연히 효력이 소멸되나, 부담부 행정행위는 상대방이 그 부담을 이행하지 아니하여도 효력이 소멸하는 것이 아니고 행정청이 그 의무불이행을 이유로 하여 철회 또는 취소하여야 소멸된다.

40 국가직 9급 기출

건축허가와 건축신고에 대한 설명으로 옳지 않은 것만을 모두 고르면? (다툼이 있는 경우 판례에 의함)

ㄱ. 건축법 제14조 제2항에 의한 인·허가의제 효과를 수반하는 건축신고에 대한 수리거부는 처분성이 인정되나, 동 규정에 의한 인·허가의제 효과를 수반하지 않는 건축신고에 대한 수리거부는 처분성이 부정된다.

ㄴ. 국토의계획및이용에관한법률에 의해 지정된 도시지역 안에서 토지의 형질변경행위를 수반하는 건축허가는 재량행위에 속한다.

ㄷ. 건축허가권자는 중대한 공익상의 필요가 없음에도 관계 법령에서 정하는 제한사유 이외의 사유를 들어 건축허가 요건을 갖춘 자에 대한 허가를 거부할 수 있다.

ㄹ. 건축허가는 대물적 허가에 해당하므로, 허가의 효과는 허가대상 건축물에 대한 권리변동에 수반하여 이전되고 별도의 승인처분에 의하여 이전되는 것은 아니다.

① ㄱ, ㄴ
② ㄱ, ㄷ
③ ㄴ, ㄷ
④ ㄷ, ㄹ

해설 ㄱ. (인·허가의제 효과를 수반하지 않는 통상의 건축신고에 대한 수리거부 – 처분성 인정) 건축주등은 신고제하에서도 건축신고가 반려될 경우 당해 건축물의 건축을 개시하면 시정명령, 이행강제금, 벌금의 대상이 되거나 당해 건축물을 사용하여 행할 행위의 허가가 거부될 우려가 있어 불안정한 지위에 놓이게 된다. 따라서 건축신고 반려행위가 이루어진 단계에서 당사자로 하여금 반려행위의 적법성을 다투어 그 법적 불안을 해소한 다음 건축행위에 나아가도록 함으로써 장차 있을지도 모르는 위험에서 미리 벗어날 수 있도록 길을 열어 주고, 위법한 건축물의 양산과 그 철거를 둘러싼 분쟁을 조기에 근본적으로 해결할 수 있게 하는 것이 법치행정의 원리에 부합한다. 그러므로 건축신고 반려행위는 항고소송의 대상이 된

다고 보는 것이 옳다(대법원 2010. 11. 18. 선고2008두167 전원합의체 판결). (인·허가의제 효과를 수반하는 건축신고에 대한 수리거부 – 처분성 인정) 건축법에서 인·허가의제 제도를 둔 취지는, 인·허가의제사항과 관련하여 건축허가 또는 건축신고의 관할 행정청으로 그 창구를 단일화하고 절차를 간소화하며 비용과 시간을 절감함으로써 국민의 권익을 보호하려는 것이지, 인·허가의제사항 관련 법률에 따른 각각의 인·허가 요건에 관한 일체의 심사를 배제하려는 것으로 보기는 어렵다. … 인·허가의제 효과를 수반하는 건축신고는 일반적인 건축신고와는 달리, 특별한 사정이 없는 한 행정청이 그 실체적 요건에 관한 심사를 한 후 수리하여야 하는 이른바 '수리를 요하는 신고'로 보는 것이 옳다(대법원 2011. 1. 20. 선고 2010두14954 전원합의체 판결).

ㄷ. 건축허가권자는 건축허가신청이 건축법 등 관계 법규에서 정하는 어떠한 제한에 배치되지 않는 이상 당연히 같은 법조에서 정하는 건축허가를 하여야 하고, 중대한 공익상의 필요가 없는데도 관계 법령에서 정하는 제한사유 이외의 사유를 들어 요건을 갖춘 자에 대한 허가를 거부할 수는 없다(대법원 2009. 9. 24. 선고 2009두8946 판결).

ㄴ. 국토의계획및이용에관한법률에서 정한 도시지역 안에서 토지의 형질변경행위를 수반하는 건축허가는 건축법 제8조 제1항의 규정에 의한 건축허가와 국토의계획및이용에관한법률 제56조 제1항 제2호의 규정에 의한 토지의 형질변경허가의 성질을 아울러 갖는 것으로 보아야 할 것이고, … 같은 법에 의하여 지정된 도시지역 안에서 토지의 형질변경행위를 수반하는 건축허가는 결국 재량행위에 속한다(대법원 2005. 7. 14. 선고 2004두6181 판결).

ㄹ. 건축허가는 대물적 허가의 성질을 가지는 것으로 그 허가의 효과는 허가대상 건축물에 대한 권리변동에 수반하여 이전되고, 별도의 승인처분에 의하여 이전되는 것이 아니며, 건축주 명의변경은 당초의 허가대장상 건축주 명의를 바꾸어 등재하는 것에 불과하므로 행정소송의 대상이 될 수 없다(1979. 10. 30. 선고 79누190 판결).

41 [지방직 9급 기출]

행정행위의 부관에 대한 판례의 입장으로 옳지 않은 것은?

① 부담에 의해 부과된 의무의 불이행으로 부담부행정행위가 당연히 효력을 상실하는 것은 아니며, 당해 의무불이행은 부담부행정행위의 취소(철회)사유가 될 뿐이다.

② 행정처분에 붙인 부담이 무효가 되면 그 처분을 받은 사람이 부담의 이행으로 한 사법상 법률행위도 당연히 무효가 된다.

③ 사후부담은 법률에 명문의 규정이 있거나 그것이 미리 유보되어 있는 경우 또는 상대방의 동의가 있는 경우에 허용되는 것이 원칙이다.

④ 행정청이 수익적 행정처분을 하면서 부가한 부담의 위법 여부는 처분 당시 법령을 기준으로 판단하여야 한다.

> **해설** 행정처분에 붙인 부담인 부관이 무효가 되면 그 부담의 이행으로 한 사법상 법률행위도 당연히 무효가 되지 않으며 행정처분에 붙인 부담인 부관이 제소기간 도과로 불가쟁력이 생긴 경우에도 그 부담의 이행으로 한 사법상 법률행위의 효력을 다툴 수 있다(대판 2009.6.25, 2006다18174).

42

무효인 행정행위만을 모두 고른 것은? (다툼이 있는 경우 판례에 의함)

> ㉠ 건설교통부장관(현 국토교통부)이 택지개발계획을 승인함에 있어서 토지수용법에 의한 이해관계인의 의견을 듣지 않았거나, 토지소유자에 대한 통지를 하지 않고 사업인정을 한 것
> ㉡ 음주운전을 단속한 경찰관이 자기의 명의로 운전면허정지처분을 행한 것
> ㉢ 개발부담금 부과처분을 하면서 납부고지서에 납부기한을 법정납부기한보다 단축하여 기재한 것
> ㉣ 도지사의 인사교류안 작성과 그에 따른 인사교류의 권고가 전혀 이루어지지 않은 상태에서 그 관할구역 내 시장(市長)이 인사교류에 관한 처분을 행한 것

① ㉠, ㉡
② ㉡, ㉣
③ ㉢, ㉣
④ ㉠, ㉡, ㉢, ㉣

> **해설** ㉠ 건설교통부장관이 사업시행자가 작성한 택지개발계획을 승인함에 있어서는 미리 토지소유자 등 관계인의 의견을 반드시 청취하도록 하는 규정이 없으므로 관계인의 의견청취 절차를 거치지 아니하였다고 하여 택지개발계획 승인처분을 위법하다고 할 수 없다(대판 1996.12.6, 95누8409).
> ㉢ 개발부담금의 납부기한은 개발이익환수에관한법률 규정에 따라 정하여지고 납부고지서의 기재는 그 정하여진 날짜를 그대로 기재하는 것에 불과하여 납부기한을 잘못 기재한 것만으로는 납부기한이 단축되는 효력이 발생되는 것이 아니고, 따라서 처분에 대한 불복 여부의 결정과 불복신청에 지장을 주었다고 단정하기 어려우므로 그 처분이 위법한 것은 아니다(대판 2002.7.23, 2000두9946).

43 국가직 9급 기출

갑은 관할 행정청 A에 도로점용허가를 신청하였고, 이에 대하여 행정청 A는 주민의 민원을 고려하여 갑에 대하여 공원 부지를 기부채납 할 것을 부관으로 하여 도로점용허가를 하였다. 이와 관련한 판례의 입장으로 옳지 않은 것은?

① 위 부관을 조건으로 본다면, 갑은 부관부 행정행위 전체를 취소소송의 대상으로 하여 부관만의 일부취소를 구하여야 한다.

② 위 부관을 부담으로 본다면, 부관만 독립하여 취소소송의 대상으로 할 수 있으며 부관만의 독립취소가 가능하다.

③ 위 부관을 부담으로 보는 경우, 갑이 정해진 기간 내에 공원 부지를 기부채납하지 않은 경우에도 도로점용허가를 철회하지 않는 한 도로점용허가는 유효하다.

④ 부가된 부담이 무효임에도 불구하고 갑이 부관을 이행하여 기부채납을 완료한 경우, 갑의 기부채납 행위가 당연히 무효로 되는 것은 아니다.

해설 부담 이외의 부관에 대한 상황이다. 부관부 행정행위 전체를 취소소송의 대상으로 하여 부관만 취소할 수 없고 전체 행위의 취소를 청구해야 한다(대판 1985.7.9, 84누604).
② 위 부관을 부담으로 본다면, 부관만 독립하여 취소소송의 대상으로 할 수 있으며 부관만의 독립취소가 가능하다(대판 1992.1.21, 91누1264).
③ 위 부관을 부담으로 보는 경우, 갑이 정해진 기간 내에 공원 부지를 기부채납하지 않은 경우에도 도로점용허가를 철회하지 않는 한 도로점용허가는 유효하다(대판 1989.10.24, 89누2431).
④ 부가된 부담이 무효임에도 불구하고 갑이 부관을 이행하여 기부채납을 완료한 경우, 갑의 기부채납 행위가 당연히 무효로 되는 것은 아니다(대판 2009.6.25, 2006다18174).

44

행정행위의 부관 중 부담에 대한 설명으로 옳은 것은?

① 행정청은 법률에 명문의 규정이 없는 경우에도 일정한 경우에는 사후에 부담의 내용을 변경할 수 있다.

② 부담만을 독립하여 취소소송을 제기할 수 없다.

③ 부담은 이른바 해제부관의 하나이다.

④ 부담이 무효이면 당해 행정행위도 당연 무효가 된다.

해설 행정처분에 이미 부담이 부가되어 있는 상태에서 그 의무의 범위 또는 내용 등을 변경하는 부관의 사후변경은 사정변경으로 인하여 당초에 부담을 부가한 목적을 달성할 수 없게 된 경우에도 그 목적달성에 필요한 범위 내에서 예외적으로 허용된다(대판 1997.5.30, 97누2627).
② 부담은 독립하여 취소소송의 대상이 될 수 있다.
③ 해제부관이란 철회권의 유보, 종기, 해제조건과 같이 행정행위의 소멸성과 관련 있는 부관을 말하는바, 부담은 행정행위의 소멸과는 관련이 없다.
④ 부관이 무효이면 원칙적으로 부관만 무효가 되며, 예외적으로 부관이 행정행위의 중요한 요소일 때에 행정행위까지 무효가 된다.

핵심정리

부담의 예
부담은 일반적으로 수익적 행정행위에 부과되는 것으로, 영업허가를 하면서 각종 준수의무를 명하는 것이나 도로 · 하천의 점용허가를 하면서 점용료 또는 사용료 납부를 명하는 것, 영업허가를 하면서 종업원의 건강진단의무를 부과하는 것 등이 그 예이다. 주로 허가를 하면서 각종 준수 · 이행의무를 명하거나 사용료 · 점용료 등의 납부를 명하는 부관이 부관 중 그 예가 가장 많다.

45

판례가 행정행위의 하자의 승계를 인정한 것을 모두 고른 것은?

ㄱ. 안경사시험 합격무효처분과 안경사 면허취소처분

ㄴ. 도시및주거환경정비법상 사업시행계획과 관리처분계획

ㄷ. 독촉처분과 가산금 · 중가산금징수처분

ㄹ. 액화석유가스판매사업허가처분과 사업개시신고반려처분

ㅁ. 귀속재산의 임대처분과 매각처분

ㅂ. 택지개발예정지정처분과 택지개발계획의 승인 처분

ㅅ. 공인중개사업무정지처분과 업무정지기간 중의 중개업무를 사유로 한 중개사무소의 개설 등록취소처분

① ㄱ, ㄷ, ㅁ   ② ㄱ, ㄴ, ㅂ
③ ㄷ, ㅁ, ㅅ   ④ ㄷ, ㄹ, ㅅ

해설 하자의 승계가 인정된 사례는 ㄱ, ㄷ, ㅁ이다.
ㄱ. 대판 1993. 2. 9, 92누4567
ㄷ. 대판 1986. 10. 28, 86누147
ㅁ. 대판 1963. 2. 7, 62누215
ㄴ. 대판 2012. 8. 23, 2010두13463
ㄹ. 대판 1991. 4. 23, 90누8756
ㅂ. 대판 1996. 3. 22, 95누10075
ㅅ. 대판 2019. 1. 31, 2017두40372

46 서울시 9급 기출

행정행위의 부관에 대한 설명으로 가장 옳지 않은 것은?

① 처분 전에 미리 상대방과 협의하여 부담의 내용을 협약의 형식으로 정한 다음 처분을 하면서 해당 부관을 붙이는 것도 가능하다.

② 부관이 처분 당시의 법령으로는 적법하였으나 처분 후 근거법령이 개정되어 더 이상 부관을 붙일 수 없게 되었다면 당초의 부관도 소급하여 효력이 소멸한다.

③ 처분을 하면서 처분과 관련한 소의 제기를 금지하는 내용의 부제소특약을 부관으로 붙이는 것은 허용되지 않는다.

④ 부당결부금지 원칙에 위반하여 허용되지 않는 부관을 행정처분과 상대방 사이의 사법상 계약의 형식으로 체결하는 것은 허용되지 않는다.

해설 행정청이 수익적 행정처분을 하면서 부가한 부담의 위법 여부는 처분 당시 법령을 기준으로 판단하여야 하고, 부담이 처분 당시 법령을 기준으로 적법하다면 처분 후 부담의 전제가 된 주된 행정처분의 근거 법령이 개정됨으로써 행정청이 더 이상 부관을 붙일 수 없게 되었다 하더라도 곧바로 위법하게 되거나 그 효력이 소멸하게 되는 것은 아니다(대법원 2009. 2. 12. 선고 2005다65500 판결).

47

행정행위의 부관에 대한 설명으로 옳지 않은 것은?

① 3월 내에 공사를 착수하지 않으면 그 효력을 상실한다는 부관하의 건축허가는 기한부 행정행위이다.

② 행정행위의 효력의 소멸을 장래의 확실한 사실에 의존시키는 부관을 종기라 한다.

③ 행정행위의 효력의 발생을 장래의 불확실한 사실에 의존시키는 부관을 정지조건이라고 한다.

④ 철회권 유보의 경우 그 철회권의 행사에는 일정한 조리상의 제한이 있다.

> **해설** 해제조건부 행정행위이다. 해제조건부 행정행위는 조건이 성취되면 당연히 효력이 소멸되나, 부담부 행정행위는 상대방이 그 부담을 이행하지 아니하여도 효력이 소멸하는 것이 아니고 행정청이 그 의무불이행을 이유로 하여 철회 또는 취소하여야 소멸된다.

48

무효라고 보기 힘든 것은?

① 사기로 한 행위

② 징계사유서 없는 징계처분

③ 문서로 하지 않은 행정심판의 재결

④ 소청심사절차에서 청구인에게 진술의 기회를 부여하지 아니한 재결

> **해설** 사기 및 강박에 의한 행위는 주체상의 취소사유에 해당한다.

49 국가직 9급 기출

처분에 관한 설명으로 옳지 않은 것은? (다툼이 있는 경우 판례에 의함)

① 행정소송법상 '처분'이라 함은 행정청이 행하는 구체적 사실에 관한 법집행으로서의 공권력의 행사 또는 그 거부와 그 밖에 이에 준하는 행정작용을 말한다.

② 병역법상 신체등위 판정은 행정청이라고 볼 수 없는 군의관이 하도록 되어 있으며, 그 자체만으로 권리의무가 정하여지는 것이 아니라 그에 따라 지방병무청장이 병역처분을 함으로써 비로소 병역의무의 종류가 정하여지는 것이므로 항고소송의 대상이 되는 행정처분이라 보기 어렵다.

③ 항고소송의 대상이 되는 행정처분이라 함은 원칙적으로 행정청의 공법상 행위로서 특정 사항에 대하여 법규에 의한 권리의 설정 또는 의무의 부담을 명하거나 기타 법률상 효과를 발생하게 하는 등으로 일반 국민의 권리의무에 직접 영향을 미치는 행위를 가리킨다.

④ 어떠한 처분이 상대방에게 권리의 설정 또는 의무의 부담을 명하거나 기타 법적인 효과를 발생하게 하는 등으로 그 상대방의 권리의무에 직접 영향을 미치는 행위라도 그 처분의 근거가 행정규칙에 규정되어 있다면, 이 경우에 그 처분은 항고소송의 대상이 되는 행정처분에 해당하지 않는다.

> **해설** 처분의 근거가 행정규칙에 규정되어 있다고 하더라도, 그 처분이 상대방에게 권리의 설정 또는 의무의 부담을 명하거나 기타 법적인 효과를 발생하게 하는 등 그 상대방의 권리·의무에 직접 영향을 미치는 행위라면 행정처분에 해당한다(대판 2002.7.26, 2001두3532).

50 지방직 9급 기출

행정행위의 부관에 대한 설명으로 옳지 않은 것은? (다툼이 있는 경우 판례에 의함)

① 도로점용허가의 점용기간은 행정행위의 본질적인 요소에 해당한다고 볼 것이어서 부관인 점용기간을 정함에 있어서 위법사유가 있다면 이로써 도로점용허가처분 전부가 위법하게 된다.

② 부담이 처분 당시 법령을 기준으로 적법하다면 처분 후 부담의 전제가 된 주된 행정처분의 근거 법령이 개정됨으로써 행정청이 더 이상 부관을 붙일 수 없게 되었다하더라도 곧바로 위법하게 되거나 그 효력이 소멸하게 되는 것은 아니다.

③ 기선선망어업의 허가를 하면서 운반선, 등선 등 부속선을 사용할 수 없도록 제한한 부관은 그 어업허가의 목적 달성을 사실상 어렵게 하여 그 본질적 효력을 해하는 것이다.

④ 공유수면매립준공인가처분을 하면서 매립지 일부에 대하여 한 국가 및 지방자치 단체에의 귀속처분은 부관 중 부담에 해당하므로 독립하여 행정소송 대상이 될 수 있다.

해설 행정행위의 부관은 부담의 경우를 제외하고는 독립하여 행정소송의 대상이 될 수 없는 것인바, 지방국토관리청장이 일부 공유수면매립지에 대하여 한 국가 또는 직할시 귀속처분은 매립준공인가를 함에 있어서 매립의 면허를 받은 자의 매립지에 대한 소유권취득을 규정한 공유수면매립법 제14조의 효과 일부를 배제하는 부관을 붙인 것이고, 이러한 행정행위의 부관은 위 법리와 같이 독립하여 행정소송 대상이 될 수 없다(대법원 1993. 10. 8. 선고 93누2032 판결).

핵심정리

행정행위의 부관

- **의의** : 행정행위 부관이란 행정행위의 효력을 제한하기 위해 행정행위의 주된 내용에 부가하는 부대적 규율이다. 행정행위 효력을 제한하는 것뿐만이 아니라 보충, 보조하는 것도 부관이라고 보는 설도 있다.
- **법정부관, 수정부담과의 구별** : 법정부관은 행정행위의 내용에 부관이 이미 있다는 것으로, 행정행위의 효력을 제한하는 법규정이 있다는 것이다. 이것은 의사표시가 아닌 법규정일 뿐이다. 수정부담은 신청내용과 다르게 행정행위의 내용을 직접적으로 규율하는 것으로, 효과를 제한하는 의사표시라고 한다.
- **기능** : 행정실무에 있어서 행정목적달성에 유연성을 주고, 행정절차에 소요되는 비용을 절약할 수 있는 등의 장점이 있지만 행정편의를 위해 남용될 우려가 있다는 것 등의 단점도 있다.

51 국가직 9급 기출

행정행위의 하자에 대한 설명으로 옳지 않은 것은? (다툼이 있는 경우 판례에 의함)

① 하자 있는 행정행위의 치유는 행정행위의 성질이나 법치주의의 관점에서 볼 때 원칙적으로 허용될 수 없다.

② 무효선언을 구하는 의미에서 제기된 취소소송도 제소기간 제한 등의 소송요건을 갖추어야 한다.

③ 행정청이 법률에 근거하여 행정처분을 한 후에 헌법재판소가 그 법률을 위헌으로 결정하였다면 그 행정처분은 당연무효가 된다.

④ 보충역 편입처분과 공익근무요원 소집처분은 양자가 별개의 법률효과를 목표로 하는 것이므로 선행처분에 대한 하자는 후행처분에 승계되지 않는다.

해설 행정청이 법률에 근거하여 행정처분을 한 후에 헌법재판소가 그 법률을 위헌으로 결정하였다면 그 행정처분은 취소사유에 해당하며, 당연무효 사유는 아니다.

● 관련 판례

행정청이 법률에 근거하여 행정처분을 한 후에 헌법재판소가 그 법률을 위헌으로 결정하였다면 그 행정처분은 결과적으로 법률의 근거가 없이 행하여진 것과 마찬가지가 되어 하자가 있다고 할 것이나, 하자 있는 행정처분이 당연무효가 되기위하여는 그 하자가 중대할 뿐만 아니라 명백한 것이어야 하는데, 일반적으로 법률이 헌법에 위반된다는 사정은 헌법재판소의 위헌결정이 있기 전에는 객관적으로 명백한 것이라고 할수 없으므로 특별한 사정이 없는 한 이러한 하자는 위 행정처분의 취소사유에 해당할 뿐 당연무효 사유는 아니라고 보아야한다(대판 2000.6.9, 2000다16329).

52 [지방직·서울시 9급 기출]

행정행위의 부관에 대한 설명으로 옳지 않은 것은? (다툼이 있는 경우 판례에 의함)

① 행정청은 처분에 재량이 없는 경우에는 법률에 근거가 있는 경우에 부관을 붙일 수 있다.

② 부담이 처분 당시 법령을 기준으로 적법하다면 처분 후 부담의 전제가 된 주된 처분의 근거 법령이 개정됨으로써 행정청이 더 이상 부관을 붙일 수 없게 되었다 하더라도 곧바로 그 효력이 소멸하게 되는 것은 아니다.

③ 처분과 실제적 관련성이 없어 부관으로 붙일수 없는 부담이라도 사법상 계약의 형식으로처분의 상대방에게 부과할 수 있다.

④ 행정재산에 대한 사용·수익허가에서 공유재산의 관리청이 정한 사용·수익허가의 기간에 대해서는 독립하여 행정소송을 제기할 수 없다.

해설 처분과 실제적 관련성이 없어 부관으로 붙일 수 없는 부담이라도 사법상 계약 형식으로 하였다면 상대방에게 부과할 수 없다(대판 2009. 12. 10, 2007다63966). 처분과 관련하여 부관으로서 부담을 붙인 것은 헌법의 기본원리에 비추어 비례의 원칙이나 부당결부의 원칙에 위반하지 않아야만 적법하다.

① 행정기본법 제17조 제2항에 따르면 '행정청은 처분에 재량이 없는 경우에는 법률에 근거가 있는 경우에 부관을 붙일 수 있다.'고 명시되어 있다.

② 행정청이 수익적 행정처분을 하며 부과한 부담의 위법 여부는 처분 당시 법령을 기준으로 판단해야 한다. 부담이 처분 당시의 법령의 기준으로 적법하다면 처분 후 행정청이 더 이상 부관을 붙일 수 없게 되더라도 곧바로 그 효력이 소멸하지는 않는다(대판 2009. 2. 12, 2005다65500).

④ 부담을 제외한 부관의 경우 독립된 행정쟁송의 대상이 될 수 없다. 관리청이 정한 사용·수익허가의 기간은 그 허가의 효력을 제한하기 위한 행정행위의 부관으로서 이러한 사용·수익허가의 기간에 대해서는 독립하여 행정소송을 제기할 수 없다(대판 2001. 6. 15, 99두509).

53

행정행위의 집행력의 근거는 어느 법에서 찾을수 있는가?

① 정부조직법　　　　② 행정심판법

③ 국세징수법　　　　④ 행정소송법

해설 집행력의 일반적인 법적 근거는 행정대집행법과 국세징수법을 들 수 있다.

54
행정행위의 취소권을 가지지 않는 기관은?

① 행정심판위원회　　② 감사원
③ 법원　　　　　　　④ 감독청

해설 감사원은 시정권고권을 가지며 취소권은 없다.

55 국가직 9급 기출
행정행위의 부관에 대한 설명으로 옳은 것은? (다툼이 있는 경우 판례에 의함)

① 행정처분과 부관 사이에 실제적 관련성이 있다고 볼 수 없는 경우, 공무원이 공법상의 제한을 회피할 목적으로 행정처분의 상대방과 사이에 사법상 계약을 체결하는 형식을 취하였더라도 법치행정의 원리에 반하는 것으로서 위법하다고 볼 수 없다.

② 처분 당시 법령을 기준으로 처분에 부가된 부담이 적법하였더라도, 처분 후 부담의 전제가 된 주된 행정처분의 근거법령이 개정됨으로써 행정청이 더 이상 부관을 붙일 수 없게 되었다면 그때부터 부담의 효력은 소멸한다.

③ 부담의 이행으로서 하게 된 사법상 매매 등의 법률행위는 부담을 붙인 행정처분과는 별개의 법률행위이므로, 그 부담의 불가쟁력의 문제와는 별도로 법률행위가 사회질서 위반이나 강행규정에 위반되는지 여부 등을 따져보아 그 법률행위의 유효 여부를 판단하여야 한다.

④ 허가에 붙은 기한이 그 허가된 사업의 성질상 부당하게 짧아서 이 기한이 허가 자체의 존속기간이 아니라 허가조건의 존속기간으로 해석되는 경우에는 허가 여부의 재량권을 가진 행정청

은 허가조건의 개정만을 고려할 수 있고, 그 후 당초의 기한이 상당 기간 연장되어 그 기한이 부당하게 짧은 경우에 해당하지 않게 된 때라도 더 이상의 기간연장을 불허가할 수는 없다.

해설 부담의 이행으로서 하게 된 사법상 매매 등의 법률행위는 부담을 붙인 행정처분과는 어디까지나 별개의 법률행위이므로 그 부담의 불가쟁력의 문제와는 별도로 법률행위가 사회질서 위반이나 강행규정에 위반되는지 여부 등을 따져보아 그 법률행위의 유효 여부를 판단하여야 한다(대판 2009. 6. 25, 2006다18174).

① 행정처분과 부관 사이에 실제적 관련성이 있다고 볼 수 없는 경우 공무원이 위와 같은 공법상의 제한을 회피할 목적으로 행정처분의 상대방과 사이에 사법상 계약을 체결하는 형식을 취하였다면 이는 법치행정의 원리에 반하는 것으로서 위법하다(대판 2009. 12. 10, 2007다63966).

② 행정청이 수익적 행정처분을 하면서 부가한 부담의 위법 여부는 처분 당시 법령을 기준으로 판단하여야 하고, 부담이 처분 당시 법령을 기준으로 적법하다면 처분 후 부담의 전제가 된 주된 행정처분의 근거 법령이 개정됨으로써 행정청이 더 이상 부관을 붙일 수 없게 되었다 하더라도 곧바로 위법하게 되거나 그 효력이 소멸하게 되는 것은 아니다. 따라서 행정처분의 상대방이 수익적 행정처분을 얻기 위하여 행정청과 사이에 행정처분에 부가할 부담에 관한 협약을 체결하고 행정청이 수익적 행정처분을 하면서 협약상의 의무를 부담으로 부가하였으나 부담의 전제가 된 주된 행정처분의 근거 법령이 개정됨으로써 행정청이 더 이상 부관을 붙일 수 없게 된 경우에도 곧바로 협약의 효력이 소멸하는 것은 아니다(대판원 2009.2.12, 2005다65500).

④ 일반적으로 행정처분에 효력기간이 정하여져 있는 경우에는 그 기간의 경과로 그 행정처분의 효력은 상실되며, 다만 허가에 붙은 기한이 그 허가된 사업의 성질상 부당하게 짧은 경우에는 이를 그 허가 자체의 존속기간이 아니라 그 허가조건의 존속기간으로 보아 그 기한이 도래함으로써 그 조건의 개정을 고려한다는 뜻으로 해석할 수 있지만, 이와 같이 당초에 붙은 기한을 허가 자체의 존속기간이 아니라 허가조건의 존속기간으로 보더라도 그 후 당초의 기한이 상당 기간 연장되어 연장된 기간을 포함한 존속기간 전체를 기준으로 볼 경우 더 이상 허가된 사업의 성질상 부당하게 짧은 경우에 해당하지 않게 된 때에는 관계 법령의 규정에 따라 허가 여부의 재량권을 가진 행정청

으로서는 그 때에도 허가조건의 개정만을 고려하여야 하는 것은 아니고 재량권의 행사로서 더 이상의 기간 연장을 불허가할 수도 있는 것이며, 이로써 허가의 효력은 상실된다(대판 2004. 3. 25, 2003두12837).

56

다음의 사례에 대한 설명으로 가장 옳지 않은 것은? (다툼이 있는 경우 판례에 의함)

> 지방해운항만청장이 개인에 대하여 공유수면 매립준공인가를 하면서 인가면적 중 일정 구역을 국유로 한다는 처분을 하였다. 참고로 공유수면매립법은 매립면허를 받은 자는 매립지에 대한 소유권을 취득하도록 규정하고 있다.

① 공유수면매립준공인가는 재량행위이다.
② 일정구역을 국유로 한다는 처분은 부관에 해당한다.
③ 개인은 일정 구역을 국유로 한다는 처분만을 독립하여 행정소송의 대상으로 삼을 수 있다.
④ 일정구역을 국유로 한다는 처분은 법률효과의 일부배제에 해당한다.

해설 행정행위의 부관은 부담의 경우를 제외하고는 독립하여 행정소송의 대상이 될 수 없는 것인바, 행정청이 한 공유수면매립준공인가 중 매립지 일부에 대하여 한 국가귀속처분은 매립준공인가를 함에 있어서 매립의 면허를 받은 자의 매립지에 대한 소유권취득을 규정한 공유수면매립법 제14조의 효과 일부를 배제하는 부관을 붙인 것이므로 이러한 행정행위의 부관에 대하여는 독립하여 행정소송의 대상으로 삼을 수 없다(대판 1991.12.13, 90누8503).

57

행정행위의 철회에 대한 설명으로 옳지 않은 것은?

① 판례는 별도의 법적 근거가 없더라도 사정변경 또는 중대한 공익상의 필요에 의해 행정행위를 철회할 수 있다는 입장이다.
② 감독청은 법률에 특별한 규정이 있는 경우를 제외하고는 철회권을 행사하지 못한다.
③ 행정청이 철회사유가 있음을 알면서도 장기간 철회권을 행사하지 않은 경우 실권의 법리에 의하여 철회권 행사가 제한된다.
④ 영업허가의 철회를 취소한 경우에도 철회 이후의 영업행위는 무허가 영업에 해당한다.

해설 취소는 소급효가 인정되어 취소판결이 확정되면 소급효가 적용되므로 철회를 취소한 경우 철회 이후의 영업행위는 무허가 영업에 해당하지 않는다.

┌─────── 핵심정리 ───────┐

행정행위 철회의 제한

• **침익적 · 부담적 행위** : 침익적(부담적)인 행위의 철회는 상대방에게 이익을 주는 수익적 행위에 해당되므로, 원칙적으로 재량으로 철회 가능
• **복효적 행정행위** : 상대방과 제3자 간 관계이익을 비교형량하여 결정
• **수익적 행위** : 수익적 행정행위의 철회는 신뢰의 이익과 법적 안정성을 빼앗는 것이 되므로 철회에 의하여 침해되는 사익과 실현하고자 하는 공익 간의 이익형량에 의하여 결정
• **기타 철회의 제한** : 불가변력을 발생하는 행위, 포괄적 신분관계설정행위, 실권의 법리(일정기간 철회권을 행사하지 아니한 경우), 기득권 보호 등

└──────────────────────┘

제**2**편

행정작용법

58

행정행위의 취소에 대한 설명으로 옳지 않은 것은?

① 권한 없는 행정기관이 한 당연무효인 행정처분을 취소할 수 있는 권한은 당해 행정처분을 한 처분청에게 속하고, 당해 행정처분을 할 수 있는 적법한 권한을 가지는 행정청에게 그 취소권이 귀속되는 것이 아니다.

② 직권취소를 할 수 있다는 사정만으로 이해관계인에게 처분청에 대하여 그 취소를 요구할 신청권이 부여된 것으로 볼 수는 없다.

③ 처분청의 경우라도 취소사유가 있는 처분을 취소하려면 법적 근거가 필요하다는 것이 통설과 판례의 입장이다.

④ 수익적 처분이 상대방의 허위 기타 부정한 방법으로 인하여 행하여졌다면 상대방은 그 처분이 그와 같은 사유로 인하여 취소될 것임을 예상할 수 없었다고 할 수 없으므로, 이러한 경우에까지 상대방의 신뢰를 보호하여야 하는 것은 아니다.

해설 원래 행정처분을 한 처분청은 그 행위에 하자가 있는 경우에는 원칙적으로 별도의 법적 근거가 없더라도 스스로 이를 직권으로 취소할 수 있는 것(대판 1995. 9. 15, 95누6311)이라고 하였으므로 처분청은 별도의 법적 근거가 없더라도 처분을 직권으로 취소할 수 있다.

59

기속행위와 재량행위에 대한 설명으로 옳지 않은 것은?

① 재량행위가 위법하다는 이유로 소송이 제기된 경우에 법원은 각하할 것이 아니라 그 일탈·남용 여부를 심사하여 그에 해당하지 않으면 청구를 기각하여야 한다.

② 행정청의 재량에 속하는 처분의 경우 재량권의 한계를 넘거나 그 남용이 있더라도 법원은 이를 취소할 수 없다.

③ 자유재량행위의 경우 재량권의 일탈·남용이 있으면 위법하다.

④ 기속행위의 경우 법규에 의해 엄격히 구속된다.

해설 행정소송법 제27조에 의하면 행정청의 재량에 속하는 처분이라도 재량권의 한계를 넘거나 그 남용이 있는 때에는 법원은 이를 취소할 수 있다.

핵심정리

기속행위와 재량행위

• **기속행위** : 기속행위 혹은 법규재량은 법규상 구성요건에서 정한 요건이 충족되면 행정청이 반드시 어떠한 행위를 발하거나 말아야 하는 행정기관에게 재량의 여지를 주지 아니하고 행정기관은 다만 법규의 내용을 그대로 집행하는 조세과징행위와 같은 것을 말한다.

• **재량행위** : 재량행위는 행정 법규가 허용하는 범위 안에서 행정청에서 일정한 선택이나 판단의 권한을 부여하는 것. 즉 행정청이 법률에서 규정한 행위 요건을 실현함에 복수 행위 간의 선택의 자유가 인정되어 있는 행정행위를 말한다.

60

하자승계에 대한 설명으로 옳지 않은 것은?

① 하자승계는 선행행위와 후행행위의 목적의 동일성이 같아야 인정되는 것이므로 별개의 목적을 가진 개별공시지가결정과 과세처분은 하자승계가 부정된다.

② 철거명령과 대집행절차는 목적의 동일성이 없어서 하자승계가 부정된다.

③ 대집행절차 상호 간에는 목적의 동일성이 있어서 하자승계가 가능하다.

④ 강제징수절차 상호 간에는 목적의 동일성이 있어서 하자승계가 가능하다.

해설 개별공시지가결정과 과세처분은 서로 독립하여 별개의 법률효과를 목적으로 하는 것임에도 불구하고, 후행행위인 과세처분의 취소소송에서 선행행위인 개별공시지가결정의 위법을 주장할 수 있다는 견해를 취하여 후행처분이 독립적인데도 선행행위의 하자가 후행행위에 승계된다(대판 1994.1.25, 93누8542).

핵심정리

하자의 승계

- **하자승계의 요건(전제)**
  - 둘 이상의 연속된 행정처분이 있어야 한다.
  - 선행행위에 취소사유가 발생하여야 한다.
  - 선행행위에는 하자가 존재하나 후행행위 자체에는 하자가 존재하지 않아야 한다.
  - 선행행위에 불가쟁력이 발생하여 더 이상 다툴 수 없어야 한다.
- **하자승계의 실익** : 하자의 승계를 인정하게 되면, 선행행위의 제소기간 등의 경과로 불가쟁력이 발생하여 그 효력을 다툴 수 없는 경우에도 그 선행행위의 하자를 이유로 후행행위의 효력을 다투어 권리구제를 받을 수 있다. 다만, 이 문제를 무한정으로 인정한다면 법적 안정성을 저해할 우려가 있다.

61

행정행위의 취소에 대한 설명으로 옳은 것은?

① 우리나라 행정절차법에서는 취소권을 1년 이상 행사하지 아니하면 실권되는 것으로 명문의 규정을 두고 있다.

② 행정행위의 위법 여부에 대하여 취소소송이 이미 진행 중인 경우라도 부과권자는 처분을 직권취소할 수 있다.

③ 행정행위의 철회사유는 행정행위의 성립 당시에 존재하였던 하자를 말하고, 취소사유는 행정행위가 성립된 이후에 새로이 발생한 것으로서 행정행위의 효력을 존속시킬 수 없는 사유를 말한다.

④ 취소사유 있는 과세처분에 의하여 세금을 납부한 자는 과세처분취소소송을 제기하지 않은 채 곧바로 부당이득반환청구소송을 제기하더라도 납부한 금액을 반환받을 수 있다.

해설 변상금 부과처분에 대한 취소소송이 진행중이라도 그 부과권자로서는 위법한 처분을 스스로 취소하고 그 하자를 보완하여 다시 적법한 부과처분을 할 수도 있는 것이어서 그 권리행사에 법률상의 장애사유가 있는 경우에 해당한다고 할 수 없으므로, 그 처분에 대한 취소소송이 진행되는 동안에도 그 부과권의 소멸시효가 진행된다(대판 2006. 2. 10, 2003두5686).

① 우리나라 행정절차법에는 취소권의 행사기간에 대한 명문의 규정을 두고 있지 않다.

③ 행정행위의 취소사유는 행정행위의 성립 당시에 존재하였던 하자를 말하고, 철회사유는 행정행위가 성립된 이후에 새로이 발생한 것으로서 행정행위의 효력을 존속시킬 수 없는 사유를 말한다(대판 2003. 5. 30, 2003다6422).

④ 과세처분이 당연무효라고 볼 수 없는 한 과세처분에 취소할 수 있는 위법사유가 있다 하더라도 그 과세처분은 행정행위의 공정력 또는 집행력에 의하여 그것이 적법하게 취소되기 전까지는 유효하다 할 것이므로, 민사소송절차에서 그 과세처분의 효력을 부인할 수 없다(대판 1999. 8. 20, 99다20179).

핵심정리

행정행위의 취소와 철회

- **취소** : 행정행위의 취소는 유효하게 성립한 행정행위를 그 성립에 흠이 있음을 이유로 권한 있는 기관이 그 법률상의 효력을 소멸시키기 위하여 행하는 원처분과 독립된 행정행위이다.
- **철회** : 행정행위의 철회는 흠 없이 유효하게 성립된 행정행위에 대하여 사후에 그 행정행위의 효력을 존속시킬 수 없는 새로운 사실의 발생을 이유로 장래에 향해 그 행정행위의 효력을 소멸시키는 독립한 행정행위이다.
- **행정행위의 취소와 철회 비교** : 철회는 하자 없이 성립된 행정행위를 그 효력을 존속시킬 수 없는 새로운 사유의 발생이유로 장래에 향하여 그 효력을 소멸시키는 행위이지만, 취소는 행정행위의 성립당시 흠을 이유로 원칙적으로 과거에 소급하여 그 효력을 소멸시키는 행위이다.

62

상대방의 수령을 요하는 행정행위의 효력발생요건은?

① 발송된 때
② 상대방이 직접 수령한 때
③ 상대방이 개봉한 때
④ 상대방의 생활범위 내에 도달한 때

해설 상대방의 수령을 요하는 경우 상대방에게 통지하여 도달된 때 효력이 발생된다.

핵심정리

효력발생요건

- **원칙** : 행정행위는 법규 또는 부관(정지조건, 시기)에 의한 제한이 있는 경우를 제외하고는 성립과 동시에 효력이 발생하는 것이 원칙이다.
- **예외** : 상대방에 통지를 요하는 행정행위는 통지(고지)에 의하여 효력이 발생하며, 서면에 의한 통지는 그 서면이 상대방에게 도달하여야 그 효력이 발생한다.

63

행정행위의 부존재인 것은?

① 뇌물을 받고 한 건축허가
② 공무원징계위원회의 징계의결
③ 주소의 번지가 한 글자 틀린 조세부과처분의 고지
④ 사실상 공무원이 행한 행정행위

해설 징계의결만으로는 외부에 표시되지 않은 상태이므로 행정행위가 성립하였다고 볼 수 없다.

64 지방직 9급 기출

행정행위의 하자에 대한 설명으로 옳지 않은 것은? (다툼이 있는 경우 판례에 의함)

① 구 환경영향평가법상 환경영향평가를 실시하여야 할 사업에 대하여 환경영향평가를 거치지 아니하였음에도 승인 등 처분을 한 경우, 그 처분은 당연무효이다.
② 적법한 권한 위임 없이 세관출장소장에 의하여 행하여진 관세부과처분은 그 하자가 중대하기는 하지만 객관적으로 명백하다고 할 수 없어 당연무효는 아니다.
③ 행정청이 사전에 교통영향평가를 거치지 아니한 채 '건축허가 전까지 교통영향평가 심의필증을 교부받을 것'을 부관으로 붙여서 한 '실시계획변경 승인 및 공사시행변경 인가 처분'은 그 하자가 중대하고 객관적으로 명백하여 당연무효이다.
④ 징계처분이 중대하고 명백한 하자 때문에 당연무효의 것이라면 징계처분을 받은자가 이를 용인하였다 하여 그 하자가 치유되는 것은 아니다.

해설 행정청이 사전에 교통영향평가를 거치지 아니한 채 '건축허가 전까지 교통영향평가 심의필증을 교부받을 것'을 부관으로 붙여서 한 '실시계획변경 승인 및 공사시행변경 인가 처분'에 중대하고 명백한 흠이 있다고 할 수 없어 이를 무효로 보기 어렵다(대법원 2010. 2. 25. 선고 2009두102 판결).

65

행정행위의 부관에 대한 설명으로 옳은 것은?

① 부관은 주된 행정행위로부터 독립한 별개의 행정행위이다.

② 행정행위의 효력의 소멸을 장래의 불확실한 사실에 의존시키는 부관을 정지조건이라 한다.

③ 기속행위에만 부관을 붙일 수 있고 재량행위에는 부관을 붙일 수 없다는 것이 통설이다.

④ 부담은 독립하여 행정쟁송의 대상이 될 수 있다는 것이 판례의 입장이다.

해설 ① 부관은 행정행위의 일반적인 효력이나 효과를 제한하기 위해 의사표시의 주된 내용에 부가되는 종된 의사표시로서, 주된 의사표시와 합하여 하나의 행정행위를 나타내므로 독립된 별개의 행정행위가 아니라 본다(부담은 예외적으로 독립된 행정행위로 봄).
② 행정행위의 효력의 소멸을 장래의 불확실한 사실에 의존시키는 부관은 해제조건이다. 정지조건은 조건의 성취로 행정행위의 효력이 발생하게 하는 부관을 말한다.
③ 원칙적으로 재량행위에만 부관을 붙일 수 있고 기속행위에는 부관을 붙일 수 없다는 것이 통설이다.

핵심정리

부관의 독립쟁송 여부

부관이 위법한 경우 모든 부관의 독립쟁송이 가능하다는 견해와 분리가능성이 있는 부관만 가능하다는 견해가 있으나, 다수설과 판례는 부관 중 부담만 가능하다고 본다. 부관은 종된 의사표시로서 주된 의사표시와 합하여 하나의 행정행위를 나타내므로 부관만을 독립시켜 쟁송대상으로 할 수 없으나, 부담은 독자적 규율성 · 처분성이 있는 독립된 행정행위로서 독립하여 쟁송이 될 수 있다.

---

66 지방직 9급 기출

행정행위의 하자에 대한 판례의 입장으로 옳지 않은 것은?

① 친일반민족행위자로 결정한 최종발표와 그에 따라 그 유가족에 대하여 한 독립유공자예우에관한법률 적용배제자 결정은 별개의 법률효과를 목적으로 하는 처분이다.

② 무권한의 행위는 원칙적으로 무효라고 할 것이므로, 5급 이상의 국가정보원 직원에 대해 임면권자인 대통령이 아닌 국가정보원장이 행한 의원면직처분은 당연무효에 해당한다.

③ 국가유공자등예우및지원에관한법률에 따른 여러 개의 상이에 대한 국가유공자요건비해당처분에 대한 취소소송에서 그 중 일부 상이만이 국가유공자요건이 인정되는 상이에 해당하는 경우, 국가유공자요건비해당처분 중 그 요건이 인정되는 상이에 대한 부분만을 취소하여야 한다.

④ 위법하게 구성된 폐기물처리시설 입지선정위원회가 의결을 한 경우, 그에 터잡아 이루어진 폐기물처리시설 입지결정처분의 하자는 무효사유로 본다.

해설 행정청의 권한에는 사무의 성질 및 내용에 따르는 제약이 있고, 지역적 · 대인적으로 한계가 있으므로 이러한 권한의 범위를 넘어서는 권한유월의 행위는 무권한 행위로서 원칙적으로 무효라고 할 것이나… 5급 이상의 국가정보원직원에 대한 의원면직처분이 임면권자인 대통령이 아닌 국가정보원장에 의해 행해진 것으로 위법하고, 나아가 국가정보원직원의 명예퇴직원 내지 사직서 제출이 직위해제 후 1년여에 걸친 국가정보원장 측의 종용에 의한 것이었다는 사정을 감안한다 하더라도 그러한 하자가 중대한 것이라고 볼 수는 없으므로, 대통령의 내부결재가 있었는지에 관계없이 당연무효는 아니다(대법원 2007. 7. 26. 선고 2005두15748 판결).

67 [지방직 9급 기출]

행정행위의 부관에 대한 판례의 입장으로 옳지 않은 것은?

① 매립면허를 받은 자의 매립지에 대한 소유권 취득을 규정한 구 공유수면매립법의 규정에도 불구하고 행정청이 공유수면 매립준공인가 중 일부 공유수면매립지에 대하여 한 국가귀속처분은 독립하여 행정소송의 대상이 된다.

② 허가에 붙은 기한이 그 허가된 사업의 성질상 부당하게 짧은 경우에는 이를 허가 자체의 존속기간이 아니라 허가조건의 존속기간으로 보아 그 기한이 도래함으로써 그 조건의 개정을 고려한다는 뜻으로 해석할 수 있다.

③ 행정청이 종교단체에 대하여 기본재산전환인가를 함에 있어 인가조건을 부가하고 그 불이행시 인가를 취소할 수 있도록 한 경우, 그 인가조건의 의미는 철회권유보이다.

④ 수익적 행정처분에 있어서는 부담을 부가하기 이전에 상대방과 협의하여 부담의 내용을 협약의 형식으로 미리 정한 다음 행정처분을 하면서 이를 부가할 수도 있다.

> **해설** 행정행위의 부관은 부담의 경우를 제외하고는 독립하여 행정소송의 대상이 될 수 없는 것인바, 행정청이 한 공유수면매립준공인가 중 매립지 일부에 대하여 한 국가귀속처분은 매립준공인가를 함에 있어서 매립의 면허를 받은 자의 매립지에 대한 소유권취득을 규정한 공유수면매립법 제14조의 효과 일부를 배제하는 부관을 붙인 것이므로 이러한 행정행위의 부관에 대하여는 독립하여 행정소송의 대상으로 삼을 수 없다(대판 1991.12.13, 90누8503).

68

행정행위의 하자승계에 대한 설명으로 옳은 것은?

① 하자의 승계문제는 선행행정행위에 하자가 존재하고 그 하자가 무효가 아닌 취소의 하자이어야 하는 경우에 문제가 되는 것이다.

② 하자의 승계문제는 하자 있는 선행행정행위에 불가변력이 발생한 경우에 한해서 논의되는 문제이다.

③ 대집행절차나 강제징수절차에서 행해지는 일련의 절차에서는 선행행정행위의 하자가 후행행정행위에 승계되지 않는다고 보는 것이 판례의 입장이다.

④ 선행행정행위와 후행행정행위가 결합하여 하나의 효과를 완성하는 경우에는 승계를 인정하지 않으며, 서로 독립하여 별개의 효과를 발생하는 경우에는 하자의 승계를 인정하는 것이 통설적 견해이다.

> **해설** ② 하자의 승계는 선행행정행위에 불가쟁력이 발생한 경우 논의되는 문제이다.
> ③ 대집행절차나 강제징수절차에 행해지는 행위들 간에는 동일한 법적 효과를 목적으로 결합된 행위들로 하자의 승계가 이루어진다.
> ④ 연속된 행위가 결합하여 하나의 법적 효과를 완성하는 경우에 하자의 승계가 이루어진다.

69

통지에 대한 설명으로 옳지 않은 것은? (다툼이 있는 경우 판례에 의함)

① 국가공무원법에 근거하여 정년에 달한 공무원에게 발하는 정년퇴직발령은 정년퇴직 사실을 알리는 관념의 통지이다.
② 국공립대 교수에 대한 재임용거부취지의 임용기간만료통지는 처분성이 인정된다.
③ 국가공무원 당연퇴직의 인사발령은 판례상 행정소송의 대상이 되는 독립한 행정처분이다.
④ 국민건강보험 직장가입자 또는 지역가입자 자격변동에 대한 통보는 처분성이 인정되지 않는다.

해설 국가공무원법 제69조에 의하면 공무원이 제33조 각 호의 1에 해당할 때에는 당연히 퇴직한다고 규정하고 있으므로, 국가공무원법상 당연퇴직은 결격사유가 있을 때 법률상 당연히 퇴직하는 것이지 공무원관계를 소멸시키기 위한 별도의 행정처분을 요하는 것이 아니며, 당연퇴직의 인사발령은 법률상 당연히 발생하는 퇴직사유를 공적으로 확인하여 알려주는 이른바 관념의 통지에 불과하고 공무원의 신분을 상실시키는 새로운 형성적 행위가 아니므로 행정소송의 대상이 되는 독립한 행정처분이라고 할 수 없다(대판 1995. 11. 14, 95누2036).

70

행정행위의 하자에 대한 설명으로 옳지 않은 것은?

① 무효인 행정행위는 행정행위의 외형은 갖추고 있는데 대해서, 행정행위의 부존재는 외형 자체가 존재하지 않는다.
② 통설에 의하면 취소할 수 있는 행정행위에 대해서는 사정판결이 인정되나, 무효인 행정행위에 대해서는 인정되지 아니한다.
③ 행정행위의 내용이 공익위반인 때에는 무효원인이 되는데, 단순한 위법인 때에는 취소사유가 된다.
④ 단순한 계산의 착오만으로는 법규에 특별한 규정이 없는 한 행위의 효력에 영향이 없다.

해설 행정행위의 내용이 공익위반인 경우와 단순한 위법인 경우는 모두 취소사유에 해당한다. 행정행위의 무효와 취소의 구별에 관한 다수설과 판례의 입장인 중대·명백설은 하자가 중대하고 명백한 위법인 경우 무효이고 그렇지 않으면 취소사유로 본다.
① 무효인 행정행위는 행정행위의 외형을 갖추고 있으나 그 하자가 중대·명백하여 처음부터 효력이 없는 것인데 비해, 행정행위의 부존재는 행정행위의 외형 자체가 존재하지 않는 것을 말한다(처음부터 효력발생이 없다는 점에서는 동일).
② 사정판결은 취소할 수 있는 행정행위에 대해 공공복리상의 이유로 취소하지 않고 청구를 기각하는 것을 말하는데, 무효인 행정행위는 처음부터 행정행위의 효력이 없는 것이므로 사정판결이 인정되지 않는다. 행정소송법에서도 사정판결의 규정은 무효등확인소송과 부작위위법확인소송의 경우에 준용되지 않는다고 규정하고 있다.
④ 단순한 계산의 착오 그 자체는 직권으로 정정이 가능하므로 원칙상 법규에 특별한 규정이 없는 한 행정행위의 효력에는 영향을 미치지 않는다.

71 국가직 9급 기출

행정행위의 부관에 대한 판례의 태도로 옳지 않은 것은?

① 재량행위에 있어서는 법령상의 근거가 없다고 하더라도 부관을 붙일 수 있다.

② 기부채납 받은 행정재산에 대한 사용·수익허가에서 공유 재산의 관리청이 정한 사용·수익허가의 기간은 그 허가의 효력을 제한하기 위한 행정행위의 부관으로서 독립하여 행정소송의 대상으로 삼을 수 있다.

③ 공무원이 인·허가 등 수익적 행정처분을 하면서 그 처분과 부관 사이에 실제적 관련성이 있다고 볼 수 없는 경우 공법상의 제한을 회피할 목적으로 행정처분의 상대방과 사법상 계약을 체결하는 형식을 취하였다면 이는 법치행정의 원리에 반하는 것으로서 위법하다.

④ 행정청이 수익적 행정처분을 하면서 부가한 부담이 처분 당시 법령을 기준으로 적법하다면 처분 후 부담의 전제가 된 주된 행정처분의 근거 법령이 개정됨으로써 행정청이 더 이상 부관을 붙일 수 없게 되었다 하더라도 곧바로 위법하게 되거나 그 효력이 소멸하게 되는 것은 아니다.

> **해설** 행정행위의 부관은 부담인 경우를 제외하고는 독립하여 행정소송의 대상이 될 수 없는바, 기부채납받은 행정재산에 대한 사용·수익허가에서 공유재산의 관리청이 정한 사용·수익허가의 기간은 그 허가의 효력을 제한하기 위한 행정행위의 부관으로서 이러한 사용·수익허가의 기간에 대해서는 독립하여 행정소송을 제기할 수 없다(대판 2001.06.15, 선고 99두509).

72 지방직 9급 기출

행정행위의 하자 중 무효사유에 해당하지 않는 것은? (다툼이 있는 경우 판례에 의함)

① 납세자가 아닌 제3자의 재산을 대상으로 한 압류처분

② 환경영향평가의 실시대상사업에 대하여 환경영향평가를 거치지 않고 행한 승인 등 처분

③ 적법한 건축물에 대한 철거명령의 후행행위인 건축물철거 대집행계고처분

④ 적법한 권한 위임 없이 세관출장소장에 의하여 행하여진 관세부과처분

> **해설** 적법한 권한 위임 없이 세관출장소장에 의하여 행하여진 관세부과처분이 그 하자가 중대하기는 하지만 객관적으로 명백하다고 할 수 없어 당연무효는 아니다(대판 2004.11.26, 2003두2403).

73

행정청의 확약에 대한 설명으로 옳은 것은? (다툼이 있는 경우 판례에 의함)

① 어업권면허에 선행하는 우선순위결정은 강학상 확약으로 행정처분에 해당되어 우선순위결정에 공정력이나 불가쟁력 같은 효력이 인정된다.

② 재량행위에 대해 상대방에게 확약을 하려면 확약에 대한 법적 근거가 있어야 한다.

③ 확약이 있은 이후에 사실적·법률적 상태가 변경되었다면 그와 같은 확약은 행정청의 의사표시를 확인한 후 실효된다.

④ 본행정행위에 대해 권한이 없더라도 일정한 절차를 거친다면 확약을 할 수 있다.

해설 행정청이 상대방에게 장차 어떤 처분을 하겠다고 확약 또는 공적인 의사표명을 하였다고 하더라도, 그 자체에서 상대방으로 하여금 언제까지 처분의 발령을 신청 하도록 유효기간을 두었는데도 그 기간 내에 상대방의 신청이 없었다거나 확약 또는 공적인 의사표명이 있은 후에 사실적·법률적 상태가 변경되었다면, 그와 같은 확약 또는 공적인 의사표명은 행정청의 별다른 의사표시를 기다리지 않고 실효된다(대판 1996. 8. 20. 95누10877).

① 어업권면허에 선행하는 우선순위결정은 행정청이 우선권자로 결정된 자의 신청이 있으면 어업권면허처분을 하겠다는 것을 약속하는 행위로서 강학상 확약에 불과하고 행정처분은 아니다(대판 1995. 1. 20. 94누6529).

② 행정청이 확약을 하기 위하여 법적 근거가 필요한지 여부에 대하여 견해의 차이는 있으나, 본 처분의 근거규정에 의하여 허용된다고 보는 견해가 대다수이므로 법적 근거 없이도 확약이 가능하다고 본다.

④ 확약은 본 행정행위를 할 수 있는 권한 있는 행정청이 하여야 하며, 그 권한의 범위 내에서만 하여야 한다. 따라서 권한이 없는 자가 행한 확약은 무효이다.

─── 핵심정리 ───

확약

• **개념** : 행정청이 구속을 할 의도로 국민에 대하여 장래에 향하여 일정한 행정행위를 하겠다(작위) 또는 하지 않겠다(부작위)를 약속하는 의사표시

• **법적 근거** : 확약에 관한 일반법은 없다(행정절차법에서도 확약에 대한 규정을 두지 않음).

• **요건** : 본 행정행위를 할 수 있는 권한 있는 행정청이 하여야 하며, 그 권한의 범위 내에서만 하여야 한다.

• **효력** : 확약도 행정행위의 일종이므로 상대방에게 통지되어야 그 효력이 발생한다.

• **행정쟁송** : 확약은 처분에 해당하므로 항고소송의 대상이 된다(판례는 처분성을 부정함).

74

행정법상의 확약에 관한 설명이 아닌 것은?

① 정식인가에 앞서 행하는 내인가를 확약의 예로 들 수 있다.

② 명문의 근거규정이 없더라도 본 처분을 행할 수 있는 행정청은 그에 대한 확약도 할 수 있다.

③ 대법원 판례에 의하면 확약이 있은 후에 사실적 또는 법률적 상태의 변경이 있더라도 행정청이 이를 철회한다는 의사표시를 하지 않는 한 확약은 그 효력을 상실하지 아니한다.

④ 확약이 있으면 행정청은 상대방에게 확약된 행위를 할 자기구속적 의무를 지게 된다.

해설 행정청이 상대방에게 장차 어떤 처분을 하겠다고 확약 또는 공적인 의사 표명을 하였다고 하더라도, 그 자체에서 정한 유효기간을 경과한 이후에는 행정청의 별다른 의사표시를 기다리지 않고 실효된다(대판 1996.8.20. 95누10877).

─── 핵심정리 ───

행정법상 확약의 구별개념

• 확약은 구체적인 행정작용에 대한 자기구속적인 의사표시라는 점에서 단순한 고지와 구분된다.

• 확약은 일방적인 행위이므로 쌍방의 의사합치를 요소로 하는 공법상 계약과 구분된다.

• 확약은 사인에 대한 행위이므로 행정내부적 작용과 구분된다.

• 확약은 일정한 법률효과를 발생시킨다는 점에서 사실행위와 구분된다.

• 확약은 장래의 행정행위를 구속적으로 약속한다는 점에서, 잠정적이나마 효력이 확정되는 가행정행위와 구분된다.

• 확약은 종국적 결정에 대한 약속에 지나지 않는다는 점에서, 한정된 사항이지만 그에 대해 종국적으로 규율하는 예비결정과도 다르다.

75 [국가직 9급 기출]

행정행위에 대한 설명으로 옳은 것은? (다툼이 있는 경우 판례에 의함)

① 학교법인 임원에 대한 감독청의 취임승인은 그 대상인 기본행위의 효과를 완성시키는 보충행위이므로 그 기본행위가 불성립 또는 무효인 때에도 그에 대한 인가를 하면 그 기본행위가 유효하게 될 수 있다.

② 위법한 철거명령을 받고 건축물이 철거된 자는 그 철거명령의 취소를 구하지 않고 곧바로 국가배상을 청구할 수 있다.

③ 처분 당시에 별다른 하자가 없이 일단 적법하게 성립한 행정행위는 별도의 법적 근거가 없이는 철회할 수 없다.

④ 지방재정법상 공유재산의 무단점유에 대한 변상금부과처분은 재량행위이다.

해설 ① 인가의 대상이 되는 기본행위가 불성립 또는 무효인 경우에는, 기본행위의 효과를 완성시키는 보충적 행위인 감독청의 취임승인(인가)이 있더라도 그 기본행위가 유효한 것으로 될 수는 없다고 하였다(대판 1987.8.18, 86누152).

③ 처분 당시에 그 행정처분에 별다른 하자가 없었고 또 그 처분 후에 이를 취소할 별도의 법적 근거가 없다 하더라도, 원래의 처분을 그대로 존속시킬 필요가 없게 된 사정변경이 생기거나 또는 중대한 공익상 필요가 발생한 경우에는 별개의 행정행위로 이를 철회하거나 변경할 수 있다(대판 1992.1.17, 91누3130).

④ 지방재정법 제87조 제1항에 의한 변상금부과처분은 재량이 허용되지 않는 기속행위이다(대판 2000.1.14, 99두9735).

76 [서울시 9급 기출]

행정행위의 하자승계에 대한 설명으로 가장 옳지 않은 것은?

① 위법한 개별공시지가결정에 대하여 그 정해진 시정절차를 통하여 시정하도록 요구하지 아니하였다는 이유로 위법한 개별공시지가를 기초로 한 과세처분 등 후행 행정처분에서 개별공시지가결정의 위법을 주장할 수 없도록 하는 것은 수인한도를 넘는 불이익을 강요하는 것이다.

② 사업시행계획과 관리처분계획은 서로 독립하여 별개의 법적 효과를 발생시키는 것으로서 사업시행계획의 수립에 관한 취소사유인 하자가 관리처분계획에 승계되지 아니한다.

③ 대집행의 계고, 대집행영장에 의한 통지, 대집행의 실행, 대집행비용의 납부명령은 동일한 행정목적을 달성하기 위하여 일련의 절차로 연속하여 행하여지는 것으로서, 서로 결합하여 하나의 법률효과를 발생시키는 것이다.

④ 선행처분과 후행처분이 서로 독립하여 별개의 법률효과를 목적으로 하는 경우에 선행처분이 당연무효의 하자가 있다는 이유로 후행처분의 효력을 다툴 수 없다.

해설 선행처분과 후행처분이 서로 독립하여 별개의 법률효과를 목적으로 하는 때에는 선행처분의 하자가 중대하고 명백하여 당연무효인 경우를 제외하고는 선행처분의 하자를 이유로 후행처분의 효력을 다툴 수 없다(대법원 1996. 3. 22. 선고 95누10075 판결).

핵심정리

하자의 승계

- **의의** : 하자의 승계란 두 개 이상의 행정행위가 연속하여 행하여지는 경우에 선행행위의 하자를 이유로 후행행위 자체에 하자가 없더라도 그 후행행위의 취소를 청구할 수 있는가. 즉 선행행위의 하자가 후행행위에 승계되는지의 여부에 관한 것이다. 이를 '위법성의 승계'라고도 한다.
- **하자승계의 요건(전제)**
  - 항고소송의 대상이 되는 둘 이상의 연속된 행정처분이 있어야 한다.
  - 선행행위에 취소사유가 발생하여야 한다(무효사유의 경우는 하자도 당연 승계됨).
  - 선행행위에는 하자가 존재하나 후행행위 자체에는 하자가 존재하지 않아야 한다.
  - 선행행위에 불가쟁력이 발생하여 더 이상 다툴 수 없어야 한다.

④ 주민등록말소처분이 주민등록법에 규정한 최고·공고의 절차를 거치지 아니하였다 하더라도 그러한 하자는 중대하고 명백한 것이라고 할 수 없어 처분의 당연무효사유에 해당하지 않는다.

해설 부동산을 양도한 사실이 없음에도 세무당국이 부동산을 양도한 것으로 오인하여 양도소득세를 부과하였다면 그 부과처분은 착오에 의한 행정처분으로서 그 표시된 내용에 중대하고 명백한 하자가 있어 당연무효이다(대판 1983.8.23, 83누179).
① 대판 2007.4.12, 2006두20150
② 대판 1996.2.9, 95누12507
④ 대판 1994.8.26, 94누3223

77 지방직 9급 기출

행정행위의 하자에 대한 판례의 입장으로 옳지 않은 것은?

① 폐기물처리시설설치촉진및주변지역지원 등에 관한법률에서 정한 입지선정위원회가 군수와 주민대표가 선정·추천한 전문가를 포함시키지 않은 채 임의로 구성되어 의결한 경우 폐기물처리시설 입지결정처분의 하자는 중대하고 명백하므로 무효사유에 해당한다.
② 대집행에 있어서 선행처분인 계고처분이 하자가 있는 위법한 처분이라면 후행처분인 대집행영장발부 통보처분도 위법한 것이라고 주장할 수 있다.
③ 부동산을 양도한 사실이 없음에도 세무당국이 부동산을 양도한 것으로 오인한 양도소득세 부과처분은 착오에 의한 행정처분으로서 취소할 수 있는 행정행위에 해당한다.

78 지방직 9급 기출

하자의 승계에 대한 설명으로 옳지 않은 것은? (다툼이 있는 경우 판례에 의함)

① 선행행위에 무효의 하자가 존재하더라도 선행행위와 후행행위가 결합하여 하나의 법적 효과를 목적으로 하는 경우에는 하자의 승계에 대한 논의의 실익이 있다.
② 적정행정의 유지에 대한 요청에서 나오는 하자의 승계를 인정하면 국민의 권리를 보호하고 구제하는 범위가 더 넓어진다.
③ 선행행위에 대하여 불가쟁력이 발생하지 않았거나 선행행위와 후행행위가 서로 독립하여 각각 별개의 법률효과를 목적으로 하는 때에는 원칙적으로 선행행위의 하자를 이유로 후행행위의 효력을 다툴 수 없다.
④ 선행행위와 후행행위가 서로 독립하여 별개의 법률효과를 목적으로 하는 경우라도 선행행위의 불가쟁력이나 구속력이 그로 인하여 불이익을 입는 자에게 수인한도를 넘는 가혹함을

가져오고 그 결과가 예측가능한 것이 아닌 때에는 하자의 승계를 인정할 수 있다.

> **해설** 하자승계는 선행처분에 취소사유의 위법이 있고 불가쟁력이 발생한 경우에 논의의 실익이 있는 것이고 선행처분이 무효인 경우에는 후행처분이 당연무효가 되므로 별도로 하자승계를 논의할 실익이 없다.

핵심정리

판례상 하자의 승계여부

- **판례상 하자의 승계가 인정되는 경우**
  - 암매장분묘개장명령과 후행계고처분
  - 귀속재산의 임대처분과 후행매각처분
  - 독촉과 가산금 · 중가산금징수처분
  - 안경사합격취소처분과 면허취소처분
  - 개별공시지가결정과 양도소득세부과처분
  - 대집행의 계고, 대집행영장에 의한 통지, 대집행의 실행, 대집행에 요한 비용의 납부명령 사이
  - 무효인 원상복구명령과 후행처분인 계고처분
- **판례상 하자의 승계가 되지 않는 경우**
  - 변상판정과 변상명령
  - 과세처분과 체납처분
  - 공무원의 직위해제와 면직처분
  - 수강거부처분과 수료처분
  - 건물철거명령과 대집행계고처분
  - 토지수용의 사업인정과 수요위원회의 재결
  - 택지개별계획의 승인(사업인정 간주)과 수용재결처분
  - 도시계획결정(사업인정 간주)과 수용재결처분
  - 택지개발예정지구의 지정과 택지개발계획의 승인
  - 공시지가와 개별공시지가
  - 표준시 공시지가와 과세처분
  - 토지등급의 설정 · 수정처분과 과세처분
---

79 [지방직 9급 기출]

허가 자체의 존속기간과 허가조건의 존속기간에 대한 설명으로 옳지 않은 것은? (다툼이 있는 경우 판례에 의함)

① 행정행위가 그 내용상 장기간에 걸쳐 계속될 것이 예상되는데, 유효기간이 허가 또는 특허된 사업의 성질상 부당하게 단기로 정해진 경우에는 그 유효기간을 허가조건의 존속기간으로 보아야 한다.

② 허가조건의 존속기간 내에 적법한 갱신신청이 있었음에도 갱신가부의 결정이 없으면 주된 행정행위는 효력이 상실된다.

③ 연장신청이 없는 상태에서 허가기간이 만료하였다면 그 허가의 효력은 상실된다.

④ 허가의 갱신으로 갱신 전의 허가는 동일성을 유지하면서 효력을 유지한다.

> **해설** 허가에 붙은 기한이 그 허가된 사업의 성질상 부당하게 짧은 경우에는 이를 그 허가 자체의 존속기간이 아니라 그 허가조건의 존속기간으로 보아 그 기한이 도래함으로써 그 조건의 개정을 고려한다는 뜻으로 해석할 수는 있지만, 그와 같은 경우라 하더라도 그 허가기간이 연장되기 위하여는 그 종기가 도래하기 전에 그 허가기간의 연장에 관한 신청이 있어야 하며, 만일 그러한 연장신청이 없는 상태에서 허가기간이 만료하였다면 그 허가의 효력은 상실된다(대판 2007.10.11, 2005두12404).
> ① 허가 또는 특허된 사업의 성질상 부당하게 짧은 기한을 정한 경우에 있어서는 그 기한은 그 허가 또는 특허의 존속기간을 정한 것으로 본다(대판 1995.11.10, 94누11866).
> ④ 건설업면허의 갱신이 있으면 기존 면허의 효력은 동일성을 유지하면서 장래에 항해 지속한다(대판 1984.9.11, 83누658).

80

하자 있는 행정행위의 치유와 전환에 대한 설명으로 옳지 않은 것은?

① 전환 전의 행위와 전환 후의 행위는 목적 · 효과에 있어서 실질적 공통성이 있어야 한다.

② 판례에 의하면 하자의 치유는 사실심변론종결 시까지 가능하다.

③ 전환이 관계자에게 불이익하지 않아야 한다.

④ 하자가 치유된 행정행위는 처음부터 적법한 행위가 된다.

해설 하자의 치유와 관련하여 학설상의 대립이 있으나, 판례는 불복여부의 결정 및 불복신청에 편의를 줄 수 있는 상당한 기간 내에 보정행위를 하여야 그 하자가 치유된다고 하여 불복신청 전(쟁송제기 전)에 해야 한다고 판시하였다.

①, ③ 하자 있는 행정행위의 전환이 이루어지기 위한 요건에 해당한다.

④ 하자가 치유된 행정행위는 소급효를 가지므로 하자가 치유된 행정행위는 처음부터 적법요건을 충족한 것으로 본다.

● 관련 판례

과세처분 시 납세고지서에 과세표준, 세율, 세액의 산출근거 등이 누락된 경우에는 늦어도 과세처분에 대한 불복여부의 결정 및 불복신청에 편의를 줄 수 있는 상당한 기간 내에 보정행위를 하여야 그 하자가 치유된다 할 것이므로, 과세처분이 있은 지 4년이 지나서 그 취소소송이 제기된 때에 보정된 납세고지서를 송달하였다는 사실이나 오랜 기간(4년)의 경과로써 과세처분의 하자가 치유되었다고 볼 수는 없다(대판 1983.7.26, 82누420).

81 지방직·서울시 9급 기출

행정행위의 효력에 대한 설명으로 옳지 않은 것은? (다툼이 있는 경우 판례에 의함)

① 행정처분이 아무리 위법하다고 하여도 그 하자가 중대하고 명백하여 당연 무효라고 보아야 할 사유가 있는 경우를 제외하고는 아무도 그 하자를 이유로 무단히 그 효과를 부정하지 못한다.

② 민사소송에 있어서 어느 행정처분의 당연무효 여부가 선결문제로 되는 때에는 이를 판단하여 당연무효임을 전제로 판결할 수 있고 반드시 행정소송 등의 절차에 의하여 그 취소나 무효확인을 받아야 하는 것은 아니다.

③ 불가쟁력이 발생한 행정행위로 손해를 입은 국민은 국가배상청구를 할 수 있다.

④ 행정행위의 불가변력은 당해 행정행위에 대해서만 인정되는 것이 아니고, 동종의 행정행위라면 그 대상을 달리하더라도 인정된다.

해설 행정행위의 불가변력은 당해 행정행위에 대해서만 인정되며 동종의 행정행위라 하더라도 그 대상을 달리할 때에는 이를 인정할 수 없다(대법원 1974. 12. 10., 선고, 73누129, 판결).

① 행정처분이 아무리 위법하다고 하여도 그 하자가 중대하고 명백하여 당연무효라고 보아야 할 사유가 있는 경우를 제외하고는 아무도 그 하자를 이유로 무단히 그 효과를 부정하지 못하는 것으로, 이러한 행정행위의 공정력은 판결의 기판력과 같은 효력은 아니지만 그 공정력의 객관적 범위에 속하는 행정행위의 하자가 취소사유에 불과한 때에는 그 처분이 취소되지 않는 한 처분의 효력을 부정하여 그로 인한 이득을 법률상 원인 없는 이득이라고 말할 수 없는 것이다(대판 1994. 11. 11. 94다28000).

② 민사소송에 있어서 어느 행정처분의 당연무효 여부가 선결문제로 되는 때에는 이를 판단하여 당연무효임을 전제로 판결할 수 있고 반드시 행정소송 등의 절차에 의하여 그 취소나 무효확인을 받아야 하는 것은 아니다(대판 1972. 10. 10, 71다2279).

③ 국가배상청구소송은 처분의 효력을 다투는 것이 아니므로 불가쟁력이 발생한 행정행위로 손해를 입은 국민은 국가배상청구를 할 수 있다.

82

행정처분의 철회권을 가진 기관은?

① 당해 행정처분을 한 행정청
② 상급의 감독청
③ 권한을 위임한 행정청
④ 고등법원

해설 행정행위의 철회는 그 성질상 원래의 행정행위와 동일한 새로운 행정행위를 하는 것이라는 점에서 명문의 규정이 없는 한 원칙적으로 처분청만 할 수 있다고 본다.

핵심정리

행정행위의 철회

- **개념** : 철회란 하자 없이 성립한 행정행위를 사후에 공익상 효력을 더 이상 존속시킬 수 없는 어떤 새로운 사실의 발생으로 인해, 행정청이 장래에 향하여 직권으로 그 효력의 전부 또는 일부를 소멸시키는 행정행위를 말한다. 철회는 강학상의 용어로, 실정법상으로는 주로 취소로 부른다.
- **기능** : 행정행위는 발령 당시 사실관계와 법 관계를 기초로 발령하는데, 그 근거가 변화된 경우 그 변화에 맞게 시정하여야 공익목적을 효과적으로 달성할 수 있어, 그 수단으로 철회제도가 활용되고 있다.
- **철회권자** : 철회권은 처분청만 행사할 수 있다. 다만, 감독청도 철회권을 행사할 수 있는가에 대해, 철회도 독립한 행정행위에 해당하므로 감독청이 이를 행사하게 된다면 처분청의 권한이 침해되는 결과가 나타나기 때문에 법률에 특별한 규정이 없는 한 철회권이 없다고 본다.
- **철회의 절차** : 행정절차법 규정에 따라, 다른 법령 등에서 청문절차나 공청회를 규정하고 있는 경우 청문을 실시하여야 하며, 불익처분의 경우 청문·공청회를 거치지 않는 경우에는 의견제출절차를 거쳐야 한다고 규정하고 있다. 따라서 수익적 처분의 철회의 경우 이러한 절차를 요한다고 할 수 있다.

---

83 지방직 9급 기출

甲은 강학상 허가에 해당하는 식품위생법상 영업허가를 신청하였다. 이에 대한 설명으로 옳은 것은? (다툼이 있는 경우 판례에 의함)

① 甲이 공무원인 경우 허가를 받으면 이는 식품위생법상의 금지를 해제할 뿐만 아니라 국가공무원법상의 영리업무금지까지 해제하여 주는 효과가 있다.
② 甲이 허가를 신청한 이후 관계법령이 개정되어 허가요건을 충족하지 못하게 된 경우, 행정청이 허가신청을 수리하고도 정당한 이유 없이 그 처리를 늦추어 그 사이에 허가기준이 변경된 것이 아닌 이상 甲에게는 불허가처분을 하여야 한다.
③ 甲에게 허가가 부여된 이후 乙에게 또 다른 신규허가가 행해진 경우, 甲에게는 특별한 규정이 없더라도 乙에 대한 신규허가를 다툴 수 있는 원고적격이 인정되는 것이 원칙이다.
④ 甲에 대해 허가가 거부되었음에도 불구하고 甲이 영업을 한 경우, 당해 영업행위는 사법(私法)상 효력이 없는 것이 원칙이다.

해설 허가 등의 행정처분은 원칙적으로 처분시의 법령과 허가기준에 의하여 처리되어야 하고 허가신청 당시의 기준에 따라야 하는 것은 아니며, 비록 허가신청 후 허가기준이 변경되었다 하더라도 그 허가관청이 허가신청을 수리하고도 정당한 이유 없이 그 처리를 늦추어 그 사이에 허가기준이 변경된 것이 아닌 이상 변경된 허가기준에 따라서 처분을 하여야 한다(대법원 1996. 8. 20. 선고 95누10877 판결.)

84

행정행위에 대한 설명으로 옳지 않은 것은?

① 일반적으로 학문상 허가를 통해서 얻게 되는 일정한 영업상 이익의 성질은 반사적 이익에 해당한다고 본다.

② 소위 예외적 허가는 통상의 허가와 달리 원칙적으로 재량행위의 성질을 갖는다고 본다.

③ 인가의 대상은 법률행위에 한하며, 사실행위는 인가의 대상이 될 수 없다.

④ 하자 있는 기본행위에 대하여 행정청의 인가처분이 행해졌다면 기본행위의 하자를 이유로 인가처분에 대한 취소소송을 제기할 수 있다는 것이 판례의 입장이다.

해설 ① 유기장영업허가는 유기장 경영권을 설정하는 설권행위가 아니고 일반적 금지를 해제하는 영업자유의 회복이라 할 것이므로 그 영업상의 이익은 반사적 이익에 불과하다(대판 1986.11.25, 84누147).

② 예외적 허가는 사회적으로 유해하거나 바람직하지 않은 것에 대한 예외적 허가로서 원칙적으로 재량행위의 성질을 가진다.

③ 인가의 대상은 법률행위(공법·사법행위)에 한한다.

● **관련 판례**

인가는 기본행위인 재단법인의 정관변경에 대한 법률상의 효력을 완성시키는 보충행위로서, 그 기본이 되는 정관변경 결의에 하자가 있을 때에는 그에 대한 인가가 있었다 하여도 기본행위인 정관변경 결의가 유효한 것으로 될 수 없으므로 기본행위인 정관변경 결의가 적법 유효하고 보충행위인 인가처분 자체에만 하자가 있다면 그 인가처분의 무효나 취소를 주장할 수 있지만, 인가처분에 하자가 없다면 기본행위에 하자가 있다 하더라도 따로 그 기본행위의 하자를 다투는 것은 별론으로 하고 기본행위의 무효를 내세워 바로 그에 대한 행정청의 인가처분의 취소 또는 무효확인을 소구할 법률상의 이익이 없다(대판 1996.5.16, 95누4810).

85 서울시 9급 기출

강학상 특허가 아닌 것만을 〈보기〉에서 모두 고른 것은?

—— 보기 ——

ㄱ. 관할청의 구 사립학교법에 따른 학교법인의 이사장 등 임원취임승인행위

ㄴ. 출입국관리법상 체류자격 변경허가

ㄷ. 구 수도권대기환경개선에관한특별법상 대기오염물질 총량관리사업장 설치의 허가

ㄹ. 지방경찰청장이 운전면허시험에 합격한 사람에게 발급하는 운전면허

ㅁ. 개발촉진지구 안에서 시행되는 지역개발사업에 관한 지정권자의 실시계획승인처분

① ㄱ, ㄷ   ② ㄱ, ㄹ

③ ㄴ, ㄹ   ④ ㄷ, ㅁ

해설 ㄱ. 구 사립학교법 제20조 제1항, 제2항은 학교법인의 이사장·이사·감사 등의 임원은 이사회의 선임을 거쳐 관할청의 승인을 받아 취임하도록 규정하고 있는바, 관할청의 임원취임승인행위는 학교법인의 임원선임행위의 법률상 효력을 완성케 하는 보충적 법률행위이다(인가)(대법원 2007. 12. 27. 선고 2005두9651 판결).

ㄹ. 지방경찰청장이 운전면허시험에 합격한 사람에게 발급하는 운전면허는 강학상 허가이다.

ㄴ. 체류자격 변경허가는 신청인에게 당초의 체류자격과 다른 체류자격에 해당하는 활동을 할 수 있는 권한을 부여하는 일종의 설권적 처분의 성격을 가지므로, 허가권자는 신청인이 관계 법령에서 정한 요건을 충족하였더라도, 신청인의 적격성, 체류 목적, 공익상의 영향 등을 참작하여 허가여부를 결정할 수 있는 재량을 가진다. 다만 재량을 행사할 때 판단의 기초가 된 사실인정에 중대한 오류가 있는 경우 또는 비례·평등의 원칙을 위반하거나 사회통념상 현저하게 타당성을 잃는 등의 사유가 있다면 이는 재량권의 일탈·남용으로서 위법하다(대법원 2016. 7. 14. 선고 2015두48846 판결).

ㄷ. 대기오염물질 총량관리사업장 설치의 허가 또는 변경허가에 관한 규정들의 문언 및 그 체제·형식과 함께 구 수도권대기환경특별법의 입법 목적, 규율 대상, 허가의 방법, 허가 후 조치권한 등을 종합적으로 고려할 때, 구 수도권대기환경특별법 제14조 제1항에서 정한 대기오염물질 총량관리사업장 설치의 허가 또는 변경허가는 특정인에게 인구가 밀집되고 대기오염이 심각하다고 인정되는 수도권 대기관리권역에서 총량관리대상 오염물질을 일정량을 초과하여 배출할 수 있는 특정한 권리를 설정하여 주는 행위로서 그 처분의 여부 및 내용의 결정은 행정청의 재량에 속한다(대법원 2013. 5. 9. 선고 2012두22799 판결).

ㄹ. 개발촉진지구 안에서 시행되는 지역개발사업(국가 또는 지방자치단체가 직접 시행하는 경우를 제외한다. 이하 '지구개발사업'이라 한다)에서 지정권자의 실시계획승인처분은 단순히 시행자가 작성한 실시계획에 대한 보충행위로서의 성질을 가지는 것이 아니라 시행자에게 구 지역균형개발법상 지구개발사업을 시행할 수 있는 지위를 부여하는 일종의 설권적 처분의 성격을 가진 독립된 행정처분으로 보아야 한다(대법원 2014. 9. 26. 선고 2012두5619 판결).

86

행정행위의 부관에 대한 설명으로 옳지 않은 것은?

① 인감증명의 유효기간은 법정부관이라 하여 달리 취급한다.
② 사후부관가능성에 대해 부정설은 부관의 부종성에 반한다는 이유에 근거한다.
③ 행정작용의 탄력적인 운영을 위해 필요하다.
④ 철회권유보 시 그 자체만으로도 직접 철회를 정당화하는 사유가 되므로 철회권행사의 일반적 원리를 따를 수 없다.

해설 철회권이 유보되어 있는 경우에도 그 자체만으로 직접 철회를 정당화하는 사유는 되지 아니하며 철회를 요하는 공익상의 필요가 있는 경우에 한하여 철회권을 행사할 수 있다.

핵심정리

행정행위의 부관
- **의의**
  - 협의설(다수설) : 부관이란 행정행위의 효과를 제한하기 위하여 주된 의사표시에 부가되는 종된 의사표시를 말한다. 따라서 부관은 주된 행정행위가 효력을 발생할 수 없는 때에는 당연히 그 효력을 상실하는 부종성을 갖는다(주된 행정행위와 독립된 별개의 행정행위가 아님).
  - 광의설(종된 규율성설) : 새로운 견해에 따르면, 부관이란 행정행위의 효과를 제한하거나 특별한 의무를 부과하거나 요건을 보충하기 위하여 주된 행정행위에 부가된 종된 규율을 말한다.
- **기능** : 다양한 행정사무와 상황에 맞추어 행정행위가 상대방의 이해를 조절하고 공익을 효과적으로 실현할 수 있도록 하며, 행정청이 상황의 특성에 따라 적합한 행정행위를 할 수 있도록 하여, 행정에 광범위한 합리성과 유연성·탄력성, 절차적 경제성을 보장할 수 있도록 한다.

87

행정행위의 취소와 철회의 유사점에 대한 설명으로 옳지 않은 것은?

① 철회도 실정법상 취소라고 불리는 경우가 많다.

② 감독청도 철회권과 직권취소권을 행사할 수 있다는 데 이견이 없다.

③ 철회원인이나 취소원인이 있다는 것만으로 철회 또는 취소할 수 있는 것은 아니다.

④ 철회와 직권취소는 행정목적 실현을 위한 수단의 하나라는 점에서는 유사하다.

해설 감독청은 철회권을 행사할 수 없는 것이 원칙이며, 직권취소의 행사 여부에 대하여는 학설의 대립이 있다.

핵심정리

행정행위의 철회

• 취소와의 구별

구분	철회	직권취소
주체	처분청	처분청, 감독청
소급효	원칙적으로 부정	긍정
인정취지	합리적 공익유지	위법성 시정
원인	후발적 사유	성립상의 하자

• 철회권의 근거
  - 철회자유설 : 철회의 대상이 되는 원래 행정행위의 수권규정은 역시 철회의 근거규정이 되며, 행정은 항상 공익을 실현하고 사정변경에 대처하여야 하는 특수성이 있기 때문에 따로 법적 근거를 요하지 않는다.
  - 철회부자유설 : 법령의 근거 없이 단순히 공익상의 필요만을 이유로 행정행위를 할 수 없는 것과 같이 새로운 행정행위인 철회 역시 법령의 근거가 있어야 한다.

88 지방직 9급 기출

기속행위와 재량행위에 대한 설명으로 옳지 않은 것은? (다툼이 있는 경우 판례에 의함)

① 산림형질변경허가 시 법령상의 금지 또는 제한지역에 해당하지 않더라도 국토 및 자연의 유지와 상수원 수질과 같은 환경의 보전 등을 위한 중대한 공익상의 필요가 있을 경우 그 허가를 거부할 수 있다.

② 재량행위의 경우 법원은 독자의 결론을 도출함이 없이 당해 행위에 재량권의 일탈 · 남용이 있는지 여부만을 심사하게 된다.

③ 법률에서 정한 귀화 요건을 갖춘 귀화신청에 대한 법무부장관의 귀화허가는 기속행위로 본다.

④ 행정청의 재량에 속하는 처분이라도 재량권의 한계를 넘거나 그 남용이 있는 때에는 법원은 이를 취소할 수 있다.

해설 판례는 귀화 요건을 갖춘 귀화신청에 대해 귀화를 허가할 것인지 여부에 관하여 법무부장관은 재량권을 가진다고 하여, 귀화허가를 재량행위로 보았다(대판 2010.10.28. 2010두6496).

● 관련 판례

어느 행정행위가 기속행위인지 재량행위인지 나아가 재량행위라고 할지라도 기속재량행위인지 또는 자유재량에 속하는 것인지의 여부는 이를 일률적으로 규정지을 수는 없는 것이고, 당해 처분의 근거가 된 규정의 형식이나 체재 또는 문언에 따라 개별적으로 판단하여야 한다(대판 1997.12.26. 97누15418).

89

행정행위 중 강학상 인가에 해당하지 않는 것은?

① 공유수면매립면허

② 토지거래허가

③ 공공조합의 설립인가

④ 재단법인의 정관변경허가

해설 공유수면매립면허는 특허에 해당한다.

핵심정리

기본적 법률행위와 인가와의 효력관계

기본행위	인가행위	효과	소송 대상
적법	적법·유효	효과가 발생	
	위법·무효	무효(무인가행위)	인가행위의 무효확인
	위법·취소	취소할 때까지 유효(유인가행위)	인가행위의 취소
불성립·무효	적법·유효	인가가 있어도 기본행위는 유효행위가 되지 않으며, 인가행위도 당연무효	기본행위의 하자(무효·취소)가 대상이 되며, 기본행위의 하자를 이유로 인가행위의 취소·무효확인을 구할 수는 없음
취소·실효	적법·유효	인가행위도 당연히 실효	

90

부관에 대한 판례의 내용으로 옳지 않은 것은?

① 행정행위의 부관 중에서도 부담의 경우에는 그 존속이 본체인 행정행위의 존재를 전제로 하는 것일 뿐이므로 부담 그 자체가 행정쟁송의 대상이 될 수 있다.

② 기부채납 받은 행정재산에 대한 사용·수익허가에서 공유재산의 관리청이 정한 사용·수익허가의 기간은 그 허가의 효력을 제한하기 위한 행정행위의 부관으로서 독립하여 행정소송을 제기할 수 있다.

③ 어업면허처분을 함에 있어 면허의 유효기간을 1년으로 정한 경우, 그 유효기간만의 취소를 구하는 청구는 허용될 수 없다.

④ 행정처분이 발하여진 후 새로운 부담을 부가하거나 이미 부가되어 있는 부담의 범위 또는 내용들을 변경하는 이른바 사후부담은, 법률에 명문의 규정이 있거나 그것이 미리 유보되어 있는 경우 또는 상대방의 동의가 있는 경우에 허용되는 것이 원칙이다.

해설 행정행위의 부관은 부담인 경우를 제외하고는 독립하여 행정소송의 대상이 될 수 없는바, 기부채납받은 행정재산에 대한 사용·수익허가에서 공유재산의 관리청이 정한 사용·수익허가의 기간은 그 허가의 효력을 제한하기 위한 행정행위의 부관으로서 이러한 사용·수익허가의 기간에 대해서는 독립하여 행정소송을 제기할 수 없다(대판 2001.6.15, 99두509).

91 서울시 9급 기출

행정행위에 관한 설명으로 옳지 않은 것을 모두 고른 것은? (다툼이 있는 경우 판례에 의함)

> ㄱ. 행정권한을 위임받은 사인도 행정청으로서 행정행위를 할 수 있다.
> ㄴ. 부하 공무원에 대한 상관의 개별적인 직무 명령은 행정행위가 아니다.
> ㄷ. 일정한 불복기간이 경과하거나 쟁송수단을 다 거친 후에는 더 이상 행정행위를 다툴수 없게 되는 효력을 행정행위의 불가변력이 라 한다.
> ㄹ. 판례에 따르면 행정행위의 집행력은 행정 행위의 성질상 당연히 내재하는 효력으로 서 별도의 법적 근거를 요하지 않는다.
> ㅁ. 지방경찰청장이 횡단보도를 설치하여 보행 자통행방법 등을 규제하는 것은 행정행위 에 해당한다.

① ㄱ, ㄹ
② ㄷ, ㅁ
③ ㄴ, ㅁ
④ ㄷ, ㄹ

해설 ㄷ, ㄹ이 옳지 않은 설명이다.

ㄷ. 일정한 불복기간이 경과하거나 쟁송수단을 다 거친 후에는 더 이상 행정행위를 다툴 수 없게 되는 효력 을 행정행위의 불가쟁력이라 한다.

ㄹ. 판례에 의하면 행정행위의 집행력은 행정행위의 성 질상 당연히 내재하는 효력이 아니라 별도의 법적 근거를 요한다.

92

행정행위의 부관에 대한 설명으로 옳지 않은 것 은?

① 법정부관은 엄밀한 의미에서 부관이 아니다.
② 부담을 제외한 부관에 대해서 판례상으로 부 관만의 취소를 구하는 것은 허용되지 않는다.
③ 철회권 유보의 경우에도 철회의 일반원칙은 통용된다.
④ 부담과 조건의 구분이 명확하지 않을 때, 일반 적으로 조건으로 추정한다.

해설 부담과 조건의 구분이 명확하지 않을 때에는 당사자에 대한 효과면에서 부담이 조건보다 유리하므로 일반적으 로 부담으로 추정한다.

핵심정리

조건(條件)

• **정의** : 행정행위 효력의 발생 · 소멸을 장래의 불확실 한 사실의 발생여부에 의존하게 하는 부관을 말한다. 따라서 불확실한 장래의 사실 발생이 행정행위 상대방 의 의사에 달려 있는 경우의 조건(부진정조건)은 여기 서의 조건에 해당되지 않는다.

• **종류**
－ 정지조건 : 조건의 성취로 행정행위의 효력이 발생 하게 하는 행정청의 종된 의사표시를 말한다.
－ 해제조건 : 조건성취로 인하여 행정행위의 효력이 소멸되는 행정청의 종된 의사표시를 말한다.

• **부담과의 구별** : 조건과 부담의 구별이 불명확한 경우 에는 최소침해의 원칙에 따라, 국민에게 유리한 부담 으로 파악한다는 것이 통설이다.

제3장 비권력적 행정작용

● 대표유형문제 ●

지방직·서울시 9급 기출

공법상 계약에 대한 설명으로 옳지 않은 것은? (다툼이 있는 경우 판례에 의함)

① 공중보건의사 채용계약 해지의 의사표시에 대하여는 공법상의 당사자소송으로 그 의사표시의 무효확인을 청구할 수 있다.

② 공법상 계약에는 법률우위의 원칙이 적용된다.

❸ 계약직공무원 채용계약해지의 의사표시는 항고소송의 대상이 되는 처분 등의 성격을 가진 것으로 행정처분과 같이 행정절차법에 의하여 근거와 이유를 제시하여야 한다.

④ 행정청은 공법상 계약의 상대방을 선정하고 계약 내용을 정할 때 공법상 계약의 공공성과 제3자의 이해관계를 고려하여야 한다.

정답해설 실체법적 특질에서 절차상 특질은 당사자 간의 의사합치로 성립되나, 그 절차면에서 감독청이나 관계 행정청의 인가나 보고 등이 필요한 경우도 있다. 다만, 행정처분과 같이 행정절차법에 의하여 그 근거와 이유를 제시하여야 하는 것은 아니다(대판 2002. 11. 26, 2002두5948).

오답해설 ① 전문직공무원인 공중보건의사 채용계약해지의 의사표시에 대하여는 대등한 당사자 간의 소송형식인 공법상의 당사자소송으로 그 의사표시의 무효확인을 청구할 수 있다(대판 1996. 5. 31, 95누10617).
② 행정기본법 제27조 제1항에 행정청은 법령등을 위반하지 아니하는 범위에서 행정목적을 달성하기 위하여 필요한 경우에는 공법상 법률관계에 관한 계약(이하 "공법상 계약"이라 한다)을 체결할 수 있다. 또한 공행정작용이므로 법률우위의 원칙이 적용되며, 따라서 강행법규에 반하는 공법상 계약은 위법이 된다.
④ 행정기본법 제27조 제2항에 행정청은 공법상 계약의 상대방을 선정하고 계약 내용을 정할 때 공법상 계약의 공공성과 제3자의 이해관계를 고려하여야 하며, 제3자의 권리를 침해하는 계약의 경우 제3자의 동의를 얻어야 한다.

핵심정리 공법상 계약의 법적 근거
- **성립가능성 여부** : 오늘날에는 공법상 계약을 권력작용을 보완하는 행정의 행위형식으로 인식하여 명문으로 금지하거나 법규에 저촉되지 않는 한 공법상 계약을 자유로이 체결할 수 있다는 것이 통설
- **자유성** : 공법상 계약은 비권력적 행정작용으로 당사자 간 의사합치로 성립되는 것이므로 법률의 근거가 없는 경우에도 체결이 가능하다는 계약자유설이 통설
- **법률우위의 원칙** : 공법상 계약도 공행정작용이므로 법률우위의 원칙이 적용됨
- **적용 법규** : 다른 특별 규정이 없는 경우 민법 규정을 유추 적용

01 국가직 9급 기출

행정지도에 대한 설명으로 옳지 않은 것은? (다툼이 있는 경우 판례에 의함)

① 상대방이 행정지도에 따르지 아니하였다는 것을 이유로 불이익한 조치를 하여서는 아니 된다.
② 행정지도가 단순한 행정지도로서의 한계를 넘어 규제적·구속적 성격을 상당히 강하게 갖는 것이라면 헌법소원의 대상이 되는 공권력의 행사로 볼 수 있다.
③ 행정지도는 상대방인 국민의 임의적 협력을 구하는 비권력적행위이므로 국가배상법상의 직무행위에 해당하지 않는다.
④ 영농지도·중소기업에 대한 경영지도·생활개선지도 등은 조성적 행정지도에 해당한다.

해설 국가배상법상 행정지도 등의 비권력적 작용도 국가배상법상의 배상청구 요건인 직무행위에 포함된다는 것이 통설과 판례의 입장이다.
① 행정기관은 행정지도의 상대방이 행정지도에 따르지 아니하였다는 것을 이유로 불이익한 조치를 하여서는 아니 된다(행정절차법 제48조 제2항).

● 관련 판례
국가배상법이 정한 배상청구의 요건인 공무원의 직무에는 권력적 작용만이 아니라 행정지도와 같은 비권력적 작용도 포함되며, 단지 행정주체가 사경제주체로서 하는 활동만이 제외된다(대판 1998.7.10, 96다38971).

02

다음 행정지도에 대한 설명으로 옳은 것을 모두 고른 것은? (다툼이 있는 경우 판례에 의함)

㉠ 행정지도가 구술로 이루어질 경우에 상대방이 행정지도에 관한 내용을 기재한 서면의 교부를 요구하는 때에는 직무수행에 특별한 지장이 없는 한 이를 교부해야 한다.
㉡ 행정지도의 상대방은 당해 행정지도의 방식·내용 등에 관하여 행정지도를 한 행정기관의 상급행정기관에 의견제출을 해야 한다.
㉢ 행정기관이 같은 행정목적의 실현을 위해 많은 상대방에게 행정지도를 하고자 하는 경우 특별한 사정이 없는 한 행정지도에 공통 내용이 되는 사항을 공표해야 한다.
㉣ 교육인적자원부장관(현 교육부장관)의 대학 총장들에 대한 학칙시정요구는 대학 총장의 임의적인 협력을 통하여 사실상의 효과를 발생시키는 행정지도의 일종이므로, 헌법소원의 대상이 되는 공권력의 행사라고 볼 수 없다.

① ㉠, ㉡   ② ㉠, ㉢
③ ㉡, ㉢   ④ ㉡, ㉣

해설 ㉡ 행정지도의 상대방은 당해 행정지도의 방식·내용 등에 관하여 행정기관에 의견제출을 할 수 있다.
㉣ 교육인적자원부장관의 대학 총장들에 대한 학칙시정요구는 그에 따르지 않을 경우 일정한 불이익조치를 예정하고 있어 사실상 상대방에게 그에 따를 의무를 부과하는 것과 다를 바 없으므로 단순한 행정지도로서의 한계를 넘어 헌법소원의 대상이 되는 공권력의 행사라고 볼 수 있다(헌재 2003.6.26, 2002헌마337).

03 지방직 9급 기출

행정지도에 대한 설명으로 옳은 것은? (다툼이 있는 경우 판례에 의함)

① 직접적 규제목적이 없는 행정지도는 법령에 직접 근거규정이 없어도 권한업무의 범위 내에서 행해질 수 있다.

② 행정지도가 다수인을 대상으로 할 경우에도 명령·강제작용이 아니기 때문에 행정절차법은 특별한 사정이 없으면 공표할 필요가 없다고 규정한다.

③ 행정지도는 행정목적을 달성하기 위하여 상대방의 의사에 반하여 강요할 수 있다.

④ 행정지도는 사실상 강제력으로 인하여 권력적 행정활동임이 원칙이다.

> **해설** ② 행정지도가 다수인을 대상으로 할 경우에는 특별한 사정이 없으면 행정지도에 공통적인 내용이 되는 사항을 공표하여야 한다(행정절차법 제51조).
> ③, ④ 행정지도는 상대방의 임의적 협력이나 동의하에 일정한 행정질서의 형성을 유도하는 비권력적 사실행위이므로, 상대방의 의사에 반하여 부당하게 강요할 수 없다.

핵심정리

행정지도의 방식

• **행정지도 실명제** : 행정지도를 하는 자는 그 상대방에게 행정지도의 취지 및 내용과 신분을 밝혀야 한다(과도한 행정지도를 막고 위법행위를 방지하기 위한 수단).

• **의견제출** : 행정지도의 상대방은 해당 행정지도의 방식·내용 등에 관해 행정기관에 의견제출을 할 수 있다.

• **다수인을 대상으로 하는 행정지도** : 행정기관이 같은 행정목적을 실현하기 위해 많은 상대방에게 행정지도를 하려는 경우에는 특별한 사정이 없는 한 행정지도에 공통적인 내용이 되는 사항을 공표해야 한다.

04

행정지도에 대한 설명으로 옳지 않은 것은?

① 행정지도라 함은 행정기관이 그 소관사무의 범위 안에서 일정한 행정목적을 실현하기 위하여 특정인에게 일정한 행위를 하거나 하지 아니하도록 지도·권고·조언 등을 하는 행정작용을 말한다.

② 행정지도는 그 목적달성에 필요한 최소한도에 그쳐야 하며, 행정지도의 상대방의 의사에 반하여 부당하게 강요하여서는 아니 된다.

③ 행정기관은 행정지도의 상대방이 행정지도에 따르지 아니한 경우에 경고나 혜택의 폐지 등 불이익한 조치를 취할 수 있다.

④ 행정기관이 같은 행정목적을 실현하기 위하여 많은 상대방에게 행정지도를 하려는 경우에는 특별한 사정이 없으면 행정지도에 공통적인 내용이 되는 사항을 공표하여야 한다.

> **해설** 행정기관은 행정지도의 상대방이 행정지도에 따르지 아니하였다는 것을 이유로 불이익한 조치를 해서는 안 된다(행정절차법 제48조 제2항).
> ① 행정지도를 올바르게 설명한 것으로, 행정지도는 행정객체를 일정한 방향으로 유도하는 비권력적 사실행위로서의 성질을 지닌다.
> ② 행정절차법 제48조 제1항에 규정된 비례원칙과 임의성 원칙에 대한 설명이다.
> ④ 행정절차법 제51조에 규정된 내용이다.

05 국가직 9급 기출

행정지도에 대한 설명으로 옳지 않은 것은? (다툼이 있는 경우 판례에 의함)

① 위법한 행정지도에 따라 행한 사인의 행위는 법령에 명시적으로 정함이 없는 한 위법성이 조각된다고 할 수 없다.

② 행정지도의 상대방은 행정지도의 내용에 동의하지 않는 경우 이를 따르지 않을 수 있으므로, 행정지도의 내용이나 방식에 대해 의견제출권을 갖지 않는다.

③ 행정지도가 말로 이루어지는 경우에 상대방이 행정지도의 취지 및 내용, 행정지도를 하는 자의 신분에 관한 사항을 적은 서면의 교부를 요구하면 그 행정지도를 하는 자는 직무 수행에 특별한 지장이 없으면 이를 교부하여야 한다.

④ 국가배상법이 정한 배상청구의 요건인 '공무원의 직무'에는 권력적 작용만이 아니라 행정지도와 같은 비권력적 작용도 포함된다.

해설 행정지도의 상대방은 당해 행정지도의 방식·내용 등에 관하여 행정기관에 의견을 제출할 수 있다(행정절차법 제50조).

핵심정리

행정지도

'행정지도'란 행정기관이 그 소관 사무의 범위에서 일정한 행정목적을 실현하기 위하여 특정인에게 일정한 행위를 하거나 하지 않도록 지도·권고·조언 등을 하는 행정작용을 말한다(행정절차법 제2조제3호). 행정지도는 상대방의 임의적 협력을 전제로 하는 비권력적 사실행위에 속하는데, 현대행정의 영역이 확대되면서 그 필요성이 커지는 새로운 행위형식이다. 행정지도는 급변하는 경제·사회적 상황과 과학기술의 발전에 유연하고도 신속하게 대응할 수 있고, 상대방의 동의나 협력을 전제로 하므로 상대방의 저항이 적다는 점에서 유용한 행정 수단이 되고 있다. 그러나 사실상 행정지도는 상대방이 거부하기 어려운 강제성을 띠는 경우가 많으므로, 이에 대한 절차적 통제가 없으면 행정지도의 남용과 그로 인한 법치주의의 공동화(空洞化) 현상이 발생할 수 있다.

06

행정사법에 대한 설명으로 옳지 않은 것은?

① 복리행정기능의 형태에 따른 행위형식의 다양화의 산물이라고 할 수 있다.

② 판례에 의하면 행정사법에 대한 구제는 당사자소송으로 하게 된다.

③ 권력행정의 영역에서는 원칙적으로 행정사법이 적용되지 않는다.

④ 사법형식에 의한 행정작용을 공법적으로 통제하기 위한 것이다.

해설 행정사법영역에서의 법정분쟁은 법률관계의 한쪽 당사자를 피고로 하는 당사자소송에 의하여 권리구제가 가능하다고 보는 견해도 있으나 행정사법이란 공행정작용을 사법의 형식으로 실행하는 것이므로 그 행위가 위법·부당한 경우에는 민사소송으로 구제해야 한다는 견해가 종래의 통설과 판례의 입장이다.

핵심정리

행정사법

• 행정사법은 공법형식으로 해야 할 것을 사법형식으로 하는 '행정의 사법으로의 도피(F. Fleiner)'를 차단하고, 그 공익성으로 인해 공법적 규율을 받아야 한다는 이론이다.

• Wolff에 의하여 제창되어 발전된 것으로, 현재 독일 판례의 전반적인 경향은 행정사법을 공적 사무의 직접수행의 경우에만 국한하여 파악하고 있다.

• 행정목적을 달성하는 데 있어 공법형식이 존재하지 않는 경우나, 공법형식보다는 사법형식으로 행하는 것이 보다 효율적인 경우에 유용성이 있다. 그러나 공법적 구속을 피하기 위한 도피수단으로 활용되어 법치행정의 공동화를 초래할 수 있다는 점에서, 사법형식의 행정활동을 어떻게 통제할 것인가에 문제가 제기되고 있다.

제2편
행정작용법

07 국가직 9급 기출

공법상 계약에 대한 설명으로 옳지 않은 것은?
(다툼이 있는 경우 판례에 의함)

① 행정청이 자신과 상대방 사이의 법률관계를 일방적인 의사표시로 종료시켰다고 하더라도 곧바로 그 의사표시가 행정청으로서 공권력을 행사하여 행하는 행정처분이라고 단정할 수는 없고, 관계 법령이 상대방의 법률관계에 관하여 구체적으로 어떻게 규정하고 있는지에 따라 개별적으로 판단하여야 한다.

② 채용계약상 특별한 약정이 없는 한, 지방계약직공무원에 대하여 지방공무원법, 지방공무원 징계 및 소청 규정에 정한 징계절차에 의하지 않고서는 보수를 삭감할 수 없다.

③ 중소기업 정보화지원사업에 대한 지원금출연협약의 해지 및 환수통보는 공법상 계약에 따른 의사표시가 아니라 행정청이 우월한 지위에서 행하는 공권력의 행사로서 행정처분이다.

④ 계약직공무원 채용계약해지는 국가 또는 지방자치단체가 대등한 지위에서 행하는 의사표시로서 처분이 아니므로 행정절차법에 의하여 근거와 이유를 제시하여야 하는 것은 아니다.

해설 중소기업기술정보진흥원장이 甲 주식회사와 중소기업 정보화지원사업 지원대상인 사업의 지원에 관한 협약을 체결하였는데, 협약이 甲 회사에 책임이 있는 사업실패로 해지되었다는 이유로 협약에서 정한 대로 지급받은 정부지원금을 반환할 것을 통보한 사안에서, 중소기업 정보화지원사업에 따른 지원금 출연을 위하여 중소기업청장이 체결하는 협약은 공법상 대등한 당사자 사이의 의사표시의 합치로 성립하는 공법상 계약에 해당하는 점, 구 중소기업 기술혁신 촉진법(2010. 3. 31. 법률 제10220호로 개정되기 전의 것) 제32조 제1항은 제10조가 정한 기술혁신사업과 제11조가 정한 산학협력 지원사업에 관하여 출연한 사업비의 환수에 적용될 수 있을 뿐 이와 근거 규정을 달리하는 중소기업 정보화지원사업에 관하여 출연한 지원금에 대하여는 적용될 수 없고 달리 지원금 환수에 관한 구체적인 법령상 근거가 없는

점 등을 종합하면, 협약의 해지 및 그에 따른 환수통보는 공법상 계약에 따라 행정청이 대등한 당사자의 지위에서 하는 의사표시로 보아야 하고, 이를 행정청이 우월한 지위에서 행하는 공권력의 행사로서 행정처분에 해당한다고 볼 수는 없다고 한 사례이다(대판 2015. 8. 27, 2015두41449).

08

행정상 사실행위의 종류가 잘못 연결된 것은?

① 정신적 사실행위 − 행정지도, 행정조사, 경고
② 권력적 사실행위 − 감염병환자의 강제격리, 교통차단
③ 독립적 사실행위 − 행정지도, 진화, 수난구호, 도로보수
④ 내부적 사실행위 − 금전출납, 행정조사, 행정상 즉시강제

해설 금전출납, 행정조사, 행정상 즉시강제는 외부적 사실행위이다.

핵심정리

행정상 사실행위(주체에 의한 분류)
• **행정주체의 사실행위**
 − 행정조직 내부의 사실행위 : 문서작성 · 사무감사와 같이 행정조직 내부에서 행정사무처리를 위해 행해지는 사실행위를 말한다.
 − 국민과의 관계에서 행해지는 외부적 사실행위 : 금전출납 · 쓰레기수거 · 인구조사 · 무허가건물철거와 같이, 대외적으로 국민과의 관계에서 행정목적의 실현을 위하여 행해지는 사실행위를 말한다.
• **사인(私人)의 사실행위** : 청문에 출석 · 물건의 소유 및 점유 · 거주와 같이 사인에 의해 이루어지는 사실행위를 말한다.

09

경기도가 대기환경개선을 위해 황사기간 중 공장 가동시간 1시간 줄이기 운동 전개 협조요청을 했다. 이때 타당한 것은?

① 법적 행위이며 의무를 수반한다.

② 법률적 근거를 필요로 한다.

③ 취소소송이 가능하다.

④ 임의적 동의 시 손실보상을 받기가 어렵다.

> 해설 제시문은 행정지도에 관한 설명이다. 행정지도는 비권력적 · 비구속적인 사실행위라는 점에서 행정소송법상의 처분에 해당하는 것으로 볼 수 없으므로 원칙적으로 행정지도는 행정쟁송의 대상이 될 수 없으며, 행정지도의 상대방이 임의적 동의 시 손실보상을 받기 어렵다.

핵심정리

행정지도에 대한 권리구제

• **행정쟁송** : 행정지도는 비권력적 사실행위로서 행정쟁송의 요건인 행위의 처분성을 갖지 못하므로 행정쟁송의 대상이 되지 않는다(다수설 · 판례).

• **손해전보**
  – 손해배상 : 견해의 대립이 있으나 손해배상청구권은 원칙적으로 인정되지 않으며, 사실상의 구속력이 입증될 경우 인정된다.
  – 손실보상 : 견해의 대립이 있으나 적법한 행정지도로 발생된 피해에 대한 손실보상은 인정되지 않는다(다수설 · 판례).

• **사전구제** : 행정지도의 상대방은 당해 행정지도의 방식 · 내용 등에 관하여 행정기관에 의견제출을 할 수 있다.

---

10 [지방직 9급 기출]

행정지도에 대한 설명으로 옳지 않은 것은? (다툼이 있는 경우 판례에 의함)

① 교육인적자원부장관(현 교육부장관)의 대학총장들에 대한 학칙시정요구는 행정지도에 해당하므로 규제적, 구속적 성격을 강하게 가지고 있더라도 헌법소원의 대상이 되는 공권력의 행사라고 볼 수 없다.

② 행정절차법에 따르면, 행정기관은 행정지도의 상대방이 행정지도에 따르지 않았다는 것을 이유로 불이익한 조치를 하여서는 아니된다고 규정하고 있다.

③ 위법건축물에 대한 단전 및 전화통화단절조치 요청행위는 처분성이 부인된다.

④ 행정지도가 강제성을 띠지 않은 비권력적 작용으로서 행정지도의 한계를 일탈하지 아니하였다면 그로 인하여 상대방에게 어떤 손해가 발생하였다 하더라도 행정기관은 그에 대한 손해배상책임이 없다.

> 해설 교육인적자원부장관의 국 · 공립대학총장들에 대한 학칙시정요구는 헌법소원의 대상이 되는 공권력 행사에 해당하여 헌법소원의 대상이 된다.

● 관련 판례

교육인적자원부장관의 대학총장들에 대한 이 사건 학칙시정요구는 고등교육법 제6조 제2항, 동법시행령 제4조 제3항에 따른 것으로서 그 법적 성격은 대학총장의 임의적인 협력을 통하여 사실상의 효과를 발생시키는 행정지도의 일종이지만, 그에 따르지 않을 경우 일정한 불이익조치를 예정하고 있어 사실상 상대방에게 그에 따를 의무를 부과하는 것과 다를 바 없으므로 단순한 행정지도로서의 한계를 넘어 규제적 · 구속적 성격을 상당히 강하게 갖는 것으로서 헌법소원의 대상이 되는 공권력의 행사라고 볼 수 있다(헌재결 2003.6.26, 2002헌마337, 2003헌마7 · 8 병합).

11 국가직 9급 기출

행정계약에 대한 판례의 입장으로 옳지 않은 것은?

① 계약직공무원 채용계약해지의 의사표시는 일반공무원에 대한 징계처분과는 다르지만, 행정절차법의 처분절차에 의하여 근거와 이유를 제시하여야 한다.

② 구 중소기업기술혁신촉진법상 중소기업 정보화지원사업의 일환으로 중소기업 기술정보진흥원장이 甲 주식회사와 중소기업 정보화지원사업에 관한 협약을 체결한 후 甲 주식회사의 협약 불이행으로 인해 사업실패가 초래된 경우, 중소기업기술진흥 원장이 협약에 따라 甲에 대해 행한 협약의 해지 및 지급받은 정부지원금의 환수통보는 행정처분에 해당하지 않는다.

③ 구 도시계획법상 도시계획사업의 시행자가 그 사업에 필요한 토지를 협의취득하는 행위는 사경제주체로서 행하는 사법상의 법률행위이므로 행정소송의 대상이 되지 않는다.

④ 지방공무원법상 지방전문직공무원 채용계약에서 정한 채용 기간이 만료한 경우에는 채용계약의 갱신이나 기간연장 여부는 기본적으로 지방자치단체장의 재량이다.

해설 계약직공무원에 관한 현행 법령의 규정에 비추어 볼 때, 계약직공무원 채용계약해지의 의사표시는 일반공무원에 대한 징계처분과는 달라서 항고소송의 대상이 되는 처분 등의 성격을 가진 것으로 인정되지 아니하고, 일정한 사유가 있을 때에 국가 또는 지방자치단체가 채용계약 관계의 한쪽 당사자로서 대등한 지위에서 행하는 의사표시로 취급되는 것으로 이해되므로, 이를 징계해고 등에서와 같이 그 징계사유에 한하여 효력 유무를 판단하여야 하거나, 행정처분과 같이 행정절차법에 의하여 근거와 이유를 제시하여야 하는 것은 아니다(대법원 2002. 11. 26. 선고 2002두5948).

12

행정계약에 대한 설명으로 옳지 않은 것은?

① 행정계약은 행정목적의 실현수단인 점에서 공법적 효과를 발생하는 점은 이원적 재판질서 하에서 행정법원의 관할권에 있음을 뜻한다.

② 대법원은 서울특별시 시립무용단원의 해촉에 관한 다툼은 항고소송이 아니라 민사소송에 의해 해결해야 한다고 하였다.

③ 프랑스 국사원은 석탄가격의 폭등으로 지방자치단체와 체결한 가스 조명등 공급계약의 해지를 청구한 회사에 대해 공공서비스는 계속되어야 한다고 하며, 다만 예견하기 어려운 상황에 대한 손실에 따른 보상이 있어야 한다고 하였다.

④ 지방자치단체장은 경쟁의 공정한 집행 또는 계약의 적정한 이행을 해할 염려가 있거나 기타 입찰에 참가시키는 것이 부적합하다고 인정되는 자에 대하여 계약심의위원회의 심의를 거쳐 일정기간 입찰 자격을 제한하여야 한다.

해설 서울특별시 시립무용단원의 위촉은 공법상의 계약이므로 그 단원의 해촉에 대하여는 공법상의 당사자소송으로 그 무효확인을 청구할 수 있다고 하였다.

핵심정리

공법상 계약의 쟁송형태
공법상 계약에 따른 분쟁은 행정소송법 제3조 제2호에 의거하여 항고소송이 아닌 당사자소송에 의하는 것이 원칙이다(통설 · 판례). 판례 또한 광주시립합창단원사건, 서울시립무용단원사건, 공중보건의사건, 지방직공무원사건 등에서 당사자소송에 의한다고 판시한 바 있다. 다만, 민사소송에 의한다는 일부 판례가 존재한다.

핵심정리

행정지도의 법적 근거

작용법적 근거	• 비권력적 · 임의적 행정작용으로, 권력적 성질을 지닌 처분성이 없어 법적 근거를 요하지 않는다는 것이 다수설의 입장이다. 이에 대해 조정적 · 규제적 행정지도는 강제성을 띠고 있어 법적 근거를 요한다는 견해도 있다. • 최근, 행정지도에 법적 권위를 부여하고 그 책임과 수단을 명백히 하기 위해 행정지도의 작용법적 근거를 규정하는 법률이 점차 증가하고 있다(수산진흥법상의 어업지도).
조직법적 근거	행정지도 또한 행정작용에 해당하므로 조직법적 근거는 있어야 하며, 조직법적 권한의 범위 내에서만 이루어져야 한다.

13

행정지도에 대한 설명으로 옳지 않은 것은?

① 행정지도는 아무런 법적 구속력을 갖지 아니한다.

② 행정지도에 따르지 아니하는 상대방에게 불이익처분을 해서는 안 된다.

③ 행정지도는 상대방의 동의나 협력에 의해 그 목적을 달성한다.

④ 행정지도는 비권력적 사실행위이므로 법치행정의 원리와 무관하다.

해설 행정지도는 행정작용의 일종이므로 법치행정의 원리와 무관하다고 볼 수 없다. 즉, 행정지도는 법률우위의 원칙이 적용되므로 실정법규에 반해서는 안 되며, 조직법상의 목적 · 임무 · 소관사무의 범위 안에서만 행하여져야 한다. 특히 행정지도의 기본원칙과 방식 등이 준수되어야 한다.

14

행정지도에 대한 설명으로 옳지 않은 것은?

① 행정지도는 국민의 임의적인 협력을 전제로 하는 비권력적 사실행위이다.

② 행정절차법에서는 행정지도에 대한 사전통지 및 의견제출 절차에 대해 규정하고 있다.

③ 행정기관이 행정지도를 함에 있어 조직법상의 근거는 요구된다.

④ 중소기업자에 대한 경영지도, 아동의 건강상담은 조성적 행정지도로 볼 수 있다.

해설 행정절차법은 부담적 · 침익적 처분에 대한 사전통지 규정(제21조)은 두고 있으나, 행정지도에 대한 사전통지에 대한 규정은 두고 있지 않다. 일반적으로 사전통지는 당사자에게 의무를 과하거나 권익을 제한하는 부담적 · 침익적 처분을 하는 경우에 행하는데, 행정지도는 상대방의 임의적 협력을 전제로 하는 비권력적 사실행위로서 이러한 처분을 전제로 하지 않기 때문에 사전통지 규정이 적용되지 않는다.

① 행정지도는 상대방의 임의적 협력이나 동의를 전제로 하여 일정한 행정질서의 형성을 유도하는 비권력적 사실행위이다.
③ 행정지도 또한 행정작용에 해당하므로 조직법적 근거는 있어야 하며 조직법적 권한의 범위 내에서만 이루어져야 한다.
④ 중소기업에 대한 경영지도나 아동의 건강상담, 생활개선지도, 지식·기술의 제공 등은 조성적 행정지도에 해당한다.

● **관련 판례**

계속적 계약은 당사자 상호 간의 신뢰관계를 그 기초로 하는 것이므로, 당해 계약의 존속 중에 당사자의 일방이 그 계약상의 의무를 위반함으로써 그로 인하여 계약의 기초가 되는 신뢰관계가 파괴되어 계약관계를 그대로 유지하기 어려운 정도에 이르게 된 경우에는 상대방은 그 계약관계를 막바로 해지함으로써 그 효력을 장래에 향하여 소멸시킬 수 있다고 봄이 타당하다(대판 2002.11.26, 2002두5948).

15

공법상 계약에 대한 설명으로 옳은 것은?

① 전문직 공무원의 채용은 판례상 행정처분에 해당한다.
② 공법상 계약에 대하여는 민법상의 계약해제에 관한 규정은 적용되지 않는다.
③ 공법상 계약에는 법률우위원칙이 적용되지 않는다.
④ 국가를 당사자로 하는 계약에 관한 법률은 공법상 계약에 관한 일반법이다.

해설 계약의 일방 당사자인 행정주체는 공익상의 사유가 있는 경우에는 일방적으로 계약을 해제 또는 변경할 수 있기 때문에 공법상 계약에 있어서 민법상의 계약해제에 관한 규정은 그대로 적용되지 않는다.
① 법원은 전문직 공무원(현 계약직 공무원)인 공중보건의사의 채용계약의 처분성을 부정한 바 있다(대판 1996.5.31, 95누10617).
③ 공법상 계약도 그 내용이 법률에 위반할 수는 없으므로 법률우위의 원칙은 공법상 계약에도 적용된다.
④ 국가를 당사자로 하는 계약에 관한 법률은 국가를 당사자로 하는 계약에 관한 것인데 이에는 공법상 계약과 사법상 계약이 모두 포함될 수 있으므로 공법상 계약의 일반법으로 보기는 어렵다.

16

행정지도의 순기능이 아닌 것은?

① 법령의 보완적 기능
② 임기응변적 기능
③ 사실상 강제력을 가짐
④ 신규정책의 실험적 기능

해설 행정주체의 우위에 따른 사실상의 강제성은 행정지도의 역기능에 해당한다.

핵심정리

행정지도
• **행정지도의 한계**

법규상 한계 (조직법상 한계)	조직법상 근거에 의한 소관사무의 범위 내에서 행하여져야 한다.
일반원칙 (조리)상의 한계	비례의 원칙, 신뢰보호의 원칙, 평등의 원칙, 부당결부금지원칙 등 행정법 일반원칙을 준수하여야 하며, 강제성을 수반하여서는 안 된다.

• **행정지도의 순기능과 역기능**

순기능	• 행정기능의 확대 • 국민과의 마찰회피 • 이해의 조정 및 통합기능 • 행정의 탄력적 운영 • 각종 산업정보의 제공 • 새로운 시책의 실험적 기능 • 법령의 보완적 기능

| 역기능 | • 사실상의 강제성
• 한계의 불명
• 구제수단의 불완전
• 법치주의의 붕괴
• 강제력이 없는 것에서 오는 역기능
• 국제적 대항력의 결여 |

17

공법상 계약의 특질에 대한 설명으로 옳지 않은 것은?

① 위법한 공법상 계약은 민법에서와 같이 원칙상 무효이다.

② 공법상 계약에는 공정력이 인정되지 않는다.

③ 서울특별시 시립무용단 단원의 위촉은 공법상 계약이고 그 단원의 해촉에 대하여는 취소소송으로 다툴 수 있다는 것이 판례의 입장이다.

④ 계약의 일방당사자인 행정주체는 공익상의 사유가 있는 경우는 일방적으로 계약을 해제 또는 변경할 수 있다.

해설 서울특별시 시립무용단원의 공연 등 활동은 지방문화 및 예술을 진흥시키고자 하는 서울특별시의 공공적 업무수행의 일환으로 이루어진다고 해석될 뿐 아니라, 단원으로 위촉되기 위하여는 일정한 능력요건과 자격요건을 요하고, 계속적인 재위촉이 사실상 보장되며, 공무원연금법에 따른 연금을 지급받고, 단원의 복무규율이 정해져 있으며, 정년제가 인정되고, 일정한 해촉사유가 있는 경우에만 해촉되는 등 서울특별시립무용단원이 가지는 지위가 공무원과 유사한 것이라면, 서울특별시립무용단 단원의 위촉은 공법상의 계약이라고 할 것이고, 따라서 그 단원의 해촉에 대하여는 공법상의 당사자소송으로 그 무효확인을 청구할 수 있다(대판 1995.12.22, 95누4636).

18

행정상 사실행위에 대한 설명으로 옳지 않은 것은?

① 적법한 행정상 사실행위에 대해서는 행정상 손실보상을 구할 수 있다.

② 권력적 사실행위는 처분성을 인정하여 항고소송의 대상이 된다는 설과 처분성을 부인하고 당사자소송 또는 결과제거청구소송의 대상이 된다는 설이 대립된다.

③ 사법적 사실행위의 경우 국가배상법에 따라 구제될 수 있다.

④ 권력적 사실행위는 처분성이 긍정된다.

해설 사실행위가 사법적 사실행위인 경우에는 민법에 의한 배상을 청구해야 할 것이다.

핵심정리
손해배상·손실보상·결과제거청구권

• **손해배상** : 위법한 사실행위로 인하여 피해를 입은 경우 사법적 사실행위는 민법 제750조 규정에 따라, 공법적 사실행위는 국가배상법 제2조 및 제5조에 따라 손해배상청구를 할 수 있다.

• **손실보상** : 권력적 사실행위가 손실보상의 요건을 갖춘 경우는 보상책임이 발생하나, 비권력적 사실행위의 경우 개별법의 근거가 없는 한 보상책임이 없다는 것이 다수설과 판례의 입장이다.

• **결과제거청구권** : 위법한 사실행위로 인한 위법상태가 지속될 경우 행정청은 원상회복의 의무를 부담하여야 하고, 침해받은 자는 결과제거청구권을 행사할 수 있다.

제4장 행정계획

● 대표유형문제 ●

행정계획에 대한 설명으로 옳지 않은 것은?

① 행정계획의 주체는 계획법에 근거한 구체적 계획을 수립, 변경하는 과정에서 광범위한 형성의 자유를 가지는바, 형성의 자유가 없는 계획은 그 자체가 모순이다.

② 계획재량과 행정재량을 질적으로 구분하는 견해도 있고, 질적 차이는 없고 양적 차이만 있다는 견해가 있다.

❸ 계획재량의 통제기준으로 형량명령이 있으며 국토의계획및이용에관한법률에서는 형량명령에 관한 명문규정을 두고 있다.

④ 행정주체가 행정계획을 입안·결정함에 있어 이익형량을 해태·흠결하거나 오형량한 경우에는 재량의 일탈·남용으로 위법하다고 판시하여, 형량명령 법리를 수용하고 있다.

[정답해설] 우리나라의 경우 계획재량을 통제하기 위한 이론으로서의 형량명령의 이론은 학설과 판례에 의해서는 받아들여지고 있으나, 아직 실정법에 규정된 예를 찾아볼 수는 없다.

[오답해설] ① 계획재량의 법적 근거를 나타낸다.
② 계획재량과 행정재량에 질적 차이가 존재하며 재량의 내용이 다르다는 것은 구별긍정설(질적 차이 부정설)이며, 계획재량과 행정재량에 질적 차이는 없고 양적 차이만 있다는 것은 구별부정설(질적 차이 긍정설)이다.
④ 판례는 행정주체가 행정계획을 입안·결정함에 있어서 비교적 광범위한 형성의 자유를 가지지만, 이익형량을 하지 않았거나 정당성·객관성 등이 결여된 경우에 그 행정계획결정은 재량권을 일탈·남용한 것으로 위법하다고 하였다.

[핵심정리] **계획재량에 대한 통제**

• **통제법리의 필요성** : 위법한 행정계획으로 자신의 법률상 이익을 침해받은 자는 취소쟁송을 제기할 수 있으나, 계획재량의 경우 광범위한 판단자유 내지 형성의 자유가 있어 기존의 사법적 통제법리로는 실효를 거두기가 곤란하다. 이러한 점에서 행정계획에 특유한 통제법리의 필요하다고 하겠다. 다수설과 판례는 계획재량에 대한 사법적 통제기준으로 형량명령(이익형량)의 법리를 인정하고 있다.

• **행정적 통제와 입법적 통제** : 행정적 통제에서는 절차적 통제가 중요하며, 입법적 통제는 실효성이 적다.

• **형량명령(이익형량)** : 행정청에 광범위한 계획재량이 인정된다고 하여 법치주의로부터 제외된 것은 아니므로, 행정청이 계획재량을 함에 있어서 공익과 사익 상호 간의 관련이익을 비례의 원칙에 따라서 형량하여야 하는데, 이처럼 관련이익을 형량하는 것을 형량명령이라 한다. 이러한 형량명령의 법리는 독일의 실정법에 규정된 원리로서, 계획재량의 한계를 설정하는 데 중요한 역할을 한다.

01

행정계획에 대한 판례의 입장으로 옳지 않은 것은?

① 도시설계는 건축물규제라는 성격과 건축법의 입법적인 경과에 비추어 볼 때 법적 구속력을 갖는 구속적 행정계획이다.

② 기존의 하수도정비기본계획을 변경하여 광역 하수종말처리시설을 설치하는 등의 내용으로 수립한 하수도정비기본계획은 항고소송의 대상이 되는 행정처분에 해당한다.

③ 비구속적 행정계획안이라도 국민의 기본권에 직접적으로 영향을 끼치고 앞으로 법령의 뒷받침에 의하여 그대로 실시될 것이 틀림없을 것으로 예상되는 경우에는 예외적으로 헌법소원의 대상이 될 수 있다.

④ 장래 일정한 기간 내에 관계 법령이 규정하는 시설 등을 갖추어 일정한 행정처분을 구하는 신청을 할 수 있는 법률상 지위에 있는 자의 국토이용계획변경신청을 거부하는 것이 실질적으로 당해 행정처분 자체를 거부하는 결과가 되는 경우에는 항고소송의 대상이 되는 처분에 해당한다.

> **해설** 구 하수도법 제5조의2에 의하여 기존의 하수도정비기본계획을 변경하여 광역하수종말처리시설을 설치하는 등의 내용으로 수립한 하수도정비기본계획은 항고소송의 대상이 되는 행정처분에 해당하지 않는다(대판 2002. 5. 17, 2001두10578).

02

행정계획에 대한 설명으로 옳지 않은 것은?

① 계획행정청은 의제되는 인 · 허가의 요건불비를 이유로 주된 인 · 허가의 신청에 대한 거부처분을 할 수 없다.

② 집중효의 범위는 절차적 집중에까지 미치므로 법령상 다른 규정이 없는 한 계획행정청은 의제되는 인 · 허가에 관한 모법상의 행정절차를 거칠 필요는 없다.

③ 형량해태, 형량흠결, 오형량은 계획재량의 통제원리인 형량명령 하자의 일반적 내용이다.

④ 장기미집행 도시계획시설결정의 실효는 헌법상 재산권으로부터 당연히 도출되는 것은 아니며, 법률의 근거가 필요하다.

> **해설** 채광계획인가의 법적 성질(기속재량행위), 공유수면 점용허가의 법적 성질(자유재량행위) 및 채광계획인가로 공유수면 점용허가가 의제될 경우, 공유수면 점용 불허사유로써 채광계획을 인가하지 않을 수 있다(대판 2002.10.11, 2001두151).
> ② 건설부장관(현 국토교통부)이 관계기관의 장과의 협의를 거쳐 주택건설사업계획 승인을 한 경우 별도로 중앙도시계획위원회의 의결이나 주민의 의견청취 등 절차가 필요하지 않다(대판 1992.11.10, 92누1162).
> ③ 계획재량의 통제원리인 형량명령의 하자 범위에는 관련이익의 조사가 없거나, 형량이 전혀 없던 경우, 형량에 있어 반드시 고려되어야 할 특정이익이 고려되지 아니한 경우, 형량에 있어 특정사실 · 이익 등에 대한 평가를 현저히 그르친 경우, 공익 · 사익의 비교형량에 있어 비례원칙을 위배한 경우 등이 포함된다.
> ④ 장기미집행 도시계획시설결정의 실효제도는 입법자가 새로운 제도를 마련함에 따라 얻게 되는 권리일 뿐 헌법상 재산권으로부터 당연히 도출되는 권리는 아니다(헌재 2005.9.29, 2002헌바84).

03 [국가직 9급 기출]

행정계획에 대한 설명으로 옳지 않은 것은? (다툼이 있는 경우 판례에 의함)

① 행정주체가 구체적인 행정계획을 입안·결정할 때 가지는 형성의 자유의 한계에 관한 법리는 주민의 입안 제안 또는 변경신청을 받아들여 도시관리계획결정을 하거나 도시계획시설을 변경할 것인지를 결정할 때에도 동일하게 적용된다.

② 도시및주거환경정비법에 기초하여 주택재건축정비사업조합이 수립한 사업시행계획은 인가·고시를 통해 확정되어도 이해 관계인에 대한 직접적인 구속력이 없는 행정계획으로서 독립된 행정처분에 해당하지 아니한다.

③ 장래 일정한 기간 내에 관계 법령이 규정하는 시설 등을 갖추어 일정한 행정처분을 구하는 신청을 할 수 있는 법률상 지위에 있는 자의 국토이용계획변경신청을 거부하는 것이 실질적으로 당해 행정처분 자체를 거부하는 결과가 되는 경우에는 예외적으로 그 신청인에게 국토이용계획변경을 신청할 권리가 인정된다.

④ 장기미집행 도시계획시설결정의 실효제도에 의해 개인의 재산권이 보호되는 것은 입법자가 새로운 제도를 마련함에 따라 얻게 되는 법률에 기한 권리일 뿐 헌법상재산권으로부터 당연히 도출되는 권리는 아니다.

[해설] 구 도시및주거환경정비법(2007. 12. 21. 법률 제8785호로 개정되기 전의 것)에 따른 주택재건축정비 사업조합은 관할 행정청의 감독 아래 위 법상 주택재건축사업을 시행하는 공법인으로서, 그 목적 범위 내에서 법령이 정하는 바에 따라 일정한 행정작용을 행하는 행정주체의 지위를 가진다 할 것인데, 재건축정비사업조합이 이러한 행정주체의 지위에서 위 법에 기초하여 수립한 사업시행계획은 인가·고시를 통해 확정되면 이해관계인에 대한 구속적 행정계획으로서 독립된 행정처분에 해당한다(대법원 2009. 11. 2. 자 2009마596 결정).

04

행정계획에 대한 설명으로 옳지 않은 것은?

① 행정계획의 수립에는 행정조직법적 근거가 필요하다.

② 행정계획의 결정에 의하여 집중효가 인정되는 경우가 있다.

③ 행정절차법은 계획의 확정절차에 관한 규정을 두고 있다.

④ 판례는 택지개발예정지구지정처분을 행정계획의 일종이라고 본다.

[해설] 행정절차법은 계획의 확정절차에 관한 규정을 두고 있지 않다.

핵심정리

행정계획의 효력

- **내용적 효력**
  - 효력발생 : 법규형식의 행정계획은 법령 등 공포에 관한 법률이 정하는 바에 의하여 공포하여야 하고, 특별히 정함이 없으면 공포일로부터 20일이 경과함으로서 효력이 발생한다(법령 등 공포에 관한 법률 제13조).
  - 효력발생요건으로 고시·공람 : 판례는 관보를 통한 고시를 행정계획의 효력발생요건으로 판시한 바 있다.
  - 구속효 : 행정계획은 행정의 영속성, 통일성, 사인의 신뢰확보 등과 관련하여 각 계획마다 강도의 차이가 있을 것이나, 사실상의 구속효를 갖는다.
- **집중효** : 국토의계획및이용에관한법률 등에 의한 도시관리계획인 행정계획이 확정되면, 다른 법령에 의해 받게 되어 있는 인가 또는 허가 등을 받은 것으로 간주하는 효과를 말한다. 이러한 집중효는 장기간의 사업에 있어 행정의 신속성이 요구되는 경우에 주로 활용되며, 인·허가 절차의 간소화를 통하여 사업자의 부담을 해소하고 행정절차 촉진에 기여한다.
  이는 개별법에서 명시적으로 규정된 경우에만 인정된다(행정조직법정주의 원리 준수).

05

행정계획에 대한 설명으로 옳은 것은?

① 계획을 수립하는 행정청에게 인정되는 행정계획의 내용이나 수단에 대한 광범한 형성의 자유를 판단여지라고 한다.

② 행정계획에 있어서는 전문지식의 도입, 계획 상호간의 조정, 관계인의 이해 조절, 민주적 통제 등 절차적 요소가 중요한 의미를 가지므로 우리 행정절차법에는 '계획확정절차'에 관하여 명문의 규정을 두고 있다.

③ 행정계획을 근거지우는 수권규범은 통상적으로 목적－수단 프로그램이 아니라 조건－결과 프로그램으로 이루어져 있다.

④ 행정계획의 법적 성질에 관하여 여러 가지 견해가 대립하고 있으나, 행정계획은 다양한 형태와 내용을 포함하고 있으므로 그 법적성질을 일률적으로 말하기는 어렵다.

해설 ① 계획재량에 대한 설명이다.
② 우리나라 현행 절차법에는 행정계획확정절차에 관한 명문규정을 두고 있지 않으며 계획확정에 관한 절차는 독일에서 주로 논의되는 내용이다.
③ 계획재량의 규범구조는 통상적으로 목적－수단 프로그램(목적 프로그램)이며, 행정재량의 규범구조는 조건－결과 프로그램(조건 프로그램)이다.

핵심정리

행정계획의 법적 성질
• **학설** : 행정입법행위설, 행정행위설, 독자성설, 복수성질설(개별적 검토설)
• **판례** : 환권계획(관리처분계획)·도시관리계획은 처분성을 인정하고 있으나, 도시기본계획이나 종합계획, 환지계획 등에 대하여는 처분성을 부정

06

행정계획에 대한 설명으로 옳지 않은 것은?

① 판례는 도시및주거환경정비법상 관리처분계획의 처분성을 인정한다.

② 판례는 도시계획시설변경입안제안의 거부를 거부처분으로 본다.

③ 헌법재판소는 비구속적 행정계획안도 국민의 기본권에 직접적으로 영향을 끼치고 앞으로 법령의 뒷받침에 의하여 그대로 실시될 것이 틀림없을 것으로 예상될 수 있는 때에는 헌법소원의 대상이 될 수 있다고 본다.

④ 판례에 의하면, 행정주체가 행정계획을 입안 결정함에 있어서 이익형량을 전혀 행하지 아니하거나 이익형량의 고려대상에 마땅히 포함시켜야 할 사항을 누락한 경우가 아닌 한, 이익형량에서 정당성과 객관성이 결여된 것만으로는 그 행정계획결정은 위법한 것으로 되지 않는다.

해설 이익형량을 하였으나 정당성과 객관성이 결여된 경우에는 그 행정계획결정은 형량에 하자가 있어 위법하게 된다(대판 2007.4.12, 2005두1893).
① 도시및주거환경정비법상의 관리처분계획은 구속적 행정계획으로서 독립된 행정처분에 해당한다(대판 2009.9.17, 2007다2428).
② 도시계획구역 내의 토지 소유자가 도시계획 입안권자에게 도시계획입안을 신청한 데 대하여, 이러한 신청을 거부한 행위는 항고소송의 대상이 되는 처분에 해당한다(대판 2004.4.28, 2003두1806).
③ 헌법재판소는 비구속적 행정계획안이나 행정지침이라도 국민의 기본권에 직접적으로 영향을 끼치고, 앞으로 법령의 뒷받침에 의하여 그대로 실시될 것이 틀림없을 것으로 예상될 수 있을 때에는, 예외적으로 공권력 행사로서 헌법소원의 대상이 될 수 있다(헌재 2000.6.1, 99헌마538).

07 국가직 9급 기출

행정계획에 대한 설명으로 옳지 않은 것은? (다툼이 있는 경우 판례에 의함)

① 구 도시계획법상 도시기본계획은 도시의 기본적인 공간구조와 장기발전방향을 제시하는 종합계획으로서 도시계획입안의 지침이 되므로 일반 국민에 대한 직접적인 구속력은 없다.

② 장래 일정한 기간 내에 관계 법령이 규정하는 시설 등을 갖추어 일정한 행정처분을 구하는 신청을 할 수 있는 법률상 지위에 있는 자의 국토이용계획변경신청을 거부하는 것이 실질적으로 당해 행정처분 자체를 거부하는 결과가 되는 경우라도, 구 국토이용관리법상 주민이 국토이용계획의 변경에 대하여 신청을 할 수 있다는 규정이 없으므로 그 신청인에게 국토이용계획변경을 신청할 권리가 인정된다고 볼 수 없다.

③ 구속력 없는 행정계획안이나 행정지침이라도 국민의 기본권에 직접적으로 영향을 끼치고 법령의 뒷받침에 의하여 그대로 실시될 것이 틀림없을 것으로 예상되는 때에는 예외적으로 헌법소원의 대상이 된다.

④ 도시계획의 결정 · 변경 등에 대한 권한행정청은 이미 도시계획이 결정 · 고시된 지역에 대하여도 다른 내용의 도시계획을 결정 · 고시할 수 있고, 이 때에 후행 도시계획에 선행 도시계획과 양립할 수 없는 내용이 포함되어 있다면 특별한 사정이 없는 한 선행 도시계획은 후행 도시계획과 같은 내용으로 변경된다.

해설 장래 일정한 기간 내에 관계 법령이 규정하는 시설 등을 갖추어 일정한 행정처분을 구하는 신청을 할 수 있는 법률상 지위에 있는 자의 국토이용계획변경신청을 거부하는 것이 실질적으로 당해 행정처분 자체를 거부하는 결과가 되는 경우에는 예외적으로 그 신청인에게 국토이용계획변경을 신청할 권리가 인정된다고 봄이 상당하므로, 이러한 신청에 대한 거부행위는 항고소송의 대상이 되는 행정처분에 해당한다(대법원 2003. 9. 23., 선고, 2001두10936, 판결).

① 구 도시계획법(1999. 2. 8. 법률 제5898호로 개정되기 전의 것) 제10조의2, 제16조의2, 같은법시행령(1999. 6. 16. 대통령령 제16403호로 개정되기 전의 것) 제7조, 제14조의2의 각 규정을 종합하면, 도시기본계획은 도시의 기본적인 공간구조와 장기발전방향을 제시하는 종합계획으로서 그 계획에는 토지이용계획, 환경계획, 공원녹지계획 등 장래의 도시개발의 일반적인 방향이 제시되지만, 그 계획은 도시계획입안의 지침이 되는 것에 불과하여 일반 국민에 대한 직접적인 구속력은 없는 것이다(대법원 2002. 10. 11., 선고, 2000두8226, 판결).

③ 비구속적 행정계획안이나 행정지침이라도 국민의 기본권에 직접적으로 영향을 끼치고, 앞으로 법령의 뒷받침에 의하여 그대로 실시될 것이 틀림없을 것으로 예상될 수 있을 때에는, 공권력행위로서 예외적으로 헌법소원의 대상이 될 수 있다(헌재결 2000.6.1, 99헌마538).

④ 도시계획의 결정 · 변경 등에 관한 권한을 가진 행정청은 이미 도시계획이 결정 · 고시된 지역에 대하여도 다른 내용의 도시계획을 결정 · 고시할 수 있고, 이 때에 후행 도시계획에 선행 도시계획과 서로 양립할 수 없는 내용이 포함되어 있다면, 특별한 사정이 없는 한 선행 도시계획은 후행 도시계획과 같은 내용으로 변경되는 것이나, 후행 도시계획의 결정을 하는 행정청이 선행 도시계획의 결정 · 변경 등에 관한 권한을 가지고 있지 아니한 경우에 선행 도시계획과 서로 양립할 수 없는 내용이 포함된 후행 도시계획결정을 하는 것은 아무런 권한 없이 선행 도시계획결정을 폐지하고, 양립할 수 없는 새로운 내용이 포함된 후행 도시계획결정을 하는 것으로서, 선행 도시계획결정의 폐지 부분은 권한 없는 자에 의하여 행해진 것으로서 무효이고, 같은 대상지역에 대하여 선행 도시계획결정이 적법하게 폐지되지 아니한 상태에서 그 위에 다시 한 후행 도시계획결정 역시 위법하고, 그 하자는 중대하고도 명백하여 다른 특별한 사정이 없는 한 무효라고 보아야 한다(대법원 2000. 9. 8., 선고, 99두11257, 판결).

핵심정리

행정계획

• **개념** : 행정에 관한 전문적 · 기술적 판단을 기초로 하여 도시의 건설 · 정비 · 개량 등과 같은 특정한 행정목표를 달성하기 위하여 서로 관련되는 행정수단을 종합 · 조정함으로써 장래의 일정한 시점에 있어서 일정한 질서를 실현하기 위한 구상 또는 활동기준

• 문제점
- 입법적 통제의 곤란 : 행정청이 계획재량을 가지게
된 결과 입법적 통제가 곤란하여, 법률에 의한 행정
이 계획에 의한 행정으로 대체될 수 있다.
- 구제수단의 불충분 : 행정계획에 대한 사법적 통제
문제와 손실보상의 문제, 계획보장청구권의 인정 문
제 등이 제기되고 있다.

08

행정계획에 대한 설명으로 가장 옳지 않은 것은?

① 대학교육역량강화사업 기본계획은 헌법소원의
대상이 되는 공권력 행사에 해당되지 않는다.

② 이미 고시된 실시계획에 포함된 상세계획으로
관리되는 토지 위의 건물의 용도를 상세계획
승인권자의 변경승인 없이 임의로 판매시설에
서 상세계획에 반하는 일반목욕장으로 변경한
사안에서, 그 영업신고를 수리하지 않고 영업
소를 폐쇄한 처분은 적법하다.

③ 국토종합계획, 도시관리계획 등은 비구속적
계획에 속한다.

④ 개발제한구역의 지정·고시에 대한 헌법소원
심판청구는 행정쟁송절차를 모두 거친 후가
아니면 부적법하다.

> 해설 국토종합계획은 행정기관에 대한 구속적 계획이고 도시
> 관리계획은 국민에 대한 구속적 계획이다.

핵심정리

구속적 계획과 비구속적 계획
• **구속적 계획**
- 국민에 대한 구속 계획 : 도시관리계획, 도시개발
법상의 도시개발계획, 도시및주거환경정비법에 의
한 도시·주거환경정비계획, 수도권정비계획법상
수도권정비계획 등
- 행정기관에 대한 구속적 계획 : 국토종합계획, 예산
운용계획 등
• **비구속적 계획** : 경제개발 5개년계획, 체육진흥계획,
인구계획 등

09

행정계획에 대한 설명으로 옳은 것은?

① 정당하게 도시계획결정 등의 처분을 하였다면
이를 관보에 게재하지 아니하였다고 하여도
대외적 효력은 발생한다.

② 서로 양립할 수 없는 도시계획이 중복되어 결
정·고시되었다면 특별한 사정이 없는 한 선
행도시계획은 후행도시계획으로 적법하게 변
경된 것으로 보아야 한다.

③ 행정계획은 그 절차적 통제가 중요한 의미를
가지기 때문에 우리 행정절차법에도 이에 관
한 규정을 마련하고 있다.

④ 계획재량은 형성의 자유가 인정되는 법률로부
터 자유로운 행위의 일종이다.

> 해설 ① 정당하게 도시계획결정 등의 처분을 하였다고 하더
> 라도 이를 관보에 게재하여 고시하지 아니한 이상 대
> 외적으로는 아무런 효력도 발생하지 아니한다(대판
> 1985.12.10, 85누186).
> ③ 우리나라 현행 행정절차법에는 행정계획에 관한 규
> 정을 두고 있지 않다.
> ④ 계획재량은 비교적 광범위한 형성의 자유가 인정되
> 나 법률로부터 자유로운 행위라 볼 수는 없으며, 이
> 익형량(형량명령) 원리에 따라 공익과 사익 상호 간
> 의 관련 이익을 비례의 원칙에 따라서 형량하여 결정
> 하여야 한다.

● **관련 판례**

도시계획의 결정·변경 등에 관한 권한을 가진 행정청은 이미
도시계획이 결정·고시된 지역에 대하여도 다른 내용의 도시
계획을 결정·고시할 수 있고, 이때에 후행 도시계획에 선행
도시계획과 서로 양립할 수 없는 내용이 포함되어 있다면, 특
별한 사정이 없는 한 선행 도시계획은 후행 도시계획과 같은
내용으로 변경된다(대판 2000.9.8, 99두11257).

10 국회직 8급 기출

행정계획에 대한 설명으로 옳지 않은 것은?

① 대법원은 후행 도시계획의 결정을 하는 행정청이 선행 도시계획의 결정·변경 등에 관한 권한을 가지고 있지 아니한 경우에 선행 도시계획과 양립할 수 없는 내용이 포함된 후행 도시계획결정을 하는 것은 무효라는 입장이다.

② 대법원은 묘지공원과 화장장의 후보지를 선정하는 과정에서 서울특별시, 비영리법인, 일반기업 등이 공동발족한 협의체인 추모공원건립추진협의회가 후보지 주민들의 의견을 청취하기 위하여 그 명의로 개최한 공청회에 대해 행정절차법에서 정한 절차를 준수하여야 한다고 보았다.

③ 대법원은 계획형량을 하는 과정에서 이익형량을 전혀 하지 않았거나 이익형량의 고려대상에 포함시켜야 할 중요한 사항을 누락한 경우에는 그 행정계획결정은 재량권을 일탈·남용한 것으로서 위법하다는 입장이다.

④ 헌법재판소는 비구속적 행정계획안이나 행정지침이라 하더라도 국민의 기본권에 직접적으로 영향을 끼치고 앞으로 법령의 뒷받침에 의하여 그대로 실시될 것이 틀림없을 것으로 예상되는 경우에는 예외적으로 헌법소원의 대상이 될 수 있다는 입장이다.

⑤ 대법원은 문화재보호구역 내에 있는 토지소유자 등으로서는 보호구역의 지정해제를 요구할 수 있는 법규상 또는 조리상 신청권이 있다는 입장이다.

해설 추모공원건립추진협의회가 후보지 주민들의 의견을 청취하기 위하여 그 명의로 개최한 공청회는 행정청이 도시계획시설결정을 하면서 개최한 공청회가 아니므로, 위 공청회의 개최에 관하여 행정절차법에서 정한 절차를 준수하여야 하는 것은 아니라고 한 사례.(대판 2007.04.12, 2005두1893)

① 선행 도시계획결정의 폐지 부분은 권한 없는 자에 의하여 행해진 것으로서 무효이고, 같은 대상지역에 대하여 선행 도시계획결정이 적법하게 폐지되지 아니한 상태에서 그 위에 다시 한 후행 도시계획결정 역시 위법하고, 그 하자는 중대하고도 명백하여 다른 특별한 사정이 없는 한 무효라고 보아야 한다(대판 2000.09.08, 99두11257).

③ 행정주체가 택지개발 예정지구 지정 처분과 같은 행정계획을 입안·결정하는 데에는 비록 광범위한 계획재량을 갖고 있지만 정당하게 비교·교량하여야 하고 만약 이익형량을 전혀 하지 아니하였거나 이익형량의 고려대상에 포함시켜야 할 중요한 사항을 누락한 경우 또는 이익형량을 하기는 하였으나 그것이 비례의 원칙에 어긋나게 된 경우에는 그 행정계획은 재량권을 일탈·남용한 위법한 처분이다(대판 1997.09.26, 96누10096).

④ 비구속적 행정계획안이나 행정지침이라도 국민의 기본권에 직접적으로 영향을 끼치고, 앞으로 법령의 뒷받침에 의하여 그대로 실시될 것이 틀림없을 것으로 예상될 수 있을 때에는, 공권력행위로서 예외적으로 헌법소원의 대상이 된다고 할 것이다(헌법재판소 2000.6.1, 99헌마538).

⑤ 문화재보호법 시행규칙은 그 적정성 여부의 검토에 있어서 당해 문화재의 보존 가치 외에도 보호구역의 지정이 재산권 행사에 미치는 영향 등을 고려하도록 규정하고 있는 점 등과 헌법상 개인의 재산권 보장의 취지에 비추어 보면, 문화재보호구역 내에 있는 토지소유자 등으로서는 위 보호구역의 지정해제를 요구할 수 있는 법규상 또는 조리상의 신청권이 있다고 할 것이고, 이러한 신청에 대한 거부행위는 항고소송의 대상이 되는 행정처분에 해당한다(대판 2004.04.27, 2003두8821).

11 지방직 9급 기출

행정계획에 대한 설명으로 옳은 것은? (다툼이 있는 경우 판례에 의함)

① 도시재개발법상의 관리처분계획은 처분성이 없다.

② 헌법재판소에 의하면 도시계획사업의 시행으로 토지를 수용당한 사람은 도시계획결정과 토지수용이 당연무효가 아닌 한 도시계획결정 자체의 취소를 청구할 법률상의 이익이 없다.

③ 공청회와 이주대책이 없는 도시계획수립행위는 당연무효인 행위이다.

④ 권한 있는 행정청이 정당하게 도시계획결정 등의 처분을 하였다면 이를 관보에 게재하여 고시하지 아니하였다 하더라도 대외적으로 효력을 발행한다.

> **해설** 도시계획사업의 시행으로 인한 토지수용에 의하여 이미 이 사건 토지에 대한 소유권을 상실한 청구인은 도시계획결정과 토지의 수용이 법률에 위반되어 당연무효라고 볼만한 특별한 사정이 보이지 않는 이상 이 사건 토지에 대한 도시계획결정의 취소를 청구할 법률상의 이익을 흠결하여 당해소송은 적법한 것이 될 수 없다(헌재 2002.05.30. 2000헌바58).
> ① 도시재개발법상의 관리처분계획은 처분성이 있어 항고소송의 대상이 된다(대판 2002.12.10. 2001두6333).
> ③ 도시계획의 수립에 있어서 소정의 이주대책을 수립하지 않은 것은 취소사유에 불과하며 당연무효가 아니다(대판 1990.1.23. 87누947).
> ④ 행정청이 정당하게 도시계획결정 등의 처분을 하였더라도 이를 관보에 게재하여 고시하지 아니한 이상 대외적으로는 아무런 효력도 발생하지 않는다고 하여, 관보를 통한 고시를 행정계획의 효력발생요건으로 본다(대판 1985.12.10. 85누186).

제5장 정보공개 및 개인정보보호제도

● 대표유형문제 ●

공공기관에 대한 정보공개청구가 받아들여지지 않았을 때, 그 구제제도에 대한 설명으로 옳은 것은?

① 고등교육법에 의하여 설치된 사립학교기관의 정보는 공공기관의정보공개에관한법률의 적용 대상이 아니므로 정보공개청구가 거부되어도 불복할 수 없다.

② 대법원 판례에 의하면 국민의 정보공개청구권은 추상적인 권리라 할 것이므로, 공개거부처분을 받은 청구인은 법률상 특별한 규정이 없는 한 행정소송을 통하여 그 공개거부처분의 취소를 구할 법률상의 이익이 없다.

❸ 행정심판을 거치지 않고 바로 행정소송을 제기할 수 있다.

④ 이의신청을 거치지 않으면 행정심판을 제기할 수 없다.

> **정답해설** 현행법상의 행정심판은 임의적 전치절차이므로 이를 거치지 않고도 바로 행정소송을 제기할 수 있다.

> **오답해설** ① 판례는 고등교육법에 의하여 설치된 사립학교기관(사립대학교)도 '공공기관의정보공개에관한법률'의 적용 대상에 해당하므로 원칙상 정보공개청구의 대상이 된다고 하였다(대판 2006.8.24, 2004두2783).
> ② 판례는 정보공개청구권은 법률상 보호되는 구체적인 권리이므로 청구인이 공공기관에 대하여 정보공개를 청구하였다가 거부처분을 받은 것 자체가 법률상 이익의 침해에 해당한다고 하여 정보공개거부처분을 받은 청구인이 그 거부처분의 취소를 구할 법률상의 이익이 있다고 하였다(대판 2003.12.12, 2003두8050).
> ④ 이의신청을 거치지 않고도 행정심판청구가 가능하다.

> **핵심정리** 정보공개청구 이의신청
> • 청구인이 정보공개와 관련한 공공기관의 비공개 결정 또는 부분 공개 결정에 대하여 불복이 있거나 정보공개 청구 후 20일이 경과하도록 정보공개 결정이 없는 때에는 공공기관으로부터 정보공개 여부의 결정 통지를 받은 날 또는 정보공개 청구 후 20일이 경과한 날부터 30일 이내에 해당 공공기관에 문서로 이의신청을 할 수 있다.
> • 국가기관 등은 제1항에 따른 이의신청이 있는 경우에는 심의회를 개최하여야 한다. 다만, 다음 각 호의 어느 하나에 해당하는 경우에는 개최하지 아니할 수 있다.
> – 심의회의 심의를 이미 거친 사항
> – 단순 · 반복적인 청구
> – 법령에 따라 비밀로 규정된 정보에 대한 청구
> • 공공기관은 이의신청을 받은 날부터 7일 이내에 그 이의신청에 대하여 결정하고 그 결과를 청구인에게 지체없이 문서로 통지하여야 한다. 다만, 부득이한 사유로 정해진 기간 이내에 결정할 수 없는 때에는 그 기간이 끝나는 날의 다음 날부터 기산하여 7일의 범위에서 연장할 수 있으며, 연장사유를 청구인에게 통지하여야 한다.
> • 공공기관은 이의신청을 각하 또는 기각하는 결정을 한 경우에는 청구인에게 행정심판 또는 행정소송을 제기할 수 있다는 사실을 제3항에 따른 결과통지와 함께 알려야 한다.

01

개인정보 보호에 대한 설명으로 옳은 것은?

① 개인정보처리자는 개인정보 유출 사실을 인지하였을 경우 지체 없이 해당 정보주체에게 관련 사실을 통지하고, 5백 명 이상의 정보주체에 관한 개인정보가 유출된 때에는 전문기관에 신고하여야 한다.

② 개인정보 보호에 관한 사항을 심의 · 의결하기 위하여 행정안전부 소속으로 개인정보 보호위원회를 두며 보호위원회는 그 권한에 속하는 업무를 독립하여 수행한다.

③ 개인정보의 보호와 정보주체의 권익 보장을 위하여 행정안전부장관은 1년마다 개인정보 보호 기본계획을 관계 중앙행정기관의 장과 협의하에 작성하여 보호위원회에 제출하여야 한다.

④ 행정안전부장관은 개인정보의 처리에 관한 기준, 개인정보 침해의 유형 및 예방조치 등에 관한 표준 개인정보 보호지침을 정하여 개인정보처리자에게 그 준수를 권장할 수 있다.

해설 ① 1천 명 이상의 정보주체에 관한 개인정보가 유출된 때에는 보호위원회 또는 전문기관에 신고하여야 한다(개인정보보호법 제34조 제3항).

② 개인정보 보호에 관한 사무를 독립적으로 수행하기 위하여 국무총리 소속으로 개인정보보호위원회를 둔다(동법 제7조 제1항).

③ 보호위원회는 개인정보의 보호와 정보주체의 권익 보장을 위하여 3년마다 개인정보보호기본계획을 관계 중앙행정기관의 장과 협의하여 수립한다(동법 제9조 제1항).

02 서울시 9급 기출

공공기관의정보공개에관한법률에 따른 정보공개제도에 관한 설명으로 가장 옳은 것은?

① 정보공개청구권자인 '모든 국민'에는 자연인 외에 법인, 권리능력 없는 사단 · 재단도 포함되므로 지방자치단체도 포함된다.

② 공개청구의 대상정보가 이미 다른 사람에게 널리 알려져 있거나 인터넷 검색을 통해 쉽게 알 수 있는 경우에는 비공개결정을 할 수 있다.

③ 정보를 취득 또는 활용할 의사가 전혀 없이 사회 통념상 용인될 수 없는 부당이득을 얻으려는 목적의 정보공개청구는 권리남용행위로서 허용되지 않는다.

④ 공개청구 된 정보가 제3자와 관련이 있는 경우 행정청은 제3자에게 통지하여야 하고 의견을 들을 수 있으나, 제3자가 비공개를 요청할 권리를 갖지는 않는다.

해설 일반적인 정보공개청구권의 의미와 성질, 정보공개법의 규정 내용과 입법 목적, 정보공개법이 정보공개청구권의 행사와 관련하여 정보의 사용 목적이나 정보에 접근하려는 이유에 관한 어떠한 제한을 두고 있지 아니한 점 등을 고려하면, 국민의 정보공개청구는 정보공개법 제9조에 정한 비공개 대상 정보에 해당하지 아니하는 한 원칙적으로 폭넓게 허용되어야 하지만, 실제로는 해당 정보를 취득 또는 활용할 의사가 전혀 없이 정보공개 제도를 이용하여 사회통념상 용인될 수 없는 부당한 이득을 얻으려 하거나, 오로지 공공기관의 담당공무원을 괴롭힐 목적으로 정보공개청구를 하는 경우처럼 권리의 남용에 해당하는 것이 명백한 경우에는 정보공개청구권의 행사를 허용하지 아니하는 것이 옳다(대법원 2014. 12. 24. 선고 2014두9349 판결).

① 공공기관의정보공개에관한법률은 국민을 정보공개청구권자로, 지방자치단체를 국민에 대응하는 정보공개의무자로 상정하고 있다고 할 것이므로, 지방자치단체는 공공기관의정보공개에 관한법률 제5조에서 정한 정보공개청구권자인 '국민'에 해당되지 아니한다(서울행정법원 2005. 10. 12. 선고 2005구합10484 판결: 확정).

② 정보공개청구의 대상이 이미 널리 알려진 사항이라 하더라도 그 공개의 방법만을 제한할 수 있도록 규정하고 있을 뿐 공개 자체를 제한하고 있지는 아니하므로, 공개청구의 대상이 되는 정보가 이미 다른 사람에게 공개하여 널리 알려져 있다거나 인터넷이나 관보 등을 통하여 공개하여 인터넷 검색이나 도서관에서의 열람 등을 통하여 쉽게 알 수 있다는 사정만으로는 소의 이익이 없다거나 비공개결정이 정당화될 수는 없다(대법원 2008. 11. 27. 선고 2005두15694 판결).

④ 공공기관의정보공개에관한법률 제11조 제3항에 따라 공개 청구된 사실을 통지받은 제3자는 그 통지를 받은 날부터 3일 이내에 해당 공공기관에 대하여 자신과 관련된 정보를 공개하지 아니할 것을 요청할 수 있다(공공기관의정보공개에관한법률 제21조 제1항).

03

개인정보보호법의 내용과 일치하는 것은?

① 개인정보처리자는 정보주체의 동의가 있는 경우라고 하더라도 사상이나 신념 등 정보주체의 사생활을 현저히 침해할 우려가 있는 개인정보를 처리하여서는 아니 된다.

② 영상정보처리기기운영자는 영상정보처리기기의 설치 목적과 다른 목적으로 영상정보처리기기를 임의로 조작하거나 다른 곳을 비춰서는 아니 되며, 녹음기능은 사용할 수 없다.

③ 개인정보 보호에 관한 사항을 심의·의결하기 위하여 행정안전부장관 소속으로 개인정보 보호위원회를 둔다. 보호위원회는 그 권한에 속하는 업무를 독립하여 수행한다.

④ 자신의 개인정보를 열람한 정보주체는 개인정보처리자에게 그 개인정보의 정정을 요구할 수는 있으나 처리정보의 삭제를 요구할 수는 없다.

해설 영상정보처리기기의 설치·운영 제한은 개인정보보호법 제25조에 규정되어 있다.
① 기존의 공공기관의개인정보보호에관한법률에서와 같은 맥락으로 정보주체에게 규정된 사항을 알리고 다른 개인정보의 처리에 대한 동의와 별도로 동의를 받은 경우는 예외로 허용하고 있다.
③ 개인정보 보호에 관한 사무를 독립적으로 수행하기 위하여 국무총리 소속으로 개인정보 보호위원회를 둔다. (동법 제7조 제1항).
④ 자신의 개인정보를 열람한 정보주체는 개인정보처리자에게 그 개인정보의 정정 또는 삭제를 요구할 수 있다. 다만, 다른 법령에서 그 개인정보가 수집 대상으로 명시되어 있는 경우에는 그 삭제를 요구할 수 없다(동법 제36조 제1항).

핵심정리

민감정보의 처리 제한의 적용제외(개인정보보호법 제23조 제1항)

① 정보주체에게 제15조 제2항 각 호 또는 제17조 제2항 각 호의 사항을 알리고 다른 개인정보의 처리에 대한 동의와 별도로 동의를 받은 경우

- **개인정보의 수집 · 이용(개인정보보호법 제15조 제2항)**

  개인정보처리자는 정보주체의 동의를 받은 경우 개인정보를 수집할 수 있으며 그 수집 목적의 범위에서 이용할 수 있다. 이때 정보주체의 동의를 받을 때에는 다음 각 호의 사항을 정보주체에게 알려야 한다(각 호의 어느 하나의 사항을 변경하는 경우에도 이를 알리고 동의를 받아야 한다).
  - 개인정보의 수집 · 이용 목적
  - 수집하려는 개인정보의 항목
  - 개인정보의 보유 및 이용 기간
  - 동의를 거부할 권리가 있다는 사실 및 동의 거부에 따른 불이익이 있는 경우에는 그 불이익의 내용

- **개인정보의 제공(개인정보보호법 제17조 제2항)**

  개인정보처리자는 정보주체의 개인정보를 제3자에게 제공(공유를 포함)하기 위해 정보주체의 동의를 받는 경우 정보주체에게 다음의 사항을 알려야 한다.
  - 개인정보를 제공받는 자
  - 개인정보를 제공받는 자의 개인정보 이용 목적
  - 제공하는 개인정보의 항목
  - 개인정보를 제공받는 자의 개인정보 보유 및 이용 기간
  - 동의를 거부할 권리가 있다는 사실 및 동의 거부에 따른 불이익이 있는 경우에는 그 불이익의 내용

② 법령에서 민감정보의 처리를 요구하거나 허용하는 경우

04 국가직 9급 기출

정보공개제도에 대한 설명으로 옳지 않은 것은?

① 국내에 학술행사 참석차 방문하여 일시적으로 체류하는 외국학자도 정보공개를 청구할 수 있다.
② 지방자치단체의 업무추진비 세부항목별 집행내역 및 증빙서류에 포함된 개인에 관한 정보는 '공개하는 것이 공익을 위하여 필요하다고 인정되는 정보'에 해당된다.
③ 정보공개가 결정되고 공개에 오랜 시간이 걸리지 않는 정보는 구술로도 공개할 수 있다.
④ 정보공개 관련결정에 대하여 행정소송이 제기된 경우에 재판장은 필요시 당사자 없이 비공개로 해당정보를 열람할 수 있다.

해설 지방자치단체의 업무추진비 세부항목별 집행내역 및 그에 관한 증빙서류에 포함된 개인에 관한 정보는 '공개하는 것이 공익을 위하여 필요하다고 인정되는 정보'에 해당하지 않는다(대판 2003.3.11, 2001두6425).
① 국내에 일정한 주소를 두고 거주하거나 학술 · 연구를 위하여 일시적으로 체류하는 외국인은 정보공개를 청구할 수 있다(공공기관의정보공개에관한법률 시행령 제3조).
③ 공개하기로 결정된 정보로서 공개에 오랜 시간이 걸리지 않는 정보 등이 말로 처리가 가능한 경우는 말로도 공개할 수 있다(공공기관의정보공개에관한법률 제16조 제3호).
④ 정보공개 관련결정에 대하여 행정소송이 제기된 경우에 재판장은 필요 시 당사자를 참여시키지 않고 제출된 공개청구정보를 비공개로 열람 · 심사할 수 있다(공공기관의정보공개에관한법률 제20조 제2항).

05

행정정보공개제도에 대한 설명으로 옳은 것은?

① 통설과 판례는 행정정보공개의 헌법상 근거를 국민의 기본권의 하나로서의 행복추구권에서 찾고 있다.
② 정보공개청구권자는 당해 정보와 이해관계가 있는 개인 또는 단체이다.
③ 국가의 시책으로 시행하는 공사 등 대규모의 예산이 투입되는 사업에 관한 정보는 정기적으로 공개하여야 한다.
④ 정보공개청구인은 이의신청절차를 거쳐야만 행정심판을 청구할 수 있다.

해설 ① 통설과 판례는 행정정보공개의 헌법상 근거를 헌법상 표현의 자유에 근거한 알 권리에서 찾고 있다.
② 모든 국민은 정보의 공개를 청구할 권리를 가진다.
④ 청구인은 이의신청절차를 거치지 않고 행정심판을 청구할 수 있다.

핵심정리

행정정보의 공표 등
• 공공기관은 다음의 1에 해당하는 정보에 대하여는 공개의 구체적 범위, 공개의 주기·시기 및 방법 등을 미리 정하여 공표하고, 이에 따라 정기적으로 공개하여야 한다.
– 국민생활에 매우 큰 영향을 미치는 정책에 관한 정보
– 국가의 시책으로 시행하는 공사 등 대규모의 예산이 투입되는 사업에 관한 정보
– 예산집행의 내용과 사업평가 결과 등 행정감시를 위하여 필요한 정보
– 그 밖에 공공기관의 장이 정하는 정보
• 공공기관은 위에 규정된 사항 외에도 국민이 알아야 할 필요가 있는 정보를 국민에게 공개하도록 적극적으로 노력하여야 한다.

06

개인정보보호법에 대한 설명으로 옳지 않은 것은?

① 사자(死者)나 법인의 정보는 이 법에서 말하는 개인정보에 포함되지 아니한다.
② 정보주체의 열람, 정정·처리정지 등의 대리는 인정되지 아니한다.
③ 주민등록번호 등 법령에 따라 개인을 고유하게 구별하기 위해 부여된 고유식별정보는 원칙적으로 처리를 금지한다.
④ 개인정보처리자는 처리정보의 삭제를 청구하는 자에게 대통령령으로 정하는 바에 따라 수수료를 청구할 수 있다.

해설 정보주체는 열람, 정정·삭제, 처리정지 등의 요구(열람 등 요구)를 문서 등 대통령령으로 정하는 방법·절차에 따라 대리인에게 하게 할 수 있다(개인정보보호법 제38조 제1항).
① 개인정보란 살아 있는 개인에 관한 정보로서 성명, 주민등록번호 및 영상 등을 통하여 개인을 알아볼 수 있는 정보(해당 정보만으로는 특정 개인을 알아볼 수 없더라도 다른 정보와 쉽게 결합하여 알아볼 수 있는 것을 포함)를 말한다(동법 제2조 제1호).
③ 개인정보처리자는 법령에 따라 개인을 고유하게 구별하기 위하여 부여된 식별정보로서 대통령령으로 정하는 정보(고유식별정보)를 처리할 수 없다. 단, 정보주체에게 규정된 사항을 알리고 다른 개인정보의 처리에 대한 동의와 별도로 동의를 받은 경우와 법령에서 구체적으로 고유식별정보의 처리를 요구하거나 허용하는 경우는 제외한다(동법 제24조 제1항).
④ 개인정보처리자는 열람 등 요구를 하는 자에게 대통령령으로 정하는 바에 따라 수수료와 우송료(사본의 우송을 청구하는 경우에 한함)를 청구할 수 있다.(동법 제38조 제3항)

07 국가직 9급 기출

공공기관의정보공개에관한법률에 따른 정보공개에 대한 설명으로 옳은 것은? (다툼이 있는 경우 판례에 의함)

① 국·공립의 초등학교는 공공기관의 정보공개에 관한 법령상 공공기관에 해당하지만, 사립 초등학교는 이에 해당하지 않는다.

② 공개방법을 선택하여 정보공개를 청구하였더라도 공공기관은 정보공개청구자가 선택한 방법에 따라 정보를 공개하여야 하는 것은 아니며, 원칙적으로 그 공개방법을 선택할 재량권이 있다.

③ 정보공개청구에 대해 공공기관의 비공개결정이 있는 경우 이의신청절차를 거치지 않더라도 행정심판을 청구할 수 있다.

④ 정보공개청구자는 정보공개와 관련한 공공기관의 비공개결정에 대해서는 이의신청을 할 수 있지만, 부분공개의 결정에 대해서는 따로 이의신청을 할 수 없다.

해설 정보공개청구에 대해 공공기관의 비공개결정이 있는 경우 이의신청절차를 거치지 않더라도 행정심판을 청구할 수 있다(동법. 제19조 제2항).
① 국·공립의 초등학교는 공공기관의 정보공개에 관한 법령상 공공기관에 해당하고, 사립 초등학교도 해당된다(동법 시행령 제2조).
② 공개방법을 선택하여 정보공개를 청구하였다면 그 공개방법을 선택할 재량권이 없다(대판2003.12.12, 2003두8050).
④ 정보공개청구자는 정보공개와 관련한 공공기관의 비공개결정에 대해서는 이의신청을 할 수 있고, 부분공개의 결정에 대해서도 따로 이의신청을 할 수 있다(동법 제18조 제1항).

08

공공기관의정보공개에관한법률에 대한 설명으로 옳은 것은?

① 정보공개를 청구할 때에는 엄격한 요식주의에 의해 서면으로 제출하여야 한다.

② 공공기관은 정보공개의 청구가 있는 때에는 청구를 받은 날부터 20일 이내에 공개 여부를 결정하여야 한다.

③ 해당 정보에 포함되어 있는 성명·주민등록번호 등 개인에 관한 사항이라도 예외 없이 청구인에게 공개하여야 한다.

④ 공공기관이 정보의 비공개결정을 한 때에는 그 내용을 청구인에게 지체 없이 문서로 통지하여야 한다.

해설 ① 정보공개청구서를 제출하거나 말로써 할 수 있다.
② 청구를 받은 날부터 10일 이내에 공개 여부를 결정하여야 한다.
③ 공개될 경우 개인의 사생활의 비밀 또는 자유를 침해할 우려가 있다고 인정되는 정보는 공개하지 않을 수 있다.

--- 핵심정리 ---

비공개대상정보에서 제외되는 개인에 관한 정보
- 법령이 정하는 바에 따라 열람할 수 있는 정보
- 공공기관이 공표를 목적으로 작성하거나 취득한 정보로서 개인의 사생활의 비밀과 자유를 부당하게 침해하지 않는 정보
- 공공기관이 작성하거나 취득한 정보로서 공개하는 것이 공익 또는 개인의 권리구제를 위하여 필요하다고 인정되는 정보
- 직무를 수행한 공무원의 성명·직위
- 공개하는 것이 공익을 위하여 필요한 경우로써 법령에 의하여 국가 또는 지방자치단체가 업무의 일부를 위탁 또는 위촉한 개인의 성명·직업

09 [지방직 9급 기출]

정보공개의무를 부담하는 공공기관에 대한 설명으로 옳지 않은 것은? (다툼이 있는 경우 판례에 의함)

① 사립대학교는 공공기관의정보공개에관한법률 시행령에 따른 공공기관에 해당하나, 국비의 지원을 받는 범위 내에서만 공공기관의 성격을 가진다.

② 한국방송공사는 공공기관의정보공개에관한법률시행령 제2조 제4호에 규정된 '특별법에 따라 설립된 특수법인'에 해당한다.

③ 한국증권업협회는 공공기관의정보공개에관한법률시행령 제2조 제4호에 규정된 '특별법에 따라 설립된 특수법인'에 해당하지 아니한다.

④ 사립학교에 대하여 교육관련기관의정보공개에관한특례법이 적용되는 경우에도 공공기관의정보공개에관한법률을 적용할 수 없는 것은 아니다.

해설 구 공공기관의정보공개에관한법률 시행령 제2조 제1호가 정보공개의무를 지는 공공기관의 하나로 사립대학교를 들고 있는 것이 모법의 위임 범위를 벗어났다거나 사립대학교가 국비의 지원을 받는 범위 내에서만 공공기관의 성격을 가진다고 볼 수 없다(대판2006.8.24. 선고 2004두2783).

<hr />

핵심정리

정보공개대상 공공기관

• 한국방송공사

방송법이라는 특별법에 의하여 설립 운영되는 한국방송공사(KBS)는 공공기관의정보공개에관한 법률시행령 제2조 제4호의 '특별법에 의하여 설립된 특수법인'으로서 정보공개의무가 있는 공공기관의 정보공개에 관한 법률 제2조 제3호의 '공공기관'에 해당한다고 판단한 원심판결을 수긍한 사례.

• 사립대학교

정보공개 의무기관을 정하는 것은 입법자의 입법형성권에 속하고, 이에 따라 입법자는 구 공공기관의정보공개에관한법률(2004.1.29. 법률 제7127호로 전문 개정되기 전의 것) 제2조 제3호에서 정보공개 의무기관을 공공기관으로 정하였는바, 공공기관은 국가기관에 한정되는 것이 아니라 지방자치단체, 정부투자기관, 그 밖에 공동체 전체의 이익에 중요한 역할이나 기능을 수행하는 기관도 포함되는 것으로 해석되고, 여기에 정보공개의 목적, 교육의 공공성 및 공·사립학교의 동질성, 사립대학교에 대한 국가의 재정지원 및 보조 등 여러 사정을 고려해 보면, 사립대학교에 대한 국비 지원이 한정적·일시적·국부적이라는 점을 고려하더라도, 같은 법 시행령(2004.3.17. 대통령령 제18312호로 개정되기 전의 것) 제2조 제1호가 정보공개의무를 지는 공공기관의 하나로 사립대학교를 들고 있는 것이 모법인 구 공공기관의정보공개에관한법률의 위임 범위를 벗어났다거나 사립대학교가 국비의 지원을 받는 범위 내에서만 공공기관의 성격을 가진다고 볼 수 없다.

• 한국증권업협회

'한국증권업협회'는 증권회사 상호간의 업무질서를 유지하고 유가증권의 공정한 매매거래 및 투자자보호를 위하여 일정 규모 이상인 증권회사 등으로 구성된 회원조직으로서, 증권거래법 또는 그 법에 의한 명령에 대하여 특별한 규정이 있는 것을 제외하고는 민법 중 사단법인에 관한 규정을 준용 받는 점, 그 업무가 국가기관 등에 준할 정도로 공동체 전체의 이익에 중요한 역할이나 기능에 해당하는 공공성을 갖는다고 볼 수 없는 점 등에 비추어, 공공기관의정보공개에관한법률 시행령 제2조 제4호의 '특별법에 의하여 설립된 특수법인'에 해당한다고 보기 어렵다고 한 사례.

10 [국가직 9급 기출]

정보공개에 대한 설명으로 옳지 않은 것은? (다툼이 있는 경우 판례에 의함)

① 정보공개거부처분의 취소를 구하는 소송에서 공공기관이 청구정보를 증거 등으로 법원에 제출하여 법원을 통하여 그 사본을 청구인에게 교부 또는 송달되게 하여 청구인에게 정보를 공개하는 셈이 되었다면, 이러한 우회적인 방법에 의한 공개는 공공기관의정보공개에관한법률에 의한 공개라고 볼 수 있다.

② 정보공개청구권자에는 자연인은 물론 법인, 권리능력 없는 사단·재단도 포함되고, 법인, 권리능력 없는 사단·재단 등의 경우에는 설립목적을 불문한다.

③ 공개청구의 대상이 되는 정보가 이미 다른 사람에게 공개되어 널리 알려져 있다거나 인터넷 등을 통하여 공개되어 인터넷검색 등을 통하여 쉽게 알 수 있다는 사정만으로는 비공개결정이 정당화될 수 없다.

④ 공공기관의정보공개에관한법률은 정보공개청구권자가 공개를 청구하는 정보와 어떤 관련성을 가질 것을 요구하거나 정보공개청구의 목적에 특별한 제한을 두고 있지 아니하므로 정보공개청구권자의 권리구제 가능성 등은 정보의 공개 여부결정에 아무런 영향을 미치지 못한다.

해설 정보공개거부처분의 취소를 구하는 소송에서 공공기관이 청구정보를 증거 등으로 법원에 제출하여 법원을 통하여 그 사본을 청구인에게 교부 또는 송달하게 하여 결과적으로 청구인에게 정보를 공개하는 셈이 되었다고 하더라도, 이러한 우회적인 방법은 법이 예정하고 있지 아니한 방법으로서 법에 의한 공개라고 볼 수는 없으므로, 당해 문서의 비공개결정의 취소를 구할 소의 이익은 소멸되지 않는다고 할 것이다(대법원 2004. 3. 26. 선고 2002두6583 판결).

11

공공기관의정보공개에관한법률에서 규정하고 있는 내용에 대한 설명이 옳지 않은 것은?

① 모든 국민은 정보의 공개를 청구할 권리를 가진다.

② 사립고등학교는 공공기관의정보공개에관한법률에서 말하는 공공기관에 포함된다.

③ 정보공개와 관련한 공공기관의 결정에 대해 불복이 있는 때에는 이의신청 행정심판을 제기함이 없이 직접 행정소송의 제기도 가능하다.

④ 정보의 공개 및 우송 등에 소요되는 모든 비용은 실비에 대해서도 공공기관이 부담한다.

해설 정보의 공개 및 우송 등에 소요되는 비용은 실비의 범위 안에서 청구인의 부담으로 한다.
① 공공기관의정보공개에관한법률 제5조 제1항
② 초·중등교육법 및 고등교육법 그 밖에 다른 법률에 의하여 설치된 각급학교는 정보공개에 관한 법률에서 말하는 공공기관에 포함되므로 초·중·고등학교 및 대학교가 모두 포함되며 국·공립 및 사립학교를 불문한다.
③ 공공기관의정보공개에관한법률 제19조 제2항

12

공공기관의정보공개에관한법령의 내용에 대한 설명으로 옳지 않은 것은?

① 직무를 수행한 공무원의 성명·직위는 공개대상정보이다.

② 공공기관은 청구인이 사본 또는 복제물의 교부를 원하는 경우에는 이를 교부하여야 한다.

③ 단순·반복적인 청구라 하더라도 이의신청이 있는 경우에는 심의회를 개최하여야 한다.

④ 국가의 시책으로 시행하는 공사(工事) 등 대규모 예산이 투입되는 사업에 관한 정보는 공개의 구체적 범위, 주기, 시기 및 방법 등을 미리 정하여 정보통신망 등을 통하여 알려야 한다.

해설 심의회의 심의를 이미 거친 사항, 단순·반복적인 청구, 법령에 따라 비밀로 규정된 정보에 대한 청구의 경우에는 심의회를 개최하지 아니할 수 있으며 그 사유를 청구인에게 문서로 통지하여야 한다.

13

행정정보공개에 대한 설명으로 옳지 않은 것은?

① 헌법재판소는 알 권리의 헌법적 근거를 제21조의 표현의 자유에서 찾는다.
② 현행 공공기관의정보공개에관한법률은 정보공개청구권자에 권리능력 없는 사단을 제외하고 있다.
③ 판례는 보안관찰법 소정의 보안관찰 통계자료가 비공개 대상에 해당한다고 본다.
④ 대법원은 사법시험 2차 답안지 공개는 업무에 큰 지장이 있는 경우가 아니라고 본다.

해설 **정보공개청구권자**
- 모든 국민은 정보공개청구권을 가진다. 시민단체 등이 개인적 이해관계 없는 공익을 위해 정보공개청구를 하는 것도 인정된다. 판례에서도 '정보공개법의 목적, 규정 내용 및 취지 등에 비추어 보면, 정보공개청구의 목적에 특별한 제한이 있다고 할 수 없다'(대판 2003두1370)고 하여 이를 긍정하고 있다.
- 외국인도 정보공개청구권이 인정되는데, 외국인의 경우 국내에 일정한 주소를 두고 거주하거나 학술·연구를 위하여 일시적으로 체류하는 자 또는 국내에 사무소를 두고 있는 법인 또는 단체의 경우로 제한된다(공공기관의정보공개에관한법률 시행령 제3조).

14 [국가직 9급 기출]

공공기관의정보공개에관한법률상 정보공개에 대한 설명으로 옳은 것은? 다툼이 있는 경우 판례에 의함)

① 공개청구된 정보가 인터넷을 통하여 공개되어 인터넷 검색을 통하여 쉽게 알 수 있다는 사정만으로 비공개결정이 정당화될 수는 없다.
② 정보공개 청구 후 20일이 경과하도록 정보공개 결정이 없는 경우, 이의신청은 허용되나 행정심판청구는 허용되지 않는다.
③ 정보의 공개 및 우송 등에 드는 비용은 정보공개청구를 받은 행정청이 부담한다.
④ 행정소송의 재판기록 일부의 정보공개청구에 대한 비공개결정은 전자문서로 통지할 수 없다.

해설 국민의 정보공개청구권은 법률상 보호되는 구체적인 권리이므로, 공공기관에 대하여 정보의 공개를 청구하였다가 공개거부처분을 받은 청구인은 행정소송을 통하여 그 공개거부처분의 취소를 구할 법률상의 이익이 있고, 공개청구의 대상이 되는 정보가 이미 다른 사람에게 공개되어 널리 알려져 있다거나 인터넷 등을 통하여 공개되어 인터넷검색 등을 통하여 쉽게 알 수 있다는 사정만으로는 소의 이익이 없다거나 비공개결정이 정당화될 수 없다(대법원 2010. 12. 23. 선고 2008두13101 판결).
② 청구인이 정보공개와 관련한 공공기관의 비공개 결정 또는 부분 공개 결정에 대하여 불복이 있거나 정보공개 청구 후 20일이 경과하도록 정보공개 결정이 없는 때에는 공공기관으로부터 정보공개여부의 결정 통지를 받은 날 또는 정보공개 청구 후 20일이 경과한 날부터 30일 이내에 해당 공공기관에 문서로 이의신청을 할 수 있다(공공기관의정보공개에관한법률 제18조 제1항). 청구인이정보공개와 관련한 공공기관의 결정에 대하여 불복이 있거나 정보공개 청구 후 20일이 경과하도록 정보공개 결정이 없는 때에는 행정심판법 에서 정하는 바에 따라 행정심판을 청구할 수 있다. 이 경우 국가기관 및 지방자치단체 외의 공공기관의 결정에 대한 감독행정기관은 관계 중앙행정기관의 장 또는 지방자치단체의 장으로 한다(공공기관의정보공개에관한법률 제19조 제1항).

③ 정보의 공개 및 우송 등에 드는 비용은 실비(實費)의 범위에서 청구인이 부담한다(공공기관의정보공개에 관한법률 제17조 제1항).

④ 갑이 재판기록 일부의 정보공개를 청구한 데 대하여 서울행정법원장이 민사소송법 제162조를 이유로 소송기록의 정보를 비공개한다는 결정을 전자문서로 통지한 사안에서, 비공개결정 당시 정보의 비공개결정은 구 공공기관의정보공개에관한법률 제13조 제4항에 의하여 전자문서로 통지할 수 있다(대법원 2014. 4. 10. 선고 2012두17384 판결).

핵심정리

침해 사실의 신고 등(개인정보보호법 제62조)

- 개인정보처리자가 개인정보를 처리할 때 개인정보에 관한 권리 또는 이익을 침해받은 사람은 보호위원회에 그 침해 사실을 신고할 수 있다.
- 보호위원회는 제1항에 따른 신고의 접수·처리 등에 관한 업무를 효율적으로 수행하기 위하여 대통령령으로 정하는 바에 따라 전문기관을 지정할 수 있다. 이 경우 전문기관은 개인정보침해 신고센터를 설치·운영하여야 한다.
- 개인정보침해 신고센터는 다음의 업무를 수행한다.
  - 개인정보 처리와 관련한 신고의 접수·상담
  - 사실의 조사·확인 및 관계자의 의견 청취
  - 제1호 및 제2호에 따른 업무에 딸린 업무

15

개인정보보호에 대한 설명으로 옳지 않은 것은?

① 개인정보는 공공기관에서 처리하는 것만이 아니라 개인 등이 처리하는 개인정보도 보호의 대상이 된다.

② 전자적으로 처리되는 개인정보뿐만 아니라 수기(手記) 문서까지 개인정보의 보호범위에 포함된다.

③ 개인정보처리자가 개인정보를 처리할 때 개인정보에 관한 권리 또는 이익을 침해받은 사람은 행정안전부장관에게 그 침해 사실을 신고할 수 있다.

④ 개인정보처리자는 보유기간의 경과, 개인정보의 처리 목적 달성 등 그 개인정보가 불필요하게 되었을 때에는 지체 없이 그 개인정보를 파기하여야 한다.

해설 보호위원회에 그 침해 사실을 신고할 수 있다.

16 지방직 9급 기출

개인정보보호법에 대한 내용으로 옳지 않은 것은?

① 개인정보처리자란 업무를 목적으로 개인정보파일을 운용하기 위하여 스스로 또는 다른 사람을 통하여 개인정보를 처리하는 공공기관, 법인, 단체 및 개인 등을 말한다.

② 영상정보처리기기운영자는 영상정보처리기기의 설치 목적과 다른 목적으로 영상정보처리기기를 임의로 조작하거나 다른 곳을 비춰서는 아니 되며, 녹음기능은 사용할 수 없다.

③ 개인정보에 관한 분쟁의 조정을 위하여 위원장 1명을 포함한 20명 이내의 위원으로 구성된 개인정보 보호심의위원회를 두고 있다.

④ 정보주체는 자신의 개인정보 처리와 관련하여 개인정보의 처리 정지, 정정·삭제 및 파기를 요구할 권리를 가진다.

해설 개인정보 분쟁조정위원회 설치 및 집단분쟁조정제도의 도입
- 종전의 공공기관의 개인정보보호에 관한 법률에서는 개인정보의 보호에 관한 사항을 심의하기 위해 개인정보보호심의위원회를 두었는데, 현행 개인정보 보호법은 개인정보에 관한 분쟁의 조정을 위하여 위원장 1명을 포함한 20명 이내의 위원으로 구성된 개인정보 분쟁조정위원회를 두고 있다.
- 개인정보에 관한 분쟁조정 업무를 신속하고 공정하게 처리하기 위하여 개인정보 분쟁조정위원회를 두고, 개인정보 분쟁조정위원회의 조정결정에 대해 수락한 경우 재판상 화해의 효력을 부여하며, 개인정보 피해가 대부분 대량·소액 사건인 점을 고려하여 집단분쟁조정제도를 도입하였다.
- 개인정보 관련 분쟁의 공정하고 조속한 해결 및 개인정보처리자의 불법, 오·남용으로 인한 피해의 신속한 구제를 통해 정보주체의 권익 보호에 기여할 것으로 기대된다.

17 국가직 9급 기출

공공기관의정보공개에관한법률에 따른 정보공개에 대한 설명으로 옳지 않은 것은? (다툼이 있는 경우 판례에 의함)

① 공공기관은 정보공개의 청구를 받으면 그 청구를 받은 날부터 10일 이내에 공개 여부를 결정하여야 하나 부득이한 사유로 이 기간 이내에 공개 여부를 결정할 수 없는 때에는 그 기간이 끝나는 날의 다음 날부터 기산하여 10일의 범위에서 공개 여부 결정기간을 연장할 수 있다.

② 모든 국민은 정보의 공개를 청구할 권리를 가진다고 규정하고 있고, 여기의 국민에는 자연인과 법인이 포함되지만 권리능력 없는 사단은 포함되지 않는다.

③ 정보공개청구에 대하여 공공기관이 비공개결정을 한 경우 청구인이 이에 불복한다면 이의신청 절차를 거치지 않고 행정심판을 청구할 수 있다.

④ 한국증권업협회는 증권회사 상호 간의 업무질서를 유지하고 유가증권의 공정한 매매거래 및 투자자보호를 위하여 구성된 회원조직으로, 증권거래법 또는 그 법에 의한 명령에 대하여 특별한 규정이 있는 것을 제외하고는 민법 중 사단법인에 관한 규정을 적용받으므로 구 공공기관의정보공개에관한법률시행령 상의 '특별법에 의하여 설립된 특수법인'에 해당하지 않는다.

해설 정보공개를 청구할 수 있는 국민에는 자연인은 물론 법인, 권리능력 없는 사단·재단도 포함되고, 법인, 권리능력 없는 사단·재단 등의 경우에는 설립목적을 불문한다(대판 2003.12.12. 2003두8050).

18 지방직·서울시 9급 기출

공공기관의 정보공개에 관한 법률상 정보공개에 대한 설명으로 옳지 않은 것은? (다툼이 있는 경우 판례에 의함)

① 정보의 공개 및 우송 등에 드는 비용은 실비의 범위에서 청구인이 부담한다.

② 공공기관은 공개 청구된 정보가 공공기관이 보유·관리하지 아니하는 정보인 경우로서 민원 처리에 관한 법률에 따른 민원으로 처리할 수 있는 경우에는 민원으로 처리할 수 있다.

③ 청구인이 공공기관에 대하여 정보공개를 청구하였다가 거부처분을 받은 것 자체가 법률상 이익의 침해에 해당한다.

④ 오로지 공공기관의 담당공무원을 괴롭힐 목적으로 정보공개 청구를 하는 경우에도 정보공개청구권의 행사는 허용되어야 한다.

해설 국민의 정보공개청구는 정보공개법 제9조에 정한 비공개 대상 정보에 해당하지 아니하는 한 원칙적으로 폭넓

게 허용되어야 하지만, 실제로는 해당 정보를 취득 또는 활용할 의사가 전혀 없이 정보공개 제도를 이용하여 사회통념상 용인될 수 없는 부당한 이득을 얻으려 하거나, 오로지 공공기관의 담당공무원을 괴롭힐 목적으로 정보공개청구를 하는 경우처럼 권리의 남용에 해당하는 것이 명백한 경우에는 정보공개청구권의 행사를 허용하지 아니하는 것이 옳다(인천지법 2015. 10. 29, 2015구합51228).

① 공공기관의 정보공개에 관한 법률 제17조에 의하면 정보의 공개 및 우송 등에 드는 비용은 실비(實費)의 범위에서 청구인이 부담한다. 다만 공개를 청구하는 정보의 사용 목적이 공공복리의 유지 · 증진을 위하여 필요하다고 인정되는 경우에는 이에 따른 비용을 감면할 수 있다.

② 공공기관의 정보공개에 관한 법률 제11조에 의하면 공공기관은 공개 청구된 정보가 공공기관이 보유 · 관리하지 아니하는 정보인 경우 또는 공개 청구의 내용이 진정 · 질의 등으로 이 법에 따른 정보공개 청구로 보기 어려운 경우에 해당한다면 민원 처리에 관한 법률에 따른 민원으로 처리할 수 있는 경우에는 민원으로 처리할 수 있다.

③ 정보공개청구권은 법률상 보호되는 구체적인 권리이므로 청구인이 공공기관에 대하여 정보공개를 청구하였다가 거부처분을 받은 것 자체가 법률상 이익의 침해에 해당한다(대판 2003. 12. 12, 2003두8050).

핵심정리

비공개 대상에서 제외되는 정보(정보공개법 제9조 제1항)
- 법령에서 정하는 바에 따라 열람할 수 있는 정보
- 공공기관이 공표를 목적으로 작성하거나 취득한 정보로서 사생활의 비밀 또는 자유를 부당하게 침해하지 아니하는 정보
- 공공기관이 작성하거나 취득한 정보로서 공개하는 것이 공익이나 개인의 권리 구제를 위하여 필요하다고 인정되는 정보
- 직무를 수행한 공무원의 성명 · 직위
- 공개하는 것이 공익을 위하여 필요한 경우로서 법령에 따라 국가 또는 지방자치단체가 업무의 일부를 위탁 또는 위촉한 개인의 성명 · 직업

19

개인정보보호법상 열람이 제한되는 경우에 해당하지 않는 것은?

① 조세의 부과 · 징수 또는 환급에 관한 업무

② 학력 · 기능 및 채용에 관한 시험, 자격 심사에 관한 업무

③ 법률에 따라 열람이 금지되거나 제한되는 경우

④ 통계작성 및 학술연구 등의 목적을 위하여 필요한 경우

해설 통계작성 및 학술연구 등의 목적을 위하여 필요한 경우로서 특정 개인을 알아볼 수 없는 형태로 개인정보를 제공하는 경우에는 정보주체 또는 제3자의 이익을 부당침해 우려를 제외하고는 개인정보를 목적 외의 용도로 이용하거나 제3자에게 제공할 수 있다.

핵심정리

개인정보의 열람 제한 · 거절
- 법률에 따라 열람이 금지되거나 제한되는 경우
- 다른 사람의 생명 · 신체를 해할 우려가 있거나 다른 사람의 재산과 그 밖의 이익을 부당하게 침해할 우려가 있는 경우
- 공공기관이 다음의 어느 하나에 해당하는 업무를 수행할 때 중대한 지장을 초래하는 경우
  - 조세의 부과 · 징수 또는 환급에 관한 업무
  - 초 · 중등교육법 및 고등교육법에 따른 각급학교, 평생교육법에 따른 평생교육시설, 그 밖의 다른 법률에 따라 설치된 고등교육기관에서의 성적 평가 또는 입학자 선발에 관한 업무
  - 학력 · 기능 및 채용에 관한 시험, 자격 심사에 관한 업무
  - 보상금 · 급부금 산정 등에 대하여 진행 중인 평가 또는 판단에 관한 업무
  - 다른 법률에 따라 진행 중인 감사 및 조사에 관한 업무

20 지방직 9급 기출

공공기관의정보공개에관한법률상 정보공개에 대한 설명으로 옳지 않은 것은?

① 정보공개를 청구한 날부터 20일 이내에 공공기관이 공개여부를 결정하지 아니한 때에는 비공개결정이 있는 것으로 본다.

② 정보공개 청구인이 공공기관에 대해 정보공개를 청구하였다가 거부처분을 받은 경우 취소소송을 제기할 원고적격이 인정된다.

③ 공개청구된 사실을 통지받은 제3자가 당해 공공기관에 공개하지 아니할 것을 요청하는 때에는 공공기관은 비공개결정을 하여야 한다.

④ 공공기관은 공개청구된 공개대상정보의 전부 또는 일부가 제3자와 관련이 있다고 인정되는 때에는 그 사실을 제3자에게 지체없이 통지하여야 한다.

> **해설** 공개청구된 사실을 통지받은 제3자는 당해 공공기관에 관련 정보를 공개하지 아니할 것을 요청하는 경우에도 공공기관은 공개결정을 할 수 있다.

핵심정리

제3자의 비공개요청 등

- 규정에 의하여 공개청구된 사실을 통지받은 제3자는 통지받은 날부터 3일 이내에 해당 공공기관에 대하여 자신과 관련된 정보를 공개하지 않을 것을 요청할 수 있다.
- 비공개요청에도 불구하고 공공기관이 공개결정을 할 때에는 공개결정이유와 공개실시일을 분명히 밝혀 지체없이 문서로 통지하여야 하며, 제3자는 해당 공공기관에 문서로 이의신청을 하거나 행정심판 또는 행정소송을 제기할 수 있다. 이 경우 이의신청은 통지를 받은 날부터 7일 이내에 하여야 한다.

21

행정상 정보공개청구에 대한 설명으로 옳지 않은 것은?

① 공공기관이 보유 · 관리하는 정보는 공공기관의정보공개에관한법률이 정하는 바에 따라 공개하여야 한다.

② 공공기관에 정보공개를 청구하였다가 거부처분을 받은 것만으로 정보공개청구권이 인정되는 것이 아니라 추가로 어떤 법률상 이익을 가져야 한다는 것이 판례의 입장이다.

③ 공공기관은 정보공개의 청구가 있는 때에는 청구를 받은 날부터 10일 이내에 공개여부를 결정하여야 한다.

④ 공개될 경우 부동산 투기 등으로 특정인에게 이익 또는 불이익을 줄 우려가 있다고 인정되는 정보는 공개하지 아니할 수 있다.

> **해설** ① 정보공개의 원칙(공공기관의 정보공개에 관한 법률 제3조)
> ③ 정보공개여부의 결정(동법 제11조 제1항)
> ④ 비공개대상정보(동법 제9조 제1항 제8조)

● 관련 판례

공공기관의 정보공개에 관한 법률 제6조 제1항은 '모든 국민은 정보의 공개를 청구할 권리를 가진다'고 규정하고 있는데, 여기에서 말하는 국민에는 자연인은 물론 법인, 권리능력 없는 사단 · 재단도 포함된다. 또한 정보공개청구권은 법률상 보호되는 구체적인 권리이므로 청구인이 공공기관에 대하여 정보공개를 청구하였다가 거부처분을 받은 것 자체가 법률상 이익의 침해에 해당한다(대판 2004.8.20, 2003두8302).

22

공공기관의 정보공개에 관한 법률에 의한 정보공개위원회에 대한 설명으로 옳지 않은 것은?

① 정보공개에 관한 정책 수립 및 제도 개선에 관한 사항, 정보공개에 관한 기준 수립에 관한 사항, 심의회 심의결과의 조사·분석 및 심의기준 개선 관련 의견제시에 관한 사항 등을 심의·조정하기 위하여 국무총리 소속으로 정보공개위원회를 둔다.
② 위원장을 포함한 7명은 공무원으로 위촉하여야 한다.
③ 위원회는 성별을 고려하여 위원장과 부위원장 각 1명을 포함한 11명의 위원으로 구성하며, 임기는 2년이고 연임이 가능하다.
④ 위원장·부위원장 및 위원 중 공무원이 아닌 사람은 형법이나 그 밖의 법률에 따른 벌칙을 적용할 때에는 공무원으로 본다.

해설 **위원회의 위원**
- 위원회의 위원은 다음과 같은 사람이 된다.
  - 대통령령으로 정하는 관계 중앙행정기관의 차관급 공무원이나 고위공무원단에 속하는 일반직공무원
  - 정보공개에 관하여 학식과 경험이 풍부한 사람으로서 국무총리가 위촉하는 사람
  - 시민단체(비영리민간단체 지원법 제2조에 따른 비영리민간단체를 말한다)에서 추천한 사람으로서 국무총리가 위촉하는 사람
- 이 경우 위원장을 포함한 7명은 공무원이 아닌 사람으로 위촉하여야 한다.

23

공공기관의 정보공개에 대한 설명으로 옳은 것은?

① 판례에 의하면 사립대학교는 국비의 지원을 받는 범위 내에서만 정보공개의무를 지는 공공기관의 성격을 가진다.
② 판례에 의하면 국가정보원이 직원에게 지급하는 현금급여 및 월초수당에 관한 정보는 공개대상이다.
③ 판례에 의하면 '한국증권업협회'는 정보공개의무를 지는 '특별법에 의하여 설립된 특수법인'에 해당한다.
④ 공공기관은 전자적 형태로 보유·관리하지 않는 정보에 대하여 청구인이 전자적 형태로 공개하여 줄 것을 요청한 경우 특별한 사정이 없으면 그 정보를 전자적 형태로 변환하여 공개할 수 있다.

해설 ① 구 공공기관의정보공개에관한법률 시행령 제2조 제1호가 정보공개의무를 지는 공공기관의 하나로 사립대학교를 들고 있는 것이 모법의 위임 범위를 벗어났다거나 사립대학교가 국비의 지원을 받는 범위 내에서만 공공기관의 성격을 가진다고 볼 수 없다(대판 2006.8.24, 2004두2783).
② 국가정보원이 그 직원에게 지급하는 현금급여 및 월초수당에 관한 정보는 국가정보원 예산집행내역의 일부를 구성하는 것이므로, 공공기관의정보공개에관한법률 제9조 제1항 제1호의 비공개대상정보인 '다른 법률에 의하여 비공개 사항으로 규정된 정보'에 해당한다고 보아야 한다(대판 2010.12.23, 2010두14800).
③ 한국증권업협회는 그 업무가 공정성을 갖는다고 볼 수 없는 점 등에 비추어, 공공기관의정보공개에관한법률 시행령 제2조 제4호의 특별법에 의하여 설립된 특수법인에 해당한다고 보기 어렵다(대판 2010.4.29, 2008두5643).

24

개인정보보호법에 규정된 단체소송에 대한 설명이 옳지 않은 것은?

① 단체소송에 관하여 이 법에 특별한 규정이 없는 경우에는 민사소송법을 적용하고 단체소송의 절차에 관하여 필요한 사항은 대법원규칙으로 정한다.

② 공정거래위원회에 등록한 소비자단체로서 정관에 따라 상시적으로 정보주체의 권익증진을 주된 목적으로 하며 단체의 정회원수가 1천 명 이상이고 등록 후 3년이 경과한 단체는 단체소송을 제기할 수 있다.

③ 단체소송을 제기하는 단체는 소장과 함께 원고 및 그 소송대리인, 피고, 정보주체의 침해된 권리의 내용을 기재한 소송허가신청서를 법원에 제출하여야 한다.

④ 단체소송은 집단분쟁의 해결방법으로 인정되는 수단이므로 집단분쟁조정을 거부하는 경우에는 단체소송을 제기할 수 없다.

해설 **단체소송의 도입**
- 개인정보처리자로 하여금 개인정보의 수집·이용·제공 등에 대한 준법정신과 경각심을 높이고, 동일·유사 개인정보 소송에 따른 사회적 비용을 절감하기 위해 개인정보단체소송제도를 도입하였다.
- 단체소송의 남발을 막기 위해 단체소송 전에 반드시 집단분쟁조정제도를 거치도록 하고 대상을 권리침해 행위의 중단·정지 청구소송으로 제한하였다.
- 단체소송의 대상
  - 필요적 전심절차 : 집단분쟁조정절차를 거친 후에 제기할 수 있다.
  - 부작위 청구소송 : 집단분쟁조정을 거부하거나 집단분쟁조정의 결과를 수락하지 않은 경우에 법원에 권리침해 행위의 금지·중지를 구한다.

25 서울시 9급 기출

정보공개에 관한 설명으로 판례의 입장과 일치하지 않는 것은?

① 공공기관의정보공개에관한법률상 공개대상이 되는 정보는 공공기관이 직무상작성 또는 취득하여 현재 보유, 관리하고 있는 문서에 한정되기는 하지만, 반드시 원본일 필요는 없다.

② 지방자치단체의 업무추진비 세부항목별 집행내역 및 그에 관한 증빙서류에 포함된 개인에 관한 정보는 비공개대상 정보에 해당한다.

③ 지방자치단체 또한 법인격을 가지므로 공공기관의정보공개에관한법률 제5조에서 정한 정보공개청구권자인 '국민'에 해당한다.

④ 이미 다른 사람에게 공개하여 널리 알려져 있다거나 인터넷이나 관보 등을 통하여 공개하여 인터넷 검색이나 도서관에서의 열람 등을 통하여 쉽게 알 수 있다는 사정만으로는 소의 이익이 없다고 할 수 없다.

해설 공공기관의정보공개에관한법률은 국민을 정보공개청구권자로, 지방자치단체를 국민에 대응하는 정보공개의무자로 상정하고 있다고 할 것이므로, 지방자치단체는 공공기관의정보공개에관한법률 제5조에서 정한 정보공개청구권자인 '국민'에 해당되지 아니한다(서울행정법원 2005. 10. 12. 선고 2005구합10484 판결: 확정).

① 공공기관의정보공개에관한법률상 공개청구의 대상이 되는 정보란 공공기관이 직무상 작성 또는 취득하여 현재 보유·관리하고 있는 문서에 한정되는 것이기는 하나, 그 문서가 반드시 원본일 필요는 없다(대법원 2006. 5. 25. 선고 2006두3049 판결).

② 지방자치단체의 업무추진비 세부항목별 집행내역 및 그에 관한 증빙서류에 포함된 개인에 관한 정보는 '공개하는 것이 공익을 위하여 필요하다고 인정되는 정보'에 해당하지 않는다(대법원 2003. 3.11. 선고 2001두6425 판결).

④ 국민의 정보공개청구권은 법률상 보호되는 구체적인 권리이므로, 공공기관에 대하여 정보의 공개를 청구하였다가 공개거부처분을 받은 청구인은 행정소송을 통하여 그 공개거부처분의 취소를 구할 법률상의 이

익이 있고, 공개청구의 대상이 되는 정보가 이미 다른 사람에게 공개되어 널리 알려져 있다거나 인터넷 등을 통하여 공개되어 인터넷검색 등을 통하여 쉽게 알 수 있다는 사정만으로는 소의 이익이 없다거나 비공개결정이 정당화될 수 없다(대법원 2010. 12. 23. 선고 2008두13101판결).

26

공공기관의정보공개에관한법률상 공공기관에 해당하지 않는 것은?

① 언론기관　　　　② 지방자치단체

③ 국가인권위원회　④ 사립대학교

해설 공공기관은 국회, 법원, 헌법재판소, 중앙선거관리위원회, 중앙행정기관 및 그 소속기관, 행정기관소속 위원회의설치·운영에관한법률에 따른 위원회, 지방자치단체, 공공기관의운영에관한법률에 따른 공공기관, 각급학교, 지방공사 및 지방공단, 특수법인, 국가나 지방자치단체로부터 보조금을 받는 사회복지법인과 사회복지사업을 하는 비영리법인, 국가나 지방자치단체로부터 연간 5천만 원 이상의 보조금을 받는 기관 또는 단체로 규정한다.

27 [국가직 9급 기출]

개인정보의 보호에 대한 판례의 설명으로 옳은 것만을 모두 고르면?

> ㄱ. 개인정보자기결정권의 보호대상이 되는 개인정보는 반드시 개인의 내밀한 영역에 속하는 정보에 국한되지 않고 공적 생활에서 형성되었거나 이미 공개된 개인 정보까지 포함한다.
>
> ㄴ. 이미 공개된 개인정보를 정보주체의 동의가 있었다고 객관적으로 인정되는 범위 내에서 처리를 할 때는 정보주체의 별도의 동의는 불필요하다고 보아야 하고, 별도의 동의를 받지 아니하였다고 하여 개인정보 보호법을 위반한 것으로 볼 수 없다.
>
> ㄷ. 개인정보 처리위탁에 있어 수탁자는 정보제공자의 관리·감독 아래 위탁받은 범위 내에서만 개인정보를 처리하게 되지만, 위탁자로부터 위탁사무 처리에 따른 대가를 지급받는 이상 개인정보 처리에 관하여 독자적인 이익을 가지므로, 그러한 수탁자는 개인정보 보호법 제17조에 의해 개인정보처리자가 정보주체의 개인정보를 제공할 수 있는 '제3자'에 해당한다.
>
> ㄹ. 인터넷 포털사이트 등의 개인정보 유출사고로 주민등록 번호가 불법 유출 되어 그 피해자가 주민등록번호 변경을 신청했으나 구청장이 거부 통지를 한 사안에서, 피해자의 의사와 무관하게 주민등록번호가 유출된 경우에는 조리상 주민등록번호의 변경요구신청권을 인정함이 타당하다.

① ㄱ, ㄷ　　　　　② ㄴ, ㄹ

③ ㄱ, ㄴ, ㄷ　　　④ ㄱ, ㄴ, ㄹ

해설 ㄱ. 개인정보자기결정권의 보호대상이 되는 개인정보는 개인의 신체, 신념, 사회적 지위, 신분 등과 같이 인격주체성을 특징짓는 사항으로서 개인의 동일성을 식별할 수 있게 하는 일체의 정보를 의미하며, 반드시 개인의 내밀한 영역에 속하는 정보에 국한되지 않고 공적 생활에서 형성되었거나 이미 공개된 개인정보까지도 포함한다(대판 2016. 3. 10. 2012다105482).

ㄴ. 이미 공개된 개인정보를 정보주체의 동의가 있었다고 객관적으로 인정되는 범위 내에서 수집·이용·제공 등 처리를 할 때는 정보주체의 별도의 동의는 불필요하다고 보아야 하고, 별도의 동의를 받지 아니하였다고 하여 개인정보 보호법 제15조나 제17조를 위반한 것으로 볼 수 없다. 그리고 정보주체의 동의가 있었다고 인정되는 범위 내인지는 공개된 개인정보의 성격, 공개의 형태와 대상 범위, 그로부터 추단되는 정보주체의 공개 의도 내지 목적뿐만 아니라, 정보처리자의 정보제공 등 처리의 형태와 정보제공으로 공개의 대상 범위가 원래의 것과 달라졌는지, 정보제공이 정보주체의 원래의 공개 목적과 상당한 관련성이 있는지 등을 검토하여 객관적으로 판단하여야 한다(대판 2016. 8. 17. 2014다235080).

ㄹ. 甲 등이 인터넷 포털사이트 등의 개인정보 유출사고로 자신들의 주민등록번호 등 개인정보가 불법 유출되자 이를 이유로 관할 구청장에게 주민등록번호를 변경해 줄 것을 신청하였으나 구청장이 '주민등록번호가 불법 유출된 경우 주민등록법상 변경이 허용되지 않는다'는 이유로 주민등록번호 변경을 거부하는 취지의 통지를 한 사안에서, 주민등록번호를 관리하는 국가로서는 주민등록번호가 유출된 경우 그로 인한 피해가 최소화되도록 제도를 정비하고 보완해야 할 의무가 있으며, 일률적으로 주민등록번호를 변경할 수 없도록 할 것이 아니라 만약 주민등록번호 변경이 필요한 경우가 있다면 그 변경에 관한 규정을 두어서 이를 허용해야 하는 점 등을 종합하면, 피해자의 의사와 무관하게 주민등록번호가 유출된 경우에는 조리상 주민등록번호의 변경을 요구할 신청권을 인정함이 타당하고, 구청장의 주민등록번호 변경신청 거부행위는 항고소송의 대상이 되는 행정처분에 해당한다고 한 사례이다(대판 2017. 6. 15. 2013두2945).

ㄷ. 개인정보 보호법 제17조 제1항 제1호, 제26조, 제71조 제1호, 정보통신망 이용촉진 및 정보보호 등에 관한 법률(이하 '정보통신망법'이라고 한다) 제24조의2 제1항, 제25조, 제71조 제3호의 문언 및 취지에 비추어 보면, 개인정보 보호법 제17조와 정보통신망법 제24조의2에서 말하는 개인정보의 '제3자 제공'은 본래의 개인정보 수집·이용 목적의 범위를 넘어 정보를 제공받는 자의 업무처리와 이익을 위하여 개인정보가 이전되는 경우인 반면, 개인정보 보호법 제26조와 정보통신망법 제25조에서 말하는 개인정보

의 '처리위탁'은 본래의 개인정보 수집·이용 목적과 관련된 위탁자 본인의 업무 처리와 이익을 위하여 개인정보가 이전되는 경우를 의미한다. 개인정보 처리위탁에 있어 수탁자는 위탁자로부터 위탁사무 처리에 따른 대가를 지급받는 것 외에는 개인정보 처리에 관하여 독자적인 이익을 가지지 않고, 정보제공자의 관리·감독 아래 위탁받은 범위 내에서만 개인정보를 처리하게 되므로, 개인정보 보호법 제17조와 정보통신망법 제24조의2에 정한 '제3자'에 해당하지 않는다(대판 2017. 4. 7. 2016도13263).

핵심정리

개인정보보호법 제17조 (개인정보의 제공)
- 개인정보처리자는 정보주체의 동의를 받은 경우 또는 법에 따라 개인정보를 수집한 목적 범위에서 개인정보를 제공하는 경우에는 정보주체의 개인정보를 제3자에게 제공(공유를 포함)할 수 있다.
- 개인정보처리자는 정보주체의 동의를 받을 때에는 다음의 사항을 정보주체에게 알려야 하고, 다음의 어느 하나를 변경하는 경우에도 이를 알리고 동의를 받아야 한다.
  - 개인정보를 제공받는 자
  - 개인정보를 제공받는 자의 개인정보 이용 목적
  - 제공하는 개인정보의 항목
  - 개인정보를 제공받는 자의 개인정보 보유 및 이용 기간
  - 동의를 거부할 권리가 있다는 사실 및 동의 거부에 따른 불이익이 있는 경우에는 그 불이익의 내용
- 개인정보처리자가 개인정보를 국외의 제3자에게 제공할 때에는 제2항에 따른 사항을 정보주체에게 알리고 동의를 받아야 하며, 이 법을 위반하는 내용으로 개인정보의 국외 이전에 관한 계약을 체결하여서는 아니 된다.
- 개인정보처리자는 당초 수집 목적과 합리적으로 관련된 범위에서 정보주체에게 불이익이 발생하는지 여부, 암호화 등 안전성 확보에 필요한 조치를 하였는지 여부 등을 고려하여 대통령령으로 정하는 바에 따라 정보주체의 동의 없이 개인정보를 제공할 수 있다.

28

개인정보 보호에 대한 설명으로 옳은 것은?

① 종래 공공기관의 개인정보보호에관한법률을 개정하여 개인정보에 관한 일반법으로서 개인정보보호법이 제정되어 다른 법률에 특별한 규정이 있는 경우라 하더라도 동법의 적용을 받는다.

② 개인정보 보호에 관한 사항을 심의 · 의결하기 위하여 대통령 소속으로 개인정보 보호위원회를 두며 개인정보 보호위원회는 위원장 1명, 상임위원 1명을 포함한 20명 이내의 위원으로 구성한다.

③ 국가 및 지방자치단체, 개인정보 보호단체 및 기관, 정보주체, 개인정보처리자는 정보주체의 피해 또는 권리침해가 다수의 정보주체에게 같거나 비슷한 유형으로 발생하는 경우로서 분쟁조정위원회에 일괄적인 분쟁조정을 의뢰할 수 있다.

④ 개인정보보호법에서 규정하는 "영상정보처리기기"란 일정한 공간에 지속적으로 설치되어 사람 또는 사물의 영상 등을 촬영하거나 이를 유 · 무선망을 통하여 전송하는 장치로 '폐쇄회로 텔레비전', '네트워크 카메라' 그리고 '개인 촬영 영상정보'를 모두 포함한다.

해설 국가 및 지방자치단체, 개인정보 보호단체 및 기관, 정보주체, 개인정보처리자는 정보주체의 피해 또는 권리침해가 다수의 정보주체에게 같거나 비슷한 유형으로 발생하는 경우로서 대통령령으로 정하는 사건에 대하여는 분쟁조정위원회에 일괄적인 분쟁조정(집단분쟁조정)을 의뢰 또는 신청할 수 있다(개인정보보호법 제49조 제1항).

① 개인정보 보호에 관하여는 다른 법률에 특별한 규정이 있는 경우를 제외하고는 이 법에서 정하는 바에 따른다(동법 제6조).

② 개인정보 보호에 관한 사항을 심의 · 의결하기 위하여 대통령 소속으로 개인정보 보호위원회를 둔다. 개인정보 보호위원회는 그 권한에 속하는 업무를 독립하여 수행하며 위원장 1명, 상임위원 1명을 포함한 9명의 위원으로 구성하되, 상임위원은 정무직 공무원으로 임명한다(동법 제7조의2 제1항 및 제3항).

④ 영상정보처리기기란 일정한 공간에 지속적으로 설치되어 사람 또는 사물의 영상 등을 촬영하거나 이를 유 · 무선망을 통하여 전송하는 장치로서 이에는 '폐쇄회로 텔레비전', '네트워크 카메라'가 포함된다(동법 제2조 제7호).

핵심정리

개인정보보호법의 제정

- **배경** : 고도화된 정보사회와 개인정보의 경제적 가치 증대로 사회 전반에 걸쳐 개인정보의 수집 · 이용의 보편화와 달리, 국가사회 전반을 규율하는 개인정보 보호원칙과 개인정보 처리기준이 마련되지 못해 개인정보 보호의 사각지대 발생 및 개인정보의 유출 · 오용 · 남용 등 개인정보 침해 사례가 지속적으로 발생

- **목적** : 공공부문과 민간부문을 망라하여 국제 수준에 부합하는 개인정보 처리원칙 등을 규정하고, 개인정보 침해로 인한 국민의 피해 구제를 강화하여 국민 사생활의 보호 및 개인정보에 대한 권리와 이익을 보장하기 위함

- **근거** : 종래 공공부분에서의 개인정보 보호에 관한 일반법인 공공기관의개인정보보호에관한법률과 민간부문에서의 개인정보 보호에 관한 일반법인 정보통신망이용촉진및정보보호등에관한법률이 있었으나, 개인정보에 관한 일반법으로서 다른 법률에 특별한 규정이 있는 경우를 제외하고는 모든 개인정보처리자에게 적용되는 현재의 개인정보 보호법이 제정

제3편

행정상
의무이행확보수단

실전문제

제1장 행정강제

● **대표유형문제** ●

행정조사기본법상 행정조사에 대한 설명으로 옳은 것은?

① 행정조사는 그 실효성 확보를 위해 수시조사를 원칙으로 한다.

② 조사대상의 선정에 있어 자율준수노력 등을 고려함은 형평에 어긋나므로 허용되지 않는다.

③ 자발적인 협조에 따라 실시하는 행정조사에 있어 조사대상자가 조사에 응할 것인지에 대한 응답을 하지 않은 경우에는 그 조사에 동의한 것으로 간주한다.

❹ 조사대상자의 자발적인 협조를 얻어 실시하는 행정조사의 경우에는 행정조사의 목적 등을 구두로 통지할 수 있다.

정답해설 증거인멸 등으로 행정조사의 목적을 달성할 수 없다고 판단되는 경우와 통계법에 따른 지정통계의 작성을 위해 조사하는 경우, 조사대상자의 자발적인 협조를 얻어 실시하는 행정조사의 경우 등에는 행정조사의 목적 등을 조사대상자에게 서면이 아닌 구두로 통지할 수 있다(행정조사기본법 제17조 제1항).

오답해설 ① 행정조사는 법령등 또는 행정조사운영계획으로 정하는 바에 따라 정기적으로 실시함을 원칙으로 한다. 다만, 규정에 해당하는 경우에는 수시조사를 할 수 있다(동법 제7조).
② 행정기관의 장은 행정조사의 목적, 법령준수의 실적, 자율적인 준수를 위한 노력, 규모와 업종 등을 고려하여 명백하고 객관적인 기준에 따라 행정조사의 대상을 선정하여야 한다(동법 제8조 제1항).
③ 행정조사에 대하여 조사대상자가 조사에 응할 것인지에 대한 응답을 하지 아니하는 경우에는 법령 등에 특별한 규정이 없는 한 그 조사를 거부한 것으로 본다(동법 제20조 제2항).

핵심정리 행정조사

- **의의** : 행정조사란 적정하고도 효과적인 행정작용을 위하여 행정기관이 각종 정보나 자료를 수집하기 위하여 행하는 권력적 조사활동을 말한다. 구체적 조사활동에는 현장조사나 문서열람, 시료채취, 대상자에 대한 보고 및 자료제출요구, 출석 · 진술요구 등이 있다.
- **성질** : 종래는 행정조사를 행정상 즉시강제로 논의되었으나, 행정목적의 적정성과 효율성을 확보하기 위한 예비적 · 보조적 작용(질문 · 검사 등의 자료수집활동)을 행정상 즉시강제에서 분리하여 논의하고 있는 개념이다.
- **법적 근거**
  - 권력적 행정조사 : 일반적으로 실력행사가 인정되는 권력적 행정조사(강제조사)는 사인의 신체 또는 재산적 침해를 가져오는바, 법치주의 원칙에 따라 그 법적 근거를 요한다. 개별법적 근거로는 경찰관직무집행법상의 불심검문(제3조), 공익사업을 위한 토지 등의 취득 및 보상에 관한 법률(제9조), 식품위생법상의 임검 · 검사(제22조), 총포 · 도검 · 화약류 등의 안전관리에 대한 법률(제44조), 국세기본법상의 질문검사권(제76조), 국세징수법상의 질문 · 검사권(제36조) 등이 있다.
  - 비권력 행정조사 : 행정조사에는 권력적 조사작용 외에 임의적 협력에 의한 비권력적 조사작용도 포함된다는 견해에서는, 비권력적 행정조사(임의조사)는 법적 근거를 요하지 않는다고 한다. 우리 행정조사기본법에서는 권력적 행정조사만을 그 대상으로 하고 있다(동법 제2조).

01

행정상 강제집행에 대한 설명으로 옳지 않은 것은?

① 부작위의무의 불이행인 경우에는 작위의무로 전환시킨 후에만 대집행이 가능하다.

② 대체적 작위의무의 불이행이 있는 경우에는 그것만으로 대집행이 가능한 것은 아니다.

③ 직접강제는 그 대상이 되는 의무에 제한이 없으므로 비대체적 작위의무, 부작위의무, 수인의무 등의 의무가 그 대상이 된다.

④ 행정상 강제집행 제도는 원칙적으로 모든 의무의 실현에 가능하도록 포괄적으로 정비되어 있다.

해설 민사상 강제집행 제도는 원칙적으로 모든 의무의 실현에 가능하도록 포괄적으로 정비되어 있으나 행정상 강제집행 제도는 그러하지 못하다.

핵심정리

행정상 강제집행의 구별 개념
- **민사상 강제집행과의 구별** : 권리주체의 청구권을 강제로 실현시키는 수단이라는 유사성이 있으나, 민사상 강제집행은 법원의 힘에 의하고 행정상 강제집행은 자력집행이라는 본질적인 차이가 있다.
- **행정상 즉시강제와의 구별** : 행정청의 강제집행수단인 점에서는 같으나, 행정상 강제집행은 의무의 불이행을 전제로 하지만 행정상 즉시강제는 직접 실력을 가하여 행정상 필요한 상태를 실현한다.
- **행정벌과의 구별** : 행정목적 실현을 위한 강제수단지만, 행정상 강제집행은 장래의 의무를 이행시키기 위한 강제수단이고 행정벌은 과거의 의무위반에 대한 제재로써 가해진다.

02 [지방직·서울시 9급 기출]

행정벌에 대한 설명으로 옳지 않은 것은? (다툼이 있는 경우 판례에 의함)

① 법률에 따르지 아니하고는 어떤 행위도 질서위반행위로 과태료를 부과하지 아니한다.

② 경찰서장이 범칙행위에 대하여 통고처분을 한 이상, 통고 처분에서 정한 범칙금 납부 기간까지는 원칙적으로 경찰서장은 즉결심판을 청구할 수 없고, 검사도 동일한 범칙행위에 대하여 공소를 제기할 수 없다.

③ 행정청의 과태료 부과에 대해 이의가 제기된 경우에는 행정청의 과태료 부과처분은 그 효력을 상실한다.

④ 신분에 의하여 성립하는 질서위반행위에 신분이 없는 자가 가담한 경우 신분이 없는 자에 대하여는 질서위반행위가 성립하지 않는다.

해설 질서위반행위규제법 제12조 제2항에 따르면 신분에 의하여 성립하는 질서위반행위에 신분이 없는 자가 가담한 때에는 신분이 없는 자에 대하여도 질서위반행위가 성립한다고 하였다.

핵심정리

행정벌
- **행정형벌** : 형법상의 형을 과하는 행정벌로써, 이러한 형벌을 규정하고 있는 법을 '행정형법'이라고 칭하기도 한다. 특히 행정형벌은 형법상의 형을 과하는 것으로, 원칙적으로 형법총칙과 형사소송법의 절차에 따르게 된다. 다만 실체법적인 측면과 절차법적인 측면에서 특수성이 있기는 하다.
- **행정질서벌** : 형법상의 형이 아닌 과태료를 부과하는 행정벌이다. 이러한 과태료는 일종의 금전벌이라는 점에서 형법상의 벌금이나 과료와 같으나, 형식적으로 형벌에 해당하지 않는다는 점에서 구별된다. 과태료의 과벌절차는 법률에 특별한 규정이 없는 한, 비송사건절차법에 의하고 있다.

03

행정의 실효성 확보수단에 대한 설명으로 옳지 않은 것은?

① 행정상 강제집행의 수단에는 행정대집행, 집행벌, 직접강제, 강제징수가 있다.

② 집행벌은 간접적 강제수단의 성격을 지닌다.

③ 행정벌은 의무위반에 대하여 일정한 제재를 과하는 수단이다.

④ 행정형벌의 경우 비송사건절차법에 의하여 규율하게 된다.

해설 행정형벌은 직접적으로 행정법규에 위반하여 행정목적을 침해하는 행위에 대하여 형법상의 형벌(사형·징역·금고·자격상실·자격정지·벌금·구류·과료·몰수)벌을 가하는 행정벌을 말한다. 행정형벌에는 특별한 규정이 없는 한 원칙적으로 형법총칙이 적용되며, 과벌절차에 있어 형사소송절차에 의한다.

핵심정리

행정상 의무이행확보수단의 분류

전통적 의무이행 확보수단	행정강제	• 행정상 강제집행 : 대집행, 집행벌, 직접강제, 행정상 강제징수 • 행정상 즉시강제 • 행정조사	직접적 강제수단
	행정벌	• 행정형벌 • 행정질서벌(과태료)	
새로운 의무이행 확보수단	비금전적 수단	공급거부, 공표, 관허사업제한, 취업제한, 해외여행제한, 행정행위의 철회·정지 등	간접적 강제수단
	금전적 수단	과징금, 가산금, 가산세 등	

04

이행강제금에 대한 설명으로 옳지 않은 것은?

① 비대체적 작위의무, 부작위의무의 불이행에 대한 강제집행 수단이다.

② 이행강제금의 부과에 대해 불복이 있더라도 행정쟁송제기는 불가능하다.

③ 의무불이행이 계속될 때에는 이행강제금에 중복부과가 가능하다.

④ 현행법상 이행강제금을 부과하기 위하여는 원칙적으로 계고처분이 선행되어야 한다.

해설 건축법 개정(2005.11.8)에 따라 기존의 과태료 부과절차에 관한 준용규정이 삭제되어 행정소송에 따른 구제를 받을 수 있게 되었다.

05

이행강제금(집행벌)에 대한 설명으로 옳지 않은 것은?

① 이행강제금의 근거법률로 농지법, 건축법 등이 들어진다.

② 이행강제금에는 일사부재리의 원칙이 적용되지 않는다.

③ 이행강제금은 행정벌과 병과할 수 없다.

④ 이행강제금의 부과처분은 취소소송의 대상이 되지 않는다.

해설 집행벌은 행정상 강제집행의 수단으로서 행정벌과는 그 성질을 달리한다. 따라서 행정벌과 병과될 수 있으며 일사부재리의 원칙이 적용되지 않는다.

06

행정조사에 대한 설명으로 옳지 않은 것은?

① 행정조사는 행정결정을 하기 위한 자료수집을 목적으로 한다.

② 권력적 행정조사에는 법률유보원칙이 적용된다고 봄이 타당하다.

③ 행정조사는 그 자체에서 법적 효과를 발생시키는 것이 아닌 점에서 사실행위이다.

④ 행정상 손해배상의 요건 중 직무행위에 사실행위는 포함되지 않으므로 위법한 행정조사로 손해가 있는 경우 국가배상법에 의해 구제받을 수 없다.

해설 행정상 손해배상의 요건 중 직무행위에 사실행위도 포함되므로 위법한 행정조사로 손해가 있는 경우 국가배상법에 의해 구제받을 수 있다.

핵심정리

행정조사에 대한 구제
- **적법행위** : 적법한 행정조사로 인하여 자신의 귀책사유 없이 재산상 손실을 받은 자는 그 특별한 희생에 대하여 손실보상을 청구할 수 있다.
- **위법행위**
  - 행정쟁송 : 행정행위 형식을 취하는 행정조사는 물론, 권력적 사실행위로서의 행정조사도 항고쟁송의 대상으로서의 처분성이 인정된다고 하겠다.
  - 손해배상 : 위법한 행정조사로 인해 재산상의 손해를 받은 자는 국가배상법의 규정에 따라 당연히 그 손해배상을 청구할 수 있다.
  - 기타 : 위법한 행정조사에 대해 정당방위가 가능하다 할 것이고, 그 밖에 청원, 행정청의 직권취소, 공무원의 형사상책임, 징계책임제도 등은 간접적으로 위법한 행정조사에 대한 구제제도로서 의미를 갖는다 할 것이다.

07 국가직 9급 기출

행정강제에 대한 설명으로 옳은 것은? (다툼이 있는 경우 판례에 의함)

① 행정대집행의 방법으로 건물철거의무이행을 실현할 수 있는 경우, 철거의무자인 건물 점유자의 퇴거의무를 실현하려면 퇴거를 명하는 별도의 집행권원이 있어야하고, 철거 대집행 과정에서 부수적으로 건물 점유자들에 대한 퇴거조치를 할 수는 없다.

② 즉시강제란 법령 또는 행정처분에 의한 선행의 구체적 의무의 불이행으로 인한 목전의 급박한 장해를 제거할 필요가 있는 경우에 행정기관이 즉시 국민의 신체 또는 재산에 실력을 행사하여 행정상의 필요한 상태를 실현하는 작용을 말한다.

③ 공법인이 대집행권한을 위탁받아 공무인 대집행 실시에 지출한 비용을 행정대집행법에 따라 강제징수할 수 있음에도 민사소송절차에 의하여 상환을 청구하는 것은 허용되지 않는다.

④ 이행강제금은 심리적 압박을 통하여 간접적으로 의무이행을 확보하는 수단인 행정벌과는 달리 의무이행의 강제를 직접적인 목적으로 하므로, 강학상 직접강제에 해당한다.

해설 대한주택공사가 구 대한주택공사법 및 구 대한주택공사법 시행령에 의하여 대집행권한을 위탁받아 공무인 대집행을 실시하기 위하여 지출한 비용을 행정대집행법 절차에 따라 국세징수법의 예에 의하여 징수할 수 있음에도 민사소송절차에 의하여 그 비용의 상환을 청구한 사안에서, 행정대집행법이 대집행비용의 징수에 관하여 민사소송절차에 의한 소송이 아닌 간이하고 경제적인 특별구제절차를 마련해 놓고 있으므로, 위 청구는 소의 이익이 없어 부적법하다(대법원 2011. 9. 8. 선고 2010다48240 판결).
① 건물의 점유자가 철거의무자일 때에는 건물철거의무에 퇴거의무도 포함되어 있는 것이어서 별도로 퇴거를 명하는 집행권원이 필요하지 않다(대법원 2017. 4. 28. 선고 2016다213916 판결).

② 즉시강제란 행정강제의 일종으로서 목전의 급박한 행정상 장해를 제거할 필요가 있는 경우에, 미리 의무를 명할 시간적 여유가 없을 때 또는 그 성질상 의무를 명하여 가지고는 목적달성이 곤란할 때에, 직접 국민의 신체 또는 재산에 실력을 가하여 행정상 필요한 상태를 실현하는 작용을 말한다(헌재 2002. 10. 31. 2000헌가12 전원재판부).

④ 이행강제금은 일정한 기한까지 의무를 이행하지 않을 때에는 일정한 금전적 부담을 과할 뜻을 미리 계고함으로써 의무자에게 심리적 압박을 주어 장래에 그 의무를 이행하게 하려는 행정상 간접적인 강제집행 수단의 하나이다(헌재 2011. 10. 25. 2009헌바140).

08

행정상 의무이행확보수단과 그 예의 연결이 옳은 것은?

① 대집행 – 공중위생관리법상의 무허가업소에 대한 폐쇄조치

② 집행벌 – 건축법상 시정명령불이행의 위법건축주에 대한 이행강제금

③ 행정상 강제징수 – 공중위생관리법상의 건강진단을 받지 아니한 이·미용업자에 대한 과태료

④ 직접강제 – 도로교통법상의 의무위반자에 대한 운전면허정지

> 해설 ① 직접강제
> ③ 행정질서벌
> ④ 행정행위

09

행정상 강제집행으로 옳지 않은 것은?

① 건축법상의 이행강제금부과

② 국세징수법상의 체납처분

③ 주민등록법상의 과태료부과

④ 식품위생법상 무허가 영업소 폐쇄

> 해설 주민등록법상의 과태료부과는 행정질서벌로서 행정벌에 해당한다.
> ① 집행벌로서 행정상 강제집행
> ② 강제징수로서 행정상 강제집행
> ④ 직접강제로서 행정상 강제집행

10 국가직 9급 기출

행정대집행법상 행정대집행에 대한 설명으로 옳지 않은 것은? (다툼이 있는 경우 판례에 의함)

① 퇴거의무 및 점유인도의무의 불이행은 행정대집행의 대상이 되지 않는다.

② 건물철거명령 및 철거대집행계고를 한 후에 이에 불응하자 다시 제2차, 제3차의 계고를 하였다면 철거의무는 처음에 한 건물철거명령 및 철거대집행계고로 이미 발생하였고 그 이후에 한 제2차, 제3차의 계고는 새로운 철거의무를 부과한 것이 아니라 대집행 기한을 연기하는 통지에 불과하다.

③ 관계 법령에서 금지규정 및 그 위반에 대한 벌칙규정은 두고 있으나 금지규정 위반행위에 대한 시정명령의 권한에 대해서는 규정하고 있지 않은 경우에 그 금지규정 및 벌칙규정은 당연히 금지규정 위반행위로 인해 발생한 유형적 결과를 시정하게 하는 것도 예정하고 있다고 할 것이어서 금지규정 위반으로 인한 결과의 시정을 명하는 권한도 인정하고 있는 것으로 해석된다.

④ 대집행계고를 함에 있어서는 의무자가 스스로 이행하지 않는 경우에 대집행할 행위의 내용 및 범위가 구체적으로 특정되어야 하는데 그 내용과 범위는 대집행 계고서뿐만 아니라 계고처분 전후에 송달된 문서나 기타 사정 등을 종합하여 특정될 수 있다.

해설 행정대집행법 제2조는 대집행의 대상이 되는 의무를 "법률(법률의 위임에 의한 명령, 지방자치단체의 조례를 포함한다. 이하 같다)에 의하여 직접 명령되었거나 또는 법률에 의거한 행정청의 명령에 의한 행위로서 타인이 대신하여 행할 수 있는 행위"라고 규정하고 있으므로, 대집행계고처분을 하기 위하여는 법령에 의하여 직접 명령되거나 법령에 근거한 행정청의 명령에 의한 의무자의 대체적 작위의무위반행위가 있어야 한다. 따라서 단순한 부작위의무의 위반, 즉 관계 법령에 정하고 있는 절대적 금지나 허가를 유보한 상대적 금지를 위반한 경우에는 당해 법령에서 그 위반자에 대하여 위반에 의하여 생긴 유형적 결과의 시정을 명하는 행정처분의 권한을 인정하는 규정을 두고 있지 아니한 이상, 법치주의의 원리에 비추어 볼 때 위와 같은 부작위의무로부터 그 의무를 위반함으로써 생긴 결과를 시정하기 위한 작위의무를 당연히 끌어낼 수는 없으며, 또 위 금지규정(특히 허가를 유보한 상대적 금지규정)으로부터 작위의무, 즉 위반결과의 시정을 명하는 권한이 당연히 추론되는 것도 아니다(대법원 1996. 6. 28. 선고 96누4374 판결).

11

집행벌에 대한 설명으로 옳지 않은 것은?

① 집행벌의 대상은 부작위의무, 비대체적 작위의무이다.

② 집행벌은 행정상 강제집행의 일종이다.

③ 집행벌도 행정벌의 일종이므로 일사부재리의 원칙이 적용된다.

④ 집행벌의 수단은 과태료의 명칭을 갖는 것이 보통이다.

해설 집행벌은 의무의 이행이 있을 때까지 계속하여 반복적으로 부과할 수 있으므로 일사부재리의 원칙이 적용되지 않는다.

12 국가직 9급 기출

행정조사에 대한 설명으로 옳지 않은 것은? (다툼이 있는 경우 판례에 의함)

① 행정조사기본법에 따르면, 행정기관은 법령 등에서 행정조사를 규정하고 있는 경우에 한하여 행정조사를 실시할 수 있지만 조사대상자가 자발적으로 협조하는 경우에는 법령 등에서 행정조사를 규정하고 있지 않더라도 행정조사를 실시할 수 있다.

② 행정조사기본법에 따르면, 행정조사를 실시하는 경우 조사 개시 7일 전까지 조사대상자에게 출석요구서, 보고요구서·자료제출요구서, 현장출입조사서를 서면으로 통지하여야 하나, 조사대상자의 자발적인 협조를 얻어 행정조사를 실시하는 경우에는 미리 서면으로 통지하지 않고 행정조사의 개시와 동시에 이를 조사대상자에게 제시할 수 있다.

③ 헌법 제12조제1항에서 규정하고 있는 적법절차의 원칙은 형사소송절차에 국한되지 않고 모든 국가작용 전반에 대하여 적용되는 원칙이므로 세무공무원의 세무조사권의 행사에서도 적법절차의 원칙은 준수되어야 한다.

④ 행정조사는 처분성이 인정되지 않으므로 세무조사결정이 위법하더라도 이에 대해서는 항고소송을 제기할 수 없다.

해설 부과처분을 위한 과세관청의 질문조사권이 행해지는 세무조사결정이 있는 경우 납세의무자는 세무공무원의 과세자료 수집을 위한 질문에 대답하고 검사를 수인하여야 할 법적 의무를 부담하게 되는 점, 세무조사는 기본적으로 적정하고 공평한 과세의 실현을 위하여 필요한 최소한의 범위 안에서 행하여져야 하고, 더욱이 동일한 세목 및 과세기간에 대한 재조사는 납세자의 영업의 자유 등 권익을 심각하게 침해할 뿐만 아니라 과세관청에 의한 자의적인 세무조사의 위험마저 있으므로 조세공평의 원칙에 현저히 반하는 예외적인 경우를 제외하고는 금지될 필요가 있는 점, 납세의무자로 하여금 개개의 과태료 처분에 대하여 불복하거나 조사 종료 후의 과세처분에 대하여만 다툴 수 있도록 하는 것보다는 그에 앞서 세무조사결정에 대하여 다툼으로써 분쟁을 조기에 근본적으로 해결할 수 있는 점 등을 종합하면, 세무조사결정은 납세의무자의 권리·의무에 직접 영향을 미치는 공권력의 행사에 따른 행정작용으로서 항고소송의 대상이 된다(대법원 2011. 3. 10. 선고 2009두23617,23624 판결).

핵심정리

집행벌(이행강제금)

구분	집행벌	행정벌
목적	행정법상 의무불이행에 대하여 장래 의무이행을 위한 강제적 성격	• 일반행정유지 • 과거의 의무위반에 대한 제재적 성격
성립요건	의무불이행의 객관적 요건	의무위반의 요건과 고의·과실의 주관적 요건
부과	이행강제금, 반복부과가능	형벌, 반복부과 불가
부과권자	행정청(처분청)	법원

13 지방직 9급 기출

건축법상의 이행강제금에 대한 설명으로 옳지 않은 것은?

① 행정의 상대방이 행정법상 의무를 위반한 경우에 행정주체가 행정의 상대방에 과하는 행정법상의 제재로서의 처벌에 해당한다.

② 위법건축물에 대한 대집행과는 성질을 달리하므로 행정주체가 양자를 합리적인 재량에 의해 선택하여 활용하는 이상 이중적 제재가 되지 않는다.

③ 무허가 건축행위에 대한 형사처벌과는 그 처벌 내지 제재 대상이 되는 기본적 사실관계로서의 행위, 그 보호법익·목적에서 차이가 있어 양자를 병과하더라도 이중처벌에 해당한다고 할 수 없다.

④ 이행강제금의 부과처분은 행정행위로서의 성질을 가진다.

해설 행정벌에 대한 설명이다.

14 지방직 9급 기출

행정조사기본법에 대한 설명으로 옳은 것은?

① 행정조사에 현장조사, 문서열람, 시료채취, 보고요구, 자료제출요구, 진술요구는 포함되지만 출석요구는 포함되지 않는다.

② 행정조사는 법령 등의 위반에 대한 처벌보다는 법령 등을 준수하도록 유도하는 것에 중점을 두어야 한다.

③ 조세에 관한 사항도 행정조사의 대상이다.

④ 조사대상자는 행정기관의 장이 승인하지 않는 한 조사원의 교체신청을 할 수 없다.

해설 ① 행정기관의 장이 조사대상자의 출석·진술을 요구하는 때에는 일정한 사항이 기재된 출석요구서를 발송하여야 한다(행정조사기본법 제9조 제1항).
③ 조세·형사·행형 및 보안처분에 관한 사항에 대하여는 행정조사기본법을 적용하지 아니한다(동법 제3조 제2항 제5호).
④ 조사대상자는 조사원에게 공정한 행정조사를 기대하기 어려운 사정이 있다고 판단되는 경우에는 행정기관의 장에게 당해 조사원의 교체를 신청할 수 있다(동법 제22조 제1항).

행정조사의 기본원칙

- **범위의 최소화** : 목적달성에 필요한 최소한의 범위
- **남용금지** : 다른 목적 등을 위해 조사권 남용금지
- **목적의 적합성** : 목적에 적합한 조사대상자 선정
- **중복조사 제한** : 유사·동일 사안에 대해 공동조사 등을 실시
- **법령준수 유도** : 위반에 대한 처벌보다 법령준수 유도
- **공표금지** : 조사의 대상자·내용의 공표, 직무상 알게 된 비밀 누설 금지
- **이용제한** : 원래 조사목적 이외의 용도로 이용 또는 타인 제공의 금지

15

대집행의 계고에 대한 설명으로 옳지 않은 것은?

① 계고만으로는 행정심판이나 행정소송의 대상이 되지 아니한다.
② 계고는 대집행의 필요적 절차로, 계고 없이 한 대집행은 무효이다.
③ 대집행의 요건은 계고를 할 때 충족되어야 한다.
④ 이는 문서에 의하여 행하는 통지행위이다.

해설 계고는 통지로서 준법률행위적 행정행위에 속하며 이는 행정쟁송의 대상이 된다.

16

대집행의 절차로 옳은 것은?

① 대집행영장의 통지 → 계고 → 대집행의 실행 → 비용징수
② 대집행영장의 통지 → 계고 → 비용징수 → 대집행의 실행
③ 계고 → 대집행영장의 통지 → 대집행의 실행 → 비용징수
④ 계고 → 대집행영장의 통지 → 비용징수 → 대집행의 실행

해설 대집행의 절차
계고 → 대집행영장의 통지 → 대집행의 실행 → 비용징수

17 지방직 9급 기출

다음은 농지법 조문의 일부이다. 이 규정에서 살펴볼 수 있는 행정상 강제집행수단으로 옳은 것은?

시장·군수 또는 구청장은 제11조 제1항(제12조 제2항에 따른 경우를 포함한다)에 따라 처분명령을 받은 후 제11조 제2항에 따라 매수를 청구하여 협의 중인 경우 등 대통령으로 정하는 정당한 사유 없이 지정기간까지 그 처분명령을 이행하지 아니한 자에게 해당 농지의 토지가액의 100분의 20에 해당하는 이행강제금을 부과한다.

① 대집행　　　　② 집행벌
③ 강제징수　　　④ 직접강제

해설 농지 처분명령을 불이행한 경우 강제하는 것은 집행벌로서 이행강제금이라고도 한다. 이행강제금은 장래의 의무이행을 강제하기 위해 가해지는 제재인 집행벌이다.

① 대집행 : 대체적 작위의무의 불이행이 있는 경우 당해 행정청이 그 의무를 스스로 행하거나 제3자로 하여금 이를 행하게 하고, 그 비용을 의무자로부터 징수하는 강제집행수단이다.

③ 강제징수 : 공법상 금전급부의무를 불이행한 경우에 행정청이 의무자의 재산에 실력을 가해 강제적으로 그 의무가 이행된 것과 같은 상태를 실현하는 작용이다.

④ 직접강제 : 행정법상 의무를 이행하지 않은 경우에 행정청이 직접적으로 의무자의 신체 또는 재산에 실력을 가하여 의무가 이행된 것과 같은 상태를 실현하는 강제집행수단이다.

18

대집행의 대상이 되는 공법상의 의무는?

① 대체적 작위의무 ② 부작위의무

③ 급부의무 ④ 수인의무

해설 대집행은 대체적 작위의무를 그 대상으로 한다. 따라서 비대체적 작위의무. 부작위의무. 수인의무는 대집행의 대상이 될 수 없다.

19

행정상 의무이행확보수단과 그 예의 연결이 잘못된 것은?

① 대집행 – 무허가 영업소의 강제폐쇄

② 집행벌 – 이행강제금

③ 행정상 강제집행 – 재산압류

④ 직접강제 – 예방접종 실시

해설 무허가 영업소의 강제폐쇄는 직접강제의 예로 보아야 한다.

20

행정상 강제징수의 절차로 옳은 것은?

① 계고 → 매각 → 압류 → 청산

② 독촉 → 압류 → 청산 → 매각

③ 계고 → 압류 → 청산 → 매각

④ 독촉 → 압류 → 매각 → 청산

해설 국세징수법상 강제징수 절차는 독촉 및 체납처분으로 이루어지며, 다시 체납처분은 압류, 매각, 청산 순으로 이루어진다.

21 지방직 9급 기출

행정상 대집행에 대한 설명으로 옳지 않은 것은? (다툼이 있는 경우 판례에 의함)

① 계고처분과 대집행 비용납부명령 사이에는 하자의 승계가 인정되지 않는다.

② 의무의 불이행만으로 대집행이 가능한 것은 아니며 의무의 불이행을 방치하는 것이 심히 공익을 해한다고 인정되는 경우에 비로소 대집행이 허용된다.

③ 행정상 대집행의 대상이 되기 위해서는 불이행된 의무가 대체적 작위의무이어야 한다. 따라서 건물의 인도의무와 같이 비대체적 작위의무는 행정상 대집행의 대상이 되지 못한다.

④ 행정대집행법상의 건물철거의무는 제1차 철거명령 및 계고처분으로써 발생하였고 제2차, 제3차 계고처분은 새로운 철거 의무를 부과한 것이 아니고 다만 대집행기한의 연기통지에 불과하여 행정처분이 아니다.

해설 대집행에 있어서 계고와 비용납부명령 사이에는 동일한 법적 효과의 발생을 목적으로 하는 것이므로 하자의 승계가 인정된다.

② 행정대집행법 제2조에 따르면, 불이행을 방치함이 심히 공익을 해할 것으로 인정될 때 대집행이 허용된다고 규정하고 있다.

③ 대집행의 대상이 되는 의무는 타인이 대신하여 이행할 수 있는 의무, 즉 대체적 작위의무이어야 한다. 따라서 건물의 인도의무와 같이 대체적 작위의무가 아닌 것은 대집행의 대상이 되지 않는다.

④ 1차 계고에 대한 의무불이행을 이유로 2·3차 계고가 행하여진 경우 반복는 계고는 처분성이 인정되지 않고 기한 연기통지에 불과하므로 최초의 계고만이 처분이 된다는 입장이다.

22

행정상 강제집행 수단이 아닌 것은?

① 직접강제　　② 과징금
③ 집행벌　　④ 행정상 강제징수

해설 행정상 강제집행의 수단에는 대집행, 집행벌(이행강제금), 직접강제, 강제징수가 있다.

23

행정대집행에 대한 설명으로 옳지 않은 것은?

① 대집행을 결정하는 대집행 주체는 의무를 부과한 행정청에 한정되며 감독청은 대집행 주체가 될 수 없다.

② 도시공원시설인 매점의 관리청이 그 점유자로부터 점유이전을 받고자 하는 경우에도 대집행이 적절한 수단이 될 수 있다.

③ 대체적 작위의무의 부과처분과 대집행절차 사이에는 부과처분이 당연무효가 아닌 한 하자승계가 인정되지 아니한다.

④ 위법한 대집행이라 하더라도 그 대집행이 완료되면 그것의 무효확인 또는 취소를 구할 소의 이익은 없다.

해설 도시공원시설인 매점의 관리청이 그 공동점유자 중의 1인에 대하여 소정의 기간 내에 위 매점으로부터 퇴거하고 이에 부수하여 그 판매 시설물 및 상품을 반출하지 아니할 때에는 이를 대집행하겠다는 내용의 계고처분은 그 주된 목적이 … 매점에 대한 점유자의 점유를 배제하고 그 점유이전을 받는 데 있다고 할 것인데, 이러한 의무는 … 직접적인 실력행사가 필요한 것이지 대체적 작위의무에 해당하는 것은 아니어서 행정대집행법에 의한 대집행의 대상이 되는 것은 아니다(대판 1998.10.23, 97누157).

핵심정리

대집행 대상 여부
• **대집행의 대상**
- 불법광고판철거의무
- 교통장해물제거의무
- 건물이전·개량·청소의무·존치물의 반출의무
- 위험축대파괴의무
- 불법개간산림의 원상회복의무
- 가옥의 청소·소독의무 등
- 위법건물철거의무

• **대집행의 비대상**

비대체적 작위의무	일신전속적이어서 의무자만이 이행할 수 있는 의무로서 의사의 진단의무, 예술가의 창작의무, 증인출석의무, 전문가의 감정의무, 국유지의 퇴거의무, 주택의 인도·점유이전 의무 등
부작위의무	허가 없이 영업하지 아니할 의무, 야간통행금지의무, 토지형질변경금지, 통제구역에 출입하지 않을 의무, 도시계획시설부지의 공작물철거의무(작위의무 전환 후 대집행 가능)
수인의무	예방접종을 받을 의무, 신체검사 및 진단을 받을 의무 등
급부의무	조세·부담금·수수료 납부의무 등

• **기타 대집행요건 관련 논점**
- 대집행요건의 존부에 대한 판단 : 판례는 재량행위로 봄
- 대집행 실행요건이 구비된 후의 대집행 여부 : 판례는 처분청의 재량으로 판시
- 대집행의 요건의 주장 및 입증책임 : 당해 처분청에 있음
- 대집행과 불가쟁력의 관계 : 불가쟁력의 발생 여부와 관계없이 행해질 수 있음
- 행정벌과의 관계 : 행정벌과 대집행이 함께 행해질 수 있음

24

행정조사기본법에 대한 설명으로 옳지 않은 것은?

① 금융감독기관의 감독·검사·조사 및 감리에 관한 사항에 대하여는 행정조사기본법이 적용된다.

② 조세·형사·행형 및 보안처분에 관한 사항에 대하여는 행정조사기본법을 적용하지 아니한다.

③ 행정조사는 조사대상자의 자발적 협조를 얻어서 실시하는 경우에는 개별법령의 근거규정이 없어도 할 수 있다.

④ 근로기준법상 근로감독관의 직무에 관한 사항에 대하여는 행정조사기본법이 적용되지 아니한다.

해설 행정조사기본법 적용범위 배제(제3조 제2항)

- 행정조사를 한다는 사실이나 조사내용이 공개될 경우 국가의 존립을 위태롭게 하거나 국가의 중대한 이익을 현저히 해칠 우려가 있는 국가안전보장·통일 및 외교에 관한 사항
- 국방 및 안전에 관한 사항 중 군사시설·군사기밀보호 또는 방위사업에 관한 사항 또는 병역법·예비군법·민방위기본법·비상대비자원 관리법에 따른 징집·소집·동원 및 훈련에 관한 사항
- 공공기관의정보공개에관한법률의 정보에 관한 사항
- 근로기준법에 따른 근로감독관의 직무에 관한 사항
- 조세·형사·행형 및 보안처분에 관한 사항
- 금융감독기관의 감독·검사·조사 및 감리에 관한 사항
- 독점규제및공정거래에관한법률, 표시·광고의 공정화에관한법률 등에 따른 공정거래위원회의 법률위반행위 조사에 관한 사항

25

행정조사기본법에 대한 설명으로 옳지 않은 것은?

① 행정기관은 법령 등에서 행정조사를 규정하고 있는 경우에 한하여 행정조사를 실시할 수 있으나 조사대상자의 자발적인 협조를 얻어 실시하는 경우는 예외로 한다.

② 원칙적으로 조사원은 조사대상자의 1회 출석으로 당해 조사를 종결하여야 한다.

③ 사무실 또는 사업장 등의 업무시간에 행정조사를 실시하는 경우에는 현장조사를 해가 뜨기 전이나 해가 진 뒤에는 할 수 없다.

④ 행정조사를 실시하고자 하는 행정기관의 장은 출석요구서 등을 조사개시 7일 전까지 조사대상자에게 서면으로 통지하여야 한다.

해설 현장조사(행정조사기본법 제11조)

- 원칙 : 조사원이 가택·사무실 또는 사업장 등에 출입하여 현장조사를 실시하는 경우에는 행정기관의 장은 규정된 사항이 기재된 현장출입조사서 또는 법령 등에서 현장조사시 제시하도록 규정하고 있는 문서를 조사대상자에게 발송하여야 하며 현장조사는 해가 뜨기 전이나 해가 진 뒤에는 할 수 없으며 현장조사를 하는 조사원은 그 권한을 나타내는 증표를 지니고 이를 조사대상자에게 내보여야 한다.
- 현장조사 시간의 예외
  - 조사대상자(대리인 및 관리책임이 있는 자를 포함)가 동의한 경우
  - 사무실 또는 사업장 등의 업무시간에 행정조사를 실시하는 경우
  - 해가 뜬 후부터 해가 지기 전까지 행정조사를 실시하는 경우에는 조사목적의 달성이 불가능하거나 증거인멸로 인하여 조사대상자의 법령 등의 위반 여부를 확인할 수 없는 경우

26

경찰관직무집행법상의 강제수단으로 볼 수 없는 것은?

① 위험발생의 방지   ② 물건의 임시영치
③ 가택출입   ④ 교통장해물의 제거

해설 교통장해물의 제거는 도로교통법에 규정되어 있다.

핵심정리

행정상 즉시강제의 수단
- 대인적 강제

경찰관직무집행법	보호조치, 위험발생 방지조치, 범죄예방 · 제지조치, 경찰장비사용 → 불심검문은 행정조사로 봄(다수설)
개별법	강제건강진단 · 강제격리 · 교통차단(감염병 예방 및 관리에 관한 법률), 강제수용(마약류 관리에 관한 법률), 소방활동 종사 명령(소방기본법), 응급부담 종사 명령(자연재해대책법)

- 대물적 강제

경찰관직무집행법	물건 등의 임시영치, 위험발생 방지조치
개별법	물건의 폐기 · 압수(식품위생법, 약사법), 물건의 영치 · 몰수(청소년보호법, 형의 집행 및 수용자의 처우에 관한 법률), 교통장해물제거(도로교통법), 물건이나 시설의 이전 · 분산 · 소개(민방위기본법, 소방기본법) 등

- 대가택적 강제

경찰관직무집행법	가택출입 등
개별법	가택수색, 임검 · 검사 및 수색(조세범처벌법, 총포 · 도검 · 화약류 등 단속법) 등

27

행정상 강제집행에 대한 설명으로 옳은 것은? (다툼이 있는 경우 판례에 의함)

① 행정청이 대집행을 실시하지 않는 경우, 그 국유재산에 대한 사용 청구권을 가지고 있는 자가 국가를 대위하여 민사소송으로 그 시설물의 철거를 구할 수는 없다.
② 행정청이 대집행의 계고를 함에 있어서 의무자가 이행하여야 할 행위와 그 의무불이행시 대집행할 행위의 내용과 범위가 특정되어야 하지만, 그것은 반드시 대집행계고서에 의하여서만 특정되어야 하는 것은 아니다.
③ 의무를 부과하는 처분을 할 때에 이미 대집행 요건이 충족될 것이 확실하고 또한 그 급속한 실시를 요하는 긴급한 필요가 있는 경우에도 대집행계고는 의무를 명하는 처분과 결합될 수는 없다.
④ 행정상 강제집행을 위해서는 의무부과의 근거법규 외에 별도의 법적 근거를 요하지 않는다.

해설 ① 관리권자인 보령시장이 행정대집행을 실시하지 아니하는 경우 국가에 대하여 이 사건 토지 사용청구권을 가지는 원고로서는 위 청구권을 보전하기 위하여 국가를 대위하여 피고들을 상대로 민사소송의 방법으로 이 사건 시설물의 철거를 구하는 이외에는 이를 실현할 수 있는 다른 절차와 방법이 없어 그 보전의 필요성이 인정되므로, 원고는 국가를 대위하여 피고들을 상대로 민사소송의 방법으로 이 사건 시설물의 철거를 구할 수 있다고 보아야 할 것이다(대판 2009. 6. 11. 2009다1122).
③ 판례는 의무를 명하는 처분과 대집행계고를 1장의 문서로 결합될 수 있다고 하였다(대판 1992.6.12. 91누13564).
④ 행정상 강제집행을 위해서는 의무부과의 근거법규 외에 별도의 법적 근거를 요한다는 것이 통설의 입장이다.

● **관련 판례**

행정청이 행정대집행법 제3조 제1항에 의한 대집행계고를 함에 있어서는 의무자가 스스로 이행하지 아니하는 경우에 대집행할 행위의 내용 및 범위가 구체적으로 특정되어야 하지만, 그 행위의 내용 및 범위는 반드시 대집행계고서에 의하여서만 특정되어야 하는 것이 아니고 계고처분 전후에 송달된 문서나 기타 사정을 종합하여 행위의 내용이 특정되거나 대집행 의무자가 그 이행의무의 범위를 알 수 있으면 족하다(대판 1997.2.14, 96누15428).

28

다음 사례에 대한 설명으로 옳지 않은 것은?

> 무단으로 용도를 변경하여 건물을 사용하고 있는 건물소유주에 대해 관할 행정청이 건축법이 정한 바에 따라 시정명령을 발하고 시정명령이 정한 기간내에 시정이 이루어지지 않자 이행강제금을 부과하였다.

① 이행강제금은 간접벌이라고도 하는 것으로서 과거의 잘못에 대한 비난으로서의 제재수단이다.

② 의무불이행이 계속될 때에는 이행강제금의 중복 부과가 가능하다.

③ 흠의 승계론에 의하면 시정명령의 흠은 이행강제금에 승계된다고 할 수 없다.

④ 위의 시정명령은 경찰하명에 속한다.

해설 과거의 잘못에 대한 비난으로서의 제재수단은 행정벌이다.

29

행정상 즉시강제는 일정한 조리상의 한계 안에서 행해져야 한다. 그에 해당하지 않는 것은?

① 행정상의 장해가 목전에 급박해야 한다.

② 다른 수단으로는 행정목적을 달성할 수 없어야 한다.

③ 적극적으로 공공복리의 증진을 위하여 행해져야 한다.

④ 행정목적의 달성에 필요한 최소한도에 그쳐야 한다.

해설 즉시강제는 공공복리와 같은 적극적인 목적이 아니라 질서유지라는 소극적인 목적을 실현하기 위한 것이다.

30 지방직 9급 기출

행정대집행에 대한 설명으로 옳지 않은 것은? (다툼이 있는 경우 판례에 의함)

① 구 대한주택공사가 대집행권한을 위탁받아 공무인 대집행을 실시하기 위하여 지출한 비용을 행정대집행법 절차에 따라 국세징수법의 예에 의하여 징수할 수 있음에도 민사소송절차에 의하여 그 비용의 상환을 구하는 청구는 소의 이익이 없어 부적법하다.

② 건물의 점유자가 철거의무자일 때에는 건물철거의무에 퇴거의무도 포함되어 있는 것이어서 별도로 퇴거를 명하는 집행권원이 필요하지 않다.

③ 철거명령에서 주어진 일정기간이 자진철거에 필요한 상당한 기간이라고 하여도 그 기간 속에는 계고시에 필요한 '상당한 이행기간'이 포함되어 있다고 볼 수 없다.

④ 대집행계고처분 취소소송의 변론이 종결되기 전에 대집행영장에 의한 통지절차를 거쳐 사실행위로서 대집행의 실행이 완료된 경우에는 계고처분의 취소를 구할 법률상의 이익이 없다.

해설 철거명령에서 주어진 일정기간이 자진철거에 필요한 상당한 기간이라면 그 기간 속에는 계고시에 필요한 '상당한 이행기간'도 포함되어 있다고 보아야 할 것이다(대법원 1992. 6. 12. 선고 91누13564 판결).

● **관련 판례**

대집행의 계고·대집행영장에 의한 통지·대집행의·실행·대집행에 요한 비용의 납부명령 등은, 타인이 대신하여 행할 수 있는 행정의무의 이행을 의무자의 비용부담하에 확보하고자 하는, 동일한 행정목적을 달성하기 위하여 단계적인 일련의 절차로 연속하여 행하여지는 것으로서, 서로 결합하여 하나의 법률효과를 발생시키는 것이므로, 선행처분인 계고처분이 하자가 있는 위법한 처분이라면, 비록 하자가 중대하고도 명백한 것이 아니어서 당연무효의 처분이라고 볼 수 없고 대집행의 실행이 이미 사실행위로서 완료되어 계고처분의 취소를 구할 법률상 이익이 없게 되었으며, 또 대집행비용납부명령 자체에는 아무런 하자가 없다 하더라도, 후행처분인 대집행비용납부명령의 취소를 청구하는 소송에서 청구원인으로 선행처분인 계고처분이 위법한 것이기 때문에 그 계고처분을 전제로 행하여진 대집행비용납부명령도 위법한 것이라는 주장을 할 수 있다(대판 1993. 11. 9. 93누14271).

31

행정대집행에 대한 설명으로 옳지 않은 것은? (다툼이 있는 경우 판례에 의함)

① 도시공원시설 점유자의 퇴거 및 명도 의무는 행정대집행법에 의한 대집행의 대상이 아니다.
② 후행처분인 대집행비용납부명령 취소청구 소송에서 선행처분인 계고처분이 위법하다는 이유로 대집행비용납부명령의 취소를 구할 수 없다.
③ 대집행에 요한 비용을 징수하였을 때에는 그 징수금은 사무비의 소속에 따라 국고 또는 지방자치단체의 수입으로 한다.
④ 대집행에 대하여는 행정심판을 제기할 수 있다.

해설 대집행절차상 계고, 대집행영장통지, 대집행비용납부명령 상호 간에는 선행행위의 하자가 후행행위에 승계된다.
① 대판 1998. 10. 23. 97누157
③ 행정대집행법 제6조 제3항
④ 행정대집행법 제7조

32

행정상 즉시강제의 근거가 되는 일반법은?

① 국세징수법   ② 출입국관리법
③ 경찰관직무집행법   ④ 즉시강제법

해설 **행정상 즉시강제의 법적 근거**
• 이론적 근거 : 종래에는 공공의 안녕과 질서유지와 관련하여 법률의 특별한 수권이 없어도 공권력 발동이 가능하다는 국가의 일반긴급방위권이론이나 경찰행정법상의 일반규정에서 근거를 찾았으나, 실질적 법치국가의 원칙이 관철된 오늘날에 있어서는, 행정상 즉시강제는 침익적 행정행위로서 법률상의 근거를 요한다는 것이 일반적 견해이다.
• 실정법상 근거 : 경찰작용영역에서의 일반법으로 경찰관직무집행법이 있으며, 그 밖의 단행법으로는 마약류관리에관한법률(제41조), 소방기본법(제25 · 제27조), 식품위생법(제56조), 감염병예방및관리에관한법률(제42조) 등에 규정되어 있다.

33

위법한 행정상 즉시강제에 대한 직접적이고도 실질적인 권리구제수단으로 옳은 것은?

① 감독권에 의한 취소·정지

② 국가배상에 의한 손해배상청구 또는 원상회복의 청구

③ 행정심판 및 행정소송

④ 청원 및 소청

> **해설** 행정상 즉시강제는 대부분 단기에 실행이 완료되어 취소·변경을 구할 실익이 없게 되므로 국가배상청구는 가장 직접적이고 실질적인 구제수단이 된다.

34 지방직 9급 기출

행정상 즉시강제에 해당하지 않는 것은?

① 행정대집행법에 의한 무허가 건물의 강제철거

② 소방기본법에 의한 강제처분

③ 경찰관직무집행법에 의한 범죄의 예방과 제지

④ 재난 및 안전관리 기본법에 의한 응급조치

> **해설** 행정대집행법에 의한 무허가 건물의 강제철거는 행정상 즉시강제가 아니라, 행정상 강제집행 수단의 하나인 대집행에 해당한다.

핵심정리

행정상 즉시강제

- **법적 성질** : 권력적 사실행위로서 처분성이 인정될 수 있으며, 항고소송의 대상이 됨
- **구별 개념**
  - 행정벌 : 즉시강제는 행정상 필요한 상태의 실현을 위한 행정작용, 행정벌은 과거 의무위반에 대한 제재
  - 행정상 강제집행 : 즉시강제는 의무의 불이행을 전제요소로 하지 않으나, 행정상 강제집행은 의무의 불이행을 전제요소로 함
  - 행정조사 : 즉시강제는 직접적인 실력행사를 통하여 일정한 상태를 실현시키는 집행적 행위이고, 권력적 행정조사는 자료수집을 통해 행정목적을 수행하기 위한 예비적·보조적 조사작용
- **행정상 즉시강제의 성질** : 행정상 즉시강제는 발생된 의무를 이행시키기 위한 수단으로 실력을 행사하는 권력적 사실행위임과 동시에, 그 실력행사에 참여하여야 한다는 수인의무가 발생하는 법적 행위이다. 즉, 행정상 즉시강제는 사실행위와 법적 행위가 결합한 행위로서, 항고소송의 대상이 되는 처분의 성질을 가지고 있다.

35 국가직 9급 기출

이행강제금(집행벌)에 대한 설명으로 옳지 않은 것은?

① 이행강제금은 처벌이 아니므로 반복하여 부과·징수할 수 있다.

② 판례에 의하면 이행강제금은 비대체적 작위의무에 대한 불이행을 제재하기 위한 것이기 때문에 대체적 작위의무의 불이행에 대해서는 인정할 수 없다고 본다.

③ 건축법상 허가권자는 이행강제금 부과처분을 받은 자가 이행강제금을 납부기한까지 내지 아니하면 지방세 체납처분의 예에 따라 징수한다.

④ 판례에 의하면 건축법상 이행강제금 납부의무는 일신전속적인 성질로 본다.

해설 전통적으로 행정대집행은 대체적 작위의무에 대한 강제집행수단으로, 이행강제금은 부작위의무나 비대체적 작위의무에 대한 강제집행수단으로 이해되어 왔으나, 이는 이행강제금제도의 본질에서 오는 제약은 아니며, 이행강제금은 대체적 작위의무의 위반에 대하여도 부과될 수 있다. 현행 건축법상 위법건축물에 대한 이행강제수단으로 대집행과 이행강제금이 인정되고 있는데, 양 제도는 각각의 장·단점이 있으므로 행정청은 개별사건에 있어서 위반내용, 위반자의 시정의지 등을 감안하여 대집행과 이행강제금을 선택적으로 활용할 수 있으며, 이처럼 합리적 재량에 의해 선택하여 활용하는 이상 중첩적인 제재에 해당한다고 볼 수 없다(헌재 2004.2.26. 2001헌바80).

36

행정상 즉시강제의 한계에 대한 설명으로 옳지 않은 것은?

① 영장주의가 적용되지 않은 경우의 행정상 즉시강제에서도 적법절차의 원칙의 예외를 인정하기 어렵다.

② 타인의 재산에 대한 위해를 제거하기 위하여 인신을 구속하는 것은 행정상 즉시강제의 한계를 벗어난 것이다.

③ 행정상 목적을 달성하기 위하여 필요한 경우에 한하여 행해져야 한다.

④ 행정상 강제집행이 가능한 경우라 할지라도 행정상 즉시강제는 인정될 수 있다.

해설 행정상 강제집행이 가능한 경우에는 보충성 원칙에 따라 행정상 즉시강제는 인정되지 않는다.

핵심정리

행정상 즉시강제의 한계(실체법상의 한계)

• **법규상 한계** : 행정상 즉시강제는 의무부과를 전제로 하지 않고 행하는 침익적 행정행위에 해당하므로, 법적 안정성과 예측가능성이라는 법치국가의 원칙이 관철된 오늘날에 있어서는 발동에 있어 엄격한 법적 근거를 요한다고 할 수 있다.

• **조리상 한계**

– 위험제거를 통한 질서유지를 위해서만 발동되어야 한다(소극성·필요성 원칙).

– 행정상 장애가 현존 또는 발생이 목전에 급박하여야 한다(급박성·적합성 원칙).

– 목전에 급박한 행정상의 장애 해결이 침익적 수단 이외의 다른 수단으로는 달성이 불가능한 경우에만 발동되어야 한다(보충성 원칙).

– 목적달성에 최소한 침해를 가져오는 수단을 선택하여야 한다[비례성(상당성) 원칙].

37

대집행에 대한 설명으로 옳지 않은 것은? (다툼이 있는 경우 판례에 의함)

① 계고서라는 명칭의 1장의 문서로서 건축물의 철거명령과 동시에 그 소정기한 내에 자진철거를 하지 아니할 때에는 대집행할 뜻을 미리 계고한 경우라도 건축법에 의한 철거명령과 행정대집행법에 의한 계고처분은 각 그 요건이 충족되었다고 볼 수 있다.

② 대집행비용은 원칙상 의무자가 부담하며 행정청은 그 비용액과 납기일을 정하여 의무자에게 문서로 납부를 명하여야 한다.

③ 대집행절차상 계고, 대집행영장통지, 대집행비용납부명령 상호 간에는 선행행위의 하자가 후행행위에 승계된다.

④ 법령에 의해 대집행권한을 위탁받은 한국토지공사는 대집행을 수권받은 자로서 국가배상법 제2조 소정의 공무원에 해당한다.

해설 한국토지공사는 이러한 법령의 위탁에 의하여 이 사건 대집행을 수권받은 자로서 공무인 대집행을 실시함에 따르는 권리·의무 및 책임이 귀속되는 행정주체의 지위에 있다고 볼 것이지 지방자치단체 등의 기관으로서 국가배상법 제2조 소정의 공무원에 해당한다고 볼 것은 아니다(대판 2010. 1. 28, 2007다82950, 82967).

38

행정의 실효성확보수단에 대한 설명으로 옳지 않은 것은? (다툼이 있는 경우 판례에 의함)

① 단순한 부작위의무위반은 당해 법령에서 그 위반자에 대하여 위반에 의하여 생긴 유형적 결과의 시정을 명하는 행정처분의 권한을 인정하는 규정을 두고 있지 않는 한 대집행의 대상이 되지 아니한다.

② 도시공원시설인 매점의 관리청이 그 공동점유자 중의 1인에 대하여 소정의 기간 내에 매점으로부터 퇴거하고 그 시설물 및 상품을 반출하지 아니할 때에는 이를 대집행하겠다는 계고처분을 한 사건에서 판례는 도시공원시설 점유자의 퇴거 및 명도의무를 행정대집행법에 의한 대집행의 대상으로 보고 있다.

③ 행정대집행법 제2조는 다른 수단으로써 그 이행을 확보하기 곤란할 것을 대집행의 요건으로 하고 있다.

④ 이행강제금은 장래의 의무이행을 심리적으로 강제하기 위한 것으로서 의무이행이 있기까지 반복하여 부과할 수 있다는 점에서 행정법과 구별된다.

해설 도시공원시설인 매점의 관리청이 그 공동점유자 중의 1인에 대하여 소정의 기간 내에 위 매점으로부터 퇴거하고 이에 부수하여 그 판매 시설물 및 상품을 반출하지 아니할 때에는 이를 대집행하겠다는 내용의 계고처분은 그 주된 목적이 … 매점에 대한 점유자의 점유를 배제하고 그 점유이전을 받는 데 있다고 할 것인데, 이러한 의무는 그것을 강제적으로 실현함에 있어 직접적인 실력행사가 필요한 것이지 대체적 작위의무에 해당하는 것은 아니어서 직접강제의 방법에 의하는 것은 별론으로 하고 행정대집행법에 의한 대집행의 대상이 되는 것은 아니다(대판 1998.10.23, 97누157).

39 [서울시 9급 기출]

대집행에 관한 설명으로 가장 옳지 않은 것은?

① 건물의 점유자가 철거의무자일 때에는 건물철거 의무에 퇴거의무도 포함되어 있는 것이어서 별 도로 퇴거를 명하는 집행권원이 필요하지 않다.

② 구 토지수용법상 피수용자 등이 기업자에 대 하여 부담하는 수용대상 토지의 인도의무는 특별한 사정이 없는 한 행정대집행법에 의한 대집행의 대상이 될 수 없다.

③ 민사소송절차에 따라 민법 제750조에 기한 손 해배상으로서 대집행비용의 상환을 구하는 청 구는 소의 이익이 없어 부적법하다.

④ 해가 지기 전에 대집행에 착수한 경우라고 할 지라도 해가 진 후에는 대집행을 할 수 없다.

해설 행정청은 해가 뜨기 전이나 해가 진 후에는 대집행을 하 여서는 아니 된다. 다만, '해가 지기 전에 대집행을 착수 한 경우'에는 그러하지 아니하다(행정대집행법 제4조 제 1항 제2호).
　① 관계 법령상 행정대집행의 절차가 인정되어 행정청 이 행정대집행의 방법으로 건물의 철거 등 대체적 작 위의무의 이행을 실현할 수 있는 경우에는 따로 민 사소송의 방법으로 그 의무의 이행을 구할 수 없다. 한편 건물의 점유자가 철거의무자일 때에는 건물철 거의무에 퇴거의무도 포함되어 있는 것이어서 별도 로 퇴거를 명하는 집행권원이 필요하지 않다(대법원 2017. 4. 28. 선고 2016다213916판결).
　② 피수용자 등이 기업자에 대하여 부담하는 수용대상 토 지의 인도의무에 관한 구 토지수용법 제63조, 제64조, 제77조 규정에서의 '인도'에는 명도도 포함되는 것으로 보아야 하고, 이러한 명도의무는 그것을 강제적으로 실 현하면서 직접적인 실력행사가 필요한 것이지 대체적 작위의무라고 볼 수 없으므로 특별한 사정이 없는 한 행정대집행법에 의한 대집행의 대상이 될 수 있는 것이 아니다(대법원 2005. 8. 19. 선고 2004다2809 판결).
　③ 행정대집행법이 대집행비용의 징수에 관하여 민사소 송절차에 의한 소송이 아닌 간이하고 경제적인 특별 구제절차를 마련해 놓고 있으므로 민법 제750조에 기한 손해배상으로서 대집행비용의 상환을 구하는 원고의 이 사건 청구는 소의 이익이 없어 부적법하다 (대법원 2011. 9. 8. 선고 2010다 48240 판결).

40

의무의 불이행으로 인한 강제집행 수단으로 볼 수 없는 것은?

① 직접강제　　　　② 집행벌
③ 대집행　　　　　④ 즉시강제

해설 행정상 즉시강제는 행정상 장해가 존재하거나 장해의 발생이 목전의 급박한 경우 그 장해를 제거할 필요가 있 는 경우에, 미리 의무를 명할 시간적 여유가 없거나 그 성질상 의무를 명해서는 행정목적을 달성할 수 없는 때 에 행정청이 직접 개인의 신체나 재산에 실력을 가하여 행정상 필요한 상태를 실현하는 권력적 사실행위의 작 용을 말한다. 이를 행정상 즉시집행이라고도 한다.

41

비권력적 행위로만 볼 수 없는 것은?

① 행정지도
② 금전출납
③ 행정주체의 사경제활동
④ 행정조사

해설 행정조사는 상대방의 임의적 협력에 의한 비권력적 행 정조사도 있으나, 상대방에게 수인의무를 부과하는 권 력적 행정조사도 있다.

42

행정상 강제집행의 수단으로 가장 옳지 않은 것은?

① 행정대집행법에 의한 대집행의 실행

② 공중위생관리법에 의한 과태료의 부과

③ 건축법에 의한 이행강제금의 부과

④ 식품위생법에 의한 무허가영업소의 폐쇄조치

해설 행정상 강제집행의 수단으로는 행정대집행, 집행벌(이행강제금), 직접강제, 행정상 강제징수가 있다. 공중위생관리법에 의한 과태료의 부과는 행정상의 질서의무 위반행위(행정질서벌)에 대한 제재로서 일종의 금전벌이며, 간접적으로 행정목적의 달성에 장애를 미칠 위험성이 있는 행위 즉, 행정상의 질서를 문란하게 하는 행위에 대한 제재조치이므로 행정벌 중 행정질서벌에 해당한다.

핵심정리

행정상 강제집행

- **개념** : 행정법상의 의무 불이행에 대해 행정청이 장래를 향해 의무자의 신체나 재산에 실력을 가하여 강제적으로 그 의무를 이행시키거나 이행된 것과 같은 상태를 실현하는 작용을 말한다. 행정상 강제집행은 사법권의 힘을 빌리지 않고 행정권의 발동으로 할 수 있다는 점에서 자력집행의 일종이라 할 수 있다.
- **행정벌과의 구별** : 양자 모두 행정목적 실현을 위한 강제수단이라는 점에서는 같으나, 행정상 강제집행은 장래의 의무를 이행시키기 위한 강제수단이나 행정벌은 과거의 의무위반에 대한 제재로써 가해진다는 점에서 구별된다.
- **법적 근거의 필요** : 행정상 강제집행은 권력적 행정작용이므로 행정의 자의 배제와 국민의 권익보호를 위해 그 발동에는 법적 근거가 필요하다.

43 지방직 9급 기출

이행강제금에 대한 설명으로 옳지 않은 것은? (다툼이 있는 경우 판례에 의함)

① 이행강제금은 과거의 의무불이행에 대한 제재의 기능을 지니고 있으므로, 이행강제금이 부과되기 전에 의무를 이행한 경우에도 시정명령에서 정한 기간을 지나서 이행한 경우라면 이행강제금을 부과할 수 있다.

② 건축법상 허가권자는 이행강제금을 부과하기 전에 이행강제금을 부과 · 징수한다는 뜻을 미리 문서로써 계고하여야 한다.

③ 건축법상 이행강제금 납부의 최초 독촉은 징수처분으로서 항고소송의 대상이 되는 행정처분이 될 수 있다.

④ 부작위의무나 비대체적 작위의무 뿐만 아니라 대체적 작위의무의 위반에 대하여도 이행강제금을 부과할 수 있다.

해설 건축법상의 이행강제금은 시정명령의 불이행이라는 과거의 위반행위에 대한 제재가 아니라, 의무자에게 시정명령을 받은 의무의 이행을 명하고 그 이행기간 안에 의무를 이행하지 않으면 이행강제금이 부과된다는 사실을 고지함으로써 의무자에게 심리적 압박을 주어 의무의 이행을 간접적으로 강제하는 행정상의 간접강제 수단에 해당한다. 이러한 이행강제금의 본질상 시정명령을 받은 의무자가 이행강제금이 부과되기 전에 그 의무를 이행한 경우에는 비록 시정명령에서 정한 기간을 지나서 이행한 경우라도 이행강제금을 부과할 수 없다(대법원 2018. 1. 25. 선고 2015두35116 판결).

핵심정리

집행벌(이행강제금)의 성질

- **행정행위(하명)** : 집행벌은 급부의무를 발생시키는 급부하명이다(불복 시 행정소송으로 다툼). 따라서 과태료나 행정벌과는 그 성격을 달리하므로 병과하여 부과할 수 있다.
- **반복적 · 계속적 부과 기능** : 집행벌은 위반행위에 대한 재제로서의 벌금형이 아니라 심리적 압박을 통하여 간접적으로 장래의 의무이행을 확보하기 위한 수단으로, 의무를 이행할 때까지 반복적으로 계속 부과하는 처벌이다(일사부재리의 원칙이 적용되지 않음).
- **일신전속성** : 이행강제금의 납부의무는 일신전속적 성격을 지니므로 상속인 등에게 승계되지 않는다.
- **대집행, 형사처벌 등과의 관계** : 이행강제금은 대체적 작위의무에도 부과가 가능하며, 대집행과 성질을 달리하므로 대집행과 이행강제금은 선택적으로 활용될 수 있다. 또한 무허가 건축행위 등에 대한 형사처벌과는 기본적 사실관계로서의 행위나 보호법익 · 목적 등에 차이가 있어 병과가 가능하다(이중처벌에 해당되지 않음)[헌재 2004.2.26, 2001헌바80 · 84 · 102 · 103, 2002헌바26(병합)].

44 지방직 9급 기출

행정강제에 대한 설명으로 옳지 않은 것은? (다툼이 있는 경우 판례에 의함)

① 관계 법령상 행정대집행의 절차가 인정되어 행정청이 행정대집행의 방법으로 건물의 철거 등 대체적 작위의무의 이행을 실현할 수 있는 경우에는 따로 민사소송의 방법으로 그 의무의 이행을 구할 수 없다.

② 국세징수법상 체납자 등에 대한 공매통지는 체납자 등의 법적 지위나 권리 · 의무에 직접적인 영향을 주는 행정처분에 해당하지 아니하므로 공매통지가 적법하지 아니한 경우에도 그에 따른 공매처분이 위법하게 되는 것은 아니다.

③ 이행강제금 납부의무는 상속인 기타의 사람에게 승계될 수 없는 일신전속적인 성질의 것이므로 이미 사망한 사람에게 이행강제금을 부과하는 내용의 처분이나 결정은 당연무효이다.

④ 행정청이 행정대집행의 방법으로 건물철거의무의 이행을 실현할 수 있는 경우, 점유자들이 적법한 행정대집행을 위력을 행사하여 방해한다면 형법상 공무집행방해죄의 범행방지 차원에서 경찰의 도움을 받을 수도 있다.

해설 체납자 등에 대한 공매통지는 국가의 강제력에 의하여 진행되는 공매에서 체납자 등의 권리 내지 재산상의 이익을 보호하기 위하여 법률로 규정한 절차적 요건이라고 보아야 하며, 공매처분을 하면서 체납자 등에게 공매통지를 하지 않았거나 공매통지를 하였더라도 그것이 적법하지 아니한 경우에는 절차상의 흠이 있어 그 공매처분은 위법하다(대법원 2008. 11. 20. 선고 2007두18154 전원합의체 판결).

45

행정상 즉시강제에 대한 설명으로 옳지 않은 것은?

① 행정상 즉시강제는 권력적 사실행위로서 처분성이 인정되지만, 대부분 단기간에 종료되어 협의의 소의 이익이 부인되는 경우가 많다.
② 즉시강제는 사실행위에 해당하기도 하지만 행정심판의 대상이 된다.
③ 경찰관직무집행법 제3조의 불심검문은 행정상 즉시강제의 예에 해당하는 것으로 보는 견해가 일반적이다.
④ 구 청소년보호위원회가 청소년 유해약물을 수거·폐기하는 행위는 즉시강제라고 보아야 한다.

해설 경찰관직무집행법 제3조의 불심검문의 성격에 대하여는 종래 행정상 즉시강제로 많이 설명하여 왔으나, 오늘날은 행정조사로 보는 견해가 유력하다(대인적 행정조사).

핵심정리
행정상 즉시강제와 행정조사의 구분

구분	행정상 즉시강제	행정조사
목적	행정상 필요한 결과를 실현(직접적·종국적 실현작용)	행정작용을 위한 준비작용으로서의 조사·자료수집(준비적·보조적 수단)
방법	행정청의 직접적인 실력행사	행정벌이나 불이익처분에 의해 행정조사를 수인시킴
긴급성	요구됨	요구되지 않음
성질	권력적 집행작용	권력적 또는 비권력적 조사작용
일반법	경찰관직무집행법	행정조사기본법

46

행정대집행법상 대집행에 대한 설명으로 옳지 않은 것은? (다툼이 있는 경우 판례에 의함)

① 공익사업을위한토지등의취득및보상에관한법률상의 협의 취득 시에 매매대상 건물에 대한 철거의무를 부담하겠다는 취지의 약정을 건물 소유자가 하였다고 하더라도, 그 철거의무는 대집행의 대상이 되지 않는다.
② 공유수면에 설치한 건물을 철거하여 공유수면을 원상회복하여야 할 의무는 대체적 작위의무에 해당하므로 행정대집행의 대상이 된다.
③ 행정청이 건물 철거의무를 행정대집행의 방법으로 실현하는 과정에서, 건물을 점유하고 있는 철거의무자들에 대하여 제기한 건물퇴거를 구하는 소송은 적법하다.
④ 철거대상건물의 점유자들이 적법한 행정대집행을 위력을 행사하여 방해하는 경우, 행정청은 필요하다면 경찰관 직무집행법에 근거한 위험발생 방지조치 차원에서 경찰의 도움을 받을 수 있다.

해설 관계 법령상 행정대집행의 절차가 인정되어 행정청이 행정대집행의 방법으로 건물의 철거 등 대체적작위의무의 이행을 실현할 수 있는 경우에는 따로 민사소송의 방법으로 그 의무의 이행을 구할 수 없다. 한편 건물의 점유자가 철거의무자일 때에는 건물철거의무에 퇴거의무도 포함되어 있는 것이어서 별도로 퇴거를 명하는 집행권원이 필요하지 않다(대법원 2017. 4. 28. 선고 2016다 213916 판결).

47

행정대집행에 대한 설명으로 옳은 것은? (다툼이 있는 경우 판례에 의함)

① 계고처분의 위법은 최종 단계인 대집행비용납부명령에는 승계되지 않는다.

② 대집행의 절차는 계고, 대집행영장에 의한 통지, 대집행의 실행, 대집행 비용징수 순서이다.

③ 비상 시 또는 위험이 절박한 경우에 있어서 당해 행위의 급속한 실시를 요하여 계고를 취할 여유가 없을 때라도 계고를 거치지 아니하고는 대집행을 할 수 없다.

④ 대집행 절차인 계고에 대해서는 독자적인 처분성이 인정되지 않는다.

> **해설** ① 후행처분인 대집행비용납부명령 취소청구 소송에서 선행처분인 계고처분이 위법하다는 이유로 대집행비용납부명령의 취소를 구할 수 있다(대판 1993.11.9. 93누14271).
>
> ③ 비상 시 또는 위험이 절박한 경우에 있어서 당해 행위의 급속한 실시를 요하여 전2항에 규정한 수속을 취할 여유가 없을 때에는 그 수속을 거치지 아니하고 대집행을 할 수 있다(행정대집행법 제3조 제3항).
>
> ④ 대집행의 계고행위는 본법 소정의 처분에 포함되므로 계고처분 자체에 위법 있는 경우에도 항고소송의 대상이 된다(대판 1966.10.31. 66누25).

실전문제

제2장 행정벌

대표유형문제

벌금과 과태료에 대한 설명으로 옳지 않은 것은?

① 벌금은 행정형벌이므로 형법총칙이 대체로 적용되나 과태료는 그렇지 않다.

② 벌금납부를 안 한 경우, 자유형으로 환형처분될 수 있으나, 이의제기를 하지 않고, 과태료납부를 안 했을 경우, 체납처분방식으로 강제징수될 수 있다.

❸ 과태료는 벌금과 같은 형벌이 아니므로, 공소시효적용을 받을 수 없으나, 국가채무에 해당되어 3년간의 소멸시효가 적용된다.

④ 과태료는 고의 또는 과실을 요한다.

정답해설 판례는 과태료는 형벌이 아니므로 성질상 공소시효의 적용을 받을 수 없으며, 과태료 처벌권을 국가의 금전채권과 동일하게 볼 수는 없다고 하였다(대판 2000.8.24, 2000마1350). 다만 2007년 12월 과태료 부과(행정질서벌)에 관한 일반법으로 제정된 질서위반행위규제법 제15조 제1항에서는 과태료의 소멸시효를 5년으로 규정하고 있다.

오답해설 ① 행정형벌은 형법상의 형벌을 가하는 행정벌이므로 원칙적으로 형법총칙이 적용되나, 과태료의 경우 형벌이 아니므로 과태료의 부과·징수, 재판 및 집행 등의 절차에 있어서는 질서위반행위규제법 규정이 적용된다.
② 과태료의 경우 기한 이내에 이의제기를 하지 않고 과태료(가산금)를 납부하지 않은 경우 국세 또는 지방세 체납처분의 예에 따라 징수한다(질서위반행위규제법 제24조 제3항).
④ 고의 또는 과실이 없는 질서위반행위는 과태료를 부과하지 아니한다(질서위반행위규제법 제7조)

핵심정리 질서위반행위규제법의 관련 규정
- **과태료의 시효(제15조)** : 과태료는 행정청의 과태료 부과처분이나 법원의 과태료 재판이 확정된 후 5년간 징수하지 않거나 집행하지 않으면 시효로 인하여 소멸한다. 소멸시효의 중단·정지 등에 관하여는 국세기본법 제28조를 준용한다.
- **가산금 징수 및 체납처분(제24조)**
  - 행정청은 당사자가 납부기한까지 과태료를 납부하지 않은 때에는 납부기한을 경과한 날부터 체납된 과태료에 대하여 100분의 3에 상당하는 가산금을 징수한다.
  - 체납된 과태료를 납부하지 아니한 때에는 납부기한이 경과한 날부터 매 1개월이 경과할 때마다 체납된 과태료의 1천분의 12에 상당하는 가산금을 가산하여 징수한다. 이 경우 중가산금을 가산하여 징수하는 기간은 60개월을 초과하지 못한다.
  - 행정청은 당사자가 제20조 제1항에 따른 기한 이내에 이의를 제기하지 아니하고 제2항에 따른 가산금을 납부하지 아니한 때에는 국세 또는 지방세 체납처분의 예에 따라 징수한다.

01 [서울시 9급 기출]

질서위반행위규제법에 관한 설명으로 가장 옳은 것은?

① 민법상의 의무를 위반하여 과태료를 부과하는 행위는 질서위반행위규제법상 질서위반행위에 해당한다.

② 하나의 행위가 2 이상의 질서위반행위에 해당하는 경우에는 각 질서위반행위에 대하여 정한 과태료를 합산하여 부과한다.

③ 과태료는 행정청의 과태료 부과처분이나 법원의 과태료 재판이 확정된 후 3년간 징수하지 아니하거나 집행하지 아니하면 시효로 인하여 소멸한다.

④ 과태료 사건은 다른 법령에 특별한 규정이 있는 경우를 제외하고는 당사자의 주소지의 지방법원 또는 그 지원의 관할로 한다.

해설 과태료 사건은 다른 법령에 특별한 규정이 있는 경우를 제외하고는 당사자의 주소지의 지방법원 또는 그 지원의 관할로 한다(질서위반행위규제법 제25조).
　① "질서위반행위"란 법률(지방자치단체의 조례를 포함한다. 이하 같다)상의 의무를 위반하여 과태료를 부과하는 행위를 말한다. 다만, '대통령령으로 정하는 사법(私法)상·소송법상 의무를 위반하여 과태료를 부과하는 행위'를 제외한다(질서위반행위규제법 제2조 제1호 가목).
　② 하나의 행위가 2 이상의 질서위반행위에 해당하는 경우에는 각 질서위반행위에 대하여 정한 과태료 중 가장 중한 과태료를 부과한다(질서위반행위규제법 제13조 제1항).
　③ 과태료는 행정청의 과태료 부과처분이나 법원의 과태료 재판이 확정된 후 5년간 징수하지 아니하거나 집행하지 아니하면 시효로 인하여 소멸한다(질서위반행위규제법 제15조 제1항).

02

통고처분에 대한 설명으로 옳지 않은 것은?

① 법원이 아니라 국세청장 등 행정기관장에 의해서 그 효력이 발한다.

② 통지행위로서의 성질을 가진다.

③ 통고처분 이행 시 일사부재리의 원칙이 적용된다.

④ 통고처분에 복종하지 않으면 통고처분의 효력이 상실된다.

해설 통고처분은 준사법적 행정행위로서의 성질을 가지며 별도의 불복절차가 있으므로 처분이 아니다. 따라서 통지행위가 아니다.

핵심정리

통고처분(通告處分)
- **의의** : 통고처분은 행정청이 정식재판에 갈음하여 일정한 벌금이나 과료에 상당하는 금액 또는 물품납부를 명하는 준사법적 행정행위를 의미한다.
- **기능**
　– 위반행위에 대한 제재를 신속·간편하게 종결
　– 행정공무원의 전문성 활용
　– 검찰 및 법원의 과중한 업무부담 경감
　– 국가의 재정수입 확보
　– 형벌의 비범죄화 정신에 접근(전과자 발생 방지)
- **이행의 효과** : 통고처분을 법정기한 이내에 이행하면, 확정판결과 동일한 효력이 있어 일사부재리 원칙이 적용되어 다시 소추되지 않고 처벌절차가 종료된다. 또한 통고권자는 불가쟁력으로 인해 이미 통고된 내용을 변경하지 못한다.
- **불이행의 효과** : 통고처분의 내용을 법정기한 내에 이행하지 않으면 통고처분은 당연히 효력을 상실하고, 관련 행정기관은 검찰에 고발하여 통상의 형사소송절차(고발 → 검사의 기소 → 재판)로 이행된다(단, 검찰은 통고처분권자의 고발 없이는 기소 불가). 결국 통고처분을 불이행하면 사법적 판단을 받을 수 있으므로, 다수설과 판례는 통고처분의 처분성을 부정한다.

03 지방직 9급 기출

질서위반행위규제법의 내용으로 옳은 것만을 모두 고르면?

ㄱ. 행정청이 질서위반행위에 대하여 과태료를 부과하고자 하는 때에는 미리 당사자에게 대통령령으로 정하는 사항을 통지하고, 10일 이상의 기간을 정하여 의견을 제출할 기회를 주어야 한다.

ㄴ. 행정청에 의해 부과된 과태료는 질서위반행위가 종료된 날(다수인이 질서위반행위에 가담한 경우에는 최종행위가 종료된 날을 말한다)부터 5년간 징수하지 아니하거나 집행하지 아니하면 시효로 인하여 소멸한다.

ㄷ. 과태료 사건은 다른 법령에 특별한 규정이 있는 경우를 제외하고는 과태료 부과관청의 소재지의 지방법원 또는 그 지원의 관할로 한다.

ㄹ. 다른 법률에 특별한 규정이 없는 경우, 14세가 되지 아니한 자의 질서위반행위는 과태료를 부과하지 아니한다.

① ㄱ, ㄹ
② ㄴ, ㄹ
③ ㄱ, ㄴ, ㄷ
④ ㄱ, ㄷ, ㄹ

해설 ㄱ. 행정청이 질서위반행위에 대하여 과태료를 부과하고자 하는 때에는 미리 당사재(제11조 제2항에 따른 고용주등을 포함한다. 이하 같다)에게 대통령령으로 정하는 사항을 통지하고, 10일 이상의 기간을 정하여 의견을 제출할 기회를 주어야 한다. 이 경우 지정된 기일까지 의견 제출이 없는 경우에는 의견이 없는 것으로 본다(질서위반행위규제법 제16조 제1항).

ㄹ. 14세가 되지 아니한 자의 질서위반행위는 과태료를 부과하지 아니한다. 다만, 다른 법률에 특별한 규정이 있는 경우에는 그러하지 아니하다(질서위반행위규제법 제9조).

ㄴ. 행정청은 질서위반행위가 종료된 날(다수인이 질서위반행위에 가담한 경우에는 최종행위가 종료된 날을 말한다)부터 5년이 경과한 경우에는 해당 질서위반

위에 대하여 과태료를 부과할 수 없다(질서위반행위규제법 제19조 제1항). 과태료는 행정청의 과태료 부과처분이나 법원의 과태료 재판이 확정된 후 5년간 징수하지 아니하거나 집행하지 아니하면 시효로 인하여 소멸한다(질서위반행위규제법 제15조 제1항).

ㄷ. 과태료 사건은 다른 법령에 특별한 규정이 있는 경우를 제외하고는 당사자의 주소지의 지방법원 또는 그 지원의 관할로 한다(질서위반행위규제법 제25조).

04

행정벌에 대한 설명으로 옳지 않은 것은?

① 행정벌은 개별 법률에서 개별적으로 규정되고 있을 뿐, 이에 관한 일반법은 없다.

② 행정형벌의 일종인 통고처분에 대하여 불복이 있더라도 행정소송으로 다툴 수 없다.

③ 국가행정에 있어 행정질서벌의 경우, 행정청이 질서위반행위규제법상의 과태료 부과절차에 따라 과하는 것이 보통이다.

④ 질서위반행위에 대한 과태료 부과 시 고의 또는 과실을 따져보지 않고 객관적 사실만을 문제 삼아야 한다.

해설 고의 또는 과실이 없는 질서위반행위는 과태료를 부과하지 아니한다(질서위반행위규제법 제7조)

● **관련 판례**

질서위반행위를 한 자가 자신의 책임 없는 사유로 위반행위에 이르렀다고 주장하는 경우 법원으로서는 그 내용을 살펴 행위자에게 고의나 과실이 있는지를 따져보아야 한다(대판 2011.7.14.자 2011마364).

05

행정벌의 과벌절차와 관계없는 것은?

① 질서위반행위규제법
② 형사소송법
③ 즉결심판에관한절차법
④ 행정소송법

해설 행정벌의 과벌절차에 관한 근거법으로는 형사소송법, 질서위반행위규제법, 즉결심판에관한절차법, 출입국관리법 등이 있다.

06 국가직 9급 기출

행정벌에 대한 설명으로 옳은 것은? (다툼이 있는 경우 판례에 의함)

① 종업원 등의 범죄에 대해 법인에게 어떠한 잘못이 있는지를 전혀 묻지 않고, 곧바로 그 종업원 등을 고용한 법인에게도 종업원 등에 대한 처벌조항에 규정된 벌금형을 과하도록 규정하는 것은 책임주의에 반한다.
② 행정벌과 이행강제금은 장래에 의무의 이행을 강제하기 위한 제재로서 직접적으로 행정작용의 실효성을 확보하기 위한 수단이라는 점에서는 동일하다.
③ 질서위반행위규제법상 개인의 대리인이 업무에 관하여 그 개인에게 부과된 법률상의 의무를 위반한 때에는 행위자인 대리인에게 과태료를 부과한다.
④ 일반형사소송절차에 앞선 절차로서의 통고처분은 그 자체로 상대방에게 금전납부의무를 부과하는 행위로서 항고소송의 대상이 된다.

해설 영업주가 고용한 종업원 등의 업무에 관한 범법행위에 대하여 영업주도 함께 처벌하는 청소년보호법 제54조 중 "개인의 대리인·사용인 기타 종업원이 그 개인의 업무에 관하여 제51조 제8호의 위반행위를 한 때에는 그 개인에 대하여도 해당 조의 벌금형을 부과한다"는 부분이 책임주의에 반하여 헌법에 위반된다(헌재결 2009.7.30. 2008헌가10). 양벌규정에 대하여 최근 헌법재판소는 형벌에 관한 책임에 위반된다는 이유로 위헌결정을 하는 사례가 나타나고 있다.

② 행정벌은 과거의무 위반에 대한 제재수단으로서 처벌이지만, 이행강제금은 장래의무이행을 확보하는 수단으로서 양자는 서로 목적이 다르다.

③ 법인의 대표자, 법인 또는 개인의 대리인·사용인 및 그 밖의 종업원이 업무에 관하여 법인 또는 그 개인에게 부과된 법률상의 의무를 위반한 때에는 법인 또는 그 개인에게 과태료를 부과한다(질서위반행위규제법 제11조 제1항).

④ 통고처분에 대하여는 형사소송절차로 불복할 수 있는 별도의 절차가 존재하므로 항고소송의 대상이 되지 않는다.

07

다음 중 행정질서벌에 대한 설명으로 옳지 않은 것은?

① 자신의 행위가 위법하지 아니한 것으로 오인하고 행한 질서위반행위는 그 오인에 정당한 이유가 있는 때에 한하여 과태료를 부과하지 아니한다.
② 행정질서벌은 형법총칙이 적용되는 행정형벌이다.
③ 질서위반행위규제법은 행정질서벌의 부과징수와 재판 및 집행 등의 절차에 관한 일반법의 역할을 한다.
④ 이의제기가 있는 경우에 행정청의 과태료 부과처분은 그 효력을 상실한다.

해설 행정질서벌은 행정법상의 의무위반에 대한 제재로서 형법에 형명이 없는 벌인 과태료를 과하는 금전적 제재수단이다. 형벌을 과하는 것이 아니므로 형법총칙은 적용되지 않으며, 과벌절차는 질서위반행위 규제법 규정에 의한다.
④ 행정청의 과태료 부과에 불복하는 당사자에 의해 이의제기가 있는 경우에는 행정청의 과태료 부과처분은 그 효력을 상실한다(질서위반행위규제법 제20조).

08 국회직 8급 기출

행정벌에 관한 설명으로 옳지 않은 것은? (다툼이 있는 경우 판례에 따름)

① 과태료의 부과요건 · 절차 등에 관해 질서위반행위규제법의 규정과 다른 법률 규정이 있으면 그 규정을 우선 적용한다.
② 과태료의 고액 · 상습체납자는 검사의 청구에 따라 법원의 결정으로써 30일의 범위 내에서 납부가 있을 때까지 감치될 수 있다.
③ 헌법재판소는 종업원 등의 범죄행위와 관련하여 선임 · 감독상의 주의의무를 다하여 아무런 잘못이 없는 영업주도 처벌하도록 규정하고 있는 양벌규정을 법치국가의 원리 및 죄형법정주의로부터 도출되는 형벌에 관한 책임원칙에 반하므로 위헌이라고 본다.
④ 국가가 그의 사무의 일부를 지방자치단체의 장에게 위임하여 처리하게 하는 기관위임사무의 경우 지방자치단체는 양벌규정에 의한 처벌대상이 되는 법인에 해당한다고 볼 수 없다.
⑤ 건축법에 의한 무허가건축 행위에 대한 형사처벌과 건축법 관련 조항에 따른 이행강제금의 부과는 그 처벌 내지 제재대상이 되는 기본적 사실관계로서의 행위를 달리하며 또한 그 보호법익과 목적에서도 차이가 있으므로 이중처벌에 해당한다고 할 수 없다.

해설 과태료의 부과 · 징수, 재판 및 집행 등의 절차에 관한 다른 법률의 규정 중 이 법의 규정에 저촉되는 것은 이 법으로 정하는 바에 따른다. (질서위반행위규제법 제5조)

09

행정벌에 대한 설명으로 옳지 않은 것은?

① 법인에 대하여 처벌하는 경우도 있다.
② 행정질서벌은 원칙적으로 형법총칙이 적용된다.
③ 죄형법정주의가 적용된다.
④ 행정범에 있어서는 공범의 규정의 적용을 배제하는 경우도 있다.

해설 행정질서벌은 원칙적으로 형법총칙이 적용되지 않고, 질서위반행위규제법에 의하여 과하여진다.

핵심정리

행정벌 병과가능성
• **긍정설** : 양자는 그 목적이나 성질이 다르다고 볼 것이므로 병과할 수 있다는 견해이다. 대법원도 병과할 수 있다고 보았다.
관련 판례 : 행정법상의 질서벌인 과태료의 부과처분과 형사처벌은 그 성질이나 목적을 달리하는 별개의 것이므로 행정법상의 질서벌인 과태료를 납부한 후에 형사처벌을 한다고 하여 이를 일사부재리의 원칙에 반하는 것이라고 할 수는 없다(대판 1996.4.12, 96도158).
• **부정설(다수설)** : 양자 모두 행정범에 대한 행정벌이므로 병과 부과한다는 것은 일사부재리의 원칙 내지 이중처벌금지의 원칙에 반하여 병과할 수 없다는 견해이다. 다수설과 헌법재판소도 병과할 수 없다고 보았다.
관련 판례 : 행정질서벌로서의 과태료는 행정상 의무의 위반에 대하여 국가가 일반통치권에 기하여 과하는 제재로서, 형벌(특히 행정형벌)과 목적 · 기능이 중복되는 면이 없지 않으므로 동일한 행위를 대상으로 하여 형벌을 부과하면서 아울러 행정질서벌로서의 과태료까지 부과한다면 그것은 이중처벌금지의 기본정신에 위반되어 국가입법권의 남용으로 인정될 여지가 있음을 부정할 수 없다(헌재 1994.6.30, 92헌바38).

10

질서위반행위규제법상 행정질서벌의 설명으로 옳지 않은 것은?

① 대통령령으로 정하는 사법상·소송법상 의무를 위반하여 과태료를 부과하는 행위는 질서위반행위에 포함되지 않는다.

② 대통령령으로 정하는 법률에 따른 징계사유에 해당하여 과태료를 부과하는 행위는 질서위반행위에 포함되지 않는다.

③ 과태료의 부과·징수, 재판 및 집행 등의 절차에 관한 다른 법률의 규정 중 질서위반행위규제법의 규정에 저촉되는 것은 질서위반행위규제법으로 정하는 바에 따른다.

④ 질서위반행위규제법상 고의 또는 과실이 없는 질서위반행위라 하더라도 과태료를 부과해야 한다.

해설 질서위반행위규제법 제7조에 따르면 고의 또는 과실이 없는 질서위반행위는 과태료를 부과하지 아니한다고 하였다.

● **관련 판례**

질서위반행위규제법은 과태료의 부과대상인 질서위반행위에 대하여도 책임주의 원칙을 채택하여 제7조에서 "고의 또는 과실이 없는 질서위반행위는 과태료를 부과하지 아니한다."고 규정하고 있으므로, 질서위반행위를 한 자가 자신의 책임 없는 사유로 위반행위에 이르렀다고 주장하는 경우 법원으로서는 그 내용을 살펴 행위자에게 고의나 과실이 있는지를 따져보아야 한다(대판 2011. 7. 14.자 2011마364).

11

질서위반행위규제법상 행정질서벌의 설명으로 옳지 않은 것은?

① 주관적인 요건인 행위자의 고의·과실이 필요하지 않다.

② 과태료 부과의 경우 형법총칙이 적용되지 않는다.

③ 특별한 규정이 없는 경우, 과태료에 대한 이의제기는 질서행위위반규제법에 의한다.

④ 행정질서벌은 현실적인 행위자가 아니라도 법령상 책임자로 규정된 자에게 부과될 수 있다는 것이 판례의 입장이다.

해설 질서행위규제법은 과태료의 부과대상인 질서위반행위에 대하여도 책임주의 원칙을 채택하여 제7조에서 "고의 또는 과실이 없는 질서위반행위는 과태료를 부과하지 아니한다."고 규정하고 있으므로, 질서위반행위를 한 자가 자신의 책임 없는 사유로 위반행위에 이르렀다고 주장하는 경우 법원으로서는 그 내용을 살펴 행위자에게 고의나 과실이 있는지를 따져보아야 한다(대판 2011. 7. 14. 자 2011마364).

② 과태료는 형벌이 아니므로 형법총칙은 적용되지 않고, 과벌절차는 질서위반행위규제법 규정에 의한다.

③ 과태료의 부과·징수, 재판 및 집행 등의 절차에 관한 사항은 모두 질서위반행위규제법에 따른다.

④ 과태료와 같은 행정질서벌은 행정질서유지를 위한 의무의 위반이라는 객관적 사실에 대하여 과하는 제재이므로 반드시 현실적인 행위자가 아니라도 법령상 책임자로 규정된 자에게 부과되고 원칙적으로 위반자의 고의·과실을 요하지 아니한다(대판 2000.5.26, 98두5972).

12 국가직 9급 기출

행정벌에 대한 설명으로 옳지 않은 것은? (다툼이 있는 경우 판례에 의함)

① 과실범을 처벌한다는 명문의 규정이 없더라도 행정형법법규의 해석에 의하여 과실행위도 처벌한다는 뜻이 도출되는 경우에는 과실범도 처벌될 수 있다.

② 통고처분에 따른 범칙금을 납부한 후에 동일한 사건에 대하여 다시 형사처벌을 하는 것이 일사부재리의 원칙에 반하는 것은 아니다.

③ 과태료는 행정질서벌에 해당할 뿐 형벌이라고 할 수 없어 죄형법정주의의 규율대상에 해당하지 아니한다.

④ 과태료를 부과하는 근거 법령이 개정되어 행위 시의 법률에 의하면 과태료 부과대상이었지만 재판 시의 법률에 의하면 부과대상이 아니게 된 때에는 특별한 사정이 없는 한 과태료를 부과할 수 없다.

해설 통고처분은 행정청이 정식재판에 갈음하여 일정한 벌금이나 과료에 상당하는 금액 또는 물품납부를 명하는 준사법적 행정행위를 의미한다. 이러한 통고처분은 조세범(조세범처벌절차법)·관세범(관세법)·출입국사범(출입국관리법)·교통사범(도로교통법)·경범죄사범(경범죄처벌법)등에 대해 인정되고 있다. 통고처분에 따른 범칙금을 납부한 후에 동일한 사건에 대하여 다시 형사처벌을 하는 것이 일사부재리의 원칙(관세법 제317조)에 반하는 것이다.

13

행정벌에 대한 설명으로 가장 옳지 않은 것은?

① 행정형벌은 형법상의 형벌을 과하는 행정벌이다.

② 과료는 행정질서벌에 속한다.

③ 행정벌과 징계벌은 병과가 가능하다.

④ 행정벌과 집행벌은 병과가 가능하다.

해설 과료는 행정형벌에 속한다.

핵심정리

행정형벌과 행정질서벌의 구별

구분	행정형벌	행정질서벌
대상	직접적으로 행정목적 침해행위	간접적으로 행정질서에 장애를 줄 위험성 행위
성질	형벌	형벌이 아님
일반법 규정	없음	질서위반행위규제법
형법총칙의 적용	원칙적 적용	적용되지 않음
죄형법정주의	적용	• 적용됨(다수설) • 적용되지 않음(헌법재판소)
처벌절차	형사소송법	질서위반행위규제법
벌의 종류	형법총칙상의 형	과태료(형법총칙의 형이 아님)
부과권자	법원	행정청
고의·과실	필요(고의·과실에 대해 처벌)	필요(질서위반행위규제법)

14 서울시 9급 기출

행정벌에 대한 설명으로 가장 옳지 않은 것은?

① 법인의 독자적인 책임에 관한 규정이 없이 단순히 종업원이 업무에 관한 범죄행위를 하였다는 이유만으로 법인에게 형사처벌을 과하는 것은 책임주의 원칙에 반한다.

② 죄형법정주의 원칙 등 형벌법규의 해석 원리는 행정형벌에 관한 규정을 해석할 때에도 적용되어야 한다.

③ 양벌규정에 의해 영업주가 처벌되기 위해서는 종업원의 범죄가 성립하거나 처벌이 이루어져야 함이 전제조건이 되어야 한다.

④ 지방자치단체 소속 공무원이 자치사무를 수행하던 중 법 위반행위를 한 경우 지방자치단체는 같은 법의 양벌규정에 따라 처벌되는 법인에 해당한다.

해설 양벌규정에 의한 영업주의 처벌은 금지위반행위자인 종업원의 처벌에 종속하는 것이 아니라 독립하여 그 자신의 종업원에 대한 선임감독상의 과실로 인하여 처벌되는 것이므로 종업원의 범죄성립이나 처벌이 영업주 처벌의 전제조건이 될 필요는 없다(대법원 2006. 2. 24. 선고 2005도7673 판결).

핵심정리

행정벌

• **행정형벌** : 형법상의 형을 과하는 행정벌로써, 이러한 형벌을 규정하고 있는 법을 '행정형법'이라고 칭하기도 한다. 특히 행정형벌은 형법상의 형을 과하는 것으로, 원칙적으로 형법총칙과 형사소송법의 절차에 따르게 된다. 다만 후술하는 바와 같이 실체법적인 측면과 절차법적인 측면에서 특수성이 있기는 하다.

• **행정질서벌** : 형법상의 형이 아닌 과태료를 부과하는 행정벌이다. 이러한 과태료는 일종의 금전벌이라는 점에서 형법상의 벌금이나 과료와 같으나, 형식적으로 형벌에 해당하지 않는다는 점에서 구별된다. 과태료의 과벌절차는 법률에 특별한 규정이 없는 한, 비송사건절차법에 의하고 있다.

15 국가직 9급 기출

다음은 현행 질서위반행위규제법의 일부이다. 괄호 안에 공통적으로 들어갈 용어는?

> '질서위반행위'란 법률(지방자치단체의 조례를 포함한다. 이하 같다)상의 의무를 위반하여 ( )을(를) 부과하는 행위를 말한다. 다만, 다음 각 목의 어느 하나에 해당하는 행위를 제외한다.
> 가. 대통령령으로 정하는 사법(私法)상·소송법상 의무를 위반하여 ( )을(를) 부과하는 행위
> 나. 대통령령으로 정하는 법률에 따른 징계사유에 해당하여 ( )을(를) 부과하는 행위

① 가산금
② 과태료
③ 부당이득세
④ 이행강제금

해설 제시된 내용은 질서위반행위규제법 제2조의 규정내용이다. 동법에서는 질서위반행위를 법률(조례 포함)상의 의무를 위반하여 과태료를 부과하는 행위로 정의하고 있다. 일반적으로 과태료(행정질서벌)는 행정법상의 의무위반에 대한 제재로서 과하는 금전적 제재수단이다.

① 가산금이란 납부기한까지 국세를 납부하지 아니한 때에 체납된 국세에 대해 일정금액을 추가적으로 부담시키는 제재를 말한다(국세기본법 제2조 제5호였으나 2018.12.31.에 삭제됨). 이는 행정법상 급부의무의 불이행에 대한 제재로서 부과하는 금전부담에 해당한다.

③ 부당이득세란 법령을 위반하는 부당한 방법으로 남에게 손해를 주면서 이득을 얻은 사람에게 부과하는 세금을 말한다.

④ 이행강제금(집행벌)이란 행정법상의 부작위의무나 비대체적 작위의무를 이행하지 않은 경우 그 의무이행을 확보하기 위해 일정액수의 금전을 부과하는 강제집행수단을 말한다(일종의 금전벌).

16 지방직 9급 기출

행정의 실효성확보수단에 대한 설명으로 옳은 것의 개수는?

> ㉠ 이행강제금 제도의 본질상 대체적 작위의무의 불이행을 이유로 이행강제금을 부과하는 것은 허용될 수 없다는 것이 헌법재판소의 입장이다.
> ㉡ 질서위반행위규제법에 의하면 고의나 과실이 없어도 과태료를 부과할 수 있다.
> ㉢ 당사자가 과태료를 납부하지 아니하여도 가산금을 징수할 수는 없다.
> ㉣ 과태료의 고액상습체납자에 대해서도 자유를 박탈하는 제재인 감치처분을 행할 수는 없다.

① 0개 ② 1개
③ 2개 ④ 3개

해설 ㉠ 헌법재판소는 대체적 작위의무 불이행에도 대해서도 이행강제금을 부과할 수 있다고 판시하였다(헌재 2004.2.26, 2001헌바80).
㉡ 질서위반행위규제법에서는 고의 또는 과실이 없는 질서위반행위는 과태료를 부과하지 않는다고 규정하고 있다(질서위반행위규제법 제7조).
㉢ 행정청은 당사자가 납부기한까지 과태료를 납부하지 않은 경우 납부기한을 경과한 날부터 체납된 과태료에 대하여 100분의 3에 상당하는 가산금을 징수한다(동법 제24조 제1항).
㉣ 법원은 검사의 청구에 따라 결정으로 30일의 범위 이내에서 과태료의 납부가 있을 때까지 해당 고액상습체납자를 감치(監置)에 처할 수 있다(동법 제54조 제1항).

17 지방직 9급 기출

질서위반행위규제법의 내용에 대한 설명으로 옳은 것은?

① 지방자치단체의 조례상의 의무를 위반하여 과태료를 부과하는 행위는 질서위반행위에 해당되지 않는다.
② 법원의 과태료 재판이 확정된 후 법률이 변경되어 그 행위가 질서위반행위에 해당하지 아니하게 된 때에는 변경된 법률에 특별한 규정이 없는 한 과태료의 집행을 면제한다.
③ 과태료는 행정청의 과태료 부과처분이 있은 후 3년간 징수하지 아니하면 시효로 인하여 소멸한다.
④ 행정청의 과태료 부과에 대한 이의제기는 과태료 부과처분의 효력에 영향을 주지 아니한다.

해설 행정청의 과태료 처분이나 법원의 과태료 재판이 확정된 후 법률이 변경되어 그 행위가 질서위반행위에 해당하지 아니하게 된 때에는 변경된 법률에 특별한 규정이 없는 한 과태료의 징수 또는 집행을 면제한다(질서위반행위규제법 제3조 제3항).
① "질서위반행위"란 법률(지방자치단체의 조례를 포함한다. 이하 같다)상의 의무를 위반하여 과태료를 부과하는 행위를 말한다(질서위반행위규제법 제2조 제1항).
③ 과태료는 행정청의 과태료 부과처분이나 법원의 과태료 재판이 확정된 후 5년간 징수하지 아니하거나 집행하지 아니하면 시효로 인하여 소멸한다(질서위반행위규제법 제15조 제1항).
④ 행정청의 과태료 부과에 불복하는 당사자는 질서위반행위규제법 제17조 제1항에 따른 과태료 부과 통지를 받은 날부터 60일 이내에 해당 행정청에 서면으로 이의제기를 할 수 있다(질서위반행위규제법 제20조 제1항). 질서위반행위규제법 제20조 제1항에 따른 이의제기가 있는 경우에는 행정청의 과태료 부과처분은 그 효력을 상실한다(질서위반행위규제법 제20조 제2항).

18 국가직 9급 기출

행정벌에 대한 설명으로 옳지 않은 것은? (다툼이 있는 경우 판례에 의함)

① 조세범처벌절차에 의하여 범칙자에 대한 세무 관서의 통고처분은 행정소송의 대상이 아니다.

② 구 대기환경보전법에 따라 배출허용기준을 초 과하는 배출가스를 배출하는 자동차를 운행하 는 행위를 처벌하는 규정은 과실범의 경우에 적용하지 아니한다.

③ 행정청은 질서위반행위가 종료된 날(다수인 이 질서위반행위에 가담한 경우에는 최종행위 가 종료된 날을 말한다)부터 5년이 경과한 경 우에는 해당 질서위반행위에 대하여 과태료를 부과할 수 없다.

④ 임시운행허가기간을 벗어난 무등록차량을 운 행한 자는 과태료와 별도로 형사처벌의 대상 이 된다.

해설 구 대기환경보전법(1992.12.8. 법률 제4535호로 개정되 기 전의 것)의 입법목적이나 제반 관계규정의 취지등을 고려하면, 법정의 배출허용기준을 초과하는 배출가스를 배출하면서 자동차를 운행하는 행위를 처벌하는 위 법 제57조 제6호의 규정은 자동차의 운행자가 그 자동차에 서 배출되는 배출가스가 소정의 운행 자동차 배출허용 기준을 초과한다는 점을 실제로 인식하면서 운행한 고 의범의 경우는 물론 과실로 인하여 그러한 내용을 인식 하지 못한 과실범의 경우도 함께 처벌하는 규정이다(대 판 1993.09.10, 92도1136).
① 대판 1995.6.29, 95누4674
③ 질서위반행위규제법 제19조 제1항
④ 대판 1996.4.12, 96도158

19

질서위반행위규제법의 내용에 대한 설명으로 옳 은 것은?

① 다른 법률에 특별한 규정이 있는 경우라 하더 라도 14세가 되지 아니한 자의 질서위반행위 는 과태료를 부과하지 아니한다.

② 하나의 행위가 둘 이상의 질서위반행위에 해 당하는 경우에는 각 질서위반행위에 대하여 정한 과태료 중 가장 중한 과태료를 부과한다.

③ 심신(心神)장애로 인하여 행위의 옳고 그름을 판단할 능력이 없거나 그 판단에 따른 행위를 할 능력이 없는 자 또는 스스로 심신장애 상 태를 일으켜 질서위반행위를 한 자에 대하여 는 과태료를 감경한다.

④ 대한민국 영역 밖에서 질서위반행위를 한 대 한민국의 국민에게는 질서위반행위규제법이 적용되지 아니한다.

해설 하나의 행위가 2 이상의 질서위반행위에 해당하는 경우 에는 각 질서위반행위에 대하여 정한 과태료 중 가장 중 한 과태료를 부과한다. 이러한 경우를 제외하고 2 이상의 질서위반행위가 경합하는 경우에는 각 질서위반행위에 대하여 정한 과태료를 각각 부과하되, 다른 법령(지방자치 단체의 조례 포함)에 특별한 규정이 있는 경우에는 그 법 령으로 정하는 바에 따른다(질서위반행위규제법 제13조).
① 14세가 되지 아니한 자의 질서위반행위는 과태료를 부과하지 아니한다. 다만, 다른 법률에 특별한 규정이 있는 경우에는 그러하지 아니하다(동법 제9조)
③ 심신(心神)장애로 인하여 행위의 옳고 그름을 판단할 능력이 없거나 그 판단에 따른 행위를 할 능력이 없 는 자의 질서위반행위는 과태료를 부과하지 아니하 며 심신장애로 인하여 능력이 미약한 자의 질서위반 행위는 과태료를 감경한다. 다만, 스스로 심신장애 상 태를 일으켜 질서위반행위를 한 자에 대하여는 이를 적용하지 아니한다(동법 제10조).
④ 질서위반행위규제법은 대한민국 영역 안에서 질서위 반행위를 한 자, 대한민국 영역 밖에서 질서위반행위 를 한 대한민국의 국민, 대한민국 영역 밖에 있는 대 한민국의 선박 또는 항공기 안에서 질서위반행위를 한 외국인에게 모두 적용된다(동법 제4조).

20

통고처분에 대한 설명으로 옳지 않은 것은?

① 형사소송절차에 갈음하여 행정청이 벌금이나 과료에 상당하는 금액의 납부를 명하는 행위로서 준사법적 행정행위의 성질을 갖는다는 견해가 있다.

② 통고처분권자는 검사이다.

③ 통고처분을 받은 자가 법정기간 내에 통고대로 이행한 경우 일사부재리의 원칙의 적용을 받아 다시 소추받지 않으며 처벌절차는 종료된다.

④ 통고처분에 불복하는 경우 이 처분의 취소를 구하는 행정쟁송을 제기할 수 없다.

해설 통고처분권자는 개별법상의 관할 행정청이며, 통고처분에 불응하는 경우 관할 행정청은 검사에게 고발하게 된다.

핵심정리

통고처분

• **인정여부** : 통고처분만으로 처벌규정을 운용한다면 헌법상 적법절차의 보장, 재판받을 권리 등의 규정에 위반하여 위헌의 소지가 있다는 견해가 있으나, 헌법재판소는 통고처분제도의 근거조항인 구 도로교통법 규정을 합헌으로 판시하였다.

• **성질** : 과벌절차설과 행정행위설로 학설이 구분되나, 통고처분은 정식재판에 갈음하여 신속 간편하게 범칙금의 납부를 명하는 과벌절차의 하나로서, 행정소송의 대상이 되는 행정처분에 해당되지 않는다는 것이 다수설·판례의 입장이다.

• **통고처분권자** : 일반적인 행정형벌과 달리 통고처분은 행정청이 부과하는데, 대표적으로 국세청장·세무서장(조세범), 세관장·관세청장(관세범), 경찰서장(도로교통범, 경범죄), 출입국관리사무소장(출입국관리범) 등이 있다.

21

행정질서벌에 대한 설명으로 옳은 것은?

① 행정질서벌도 행정벌인 이상 반드시 현실적인 행위자에게만 부과된다.

② 동일 행정범에 대해 행정질서벌과 행정처분을 병과할 수 없다.

③ 국가의 법률 외에 지방자치단체의 규칙에 의해서도 행정질서벌의 과벌절차가 규율되고 있다.

④ 행정질서벌에는 형법총칙이 적용되지 않는다.

해설 ① 행정질서벌은 현실적인 행위자가 아니더라도 법령상 책임자로 규정된 자에게 부과될 수 있다.
② 행정질서벌과 행정처분은 병과할 수 있다.
③ 행정질서벌에 관하여 조례로 규율할 수 있지만 규칙으로는 행정질서벌을 규정할 수 없다.

22

행정질서벌로서의 과태료에 대한 설명으로 옳지 않은 것은?

① 질서위반행위가 종료된 날부터 5년이 경과하면 과태료를 부과할 수 없다.

② 과태료는 죄형법정주의가 적용된다.

③ 14세 미만인 자의 질서위반행위는 과태료를 부과하지 않는다.

④ 고의 또는 과실을 요한다.

해설 과태료는 형벌이 아니기 때문에 죄형법정주의가 적용되지 않는다.

23 국회직 8급 기출

질서위반행위규제법의 규정 내용으로 옳지 않은 것은?

① 질서위반행위 후 법률이 변경되어 그 행위가 질서위반행위에 해당하지 아니하게 되거나 과태료가 변경되기 전의 법률보다 가볍게 된 때에는 법률에 특별한 규정이 없는 한 변경된 법률을 적용한다.

② 행정청의 과태료 처분이나 법원의 과태료 재판이 확정된 후 법률이 변경되어 그 행위가 질서위반행위에 해당하지 아니하게 된 때에는 변경된 법률에 특별한 규정이 없는 한 과태료의 징수 또는 집행을 면제한다.

③ 신분에 의하여 성립하는 질서위반행위에 신분이 없는 자가 가담한 때에는 신분이 없는 자에 대하여도 질서위반행위가 성립한다.

④ 신분에 의하여 과태료를 감경 또는 가중하거나 과태료를 부과하지 아니하는 때에는 그 신분의 효과는 신분이 없는 자에게는 미치지 아니한다.

⑤ 행정청의 과태료 부과에 불복하는 당사자는 과태료 부과 통지를 받은 날부터 30일 이내에 해당 행정청에 서면으로 이의제기를 하여야 한다.

> **해설** 행정청의 과태료 부과에 불복하는 당사자는 과태료 부과 통지를 받은 날부터 60일 이내에 해당 행정청에 서면으로 이의제기를 할 수 있다(질서위반행위규제법 제20조 제1항).

제3편

행정상 의무이행확보수단

제3장 새로운 의무이행확보수단

━━●◆ 대표유형문제 ◆●━━

과징금에 대한 설명으로 옳지 않은 것은?

① 과징금의 부과는 행정처분적 성질을 가지고 있기 때문에 이러한 과징금의 부과에 하자가 있는 경우 행정쟁송절차에 따라 시정을 구할 수 있다.

② 부과된 과징금 채무는 일신전속적 의무가 아니므로 과징금을 부과받은 자가 사망한 경우에는 그 상속인에게 승계된다.

③ 과징금 부과에 있어서는 상대방에게 의견을 진술할 기회를 주는 것이 일반적이다.

❹ 형사처벌과 과징금 병과는 이중처벌금지원칙에 위반된다.

정답해설 과징금은 처벌 작용이 아니므로 형벌이 아니며 형식상 행정벌에 속하지 않는다. 따라서 형사처벌과 아울러 과징금을 부과할 수 있도록 한 것은 이중처벌금지원칙에 위배되지 않는다.

오답해설 ① 행정청의 과징금부과행위는 행정행위의 일종인 급부하명에 해당하므로, 행정쟁송절차에 따라 그 취소 등을 구할 수 있다(대판 1998.4.10, 98두2270).
② 과징금 채무는 대체적 급부가 가능한 의무이므로 부과 받은 자가 사망한 경우 상속인에게 포괄승계된다.
③ 공정거래위원회는 이 법의 규정에 위반되는 사항에 대하여 시정조치 또는 과징금 납부명령을 하기 전에 당사자 또는 이해관계인에게 의견을 진술할 기회를 주어야 한다(독점규제및공정거래에관한법률 제93조 제1항).

핵심정리 구 독점규제및공정거래에관한법률(1999.2.5. 법률 제5813호로 개정되기 전의 것) 제23조 제1항 제7호, 같은 법 제24조의2 소정의 부당지원행위를 한 지원주체에 대한 과징금은 그 취지와 기능, 부과의 주체와 절차 등을 종합할 때 부당지원행위의 억지(抑止)라는 행정목적을 실현하기 위한 입법자의 정책적 판단에 기하여 그 위반행위에 대하여 제재를 가하는 행정상의 제재금으로서의 기본적 성격에 부당이득환수적 요소도 부가되어 있는 것이라고 할 것이어서 그것이 헌법 제13조 제1항에서 금지하는 국가형벌권 행사로서의 처벌에 해당한다고 할 수 없으므로 구 독점규제및공정거래에관한법률에서 형사처벌과 아울러 과징금의 부과처분을 할 수 있도록 규정하고 있다 하더라도 이중처벌금지원칙이나 무죄추정원칙에 위반된다거나 사법권이나 재판청구권을 침해한다고 볼 수 없고, 또한 같은 법 제55조의3 제1항에 정한 각 사유를 참작하여 부당지원행위의 불법의 정도에 비례하여 상당한 금액의 범위 내에서만 과징금을 부과할 수 있도록 하고 있음에 비추어 비례원칙에 반한다고 할 수도 없다(대판 2004.4.9, 2001두6197).

01

명단 또는 사실의 공표 등 행정상 공표제도에 대한 설명으로 옳지 않은 것은? (다툼이 있는 경우 판례에 의함)

① 행정법상 의무위반자에 대한 명단의 공표는 법적인 근거가 없더라도 허용된다.

② 행정상 공표는 의무위반자의 명예나 신용의 침해를 위협함으로써 간접적으로 행정법상 의무이행을 확보하는 수단이다.

③ 위법한 공표에 의해 명예·신용 등이 침해된 경우에는 행정상 손해배상을 청구할 수 있다.

④ 행정상 공표는 개인의 명예나 사생활의 자유 등과 충돌할 경우 이익형량에 의하여 제한될 수 있다.

> **해설** 일반법은 따로 규정되어 있지 않으나, 개별법에 규정된 한계와 행정법의 일반원칙을 준수해야 하고 공표에 의해 상대방의 프라이버시 등을 침해할 수 있으므로 원칙적으로는 법적 근거가 필요하다는 견해가 지배적이다.

핵심정리

행정상의 공표(公表)

- **개념** : 고액체납자의 명단공개, 공해배출업소의 명단공개, 성매수자에 대한 신상공개 등이 이에 해당된다.
- **법적 근거** : 공표로 인해 상대방의 명예나 프라이버시의 침해가 발생하는 침익적 작용의 성격을 갖는다는 점에서 법적 근거가 필요하다는 것이 지배적 견해
  - 비권력적 사실행위이므로 법적 근거를 요하지 않는다는 견해도 있음(대판 1993.11.26, 93다18389)
  - 명단 등 공표에 관한 일반법은 없으나 공공기관의 정보공개에 관한 법률이 일반법적 기능을 수행

02

새로운 행정의 실효성확보수단에 대한 설명으로 옳지 않은 것은?

① 판례는 주택사업 계획승인을 함에 있어 아무런 관련 없는 토지를 기부채납하도록 하는 부관을 붙인 것은 부당결부금지의 원칙에 위반된다고 판시하고 있다.

② 일부 학설은 위법한 공표행위에 대한 처분성을 인정한다.

③ 판례는 구 독점규제및공정거래에관한법률 제24조 제2조에 의한 부당내부거래에 대한 과징금이 행정상의 제재금으로서의 성격만 가지므로 형사처벌 이외에 과징금을 병과하는 것이 이중처벌금지 원칙에 위반된다고 판시하고 있다.

④ 최근 수익처분의 취소·철회 대신에 과징금을 부과하는 경향이 있다.

> **해설** 구 독점규제및공정거래에관한법률 제23조 제1항 제7호, 같은 법 제24조의2 소정의 부당지원행위를 한 지원주체에 대한 과징금은 그 취지와 기능, 부과의 주체와 절차 등을 종합할 때 부당지원행위의 억지(抑止)라는 행정목적을 실현하기 위한 입법자의 정책적 판단에 기하여 그 위반행위에 대하여 제재를 가하는 행정상의 제재금으로서의 기본적 성격에 부당이득환수적 요소도 부가되어 있는 것이라고 할 것이어서 그것이 헌법 제13조 제1항에서 금지하는 국가형벌권 행사로서의 처벌에 해당한다고 할 수 없으므로 구 독점규제및공정거래에관한법률에서 형사처벌과 아울러 과징금의 부과처분을 할 수 있도록 규정하고 있다 하더라도 이중처벌금지원칙이나 무죄추정원칙에 위반된다거나 사법권이나 재판청구권을 침해한다고 볼 수 없다(대판 2004.4.9, 2001두6197).

제**3**편

행정상 의무이행확보수단

03 국가직 9급 기출

행정의 실효성 확보수단에 대한 설명으로 옳지 않은 것은? (다툼이 있는 경우 판례에 의함)

① 질서위반행위에 대하여 과태료를 부과하는 근거 법령이 개정되어 행위 시의 법률에 의하면 과태료 부과대상이었지만 재판 시의 법률에 의하면 부과대상이 아니게 된 때에는 개정 법률의 부칙 등에서 행위 시의 법률을 적용하도록 명시하는 등 특별한 사정이 없는 한 재판 시의 법률을 적용하여야 한다.

② 건축법상 이행강제금은 시정명령의 불이행이라는 과거의 위반행위에 대한 제재이므로, 건축주가 장기간 시정명령을 이행하지 않았다면 그 기간 중에 시정명령의 이행 기회가 제공되지 않았다가 뒤늦게 이행 기회가 제공된 경우라 하더라도 이행 기회가 제공되지 않은 과거의 기간에 대한 이행강제금까지 한꺼번에 부과할 수 있다.

③ 세법상 가산세를 부과할 때 납세자에게 조세 납부를 거부 또는 지연하는데 고의 또는 과실이 있었는지는 원칙적으로 고려하지 않지만, 납세의무자의 의무해태를 탓할 수 없는 정당한 사유가 있는 경우에는 가산세를 부과할 수 없다.

④ 재량행위인 과징금부과처분이 해당 법령이 정한 한도액을 초과하여 부과된 경우 이러한 과징금부과처분은 법이 정한 한도액을 초과하여 위법하므로 법원으로서는 그 전부를 취소할 수밖에 없고, 그 한도액을 초과한 부분만 취소할 수는 없다.

해설 구 건축법상 이행강제금은 시정명령의 불이행이라는 과거의 위반행위에 대한 제재가 아니라, 시정명령을 이행하지 않고 있는 건축주·공사시공자·현장관리인·소유자·관리자 또는 점유자(이하 '건축주 등'이라 한다)에 대하여 다시 상당한 이행기한을 부여하고 기한 안에 시정명령을 이행하지 않으면 이행강제금이 부과된다는 사실을 고지함으로써 의무자에게 심리적 압박을 주어 시정명령에 따른 의무의 이행을 간접적으로 강제하는 행정상의 간접강제 수단에 해당한다. 그리고 구 건축법 제80조 제1항, 제4항에 의하면 문언상 최초의 시정명령이 있었던 날을 기준으로 1년 단위별로 2회에 한하여 이행강제금을 부과할 수 있고, 이 경우에도 매 1회 부과 시마다 구 건축법 제80조 제1항 단서에서 정한 1회 분 상당액의 이행강제금을 부과한 다음 다시 시정명령의 이행에 필요한 상당한 이행기한을 정하여 그 기한까지 시정명령을 이행할 수 있는 기회(이하 '시정명령의 이행 기회'라 한다)를 준 후 비로소 다음 1회분 이행강제금을 부과할 수 있다. 따라서 비록 건축주 등이 장기간 시정명령을 이행하지 아니하였더라도, 그 기간 중에는 시정명령의 이행 기회가 제공되지 아니하였다가 뒤늦게 시정명령의 이행 기회가 제공된 경우라면, 시정명령의 이행 기회 제공을 전제로 한 1회분의 이행강제금만을 부과할 수 있고, 시정명령의 이행 기회가 제공되지 아니한 과거의 기간에 대한 이행강제금까지 한꺼번에 부과할 수는 없다. 그리고 이를 위반하여 이루어진 이행강제금 부과처분은 과거의 위반행위에 대한 제재가 아니라 행정상의 간접강제 수단이라는 이행강제금의 본질에 반하여 구 건축법 제80조 제1항, 제4항 등 법규의 중요한 부분을 위반한 것으로 서, 그러한 하자는 중대할 뿐만 아니라 객관적으로도 명백하다(대법원 2016. 7. 14. 선고 2015두46598 판결).

04

행정의 실효성확보수단의 하나인 '공급거부'와 '명단공표'에 대한 설명으로 옳지 않은 것은?

① 의무위반 또는 불이행과 공급거부 사이에 실질적 관련성이 필요하다.

② 국세징수법에는 고액·상습체납자의 명단 공개에 대한 별도의 규정이 없다.

③ 명단공표에 대한 취소소송의 제기가능성은 다투어진다.

④ 명단공표는 그 자체로선 아무런 법적 효과를 발생하지 않는다.

해설 국세징수법 제114조에서 고액·상습체납자의 명단 공개에 대한 내용을 규정하고 있다.

핵심정리

고액·상습체납자의 명단 공개(국세징수법 제114조)

• 국세청장은 국세기본법 제81조의13에도 불구하고 체납 발생일부터 1년이 지난 국세의 합계액이 2억원 이상인 경우 체납자의 인적사항 및 체납액 등을 공개할 수 있다. 다만, 체납된 국세와 관련하여 심판청구 등이 계속 중이거나 그 밖에 대통령령으로 정하는 경우에는 공개할 수 없다.

• 제1항에 따른 명단 공개 대상자의 선정 절차, 명단 공개 방법, 그 밖에 명단 공개와 관련하여 필요한 사항은 국세기본법 제85조의5제2항부터 제6항까지의 규정을 준용한다.

---

05 국가직 9급 기출

행정의 실효성확보수단에 대한 설명으로 옳지 않은 것은? (다툼이 있는 경우 판례에 의함)

① 대집행과 이행강제금 중 어떠한 강제수단을 선택할 것인지에 대하여 행정청의 재량이 인정된다.

② 건축법상 시정명령을 받은 의무자가 이행강제금이 부과되기 전에 그 의무를 이행한 경우에는 비록 시정명령에서 정한 기간을 지나서 이행한 경우라도 이행강제금을 부과할 수 없다.

③ 여객자동차운수사업법상 과징금부과처분은 원칙적으로 위반자의 고의·과실을 요하지 않는다.

④ 국세징수법상 공매통지에 하자가 있는 경우, 다른 특별한 사정이 없는 한 체납자는 공매통지 자체를 항고소송의 대상으로 삼아 그 취소 등을 구할 수 있다.

해설 체납자 등에 대한 공매통지는 국가의 강제력에 의하여 진행되는 공매에서 체납자 등의 권리 내지 재산상의 이익을 보호하기 위하여 법률로 규정한 절차적 요건이라고 보아야 하며, 공매처분을 하면서 체납자 등에게 공매통지를 하지 않았거나 공매통지를 하였더라도 그것이 적법하지 아니한 경우에는 절차상의 흠이 있어 그 공매처분이 위법하게 되는 것이지만, 공매통지 자체가 그 상대방인 체납자 등의 법적 지위나 권리·의무에 직접적인 영향을 주는 행정처분에 해당한다고 할 것은 아니므로 다른 특별한 사정이 없는 한 체납자 등은 공매통지의 결여나 위법을 들어 공매처분의 취소 등을 구할 수 있는 것이지 공매통지 자체를 항고소송의 대상으로 삼아 그 취소 등을 구할 수는 없다(대법원 2011. 3. 24. 선고 2010두25527 판결).

06 지방직 9급 기출

행정상 실효성 확보수단에 대한 판례의 입장으로 옳은 것은?

① 건축법상 이행강제금의 부과에 대해서는 항고소송을 제기 할 수 없고 비송사건절차법에 따라 재판을 청구할 수 있다.

② 도로교통법상 통고처분에 대하여 이의가 있는 자는 통고처분에 따른 범칙금의 납부를 이행한 후에 행정쟁송을 통해 통고처분을 다툴 수 있다.

③ 세법상의 세무조사결정은 납세의무자의 권리·의무에 직접 영향을 미치는 공권력의 행사이므로 항고소송의 대상이 된다.

④ 과세처분 이후에 그 근거법률이 위헌결정을 받았으나 이미 과세처분의 불가쟁력이 발생한 경우, 당해 과세처분에 대한 조세채권의 집행을 위한 체납처분의 속행은 적법하다.

해설 세무조사결정은 납세의무자의 권리·의무에 직접 영향을 미치는 공권력의 행사에 따른 행정작용으로서 항고소송의 대상이 된다(대판2011.3.10.2009두23617).

① 종래 건축법상의 이행강제금 제도는 행정소송의 대상이 되지 않고, 이는 비송사건절차법을 준용하도록 규정하고 있었으나(2005년 11월 8일) 건축법의 개정에 따라 처분성이 인정되게 되어 이제는 처분성이 인정된다. 즉, 항고소송의 대상이 된다.

② 통고처분을 받은 자가 이의(異議)가 있는 때에는 이를 이행하지 아니함으로써 고발(告發)에 의하여 사법기관의 심판을 받을 수 있는 것이므로, 부당한 통고처분에 대한 구제(救濟)에 관하여는 특별한 규정이 있는 경우라 할 것이므로, 통고처분은 행정소송의 대상이 된다고 할 수 없다(대법원 1956.8.14. 선고 56누77).

④ 위와 같은 위헌결정 이후에 조세채권의 집행을 위한 새로운 체납처분에 착수하거나 이를 속행하는 것은 더 이상 허용되지 않고, 나아가 이러한 위헌결정의 효력에 위배하여 이루어진 체납처분은 그 사유만으로 하자가 중대하고 객관적으로 명백하여 당연무효라고 보아야 한다(대판 2012.2.16. 2010두10907).

07 지방직 9급 기출

과징금에 대한 설명으로 옳은 것은? (다툼이 있는 경우 판례에 의함)

① 과징금은 원칙적으로 행위자의 고의·과실이 있는 경우에 부과한다.

② 과징금부과처분의 기준을 규정하고 있는 구 청소년보호법시행령 제40조 [별표 6]은 행정규칙의 성질을 갖는다.

③ 부과관청이 추후에 부과금 산정 기준이 되는 새로운 자료가 나올 경우 과징금액이 변경될 수도 있다고 유보하며 과징금을 부과했다면, 새로운 자료가 나온 것을 이유로 새로이 부과처분을 할 수 있다.

④ 자동차운수사업면허조건 등을 위반한 사업자에 대한 과징금부과처분이 법이 정한 한도액을 초과하여 위법한 경우 법원은 그 처분 전부를 취소하여야 한다.

해설 자동차운수사업면허조건 등을 위반한 사업자에 대하여 행정청이 행정제재수단으로 사업 정지를 명할 것인지, 과징금을 부과할 것인지, 과징금을 부과키로 한다면 그 금액은 얼마로 할 것인지에 관하여 재량권이 부여되었다 할 것이므로 과징금부과처분이 법이 정한 한도액을 초과하여 위법할 경우 법원으로서는 그 전부를 취소할 수밖에 없고, 그 한도액을 초과한 부분이나 법원이 적정하다고 인정되는 부분을 초과한 부분만을 취소할 수 없다(대법원 1998. 4. 10. 선고 98두2270 판결).

① 과징금부과처분은 제재적 행정처분으로서 여객자동차 운수사업에 관한 질서를 확립하고 여객의 원활한 운송과 여객자동차 운수사업의 종합적인 발달을 도모하여 공공복리를 증진한다는 행정목적의 달성을 위하여 행정법규 위반이라는 객관적 사실에 착안하여 가하는 제재이므로 반드시 현실적인 행위자가 아니라도 법령상 책임자로 규정된 자에게 부과되고 원칙적으로 위반자의 고의·과실을 요하지 아니하나, 위반자의 의무 해태를 탓할 수 없는 정당한 사유가 있는 등의 특별한 사정이 있는 경우에는 이를 부과할 수 없다(대법원 2014. 10. 15. 선고 2013두5005 판결).

② 구 청소년보호법 제49조 제1항, 제2항에 따른 같은 법 시행령 제40조 [별표 6]의 위반행위의종별에 따른 과징금처분기준은 법규명령이기는 하나 모법의 위임규정의 내용과 취지 및 헌법상의 과잉금지의 원칙과 평등의 원칙 등에 비추어 같은 유형의 위반행위라 하더라도 그 규모나 기간·사회적비난 정도·위반행위로 인하여 다른 법률에 의하여 처벌받은 다른 사정·행위자의 개인적 사정 및 위반행위로 얻은 불법이익의 규모 등 여러 요소를 종합적으로 고려하여 사안에 따라 적정한 과징금의 액수를 정하여야 할 것이므로 그 수액은 정액이 아니라 최고한도액이다(대법원 2001. 3. 9. 선고 99두5207 판결).

③ 구 독점규제 및 공정거래에 관한 법률 제23조 제1항의 규정에 위반하여 불공정거래행위를 한 사업자에 대하여 같은 법 제24조의2 제1항의 규정에 의하여 부과되는 과징금은 행정법상의 의무를 위반한 자에 대하여 당해 위반행위로 얻게 된 경제적 이익을 박탈하기 위한 목적으로 부과하는 금전적인 제재로서, 같은 법이 규정한 범위 내에서 그 부과처분 당시까지 부과관청이 확인한 사실을 기초로 일의적으로 확정되어야 할 것이고, 그렇지 아니하고 부과관청이 과징금을 부과하면서 추후에 부과금 산정 기준이 되는 새로운 자료가 나올 경우에는 과징금액이 변경될 수도 있다고 유보한다든지, 실제로 추후에 새로운 자료가 나왔다고 하여 새로운 부과처분을 할 수는 없다 할 것인바, 왜냐하면 과징금의 부과와 같이 재산권의 직접적인 침해를 가져오는 처분을 변경하려면 법령에 그 요건 및 절차가 명백히 규정되어 있어야 할 것인데, 위와 같은 변경처분에 대한 법령상의 근거규정이 없고, 이를 인정하여야 할 합리적인 이유 또한 찾아 볼 수 없기 때문이다(대법원 1999. 5. 28. 선고 99두1571 판결).

08

과징금에 대한 설명으로 옳지 않은 것은?

① 과징금은 새로운 의무이행확보수단이다.

② 과징금은 위반행위로 인한 경제적 이익의 환수라는 점에서 벌금이나 과태료와 구별된다.

③ 과징금은 의무위반자에 대한 인·허가의 정지처분에 갈음하여 이루어지는 경우도 있다.

④ 과징금 부과처분에 대해서는 비송사건절차법에 따라 즉시항고할 수 있다.

해설 과징금은 행정법상 의무위반이나 의무불이행에 대해서 가해지는 금전상 제재이기는 하지만 행정벌의 형식을 취하지 않고 있다. 따라서 과징금은 행정청이 부과하며, 과징금부과처분은 항고쟁송의 대상이 될 수 있는 처분에 해당한다. 그러므로 과징금부과처분에 불복하는 경우 '행정쟁송'을 통하여 다툴 수 있다.

● **관련 판례**

자동차운수사업면허조건 등을 위반한 사업자에 대하여 행정청이 행정제재수단으로 사업 정지를 명할 것인지, 과징금을 부과할 것인지, 과징금을 부과키로 한다면 그 금액은 얼마로 할 것인지에 관하여 재량권이 부여되었다 할 것이므로 과징금 부과처분이 법이 정한 한도액을 초과하여 위법할 경우 법원으로서는 그 전부를 취소할 수밖에 없고, 그 한도액을 초과한 부분이나 법원이 적정하다고 인정되는 부분을 초과한 부분만을 취소할 수 없다. 따라서 금 1,000,000원을 부과한 당해 처분 중 금 100,000원을 초과하는 부분은 재량권 일탈·남용으로 위법하다며 그 일부분만을 취소한 원심판결을 파기한다(대판 1998.4.10. 98두2270).

09

행정의 실효성확보수단에 대한 설명으로 옳지 않은 것은? (다툼이 있는 경우 판례에 의함)

① 가산세 부과에 있어 납세자의 고의 · 과실은 고려되지 않는다.

② 납세의무자가 세무공무원의 잘못된 설명을 믿고 신고납부의무를 이행하지 아니하였다 하더라도 그것이 관계법령에 어긋나는 것임이 명백한 때에는 그러한 사유만으로는 가산세를 부과할 수 없는 정당한 사유가 있는 경우에 해당한다고 할 수 없다.

③ 납세의무자의 의무해태를 탓할 수 없는 정당한 사유가 있는 경우라 하더라도 가산세를 부과해야 한다.

④ 행정법규위반에 대하여 과징금과 형사처벌을 병과하더라도 이중처벌금지원칙에 위반된다고 볼 수 없다.

> **해설** 가산세 부과에 있어 납세의무자의 고의 · 과실은 고려되지 않으나, 의무해태를 탓할 수 없는 정당한 사유가 있는 경우에는 그 부과를 면할 수 있다.

● **관련 판례**

가산세는 과세권의 행사 및 조세채권의 실현을 용이하게 하기 위하여 납세자가 정당한 이유 없이 법에 규정된 신고 · 납세의무 등을 위반한 경우에 개별 세법이 정하는 바에 따라 부과되는 행정상의 제재로서 납세의무자가 그 의무를 알지 못한 것이 무리가 아니었다고 할 수 있어 그를 정당시할 수 있는 사정이 있거나 그 의무의 이행을 당사자에게 기대하는 것이 무리라고 하는 사정이 있을 때 등 그 의무해태를 탓할 수 없는 정당한 사유가 있는 경우에는 그 부과를 면할 수 있다(대판 2005.4.15, 2003두4089).

10

위법한 명단공표에 대한 구제방법으로 타당하지 않은 것은?

① 위법한 공표로 명예훼손을 당한 경우 손해배상청구권, 결과제거청구권을 갖는다.

② 명단공표로 인하여 손해를 받은 자는 국가배상을 청구할 수 있다.

③ 국가배상 외에 공무원에 대한 책임은 추궁할 수 없다.

④ 공표의 처분성을 인정하는 견해는 위법한 공표행위에 대해 다른 구제수단이 없는 경우 공표행위도 공권력의 행사에 준하는 작용으로 보아 그 처분성을 인정하여 취소소송을 인정한다고 본다.

> **해설** 명단공표 행위는 그 자체로서는 아무런 법적 효과를 발생하지 않기 때문에 비권력적 사실행위에 지나지 않으며 행정처분에 해당하지 않으므로 행정쟁송을 제기할 수는 없다. 그러나 공무원에 대한 형법상의 명예훼손죄(제307조), 피의사실공표죄(제126조) 및 공무상비밀누설죄(제127조)에 해당할 수 있으므로 책임을 추궁할 수 있다.

핵심정리

권리구제

• **행정쟁송** : 공표는 비권력적 사실행위로서 그 자체로 아무런 법적 효과도 발생하지 않아 행정쟁송의 대상이 되는 처분 등에 해당되지 않는다.

• **정정공고 청구** : 공표에 의하여 훼손된 명예회복의 방법으로 정정공고 청구가 가능하며, 결과제거청구권의 성질을 지닌다.

• **손해배상** : 공표는 비권력적 사실행위이나 국가배상법에 의한 직무행위에 해당하므로 손해배상청구가 가능하다.

• **공무원의 형사책임** : 위법한 공표를 한 공무원에게는 응당 그 형사책임을 추궁할 수 있다(형법의 공무상 비밀누설죄, 명예훼손죄, 피의사실공표죄 등).

11

행정법상 의무의 위반이나 불이행에 대한 금전적 제재수단에 관한 설명으로 옳지 않은 것은?

① 전형적 과징금은 원칙적으로 행정법상의 의무를 위반한 자에 대하여 당해 위반행위로 얻게 된 경제적 이익을 박탈하기 위한 목적으로 부과하는 금전적인 제재이다.

② 전형적 과징금의 경우 실정법에서 통상 '위반행위의 내용 · 정도, 위반행위의 기간 · 횟수 이외에 위반행위로 인해 취득한 이익의 규모 등'을 고려요소로 규정하기 때문에 법령위반으로 취득한 이익이 없는 경우에는 부과할 수 없다.

③ 변형된 과징금은 인 · 허가사업에 관한 법률상의 의무위반이 있음에도 불구하고 공익상 필요하여 인 · 허가사업을 취소 · 정지시키지 않고 사업을 계속하되, 이에 갈음하여 사업을 계속함으로써 얻은 이익을 박탈하는 행정제재금이다.

④ 가산세는 납세자가 법에 규정된 신고, 납세 등의 의무를 위반한 경우에 부과되는 행정상의 제재로서 납세자의 고의, 과실은 고려되지 않는 것이고, 그 의무해태를 탓할 수 없는 정당한 사유가 있는 경우 이를 부과할 수 없다.

해설 매출액이 없거나 매출액의 산정이 곤란한 경우로서 대통령령이 정하는 경우에는 20억 원을 초과하지 아니하는 범위 안에서 과징금을 부과할 수 있다.(독점규제및공정거래에관한법률 제8조)

12 국가직 9급 기출

행정의 실효성 확보수단에 대한 설명으로 옳은 것만을 모두 고르면? (다툼이 있는 경우 판례에 의함)

ㄱ. 조세부과처분에 취소사유인 하자가 있는 경우 그 하자는 후행 강제징수절차인 독촉 · 압류 · 매각 · 청산절차에 승계된다.

ㄴ. 세법상 가산세는 과세권 행사 및 조세채권 실현을 용이하게 하기 위하여 납세자가 정당한 이유 없이 법에 규정된 신고, 납세 등의 의무를 위반한 경우에 개별세법에 따라 부과하는 행정상 제재로서, 납세자의 고의 · 과실은 고려되지 아니하고 법령의 부지 · 착오 등은 그 의무위반을 탓할 수 없는 정당한 사유에 해당하지 아니한다.

ㄷ. 세무공무원이 체납처분을 하기 위하여 질문 · 검사 또는 수색을 하거나 재산을 압류할 때에는 그 신분을 표시하는 증표를 지니고 이를 관계자에게 보여 주어야 한다.

ㄹ. 구 국세징수법상 가산금은 국세를 납부기한까지 납부하지 아니하면 과세청의 확정절차 없이도 법률에 의하여 당연히 발생하는 것이므로 가산금의 고지는 항고소송의 대상이 되는 처분이라고 볼 수 없다.

① ㄱ, ㄴ ② ㄴ, ㄷ
③ ㄷ, ㄹ ④ ㄴ, ㄷ, ㄹ

해설 ㄴ. 세법상 가산세는 과세권의 행사 및 조세채권의 실현을 용이하게 하기 위하여 납세자가 정당한 이유 없이 법에 규정된 신고, 납세 등 각종 의무를 위반한 경우에 법이 정하는 바에 따라 부과하는 행정상 제재로서 납세자의 고의 · 과실은 고려되지 아니하고 법령의 부지 · 착오 등은 그 의무위반을 탓할 수 없는 정당한 사유에 해당하지 아니한다(대법원 2004. 6. 24. 선고 2002두10780 판결).
ㄷ. 세무공무원이 체납처분을 하기 위하여 질문 · 검사 또는 수색을 하거나 재산을 압류할 때에는 그 신분을 표시하는 증표를 지니고 이를 관계자에게 보여 주어야 한다(지방세징수법 제34조).

ㄹ. 국세징수법 제21조, 제22조가 규정하는 가산금 또는 중가산금은 국세를 납부기한까지 납부하지 아니하면 과세청의 확정절차 없이도 법률 규정에 의하여 당연히 발생하는 것이므로 가산금 또는 중가산금의 고지가 항고소송의 대상이 되는 처분이라고 볼 수 없다(대법원 2005. 6. 10. 선고 2005다 15482 판결).

ㄱ. 조세의 부과처분과 압류 등의 체납처분은 별개의 행정처분으로서 독립성을 가지므로 부과처분에 하자가 있더라도 그 부과처분이 취소되지 아니하는 한 그 부과처분에 의한 체납처분은 위법이라고 할 수는 없지만, 체납처분은 부과처분의 집행을 위한 절차에 불과하므로 그 부과처분에 중대하고도 명백한 하자가 있어 무효인 경우에는 그 부과처분의 집행을 위한 체납처분도 무효라 할 것이다(대법원 1987. 9. 22. 선고 87누383 판결).

핵심정리

행정행위의 실효성(강제성)
행정청은 행정행위의 실효성을 담보하기 위하여 법률이 정하는 바에 따라 그 이행을 강제로 실현시킬 수 있을 뿐만 아니라(자력집행성), 제재를 통하여 그 의무의 이행을 확보할 수 있는 특성을 가지고 있다(제재성).

13

과징금에 대한 설명으로 옳지 않은 것은?

① 의무위반자에 대하여 부과, 징수하는 금전적 제재이다.
② 현행 국세징수법에 과징금의 일반조항을 두고 있다.
③ 시장 지배적 사업자가 가격의 부당한 결정·유지 또는 변경의 금지에 위반한 때에 과할 수 있다.
④ 과징금부과행위의 다툼은 행정쟁송의 대상이 된다.

해설 현행법상 과징금에 대한 일반법은 없으며 개별법에서 규정하고 있다.

핵심정리

과징금의 구별 개념
• **행정벌과의 구별** : 과징금은 그 성질상 처벌이 아닌 금전상의 불이익을 부과하는 납부하명이라는 점, 과징금은 행정청이 부과하나 행정벌은 원칙적으로 법원(또는 행정청)이 부과한다는 점, 과징금의 불복은 행정소송법에 의하나, 과태료의 불복은 질서위반행위규제법에 의한다는 점 등에서 구별된다.
• **부과금과의 구별** : 부과금을 과징금의 한 유형으로 보는 견해(구별부정설, 다수설)와 과징금과 유사하지만 구별된다고 보는 견해(구별긍정설)가 있다. 양자는 의무위반에 대한 간접적·금전적 제재로서의 성질이라는 점과 징수절차가 국세나 지방세체납처분의 예에 의하는 점 등에서 동일하나, 과징금은 원칙적으로 국고에 귀속되고 부과금은 행정상의 의무이행을 위한 목적으로 사용된다는 점에서 차이가 있다.
• **범칙금** : 행정법상의 의무위반에 대한 금전적 제재라는 점에서 같으나, 과징금은 불법적인 경제적 이익 박탈을 위해 부과되는 데 비해 범칙금은 형사벌을 과할 범죄행위에 대해 그 처벌을 유보하고 금전적 제재를 과하는 것이라는 점에서 구별된다.

14

공표에 대한 설명으로 옳지 않은 것은?

① 공표는 행정법상의 의무위반사항을 불특정 다수인이 주지할 수 있도록 알리는 것이다.

② 의무위반자의 명예 · 신용의 침해를 위협하여 의무이행을 간접적으로 강제하는 수단이다.

③ 공표에 관한 일반법으로 공공기관의정보공개에관한법률이 있으며, 개별법으로는 공직자윤리법 등이 있다.

④ 공표는 그 자체로는 아무런 법적 효과도 발생하지 아니한다.

해설 공공기관의정보공개에관한법률은 공공기관의 정보공개에만 적용되는 법률이고 공표의 모든 경우에 적용되지 않으므로 일반법이 될 수 없다.

제 **4** 편

행정구제법

실전문제

제1장 총설

● 대표유형문제 ●

행정구제제도에 대한 설명이 옳지 않은 것은?

① 행정구제라 하는 것은 행정주체의 행정작용이 위법·부당하여 개인의 권익이 침해된 경우 이를 구제하는 수단이다.

② 오늘날 실질적 법치국가에 있어서 행정구제는 사후적 행정구제 이외에도 사전적 구제절차까지 포함하여 논의되고 있다.

❸ 현재까지 우리나라의 행정문화에서는 행정심판, 행정소송 등의 사후적 권리제도만 존재할 뿐 사전적, 예방적 권리구제제도는 부재하다.

④ 최근 사회발전에 따른 행정작용이 다양화되면서 권익의 침해유형도 다양해짐에 따라 새로운 구제수단이 출현하고 있는 실정이다.

정답해설 우리나라는 1996년 12월 행정절차법이 제정·시행되며 사전적 구제제도의 방안을 마련하였다.

핵심정리 행정구제제도
- **의의** : 행정구제는 행정기관의 행정작용으로 인하여 자기의 권리·이익이 침해되었거나 침해될 것으로 주장하는 자가 행정기관이나 법원에 당해 행정행위의 취소·변경 원상회복·손해전보를 청구하는 절차(사후적 구제)와 행정작용의 적법 타당성을 기하고 국민의 권익침해를 예방하기 위하여 행정작용을 행하기 이전에 진행되는 절차(사전적 구제)를 총칭하는 말로 행정기관이나 법원은 이를 심리하여 그 권리·이익의 보호에 관한 판정을 한다. 이러한 행정구제를 통한 국민에 대한 권리구제의 방안이 마련되어 있다는 것은 국민의 기본권보장 내지는 법치주의의 실질적 의의를 살리기 위해 반드시 필요하다 할 것이다.
- **유형**

구분	목적	내용	
사전적 구제제도	권익침해의 예방	• 행정절차 • 청원(사전적·사후적 구제제도) • 옴부즈만 제도(사전적·사후적 구제제도) • 기타(직권시정, 정당방위 등)	
사후적 구제제도	권익침해의 시정 및 전보	손해전보제도 (실체법상 구제)	• 손해배상제도 • 손실보상제도
		행정쟁송제도 (절차법상 구제)	• 행정심판제도(항고심판, 당사자심판) • 행정소송제도(항고소송, 당사자소송, 민중소송, 기관소송)
		기타 제도	형사책임, 공무원징계, 헌법소원 등

01

행정구제제도로 볼 수 없는 것은?

① 손해배상　　　　② 행정절차

③ 손실보상　　　　④ 즉시강제

해설 즉시강제는 행정법상의 실효성 확보수단이다.

02

행정구제제도 중 사전·사후적 구제수단에 해당하는 것은?

① 국가배상　　　　② 청원

③ 행정심판　　　　④ 손실보상

해설 행정구제는 구제의 시점에 따라 사전적 구제제도와 사후적 구제제도로 나눌 수 있으며 내용에 따라 실체적 행정구제와 절차적 행정구제로 나눌 수 있다. 청원은 사전·사후적 구제수단이며 국가배상, 행정심판, 손해배상은 모두 사후적 구제수단에 해당한다.

핵심정리

새로운 행정구제제도

행정구제라는 것은 행정주체의 행정작용이 위법·부당하여 개인의 권익이 침해된 경우에 이를 구제하는 수단이다. 그러나 사회발전에 따른 행정작용이 다양화되면서 그 침해유형도 다양해짐에 따라 그 구제를 받는 것이 어려운 상황에 직면하게 되어 새로운 구제수단이 출현하고 있는 실정이다. 이러한 요구에 부응하여 구제수단으로 논의되고 있는 제도로, 수용유사적 침해이론, 수용적 침해이론, 행정상 결과제거청구권 등을 들 수 있다.

03

사전적 권리구제제도와 거리가 먼 것은?

① 항고심판　　　　② 정당방위

③ 직권시정　　　　④ 행정절차

해설 항고심판은 사후적 권리구제제도이다.

핵심정리

사전적 구제제도와 사후적 구제제도

• 사전적 구제제도 : 위법·부당한 행정작용 등으로 인한 구체적인 권익침해가 발생하기 이전에 그와 같은 침해를 예방하기 위한 구제수단을 인정하는 제도를 말한다.

예 직권에 의한 취소, 정지, 정당방위, 행정절차, 청원 등

• 사후적 구제제도 : 행정작용으로 인하여 권익을 침해당한 자가 행정기관이나 법원에 대하여 원상회복, 손해전보 또는 당해 행정작용의 시정을 구할 수 있게 하는 사후적 구제를 인정하는 제도를 말한다.

예 행정상 손해전보, 행정쟁송, 형사책임(공무원에 대한 고소·고발), 공무원의 징계·처벌, 헌법소원 등

04

행정구제제도 중 시간적으로 차이가 나는 하나는 어느 것인가?

① 행정절차　　　　② 손해배상

③ 행정심판　　　　④ 행정소송

해설 행정절차는 사전적 행정구제제도에 해당하는 데 비해, 손해전보제도나 행정쟁송제도는 모두 권리·이익의 침해를 전제로 하는 사후적 구제제도이다.

실전
문제

제2장 사전적 구제제도

━━● 대표유형문제 ●━━

신청에 의한 처분절차에 대한 설명으로 옳지 않은 것은?

① 처분을 구하는 신청은 문서로 하는 것이 원칙이다.

❷ 행정청은 신청에 구비서류 미비 등의 흠이 있는 경우에는 이를 거부할 수 있다.

③ 신청인은 처분이 있기 전에는 신청의 내용을 보완하거나 변경 또는 취하할 수 있다.

④ 전자문서로 신청하는 경우에는 행정청의 컴퓨터 등에 입력된 때에 신청한 것으로 본다.

정답해설 행정청은 신청에 구비서류 미비 등의 흠이 있는 경우에는 보완에 필요한 상당한 기간을 정하여 지체 없이 신청인에게 보완을 요구하여야 한다(행정절차법 제17조 제5항).

핵심정리 • **처분의 신청(행정절차법 제17조)**
  - 문서주의 : 행정청에 처분을 구하는 신청은 문서로 하여야 한다. 다만, 다른 법령 등에 특별한 규정이 있는 경우와 행정청이 미리 다른 방법을 정하여 공시한 경우에는 예외이다. 한편, 전자문서로 신청하는 경우에는 행정청의 컴퓨터 등에 입력된 때에 신청한 것으로 본다.
  - 의무적 접수 : 행정청은 신청을 받았을 때에는 다른 법령 등에 특별한 규정이 있는 경우를 제외하고는 그 접수를 보류 또는 거부하거나 부당하게 되돌려 보내서는 안 되며, 신청을 접수한 경우에는 신청인에게 접수증을 주어야 한다. 한편, 행정청은 신청인의 편의를 위하여 다른 행정청에 신청을 접수하게 할 수 있다.
  - 신청의 보완 : 행정청은 신청에 구비서류의 미비 등 흠이 있는 경우에는 보완에 필요한 상당한 기간을 정하여 지체 없이 신청인에게 보완을 요구하여야 하며, 이 기간 내에 보완을 하지 아니하였을 때에는 그 이유를 구체적으로 밝혀 접수된 신청을 되돌려 보낼 수 있다.
  - 다수의 행정청이 관여하는 처분 : 이러한 처분을 구하는 신청을 접수한 경우는 관계 행정청과의 신속한 협조를 통해 그 처분이 지연되지 않도록 해야 한다.
• **처리기간의 설정 · 공표(동법 19조)** : 행정청은 신청인의 편의를 위하여 처분의 처리기간을 종류별로 미리 정하여 공표하여야 하며, 부득이한 사유로 처리기간 내에 처리하기 곤란한 경우에는 해당 처분의 처리기간 범위 내에서 1회에 한하여 연장할 수 있다.
• **처분기준의 설정 · 공표(동법 20조)**
  - 공표의 원칙 : 행정청은 필요한 처분기준을 해당 처분의 성질에 비추어 되도록 구체적으로 정하여 공표하여야 한다(처분기준을 변경하는 경우에도 공표함). 다만, 처분기준을 공표하는 것이 해당 처분의 성질상 현저히 곤란하거나 공공의 안전 또는 복리를 현저히 해치는 것으로 인정될 만한 상당한 이유가 있는 경우는 공표하지 않을 수 있다.
  - 해석 · 설명요청 : 당사자 등은 공표된 처분기준이 명확하지 아니한 경우 해당 행정청에 그 해석 또는 설명을 요청할 수 있다.

01 [지방직 9급 기출]

절차상 하자에 대한 설명으로 옳지 않은 것은? (다툼이 있는 경우 판례에 의함)

① 구 학교보건법상 학교환경위생정화구역에서의 금지행위 및 시설의 해제 여부에 관한 행정처분을 하면서 학교환경위생정화위원회의 심의를 누락한 흠은 행정처분을 위법하게 하는 취소사유가 된다.

② 다른 법령 등에서 청문절차를 거치도록 규정하고 있지 않은 경우에는 원칙적으로 청문을 거치지 않고 다른 의견청취절차만 거치더라도 위법하지 않다.

③ 대법원은 청문통지서가 반송되었거나, 행정처분의 상대방이 청문일시에 불출석했다는 이유로 청문을 실시하지 않을 경우에도 위법하지 않다고 보는 입장이다.

④ 대법원은 신청에 대한 거부처분은 행정절차법상의 사전 통지의 대상이 되는 '당사자의 권익을 제한하는 처분'에 해당하지 않는다는 입장이다.

[해설] 행정처분의 상대방에 대한 청문통지서가 반송되었거나, 행정처분의 상대방이 청문일시에 불출석하였다는 이유로 청문을 실시하지 아니하고 한 침해적 행정처분은 위법하다.

● [관련 판례]
구 공중위생법상 유기장업허가취소처분을 함에 있어서 두 차례에 걸쳐 발송한 청문통지서가 모두 반송되어 온 경우, 행정절차법 제21조 제4항 제3호에 정한 청문을 실시하지 않아도 되는 예외사유에 해당한다고 단정하여 당사자가 청문일시에 불출석하였다는 이유로 청문을 거치지 않고 이루어진 위 처분은 위법하다(대판 2001.4.13, 2000두3337).

02

처분에 대한 이유부기의 하자에 대한 설명으로 옳은 것은?

① 이유부기를 하지 않아 생긴 처분의 하자는 여하한 경우에도 치유할 수 없다.

② 이유부기는 처분이유를 처분의 상대방에게 알려주는 데 있으므로 그 하자를 처분 후 언제라도 추완할 수 있다.

③ 원칙적으로 이유부기를 하지 않으면 처분이 위법한 것으로 된다.

④ 처분에 대한 이유부기는 예외 없이 적용되는 원칙이다.

[해설] ① 무효사유가 아닌 한 일정범위에서 치유가 가능하다.
② 하자의 치유가 인정되는 경우에도 쟁송을 제기하기 이전까지만 허용하는 것이 일반적 견해이다.
④ 상대방의 신청 내용을 모두 그대로 인정하는 처분 등의 경우에는 이유 제시를 하지 않아도 된다.

[핵심정리]

행정절차의 기본적 내용

• **처분기준의 설정 · 공표** : 가능한 구체적으로 처분기준을 정하여 공표

• **사전통지** : 결정내용과 이유, 청문의 일시 및 장소를 미리 알리기 위한 통지의 수단

• **주민의 참여절차** : 이해관계인이나 주민, 전문가 등의 의견을 수렴하기 위한 참여절차가 필요

• **이유부기** : 행정처분의 근거와 이유를 구체적으로 명시하여 상대방에게 제시

• **청문** : 국민의 권리를 침해하는 행정처분을 발하기 전 처분의 상대방이나 이해관계인에게 자기에게 유리한 진술을 하거나 증거를 제출하도록 하여 반박의 기회를 부여

• **기록열람** : 처분의 상대방이나 이해관계인이 당해 사안에 대한 기록 등을 미리 열람함

제**4**편

행정구제법

03

행정절차법이 규정하고 있는 내용으로 옳지 않은 것은?

① 제3자효 행정행위에 있어서 제3자에 대한 통지제도
② 처분에 있어서의 불복고지제도
③ 행정지도의 한계로서의 비례의 원칙
④ 직무수행에 있어서의 신의칙

> **해설** 행정절차법에서는 제3자효 행정행위에 있어서 제3자에 대한 통지제도를 규정하고 있지 않다.
> ② 행정절차법 제26조
> ③ 동법 제48조
> ④ 동법 제4조 제1항

04

행정절차에 대한 설명으로 옳지 않은 것은?

① 처분은 다른 법률에 특별규정이 없는 한 문서주의로 한다.
② 침익적 처분의 경우에는 사전통지가 적용된다.
③ 절차상 하자는 취소소송을 단독으로 제기할 수 없다는 견해가 다수설이다.
④ 신청내용을 그대로 인정할 때는 이유제시를 하지 않아도 된다.

> **해설** 절차상 하자도 위법성이 인정되므로 취소소송제기가 가능하다고 보는 견해가 다수설이다.

05 서울시 9급 기출

처분의 신청에 대한 행정절차법의 내용으로 옳은 것은?

① 행정청은 신청인의 편의를 위하여 다른 행정청에 신청을 접수하게 할 수 있다.
② 행정청에 처분을 구하는 신청은 문서로만 가능하다.
③ 처분을 신청할 때 전자문서로 하는 경우에는 신청인의 컴퓨터 등에 입력된 때에 신청한 것으로 본다.
④ 행정청은 신청에 구비서류의 미비 등 흠이 있는 경우에는 그 이유를 구체적으로 밝혀 접수된 신청을 되돌려 보내야 한다.

> **해설** 행정청은 신청인의 편의를 위하여 다른 행정청에 신청을 접수하게 할 수 있다. 이 경우 행정청은 다른 행정청에 접수할 수 있는 신청의 종류를 미리 정하여 공시하여야 한다(행정절차법 제17조 제7항).
> ② 행정청에 처분을 구하는 신청은 문서로 하여야 한다. 다만, 다른 법령 등에 특별한 규정이 있는 경우와 행정청이 미리 다른 방법을 정하여 공시한 경우에는 그러하지 아니하다(행정절차법 제17조 제1항).
> ③ 제1항에 따라 처분을 신청할 때 전자문서로 하는 경우에는 행정청의 컴퓨터 등에 입력된 때에 신청한 것으로 본다(행정절차법 제17조 제2항).
> ④ 행정청은 신청에 구비서류의 미비 등 흠이 있는 경우에는 보완에 필요한 상당한 기간을 정하여 지체 없이 신청인에게 보완을 요구하여야 한다(행정절차법 제17조 제5항).

06 지방직 9급 기출

행정절차법에 대한 설명으로 옳은 것은?

① 행정절차법에는 행정처분절차, 행정입법절차, 행정예고절차 등에 관하여 상세한 규정을 두고 있으나, 행정지도절차에 관한 규정은 없다.

② 행정청이 처분을 하는 때에 신청내용을 모두 그대로 인정하는 행정처분인 경우에는 행정청이 당사자에게 그 근거와 이유를 제시하지 않아도 된다.

③ 행정청은 공청회 개최 시 질서유지의 곤란함이 예상되는 경우에는 전자공청회를 실시하여 공청회에 대신할 수 있다.

④ 행정청은 공청회의 발표자를 관련전문가 중에서 우선적으로 지명 또는 위촉하여야 하며, 적절한 발표자를 선정하지 못하거나 필요한 경우에만 발표를 신청한 자 중에서 지명할 수 있다.

해설 행정청은 처분을 하는 때에 신청 내용을 모두 그대로 인정하는 처분인 경우, 단순·반복적인 처분 또는 경미한 처분으로서 당사자가 그 이유를 명백히 알 수 있는 경우. 긴급히 처분을 할 필요가 있는 경우를 제외하고는 당사자에게 그 근거와 이유를 제시하여야 한다(행정절차법 제23조 제1항).

① 행정절차법은 행정지도절차에 대해 제6장(제48조부터 제51조)에서 규정하고 있다.

③ 전자공청회는 공청회와 병행하여서만 실시할 수 있다(동법 제38조의2 제1항).

④ 행정청은 발표를 신청한 사람 중에서 공청회의 발표자를 선정하며, 발표를 신청한 사람이 없거나 공청회의 공정성을 확보하기 위하여 필요하다고 인정하는 경우 당해 공청회의 사안과 관련된 분야에 전문적 지식이 있는 자 등에서 지명하거나 위촉할 수 있다(동법 제38조의3 제2항).

07

다음은 행정절차의 기본 내용 중 이유부기에 대한 설명이다. 옳지 않은 것은 모두 몇 개인가?

⊙ 이유부기는 행정처분 등을 함에 있어서 그 근거가 되는 법적·사실적 이유를 구체적으로 명기하는 것을 말한다.

ⓒ 행정청의 신중한 처분을 담보하고 쟁송단계에서 상대방이 당해 처분에 대하여 다툴 수 있는 구체적 근거를 미리 제공한다는 의미가 있다.

ⓒ 판례에 의하면 이유부기는 단순히 처분의 근거조문을 밝히는 것만으로도 충분하다고 한다.

ⓔ 우리나라의 실정법에는 이와 같은 이유부기에 대한 사항을 조문으로 규정하고 있는 법은 현재 존재하지 않는다.

① 1개   ② 2개

③ 3개   ④ 4개

해설 ⓒ 단순한 사실기재만으로는 그 처분의 이유제시로서는 불충분한 것으로 무면허주류업자 누구에게 주류를 판매한 것이 취소사유에 해당하는 것인지를 구체적으로 기재하여야 한다(대판 1990.9.11, 90누1786).

ⓔ 우리나라는 행정절차법과 국가공무원법, 지방공무원법에서 이유부기에 대한 사항을 조문으로 규정하고 있다.

08

행정절차법상 행정응원에 대한 설명으로 옳지 않은 것은?

① 행정응원을 위하여 파견된 직원은 응원을 요청한 행정청의 지휘·감독을 받는다.

② 행정응원에 소요되는 비용은 응원을 요청한 행정청이 부담한다.

③ 다른 행정청에 소속되어 있는 전문기관의 협조가 필요한 경우에 행정응원을 요청할 수 있다.

④ 행정의 원활한 진행을 위해서 행정응원의 거부는 할 수 없다.

> **해설** 행정응원을 요청받은 행정청은 다른 행정청이 보다 능률적이거나 경제적으로 응원할 수 있는 명백한 이유가 있는 경우, 행정응원으로 인하여 고유의 직무수행이 현저히 지장받을 것으로 인정되는 명백한 이유가 있는 경우에는 이를 거부할 수 있다.

09

옴부즈만제도의 장점으로 볼 수 없는 것은?

① 최소한의 비용으로 문제해결이 가능하다.

② 시민접근이 다른 구제보다 용이하다.

③ 제도수립에 고도의 융통성과 적응성이 있다.

④ 직접 행정이나 재판에 관한 시정권을 가지고 있다.

> **해설** 행정이나 재판에 대해서 직접시정권을 갖지 못하고 권고만을 갖고 있으므로 실효성이 없다.

10 국가직 9급 기출

행정절차법에 대한 설명으로 옳은 것은?

① 행정예고기간은 예고 내용의 성격 등을 고려하여 정하되, 특별한 사정이 없으면 14일 이상으로 한다.

② 행정절차법은 국민의 권익을 보호하기 위하여 모든 행정처분을 문서로 하도록 규정하고 있다.

③ 행정청은 전자공청회를 개최하는 경우 공청회와 병행하여 실시할 수 없다.

④ 청문 주재자는 직권으로 또는 당사자의 신청에 따라 필요한 조사를 할 수 있으며, 당사자 등이 주장하지 아니한 사실에 대하여도 조사할 수 있다.

> **해설** 청문 주재자는 직권으로 또는 당사자의 신청에 따라 필요한 조사를 할 수 있으며, 당사자등이 주장하지 아니한 사실에 대하여도 조사할 수 있다. 증거조사는 다음 각 호의 어느 하나에 해당하는 방법으로 한다. 문서·장부·물건 등 증거자료의 수집, 참고인·감정인 등에 대한 질문, 검증 또는 감정·평가 및 그 밖에 필요한 조사 등으로 할 수 있다. 청문 주재자는 필요하다고 인정할 때에는 관계 행정청에 필요한 문서의 제출 또는 의견의 진술을 요구할 수 있다. 이 경우 관계 행정청은 직무 수행에 특별한 지장이 없으면 그 요구에 따라야 한다(행정절차법 제33조).
> ① 행정예고기간은 예고 내용의 성격 등을 고려하여 정하되, 특별한 사정이 없으면 20일 이상으로 한다(동법 제46조 3항).
> ② 행정청이 처분을 할 때에는 다른 법령 등에 특별한 규정이 있는 경우를 제외하고는 문서로 하여야 하며, 전자문서로 하는 경우에는 당사자등의 동의가 있어야 한다(동법 제24조 제1항).
> ③ 행정청은 제38조에 따른 공청회와 병행하여서만 정보통신망을 이용한 공청회를 실시할 수 있다(동법 제38조의2 제1항).

11 국가직 9급 기출

행정절차법의 적용에 대한 설명으로 옳은 것은? (다툼이 있는 경우 판례에 의함)

① 상대방의 귀책사유로 야기된 처분의 하자를 이유로 수익적 행정행위를 취소하는 경우에는 특별한 규정이 없는 한 행정 절차법 상 사전 통지의 대상이 되지 않는다.

② 행정절차법령이 '공무원 인사관계 법령에 의한 처분에 관한 사항'에 대하여 행정절차법의 적용이 배제되는 것으로 규정하고 있는 이상, '공무원 인사관계 법령에 의한 처분에 관한 사항' 전부에 대해 행정절차법의 적용이 배제되는 것으로 보아야 한다.

③ 식품위생법 상 허가영업에 대해 영업자지위승계신고를 수리 하는 처분은 종전의 영업자에 대하여 다소 권익을 침해하는 효과가 발생한다고 하더라도 행정절차법 상 사전통지를 거쳐야 하는 대상이 아니다.

④ 행정청과 당사자 사이에 행정절차법상 규정된 청문절차를 배제하는 내용의 협약이 체결되었다고 하여, 그러한 협약이 청문의 실시에 관한 행정절차법 규정의 적용이 배제된다거나 청문을 실시하지 않아도 되는 예외적인 경우에 해당한다고 할 수 없다.

해설 행정청과 당사자 사이에 행정절차법상 규정된 청문절차를 배제하는 내용의 협약이 체결되었다고 하여, 그러한 협약이 청문의 실시에 관한 행정절차법 규정의 적용이 배제된다거나 청문을 실시하지 않아도 되는 예외적인 경우에 해당한다고 할 수 없다(대판 2004.7.8, 2002두8350).

① 상대방의 귀책사유로 야기된 처분의 하자를 이유로 수익적 행정행위를 취소하는 경우에는 특별한 규정이 없는 한 행정절차법상 사전통지의 대상이 된다.

② '공무원 인사관계 법령에 의한 처분에 관한 사항'에 대하여 성질상 행정절차를 거치기 곤란하거나 불필요하다고 인정되는 처분이나 행정절차에 준하는 절차를 거치도록 하고 있는 처분의 경우에만 행정절차법의

적용이 배제된다(대판 2007.9.21, 2006두20631).

③ 식품위생법상 허가영업에 대해 영업자지위승계신고를 수리 하는 처분에서 종전의 영업자는 행정절차법 제2조 제4호에서 당사자로 규정하기 때문에 사전의 통지를 거쳐야 한다(대판 2004.7.8, 2002두8350).

12

민원처리에관한법률의 규정 내용으로 옳은 것은?

① 행정기관의 장은 민원처리결과를 문서로 통지하여야 하나 신속을 요하는 경우에는 구술 또는 전화로 통지할 수 있다.

② 민원인은 대규모 경제적 비용이 수반되는 민원사항의 경우 민원서류를 제출하기 전 사전심사절차를 거쳐야 한다.

③ 민원의 처리기간을 5일 이하로 정한 경우 '일' 단위로 계산하고 초일을 산입하지 않는다.

④ 행정기관은 민원에 관해 관계법령 등에서 정한 처리기간이 남아있는 경우 민원처리기간까지 지연시킬 수 있다.

해설 행정기관의 장은 민원인이 신청한 민원사항의 처리결과를 민원인에게 문서로 통지하여야 한다. 다만, 기타민원의 경우와 통지에 신속을 요하는 등 대통령령이 정하는 경우에는 구술 또는 전화로 통지할 수 있다(민원처리에관한법률 제27조 제1항).

② 민원인은 법정민원 중 신청에 경제적으로 많은 비용이 수반되는 민원에 대하여는 행정기관의 장에게 정식으로 민원서류를 제출하기 전에 약식서류로 사전심사를 청구할 수 있다(동법 제30조 제1항).

③ 민원의 처리기간을 5일 이하로 정한 경우에는 민원의 접수시각부터 "시간" 단위로 계산하되, 공휴일 및 토요일을 산입하지 아니한다. 이 경우 1일은 8시간의 근무시간을 기준으로 한다(동법 제19조 제1항).

④ 행정기관의 장은 관계법령 등에 정한 처리기간이 남아 있다거나 그 민원사무와 관련 없는 공과금 등의 미납을 이유로 민원사무 처리를 지연시켜서는 안 된다(동법 제6조 제1항).

제4편

행정구제법

13 국가직 9급 기출

다음의 사례에 대한 설명으로 옳은 것은? (다툼이 있는 경우 판례에 의함)

> 법률이 위임하지 아니한 사항을 허가요건으로 추가하고 입법예고도 거치지도 아니한 시행규칙에 근거하여 허가청이 갑의 허가신청에 대하여 시행규칙이 정한 요건을 갖추지 못하였다는 이유로 불허가 처분한 경우

① 위 시행규칙은 행정절차법 제41조에 의한 입법예고를 거치지 아니한 것으로 무효인 법령으로 보는 것이 변함없는 판례의 일관된 입장이다.

② 위임한계를 벗어난 법령도 공정력을 갖는 결과 권한이 있는 국가기관에 의해 그 효력이 부인될 때까지는 유효한 효력을 보유한다는 것이 판례의 일관된 입장이다.

③ 위 불허가 처분에 대하여는 헌법재판소에 의한 위헌무효결정을 거쳐 행정소송을 통한 권리구제가 가능하다.

④ 위 불허가 처분에 대한 취소판결이 있게 되면 처분청은 판결의 취지에 따라 다시 이전의 신청에 대한 처분을 하여야 한다.

해설 ① 행정절차법상의 입법예고를 거치지 않은 법령에 대해서 이를 무효로 보지 않는 판례가 있으며, 최근의 경향은 이를 취소사유로 보고 있다.
② 위임한계를 벗어난 하자 있는 법령은 취소대상이 아닌 무효라는 것이 판례의 기본적 입장이다.
③ 위 불허가 처분에 대해서는 해당 법원에서의 선결문제로서 시행규칙의 위헌 · 위법 심사를 거쳐 권리구제를 받을 수 있으며, 헌법재판소의 위헌무효결정을 거쳐야 하는 것은 아니다.

14 지방직 9급 기출

다음 설명이 옳지 않은 것은?

① 판례는 훈령이 정한 청문절차를 거치지 아니한 건축사사무소 등록취소처분을 위법으로 판시하였다.

② 행정절차법은 수리를 요하는 신고를 규정하고 있다.

③ 행정규제기본법은 규제의 존속기한을 명시하여 '규제일몰제'를 도입하고 있다.

④ 판례는 정보공개거부처분을 다투는 소송에서 법원이 정보공개 청구의 취지에 비추어 비공개대상 정보에 해당하는 부분과 공개가 가능한 부분을 분리할 수 있음을 인정하는 경우 공개가 가능한 부분만의 일부 취소를 명할 수 있다고 본다.

해설 행정절차법(제40조)은 '행정청에 대하여 일정한 사항을 통지함으로써 의무가 끝나는 신고(자체완성적 공법행위로서 신고)'를 규정하고 있는데, 이는 수리를 요하지 않는 신고를 의미한다.

15

국민권익위원회의 권한이 아닌 것은?

① 고충민원의 조사와 처리

② 부패행위 신고 안내 · 상담 및 접수

③ 행정제도 및 운영의 개선에 관한 권고 또는 의견표명

④ 지방의회에 관한 사항

해설 지방의회에 관한 사항은 국민권익위원회의 관할 범위에 속하지 않는다.

16

행정절차법상 사전통지에 대한 설명으로 옳지 않은 것은?

① 사전통지의 내용은 처분의 제목, 당사자의 성명 또는 명칭과 주소, 처분하고자 하는 원인이 되는 사실과 처분의 내용 및 법적근거, 의견제출기관의 명칭과 주소 등이다.

② 부담적 처분의 경우에 예외적으로 사전통지를 하지 않을 수 있다.

③ 판례는 사전통지의 대상인 부담적 처분에는 거부처분도 해당된다고 한다.

④ 판례는 행정청이 부담적 처분을 하면서 법령에 의한 사전통지나 의견제출의 기회를 주지 않은 경우에 그 처분은 원칙상 취소사유라고 한다.

해설 판례는 사전통지의 대상인 부담적 처분에는 거부처분도 해당되지 않는다고 선고하였다.

● **관련 판례**

행정절차법 제21조 제1항은 행정청은 당사자에게 의무를 과하거나 권익을 제한하는 처분을 하는 경우에는 미리 처분의 제목, 당사자의 성명 또는 명칭과 주소, 처분하고자 하는 원인이 되는 사실과 처분의 내용 및 법적 근거, 그에 대하여 의견을 제출할 수 있다는 뜻과 의견을 제출하지 아니하는 경우의 처리 방법, 의견제출기관의 명칭과 주소, 의견제출기한 등을 당사자 등에게 통지하도록 하고 있는바, 신청에 따른 처분이 이루어지지 아니한 경우에는 아직 당사자에게 권익이 부과되지 아니하였으므로 특별한 사정이 없는 한 신청에 대한 거부처분이라고 하더라도 직접 당사자의 권익을 제한하는 것은 아니어서 신청에 대한 거부처분을 여기에서 말하는 '당사자의 권익을 제한하는 처분'에 해당한다고 할 수 없는 것이어서 처분의 사전통지대상이 된다고 할 수 없다(대판 2003.11.28, 2003두674).

17 국가직 9급 기출

행정절차법의 내용에 대한 설명으로 옳은 것은?

① 행정청은 직권으로 또는 당사자 및 이해관계인의 신청에 따라 여러 개의 사안을 병합하거나 분리하여 청문을 할 수 있다.

② 법령 등에서 행정청에 일정한 사항을 통지함으로써 의무가 끝나는 신고를 규정하고 있는 경우 신고가 본법 제40조제2항 각 호의 요건을 갖춘 경우에는 신고서가 접수기관에 발송된 때에 신고 의무가 이행된 것으로 본다.

③ 행정청이 신분·자격의 박탈처분을 할 때 미리 당사자등에게 통지한 의견제출기한 내에 당사자등의 청문신청이 있는 경우에는 청문을 한다.

④ 행정청이 신청내용을 모두 그대로 인정하는 처분을 하는 경우 당사자에게 그 근거와 이유를 제시하여야 한다.

해설 과거에는 신청에 의한 청문이 인정되지 않았으나 2014. 1. 28. 행정절차법 개정으로 신청에 의한 청문이 인정되게 되었다. 인·허가 등의 취소, 신분·자격의 박탈, 법인이나 조합 등의 설립허가의 취소의 경우 처분 시 의견제출기한 내에 당사자 등의 신청이 있는 경우에 청문을 실시하게 되었다.

① 행정청은 직권 또는 당사자의 신청에 의해 수개의 사안을 병합하거나 분리하여 청문을 실시할 수 있다(제32조). 이해관계인은 제외된다.

② 행정절차법 제40조 제2항의 신고는 자체완성적 신고에 관하여 규정하고 있다. 이 경우에는 접수기관에 도달된 때에 신고가 이행된 것으로 본다.

④ 신청 내용을 그대로 인정하는 경우에는 이유제시의 예외에 해당한다(행정절차법 제23조 제1항).

핵심정리

행정절차의 기본적 내용

- **처분기준의 설정·공표** : 행정청은 필요한 처분기준을 해당 처분의 성질에 비추어 되도록 구체적으로 처분기준을 정하여 공표해야 한다. 처분기준을 변경하는 경우에도 같다.
- **사전통지** : 행정결정을 하기 전에 이해관계인에게 당해 결정내용과 이유, 청문의 일시 및 장소를 미리 알리기 위한 통지의 수단으로, 특별한 규정이 없는 한 송달 또는 공고의 방법에 의한다.
- **주민의 참여절차** : 행정청의 재량권을 행사할 수 있도록 하고 상반된 이해관계인의 이익을 적정하게 조정하며 공익과 사익의 조화를 통한 행정의 효율성을 제고하기 위해 이해관계인이나 주민 등의 의견을 수렴하기 위한 참여절차
- **이유부기** : 행정처분의 근거와 이유를 구체적으로 명시하여 상대방에게 이를 제시하여야 한다.
- **청문과 기록열람**
  - 청문 : 국민의 권리를 침해하는 행정처분을 발하기 전에 처분의 상대방이나 이해관계인에게 자기에게 유리한 진술을 하거나 증거를 제출하도록 하여 반박의 기회를 부여함으로써 사전적 권리구제수단으로 부여하는 절차
  - 기록열람 : 처분의 상대방이나 이해관계인이 당해 사안에 대한 기록 등을 미리 열람함으로써 청문절차의 실효성을 확보할 수 있다.

18

행정절차법에 의한 처분절차에 대한 설명으로 옳지 않은 것은?

① 행정청이 처리기간을 신청인에게 공포하였으나 그 처리기간 내에 처리하기 곤란한 경우에는 신청인에게 통지하고 그 처리기간을 3회까지 연장할 수 있다.

② 행정청은 당해 처분의 성질상 현저히 곤란한 경우에는 처분의 기준을 공포하지 아니할 수 있다.

③ 행정청은 불이익처분을 할 경우 처분하고자 하는 원인이 되는 사실과 그 법적근거를 당사자에게 통지하여야 한다.

④ 행정청은 공공복리를 위하여 긴급하게 처분할 필요가 있는 경우에는 불이익처분의 사전통지를 하지 아니할 수 있다.

> **해설** 해당 처분의 처리기간의 범위에서 한 번만 그 기간을 연장할 수 있다(행정절차법 제19조 제2항).

핵심정리

처분의 사전통지

- **사전통지(제21조 제1항·제2항)** : 행정청은 당사자에게 의무를 부과하거나 권익을 제한하는 처분을 하는 경우에는 미리 처분의 제목과 당사자의 성명·명칭·주소, 처분의 원인사실과 내용 및 근거, 의견제출 관련 사항 등을 당사자 등에게 통지하여야 한다. 청문을 하려면 청문이 시작되는 날부터 10일 전까지 이를 통지하여야 한다.
- **통지의 예외(제21조 제4항)** : 공공의 안전 또는 복리를 위하여 긴급히 처분을 할 필요가 있는 경우나 해당 처분의 성질상 의견청취가 현저히 곤란하거나 명백히 불필요하다고 인정될 만한 상당한 이유가 있는 경우에는 사전통지를 하지 않을 수 있다.

19 국가직 9급 기출

처분 · 신고 · 행정상 입법예고 · 행정예고 및 행정지도의 절차에 관한 사항이라도 행정절차법의 적용이 배제되는 경우에 해당하지 않는 것은?

① 감사원이 감사위원회의의 결정을 거쳐 행하는 사항
② 각급 선거관리위원회의 의결을 거쳐 행하는 사항
③ 대통령이 직접 행하는 처분사항
④ 심사청구 · 해양안전심판 · 조세심판 · 특허심판 · 행정심판 기타 불복절차에 의한 사항

해설 적용배제 사항(행정절차법 제3조 제2항)
- 국회 또는 지방의회의 의결을 거치거나 동의 또는 승인을 받아 행하는 사항
- 법원 또는 군사법원의 재판에 의하거나 그 집행으로 행하는 사항
- 헌법재판소의 심판을 거쳐 행하는 사항
- 각급 선거관리위원회의 의결을 거쳐 행하는 사항
- 감사원이 감사위원회의의 결정을 거쳐 행하는 사항
- 형사 · 행형 및 보안처분 관계 법령에 따라 행하는 사항
- 국가안전보장 · 국방 · 외교 또는 통일에 관한 사항 중 행정절차를 거칠 경우 국가의 중대한 이익을 현저히 해할 우려가 있는 사항
- 심사청구 · 해양안전심판 · 조세심판 · 특허심판 · 행정심판 기타 불복절차에 의한 사항
- 병역법에 의한 징집 · 소집, 외국인의 출입국 · 난민인정 · 귀화, 공무원 인사관계 법령에 따른 징계와 그 밖의 처분 또는 이해 조정을 목적으로 법령에 따른 알선 · 조정 · 중재 · 재정 또는 그 밖의 처분 등 해당 행정작용의 성질상 행정절차를 거치기 곤란하거나 거칠 필요가 없다고 인정되는 사항과 행정절차에 준하는 절차를 거친 사항으로서 대통령령으로 정하는 사항

20

민원처리에관한법률상의 용어에 대한 설명으로 옳지 않은 것은?

① '민원인'이라 함은 행정기관에 대하여 처분 등 특정한 행위를 요구하는 개인만을 뜻한다.
② '민원'이란 민원인이 행정기관에 대하여 처분 등 특정한 행위를 요구하는 것을 말한다.
③ '복합민원'이란 하나의 민원목적을 실현하기 위하여 여러 관계기관 또는 관계 부서의 인가 · 허가 · 승인 · 추천 · 협의 또는 확인 등을 거쳐 처리되는 법정민원을 말한다.
④ '무인민원발급창구'란 행정기관의 장이 행정기관 또는 공공장소 등에 설치하여 민원인이 직접 민원문서를 발급받을 수 있도록 하는 전자장비를 말한다.

해설 '민원인'이란 행정기관에 민원을 제기하는 개인 · 법인 또는 단체를 말한다. 다만, 행정기관(사경제의 주체로서 제기하는 경우 제외), 행정기관과 사법상 계약관계(민원과 직접 관련된 계약관계만 해당)에 있는 자, 성명 · 주소 등이 불명확한 자 등 대통령령으로 정하는 자는 제외한다(민원처리에관한법률 제2조의 2).

21

이유부기의 기능으로 옳지 않은 것은?

① 권리구제 기능　② 통제 기능
③ 설득 · 동의 기능　④ 방어 기능

해설 ①, ②, ③ 외에 정당한 결론의 도출을 가능하게 하는 정당화 기능, 사안을 설명하여 명확하게 하는 명료화 기능이 있다.

22 국가직 9급 기출

행정절차에 대한 설명으로 옳은 것은? (다툼이 있는 경우 판례에 의함)

① 퇴직연금의 환수결정은 당사자에게 의무를 과하는 처분이기는 하나 관련 법령에 따라 당연히 환수금액이 정하여지는 것이므로, 퇴직연금의 환수결정에 앞서 당사자에게 의견진술의 기회를 주지 아니하여도 행정절차법에 어긋나지 아니한다.

② 수익적 행정행위의 신청에 대한 거부처분은 직접 당사자의 권익을 제한하는 처분에 해당하므로, 그 거부처분은 행정절차법상 처분의 사전통지대상이 된다.

③ 절차상의 하자를 이유로 과세처분을 취소하는 판결이 확정된 후 그 위법사유를 보완하여 이루어진 새로운 부과처분은 확정판결의 기판력에 저촉된다.

④ 행정청이 당사자와 사이에 도시계획사업의 시행과 관련한 협약을 체결하면서 관련법령상 요구되는 청문절차를 배제하는 조항을 두었다면, 이는 청문을 실시하지 않아도 되는 예외적인 경우에 해당한다.

해설 퇴직연금의 환수결정은 당사자에게 의무를 과하는 처분이기는 하나, 관련 법령에 따라 당연히 환수금액이 정하여지는 것이므로, 퇴직연금의 환수결정에 앞서 당사자에게 의견진술의 기회를 주지 아니하여도 행정절차법 제22조 제3항이나 신의칙에 어긋나지 아니한다(대법원 2000. 11. 28. 선고 99두5443판결).

② 행정청은 당사자에게 의무를 과하거나 권익을 제한하는 처분을 하는 경우에는 미리 처분의 제목, 당사자의 성명 또는 명칭과 주소, 처분하고자 하는 원인이 되는 사실과 처분의 내용 및 법적 근거, 그에 대하여 의견을 제출할 수 있다는 뜻과 의견을 제출하지 아니하는 경우의 처리방법, 의견제출기관의 명칭과 주소, 의견제출기한 등을 당사자 등에게 통지하도록 하고 있는바, 신청에 따른 처분이 이루어지지 아니한 경우에는 아직 당사자에게 권익이 부과되지 아니하였으므로 특별한 사정이 없는 한 신청에 대한 거부처분이라고 하더라도 직접 당사자의 권익을 제한하는 것은 아니어서 신청에 대한 거부처분을 여기에서 말하는 '당사자의 권익을 제한하는 처분'에 해당한다고 할 수 없는 것이어서 처분의 사전통지대상이 된다고 할 수 없다(대법원 2003. 11. 28. 선고 2003두674 판결).

③ 과세의 절차 내지 형식에 위법이 있어 과세처분을 취소하는 판결이 확정되었을 때는 그 확정판결의 기판력은 거기에 적시된 절차내지 형식의 위법사유에 한하여 미치는 것이므로 과세관청은 그 위법사유를 보완하여 다시 새로운 과세처분을 할 수 있고 그 새로운 과세처분은 확정판결에 의하여 취소된 종전의 과세처분과는 별개의 처분이라 할 것이어서 확정판결의 기판력에 저촉되는 것이 아니다(대법원 1987. 2. 10. 선고 86누91 판결).

④ 행정청이 당사자와 사이에 도시계획사업의 시행과 관련한 협약을 체결하면서 관계 법령 및 행정절차법에 규정된 청문의 실시 등 의견청취절차를 배제하는 조항을 두었다고 하더라도, 국민의 행정참여를 도모함으로써 행정의 공정성 · 투명성 및 신뢰성을 확보하고 국민의 권익을 보호한다는 행정절차법의 목적 및 청문제도의 취지 등에 비추어 볼 때, 위와 같은 협약의 체결로 청문의 실시에 관한 규정의 적용을 배제할 수 있다고 볼 만한 법령상의 규정이 없는 한, 이러한 협약이 체결되었다고 하여 청문의 실시에 관한 규정의 적용이 배제된다거나 청문을 실시하지 않아도 되는 예외적인 경우에 해당한다고 할 수 없다(대법원 2004. 7. 8. 선고 2002두8350 판결).

23

현행 행정절차법에서 규정하고 있지 않은 절차는?

① 신고   ② 행정상 입법예고

③ 행정예고   ④ 행정강제

> **해설** 현행 행정절차법상 행정강제는 규정되어 있지 않다.
> ① 행정절차법 제3장 신고
> ② 행정절차법 제4장 행정상 입법예고
> ③ 행정절차법 제5장 행정예고

24

행정절차법에 대한 설명으로 옳은 것은? (다툼이 있는 경우 판례에 의함)

① 고시의 방법으로 불특정 다수인을 상대로 권익을 제한하는 처분을 할 경우 당사자는 물론 제3자에게도 의견제출의 기회를 주어야 한다.

② 행정청은 긴급히 처분을 할 필요가 있는 경우 당사자에게 처분의 근거와 이유를 제시하지 않아도 되지만, 처분 후에는 당사자의 요청이 없어도 그 근거와 이유를 제시하여야 한다.

③ 행정청이 당사자에게 의무를 과하거나 권익을 제한하는 처분을 하는 경우에는 처분의 사전통지를 하여야 하는데, 이때의 처분에는 신청에 대한 거부처분도 포함된다.

④ 행정청은 교수·변호사·공인회계사 등 관련 분야의 전문직 종사자 등 대통령령으로 정하는 자격을 가진 사람 중에서 공청회의 주재자를 선정한다.

> **해설** 행정청은 해당 공청회의 사안과 관련된 분야에 전문적 지식이 있거나 그 분야에 종사한 경험이 있는 사람으로서 대통령령으로 정하는 자격을 가진 사람(교수·변호

사·공인회계사 등 관련 분야의 전문직 종사자, 공청회 사안과 관련되는 분야에 근무한 경험이 있는 전직 공무원, 그 밖의 업무경험을 통하여 공청회 사안과 관련되는 분야에 전문지식이 있는 사람) 중에서 공청회의 주재자를 선정한다(행정절차법 제38조의3).
> ① 행정청이 의무를 부과하거나 권익을 제한하는 처분을 할 때 의견제출의 기회를 주어야 하는 '당사자'는 '행정청의 처분에 대하여 직접 그 상대가 되는 당사자'를 의미한다. 그런데 '고시'의 방법으로 불특정 다수인을 상대로 의무를 부과하거나 권익을 제한하는 처분은 성질상 의견제출의 기회를 주어야 하는 상대방을 특정할 수 없으므로, 이와 같은 처분에 있어서까지 구 행정절차법 제22조 제3항에 의하여 그 상대방에게 의견제출의 기회를 주어야 한다고 해석할 것은 아니다(대법원 2014. 10. 27. 선고 2012두7745 판결).
> ② 행정청이 처분을 할 때에는 다른 법령등에 특별한 규정이 있는 경우를 제외하고는 문서로 하여야 하며, 전자문서로 하는 경우에는 당사자등의 동의가 있어야 한다. 다만, 신속히 처리할 필요가 있거나 사안이 경미한 경우에는 말 또는 그 밖의 방법으로 할 수 있다. 이 경우 당사자가 요청하면 지체 없이 처분에 관한 문서를 주어야 한다(행정절차법 제24조 제1항).
> ③ 신청에 따른 처분이 이루어지지 아니한 경우에는 아직 당사자에게 권익이 부과되지 아니하였으므로 특별한 사정이 없는 한 신청에 대한 거부처분이라고 하더라도 직접 당사자의 권익을 제한하는 것은 아니어서 신청에 대한 거부처분을 여기에서 말하는 '당사자의 권익을 제한하는 처분'에 해당한다고 할 수 없는 것이어서 처분의 사전통지대상이 된다고 할 수 없다(대법원 2003. 11. 28. 선고 2003두674 판결).

제**4**편 행정구제법

25 지방직 9급 기출

행정절차에 대한 설명으로 옳은 것은? (다툼이 있는 경우 판례에 의함)

① 공정거래위원회의 시정조치 및 과징금납부명령에 행정절차법 소정의 의견청취절차 생략사유가 존재하면 공정거래위원회는 행정절차법을 적용하여 의견청취절차를 생략할 수 있다.

② 묘지공원과 화장장의 후보지를 선정하는 과정에서 추모공원건립추진협의회가 후보지 주민들의 의견을 청취하기 위하여 그 명의로 개최한 공청회는 행정절차법에서 정한 절차를 준수하여야 하는 것은 아니다.

③ 구 공중위생법상 유기장업허가취소처분을 함에 있어서 두 차례에 걸쳐 발송한 청문통지서가 모두 반송되어 온 경우, 처분의 상대방이 청문일시에 불출석하였다는 이유로 청문을 거치지 않고 한 침해적 행정처분은 적법하다.

④ 구 광업법에 근거하여 처분청이 광업용 토지수용을 위한 사업인정을 하면서 토지소유자와 토지에 관한 권리를 가진 자의 의견을 들은 경우 처분청은 그 의견에 기속된다.

> **해설** 묘지공원과 화장장의 후보지를 선정하는 과정에서 서울특별시, 비영리법인, 일반 기업 등이 공동발족한 협의체인 추모공원건립추진협의회가 후보지 주민들의 의견을 청취하기 위하여 그 명의로 개최한 공청회는 행정청이 도시계획시설결정을 하면서 개최한 공청회가 아니므로, 위 공청회의 개최에 관하여 행정절차법에서 정한 절차를 준수하여야 하는 것은 아니다(대법원 2007. 4. 12. 선고 2005두1893 판결).
> ① 공정거래위원회의 시정조치 및 과징금납부명령에 행정절차법 소정의 의견청취절차 생략사유가 존재한다고 하더라도, 공정거래위원회는 행정절차법을 적용하여 의견청취절차를 생략할 수는 없다(대법원 2001. 5. 8. 선고 2000두10212 판결).
> ③ 구 공중위생법상 유기장업허가취소처분을 함에 있어서 두 차례에 걸쳐 발송한 청문통지서가 모두 반송되어 온 경우, 행정절차법 제21조 제4항 제3호에 정한

청문을 실시하지 않아도 되는 예외 사유에 해당한다고 단정하여 당사자가 청문일시에 불출석하였다는 이유로 청문을 거치지 않고 이루어진 위 처분이 위법하지 않다(대법원 2001. 4. 13. 선고 2000두3337 판결).

④ 광업법 제88조 제2항에서 처분청이 같은 법조 제1항의 규정에 의하여 광업용 토지수용을 위한 사업인정을 하고자 할 때에 토지소유자와 토지에 관한 권리를 가진 자의 의견을 들어야 한다고 한 것은 그 사업인정 여부를 결정함에 있어서 소유자나 기타 권리자가 의견을 반영할 기회를 주어 이를 참작하도록 하고자 하는 데 있을 뿐, 처분청이 그 의견에 기속되는 것은 아니다(대법원 1995. 12.22. 선고 95누30 판결).

26

행정절차법상의 청문에 대한 설명으로 옳지 않은 것은?

① 청문은 행정청이 소속직원 또는 대통령령으로 정하는 자격을 가진 사람 중에서 선정하는 사람이 주재한다.

② 공익 또는 제3자의 정당한 이익을 현저히 해칠 우려가 있는 경우에는 공개하여서는 안 된다.

③ 청문주재자는 당사자가 주장한 사실에 대해서만 조사할 수 있다.

④ 당사자 등이 정당한 사유 없이 청문기일에 출석하지 아니하거나 의견서를 제출하지 아니한 경우에는 청문을 종결시킬 수 있다.

해설 청문주재자는 직권으로 또는 당사자의 신청에 따라 필요한 조사를 할 수 있으며, 당사자 등이 주장하지 아니한 사실에 대하여도 조사할 수 있다(행정절차법 제33조 제1항).

27

부패방지및국민권익위원회의설치와운영에관한 법률의 내용과 관련하여 옳지 않은 것은?

① 국민의 권리보호, 권익구제 및 부패방지를 위한 정책의 수립 및 시행업무를 수행한다.

② 대통령 소속하에 국민권익위원회를 둔다.

③ 업무수행에 필요한 자문기구를 둘 수 있다.

④ 정당의 당원은 위원이 될 수 없다.

해설 국무총리 소속이다.

28

행정절차법상 청문주재자에 대한 설명으로 옳은 것은?

① 청문주재자는 청문을 직권으로 공개할 수 있다.

② 청문주재자는 당사자가 주장하지 않은 사실에 대해서는 조사할 수 없다.

③ 청문주재자에 대한 기피신청이 들어오면 행정청은 무조건 기피신청을 받아 들여야 한다.

④ 필요한 경우 행정청은 청문주재자의 신분을 제한할 수 있다.

해설 ② 청문주재자는 직권으로 또는 당사자의 신청에 따라 필요한 조사를 할 수 있으며, 당사자 등이 주장하지 아니한 사실에 대하여도 조사할 수 있다(행정절차법 제33조 제1항).

③ 청문주재자에게 공정한 청문진행을 할 수 없는 사정이 있는 경우 당사자 등은 행정청에 기피신청을 할 수 있으며, 이 경우 행정청은 청문을 정지하고 그 신청이 이유가 있다고 인정하는 때에는 해당 청문주재자를 지체 없이 교체하여야 한다(동법 제29조 제2항).

④ 이와 같은 취지의 규정은 행정절차법에서는 찾아볼 수 없다.

핵심정리

청문주재자

• **주재자의 선정(행정절차법 제28조 제1항)** : 청문은 행정청이 소속직원 또는 대통령령으로 정하는 자격을 가진 사람 중에서 선정하는 사람이 주재하되, 행정청은 청문주재자의 선정이 공정하게 이루어지도록 노력하여야 한다.

• **주재자의 직무(동법 제28조 제3항)** : 청문주재자는 독립하여 공정하게 직무를 수행하며, 그 직무수행을 이유로 본인의 의사에 반하여 신분상 어떠한 불이익도 받지 아니한다.

제**4**편

행정구제법

29 국가직 9급 기출

행정절차법상 사전통지와 의견제출에 대한 판례의 입장으로 옳은 것은?

① 항만시설 사용허가신청에 대하여 거부처분을 하는 경우, 사전에 통지하여 의견제출 기회를 주어야 한다.

② 용도를 무단변경한 건물의 원상복구를 명하는 시정명령 및 계고처분을 하는 경우, 사전에 통지할 필요가 없다.

③ 고시의 방법으로 불특정 다수인을 상대로 권익을 제한하는 처분을 하는 경우, 상대방에게 사전에 통지하여 의견제출 기회를 주어야 한다.

④ 공매를 통하여 체육시설을 인수한 자의 체육시설업자 지위승계신고를 수리하는 경우, 종전 체육시설업자에게 사전에 통지하여 의견제출 기회를 주어야 한다.

해설 공매 등의 절차에 따라 문화체육관광부령으로 정하는 주요한 유원시설업 시설의 전부 또는 체육시설업의 시설 기준에 따른 필수시설을 인수함으로써 유원시설업자 또는 체육시설업자의 지위를 승계한자가 관계 행정청에 이를 신고하여 행정청이 수리하는 경우에는 종전 유원시설업자에 대한 허가는 효력을 잃고, 종전 체육시설업자는 적법한 신고를 마친 체육시설업자의 지위를 부인당할 불안정한 상태에 놓이게 된다. … 행정청이 그 신고를 수리하는 처분을 할 때에는 행정절차법 규정에서 정한 당사자에 해당하는 종전 유원시설업자 또는 체육시설업자에 대하여 위 규정에서 정한 행정절차를 실시하고 처분을 하여야 한다(대법원 2012. 12. 13. 선고 2011두29144 판결).
① 신청에 대한 거부처분이라고 하더라도 직접 당사자의 권익을 제한하는 것은 아니어서 여기에서 말하는 '당사자의 권익을 제한하는 처분'에 해당한다고 할 수 없고, 따라서 처분의 사전통지대상이나 의견청취대상이 된다고 할 수 없다(대법원 2017. 11. 23. 선고 2014두1628 판결).
② 행정청이 침해적 행정처분을 하면서 당사자에게 위와 같은 사전통지를 하거나 의견제출의 기회를 주지 아니하였다면, 그 사전통지나 의견제출의 예외적인 경우에 해당하지 아니하는 한, 그 처분은 위법하

여 취소를 면할 수 없다(대법원 2016. 10. 27. 선고 2016두41811 판결).
③ '고시'의 방법으로 불특정 다수인을 상대로 의무를 부과하거나 권익을 제한하는 처분은 성질상 의견제출의 기회를 주어야 하는 상대방을 특정할 수 없으므로, 이와 같은 처분에 있어서까지 구 행정절차법 제22조 제3항에 의하여 그 상대방에게 의견제출의 기회를 주어야 한다고 해석할 것은 아니다(대법원 2014. 10. 27. 선고 2012두7745 판결).

30

국민권익위원회에 대한 설명으로 옳은 것은?

① 국민권익위원회의 근거법은 민원사무처리에 관한 법률이다.

② 대통령소속에 설치한다.

③ 국내에 거주하는 외국인은 국민고충처리 민원인에 포함되지 않는다.

④ 국민권익위원회의 권고에 따르지 않을 시 문서로 사유를 통보해야 한다.

해설 권고를 받은 관계 행정기관 등의 장이 그 내용을 이행하지 않는 경우에는 그 이유를 권익위원회에 문서로 통보하여야 한다(부패방지및국민권익위원회의설치와운영에관한 법률 제50조 제2항).
① 국민권익위원회의 설치 등에 관한 근거법은 2008년 2월 29일 제정된 부패방지및국민권익위원회의설치와운영에관한법률이다. 이 법의 제정으로 종전 국민고충처리위원회 · 국가청렴위원회(구 부패방지위원회) 등이 국민권익위원회로 통합되면서 각각의 근거법이었던 국민고충처리위원회의설치및운영에관한법률과 부패방지법도 이 법으로 흡수 · 폐지되었다.
② 고충민원의 처리와 이에 불합리한 행정제도를 개선하고, 부패의 발생을 예방하며 부패행위를 효율적으로 규제하도록 하기 위하여 국무총리 소속으로 국민권익위원회를 둔다(동법 제11조).
③ 누구든지(국내에 거주하는 외국인을 포함한다) 국민권익위원회나 시민고충처리위원회에 고충민원을 신청할 수 있다(동법 제39조제1항).

31

행정절차법에 대한 설명으로 옳지 않은 것을 모두 고른 것은?

> ㉠ 이유부기, 의견제출은 권리를 제한하거나 의무를 부과하는 처분에 한하여 인정된다.
> ㉡ 행정절차법은 순수한 절차규정만으로 이루어져 있다.
> ㉢ 행정청은 신청에 구비서류의 미비 등 흠이 있는 경우에는 보완에 필요한 상당한 기간을 정하여 지체 없이 신청인에게 보완을 요구하여야 한다.
> ㉣ 의견제출은 서면 또는 구술로 할 수 있으나, 정보통신망을 이용하여 할 수 없다.

① ㉠, ㉡   ② ㉠, ㉢

③ ㉡, ㉢   ④ ㉠, ㉡, ㉣

해설 ㉠ 이유부기는 신청에 의한 처분에도 적용된다.
㉡ 행정절차법은 신의성실·신뢰보호원칙과 같은 실체적 규정도 함께 이루어져 있다.
㉣ 정보통신망을 이용하여서도 의견제출을 할 수 있다.
㉢ 행정절차법 제17조 제5항에서 규정하고 있다.

───── 핵심정리 ─────

처분의 이유제시의 기능
특히 청문과 관련하여 청문을 통하여 진술된 당사자의 의견이나 자료에 대해 행정기관이 이유제시의 내용을 통하여 구체적인 평가를 행하므로 청문의 기능을 실질적으로 보강하는 역할 담당
• 행정의 자기통제기능
• 권리구제기능
• 당사자만족기능
• 행정결정의 명확화 기능

32

행정절차법상 사전통지에 대한 설명으로 옳지 않은 것은? (다툼이 있는 경우 판례에 의함)

① 행정청은 침익적 행정처분을 하는 경우 미리 일정한 사항을 상대방에게 통지하여야 한다.

② 거부처분은 당사자의 권익을 제한하는 것으로 거부처분 전에 사전통지를 하여야 한다.

③ 행정청이 침해적 행정처분을 함에 있어서 당사자에게 사전통지를 하거나 의견제출의 기회를 주지 아니하였다면 사전통지를 하지 않거나 의견제출의 기회를 주지 아니하여도 되는 예외적인 경우에 해당하지 아니하는 한 그 처분은 위법하다.

④ 행정청은 청문을 실시하고자 하는 경우에 청문이 시작되는 날부터 10일 전까지 일정한 사항을 당사자에게 통지하여야 한다.

해설 행정절차법은 행정청은 당사자에게 의무를 과하거나 권익을 제한하는 처분을 하는 경우에는 미리 처분의 제목, 당사자의 성명 또는 명칭과 주소, 처분하고자 하는 원인이 되는 사실과 처분의 내용 및 법적 근거, 그에 대하여 의견을 제출할 수 있다는 뜻과 의견을 제출하지 아니하는 경우의 처리방법, 의견제출기관의 명칭과 주소, 의견제출기한 등을 당사자 등에게 통지하도록 하고 있는바, 신청에 따른 처분이 이루어지지 아니한 경우에는 아직 당사자에게 권익이 부과되지 아니하였으므로 신청에 대한 거부처분을 여기에서 말하는 '당사자의 권익을 제한하는 처분'에 해당한다고 할 수 없는 것이어서 처분의 사전통지대상이 된다고 할 수 없다(대판 2003.11.28. 2003두674).

제**4**편

행정구제법

33

행정절차법에 대한 설명으로 옳지 않은 것은?

① 감사원이 감사위원회의 결정을 거쳐 행하는 사항은 이 법의 적용대상에서 제외된다.

② 입법예고기간은 특별한 사정이 없는 한 40일 이상으로 한다.

③ 행정응원을 위하여 파견된 직원은 응원을 요청한 행정청에 임시로 소속된다.

④ 다수의 대표자가 있는 경우 대표자 1인에게 전달하면 모두에게 전달된 것으로 간주한다.

해설 다수의 대표자가 있는 경우 그중 1인에 대한 행정청의 행위는 모든 당사자등에게 효력이 있다. 다만, 행정청의 통지는 대표자 모두에게 하여야 그 효력이 있다(행정절차법 제11조 제6호).

핵심정리

대표자의 행위(행정절차법 제11조)

• 대표자는 각자 그를 대표자로 선정한 당사자 등을 위하여 행정절차에 관한 모든 행위를 할 수 있으나, 행정절차를 끝맺는 행위에 있어서는 당사자 등의 동의를 얻어야 한다. 이때 종결행위는 다른 당사자 등의 동의를 입증하는 서류를 첨부하여 행정청에 서면으로 통지하여야 한다.

• 대표자가 있는 경우에는 당자자 등은 그 대표자를 통하여서만 행정절차에 관한 행위를 할 수 있다.

• 다수의 대표자가 있는 경우 그중 1인에 대한 행정청의 행위는 모든 당사자 등에게 효력이 있다. 다만 행정청의 통지는 대표자 모두에게 하여야 그 효력이 있다.

34

행정절차의 하자에 대한 설명으로 옳지 않은 것은?

① 판례는 청문 등을 결한 영업허가취소 등의 행정처분을 당연무효로만 보고 있다.

② 행정절차의 하자가 중대하지만 명백하지 아니한 경우에 그 해당 행정행위는 무효가 아니다.

③ 납세고지서에 과세표준과 세율, 세액산출근거 등이 누락되면 그 과세처분은 위법하다.

④ 행정처분에 있어서 그 처분의 목적물이 특정되어 있지 않으면 그 행정처분은 무효가 된다.

해설 식품위생법 제64조, 같은 법 시행령 제37조 제1항 소정의 청문절차를 전혀 거치지 아니하거나 거쳤다고 하여도 그 절차적 요건을 제대로 준수하지 아니한 경우에는 가사 영업정지사유 등 위 법 제58조 등 소정 사유가 인정된다고 하더라도 그 처분은 위법하여 취소를 면할 수 없다(대판 1991.7.9, 91누971).

35

옴부즈만제도에 대한 설명으로 옳지 않은 것은?

① 행정통제의 민주화를 촉진시켰다.

② 조직계열상 행정부에 속하는 합의제 관청이다.

③ 옴부즈만제도의 발상지는 스웨덴이다.

④ 직무상으로는 독립의 지위를 가진다.

해설 옴부즈만제도와 민원처리옴부즈만은 입법부 소속의 독임제 관청이다.

36 국가직 9급 기출

처분의 이유제시에 대한 설명으로 옳지 않은 것은?

① 세무서장이 주류도매업자에 대하여 일반주류도매업면허취소통지를 하면서 그 위반사실을 구체적으로 특정하지 아니한 것은 위법 하다는 것이 판례의 입장이다.

② 단순·반복적인 처분 또는 경미한 처분으로서 당사자가 그 이유를 명백히 알 수 있는 경우에는 이유제시의무가 면제된다.

③ 신청내용을 모두 그대로 인정하는 처분인 경우 이유제시 의무가 면제되지만 처분 후 당사자가 요청하는 경우에는 그 근거와 이유를 제시하여야 한다.

④ 이유제시의 하자는 행정쟁송의 제기 전에 한해 치유가 가능한 것으로 보는 것이 판례의 입장이다.

> **해설** 신청내용을 모두 그대로 인정하는 처분인 경우는 이유제시 의무가 면제되며 처분 후 근거와 이유를 제시할 의무가 없다. 단, 단순·반복적인 처분 또는 경미한 처분으로서 당사자가 그 이유를 명백히 알 수 있는 경우와 긴급히 처분을 할 필요가 있는 경우는 처분 후 당사자가 요청하는 경우에는 그 근거와 이유를 제시하여야 한다.

핵심정리

하자의 치유 가능시기
일반적으로 하자의 치유 가능시기와 관련하여 쟁송제기 이전시설과 쟁송종결시설이 대립하고 있으나, 다수설과 판례는 하자의 추완이나 보완은 처분에 대한 불복여부결정 및 불복신청에 편의를 줄 수 있는 상당기간 내에 가능하다고 판시하여 쟁송제기이전시설을 취하고 있다.

제4편 행정구제법

제3장 행정상 손해전보

● 대표유형문제 ●

국가배상법 제5조에 대한 설명으로 옳지 않은 것은?

① 국가배상법 제5조의 영조물은 직접 행정목적에 제공된 물건 및 설비 등을 의미한다.

② 공공의 영조물에는 국가 또는 지방자치단체가 임차권에 의해 관리하고 있는 경우도 포함된다.

❸ 도로나 하천과 달리 경찰견은 영조물에 포함되지 않는다는 것이 판례의 입장이다.

④ 판례는 사격장에서 발생하는 소음이 수인한도를 넘는 경우 사격장의 설치·관리에 흠이 있다고 보았다.

정답해설 동물이나 자동차 등의 동산도 국가배상법 제5조 제1항의 영조물에 포함된다. 국가배상법 제5조 소정의 영조물이란 공공목적에 공용되는 유체물 즉, 학문상의 공물(사실상의 관리를 하고 있는 경우도 포함)을 의미하는 것으로, 인공공물과 자연공물, 동산·부동산, 동물, 자유공물·타공공물도 여기에 포함된다. 또한 판례는 지하케이블선의 맨홀, 철도건널목의 자동경보기, 공중변소, 가로수, 도로, 전신주 등을 공물(영조물)로 보았으나, 국·공유재산 중 일반재산(구 잡종재산)은 영조물에서 제외하고 있다.

오답해설 ①, ② 국가배상법 제5조의 영조물은 직접 행정목적에 제공된 유체물 내지 물적 설비를 의미하며, 국가 또는 지방자치단체가 소유권·임차권 등에 의해 관리하고 있는 경우도 포함한다.
④ 매향리사격장에서 발생하는 소음 등으로 지역주민들이 입은 피해는 사회통념상 참을 수 있는 정도를 넘는 것으로서 사격장의 설치 또는 관리에 하자가 있다(대판 2004.3.12, 2002다14242).

핵심정리 판례에서 공공영조물로 인정된 것과 부정된 것

인정된 것	부정된 것
지하케이블선의 맨홀, 미군사용 매향리사격장, 철도건널목의 자동경보기, 철도역 대합실·승강장, 여의도 광장, 태종대 유원지, 하천, 제방, 다목적 댐, 유수지의 수문상자, 상하수도, 배수펌프장, 정부청사, 국립병원, 공중변소, 가로수, 도로, 육교, 전신주, 군견·경찰견·경찰마	• 시 명의의 종합운동장 예정부지나 그 지상의 자동차 경주를 위한 안전시설(예정공물) • 아직 공사 중이라 일반 공중의 이용에 제공되지 않는 옹벽(형체적 요소를 갖추지 못한 경우) • 사실상 군민의 통행에 제공되고 있던 도로(공용지정을 갖추지 못한 경우) • 국유림(일반임야)·국유미개간지·폐천부지·폐차된 관용차 등의 국유잡종재산

01

손해배상 및 손실보상에 대한 설명으로 옳은 것은?

① 손해배상은 단체주의적인 사상에 기초를 두고 있는 반면에, 손실보상은 개인주의적인 사상에 기초를 두고 있다.

② 재산권에 내재하는 사회적 제약의 범위 내의 침해에 대해서는 손실보상을 해 주지 않아도 된다.

③ 손실보상은 재산상·비재산상 손실을 대상으로 한다.

④ 공용제한으로 인해 발생한 손실을 보상해 주지 않는 것은 위헌이다.

해설 ① 손해배상은 개인주의 사상에 기초를 두고 있으나 손실보상은 단체주의 사상에 기초를 두고 있다.
③ 손실보상은 재산상 손실만을 대상으로 한다.
④ 공용제한행위라 하더라도 사회적 제약을 넘어서는 손실에 대해 손실을 보상해 주지 않는 것만 위헌이다.

핵심정리

행정상 손해배상과 손실보상의 구분

구분	손해배상	손실보상
기본이념	개인주의 사상	단체주의 사상
청구권 발생원인	위법한 행정작용(공무원의 직무상 불법행위, 영조물의 설치·관리의 하자)	적법한 행정작용(공권력 행사에 의한 특별한 희생)
책임형태	도의적 책임중시	특별한 희생에 대한 공평배분 중시
청구절차	임의적 결정전치주의	협의원칙, 불협의시 행정소송
책임자	국가, 지방자치단체	기업자

02 지방직 9급 기출

국가배상에 대한 판례의 입장으로 옳지 않은 것은?

① 국회의원의 입법행위는 그 입법 내용이 헌법의 문언에 명백히 위배됨에도 불구하고 국회가 굳이 당해 입법을 한 것과 같은 특수한 경우가 아닌 한 국가배상법 제2조 제1항 소정의 위법행위에 해당된다고 볼 수 없다.

② 일반적으로 공무원이 관계법규를 알지 못하거나 필요한 지식을 갖추지 못하고 법규의 해석을 그르쳐 행정처분을 하였다면 그가 법률전문가가 아닌 행정직 공무원이라고 하여 과실이 없다고는 할 수 없다.

③ 법령의 규정을 따르지 아니한 법관의 재판상 직무행위는 곧바로 국가배상법 제2조 제1항에서 규정하고 있는 위법 행위가 되어 국가의 손해배상책임이 발생한다.

④ 영업허가취소처분이 행정심판에 의하여 재량권의 일탈을 이유로 취소되었다고 하더라도 그 처분이 당시 시행되던 공중위생법 시행규칙에 정해진 행정처분의 기준에 따른 것인 이상 그 영업허가취소처분을 한 행정청 공무원에게 그와 같은 위법한 처분을 한 데 있어 직무집행상의 과실이 있다고 할 수는 없다.

해설 법관의 재판에 법령의 규정을 따르지 아니한 잘못이 있다 하더라도 바로 그 재판상 직무행위가 위법한 행위로 되어 국가의 손해배상책임이 발생하는 것은 아니고, 그 국가배상책임이 인정되려면 당해 법관이 위법 또는 부당한 목적을 가지고 재판을 하였다거나 법이 법관의 직무수행상준수할 것을 요구하고 있는 기준을 현저하게 위반하는 등 법관이 그에게 부여된 권한의 취지에 명백히 어긋나게 이를 행사하였다고 인정할 만한 특별한 사정이 있어야 한다(대판 2003.7.11,99다24218).

03 국가직 9급 기출

국가배상법에 의한 배상책임에 대한 판례의 입장으로 옳지 않은 것은?

① 공무원의 부작위로 인한 국가배상책임을 인정하기 위해서는 법령에 명시적으로 공무원의 작위의무가 규정되어 있어야 한다.

② 국가배상법상의 공무원에는 일시적이고 한정적인 공무를 위탁받아 공무에 종사하는 자도 포함된다.

③ 헌법재판소 재판관이 청구기간 내에 제기된 헌법소원심판청구사건의 청구기간을 오인하여 각하결정을 한 경우, 이에 대한 불복절차 내지 시정절차가 없는 때에는 국가배상책임을 인정할 수 있다.

④ 민법상의 사용자 면책사유는 국가배상법상의 고의·과실의 판단에서는 적용되지 않는다.

해설 공무원의 부작위로 인한 국가배상책임을 인정하기 위하여는 … '공무원이 그 직무를 집행하면서 고의 또는 과실로 법령을 위반하여 타인에게 손해를 입힌 때'라고 하는 국가배상법 제2조 제1항의 요건이 충족되어야 할 것인바, 여기서 '법령을 위반하여'라고 하는 것이 엄격하게 형식적 의미의 법령에 명시적으로 공무원의 작위의무가 규정되어 있는데도 이를 위반하는 경우만을 의미하는 것은 아니고, 국민의 생명, 신체, 재산 등에 대하여 절박하고 중대한 위험상태가 발생하였거나 발생할 우려가 있어서 국민의 생명, 신체, 재산 등을 보호하는 것을 본래적 사명으로 하는 국가가 초법규적, 일차적으로 그 위험 배제에 나서지 아니하면 국민의 생명, 신체, 재산 등을 보호할 수 없는 경우에는 형식적 의미의 법령에 근거가 없더라도 국가나 관련공무원에 대하여 그러한 위험을 배제할 작위의무를 인정할 수 있을 것이다(대판 2001.4.24, 2000다57856).

04

포항경찰서 소속 경찰관이 공무수행 중 폭행을 가하여 손해를 입힌 경우에 피해자는 누구를 피고로 하여 손해배상청구를 할 수 있는가?

① 대한민국　　　　　② 경상북도

③ 포항경찰서　　　　④ 경상북도지방경찰청

해설 국가배상법상 공무원이 직무를 수행하면서 법령을 위반하여 타인에게 손해를 입힌 경우에 국가나 지방자치단체가 손해배상의 책임이 있는데(국가배상법 제2조 제1항), 우리나라 경찰의 경우 국가경찰제를 원칙으로 하므로 위 사안에서 피해자는 국가(대한민국)를 피고로 손해배상 청구를 할 수 있다. 이 경우 국가는 불법행위를 한 경찰공무원에게 구상(求償)할 수 있다(동법 동조 제2항). 한편 우리나라 경찰제도의 경우 국가(행정안전부) 소속의 경찰청(중앙경찰)과 시·도지사 소속의 지방경찰청(지방경찰)으로 분장되어 있으나, 지방경찰청도 경찰청장의 지휘·감독을 받고 있으므로 국가경찰을 원칙으로 한다고 볼 수 있다.

핵심정리

배상책임(국가배상법 제2조)

• 국가나 지방자치단체는 공무원 또는 공무를 위탁받은 사인(이하 공무원)이 직무를 집행하면서 고의 또는 과실로 법령을 위반하여 타인에게 손해를 입히거나, 자동차손해배상 보장법에 따라 손해배상의 책임이 있을 때에는 이 법에 따라 그 손해를 배상하여야 한다. 다만, 군인·군무원·경찰공무원 또는 예비군대원이 전투·훈련 등 직무 집행과 관련하여 전사(戰死)·순직하거나 공상(公傷)을 입은 경우에 본인이나 그 유족이 다른 법령에 따라 재해보상금·유족연금·상이연금 등의 보상을 지급받을 수 있을 때에는 이 법 및 민법에 따른 손해배상을 청구할 수 없다.

• 제1항 본문의 경우에 공무원에게 고의 또는 중대한 과실이 있으면 국가나 지방자치단체는 그 공무원에게 구상(求償)할 수 있다.

05 국가직 9급 기출

甲은 A지방자치단체가 관리하는 도로를 운행하던 중 도로에 방치된 낙하물로 인하여 손해를 입었고, 이를 이유로 국가배상법상 손해배상을 청구하려고 한다. 이에 대한 설명으로 옳지 않은 것은? (다툼이 있는 경우 판례에 의함)

① A지방자치단체가 위 도로를 권원 없이 사실상 관리하고 있는 경우에는 A지방자치단체의 배상책임은 인정될 수 없다.

② 위 도로의 설치 · 관리상의 하자가 있는지 여부는 위 도로가 그 용도에 따라 통상 갖추어야 할 안전성을 갖추었는지 여부에 따라 결정된다.

③ 위 도로가 국도이며 그 관리권이 A지방자치단체의 장에게 위임되었다면, A지방자치단체가 도로의 관리에 필요한 일체의 경비를 대외적으로 지출하는 자에 불과하더라도 甲은 A지방자치단체에 대해 국가배상을 청구할 수 있다.

④ 甲이 배상을 받기 위하여 소송을 제기하는 경우에는 민사소송을 제기하여야 한다.

해설 국가배상법 제5조 제1항 소정의 "공공의 영조물"이라 함은 국가 또는 지방자치단체에 의하여 특정 공공의 목적에 공여된 유체물 내지 물적 설비를 지칭하며, 특정 공공의 목적에 공여된 물이라 함은 일반 공중의 자유로운 사용에 직접적으로 제공되는 공공용물에 한하지 아니하고, 행정주체 자신의 사용에 제공되는 공용물도 포함하며 국가 또는 지방자치단체가 소유권, 임차권 그 밖의 권한에 기하여 관리하고 있는 경우뿐만 아니라 사실상의 관리를 하고 있는 경우도 포함한다(대법원 1995. 1. 24. 선고 94다45302 판결).

06

국가배상법상 국가나 지방자치단체의 책임이 성립하기 위한 요건 중 하나인 공무원의 '과실'에 관한 판례의 입장과 가장 부합하는 설명은?

① 당해 직무를 담당하는 평균적 공무원의 주의능력을 기준으로 판단된다는 의미에서 추상적 과실을 의미한다.

② 위법과 과실을 구분하기가 거의 불가능하므로 직무행위가 위법하다고 판단되면 과실의 존재도 추정된다.

③ 과실은 더 이상 주관적 요건이 아니며 공무운영상의 객관적 흠을 말한다.

④ 과실의 입증책임은 전환되어 원고가 아니라 배상책임자인 국가 또는 지방자치단체에 있는 것이 원칙이다.

해설 ② '직무행위가 위법하다고 판단되면 과실의 존재도 추정된다'는 식의 설명은 위법성과 과실의 일원화론에 기초한 것으로 볼 수 있는데 아직까지 우리나라의 판례상 이러한 이론을 정면으로 받아들인 경우는 찾아보기 어렵다.

③ 과실을 공무운영상의 객관적 흠을 의미한다고 보는 견해(배상책임의 성질에 관한 자기책임설에 따른 결론) 역시 법원에 의해 받아들여지지는 않고 있다.

④ 과실의 객관화추세에 따라 입증책임에 있어서도 ④의 지문과 같은 내용의 일응추정의 법리가 나타나고 있지만 이 역시 아직까지 판례를 통해 받아들여지지는 않고 있는 실정이다.

제**4**편

행정구제법

07

국가배상에 대한 설명으로 옳은 것은?

① 공무를 위임받은 사인에 의해 초래된 손해에 대한 배상에는 국가배상법이 적용되지 않는다.

② 헌법은 공무원의 직무상 불법행위로 인한 국가배상만을 규정하고 있을 뿐이고 영조물의 설치·관리의 하자로 인한 국가배상에 대해서는 규정하고 있지 않다.

③ 현행 국가배상법은 능동적이고 적극적인 공무 수행을 위해서 국가배상의 경우 공무원 개인에 대해서는 책임을 묻지 않도록 하고 있다.

④ 직무행위의 범위를 정함에 있어서는 외형설을 취할 경우 국가배상책임은 축소된다.

해설 공무원의 직무상 불법행위로 인한 국가배상은 헌법 제29조 제1항에서 규정하고 있으며, 공공시설 등의 하자로 인한 책임은 국가배상법 제5조 제1항에서 규정하고 있다.

① 공무원이란 국가공무원법·지방공무원법상의 공무원 뿐만 아니라 널리 공무를 수권·위임·위탁받아 실질적으로 공무에 종사하는 모든 자를 포함한다(판례·통설).

③ 공무원의 고의 또는 중대한 과실이 있는 때에는 국가 또는 지방자치단체는 그 공무원에게 구상할 수 있다(국가배상법 제2조 제2항).

④ 직무행위의 범위를 정함에 있어서는 외형설을 취할 경우 국가배상책임은 확대된다.

08 국가직 9급 기출

국가배상법상 국가배상에 대한 설명으로 옳은 것(○)과 옳지 않은 것(×)을 바르게 연결한 것은? (다툼이 있는 경우 판례에 의함)

ㄱ. 재판에 대하여 불복절차 내지 시정절차 자체가 없는 경우, 부당한 재판으로 인하여 불이익 내지 손해를 입은 사람에게는 배상책임의 요건이 충족되는 한 국가배상책임이 인정될 수 있다.

ㄴ. 국가가 일정한 사항에 관하여 헌법에 의하여 부과되는 구체적인 입법의무를 부담하고 있음에도 불구하고 그 입법에 필요한 상당한 기간이 경과하도록 고의·과실로 입법의무를 이행하지 아니하는 경우, 국가배상책임이 인정될 수 있다.

ㄷ. 직무집행과 관련하여 공상을 입은 군인이 먼저 국가배상법상 손해배상을 받은 다음 구 국가유공자 등 예우 및 지원에 관한 법률상 보훈급여금을 지급청구하는 경우, 국가배상을 받았다는 이유로 그 지급을 거부할 수 없다.

ㄹ. 피해자에게 손해를 직접 배상한 경과실이 있는 공무원은 특별한 사정이 없는 한, 국가의 피해자에 대한 손해배상책임의 범위 내에서 자신이 변제한 금액에 관하여 국가에 대한 구상권을 취득한다.

```
    ㄱ   ㄴ   ㄷ   ㄹ
① ○   ○   ×   ○
② ×   ○   ○   ×
③ ○   ×   ×   ×
④ ○   ○   ○   ○
```

해설 ㄱ. 재판에 대하여 따로 불복절차 또는 시정절차가 마련되어 있는 경우에는 재판의 결과로 불이익 내지 손해를 입었다고 여기는 사람은 그 절차에 따라 자신의 권리 내지 이익을 회복하도록 함이 법이 예정하는 바이므로, 불복에 의한 시정을 구할 수 없었던 것 자체가 법관이나 다른 공무원의 귀책사유로 인한 것이라거나 그와 같은 시정을 구할 수 없었던 부득이한 사정이 있었다는 등의 특별한 사정이 없는 한, 스스로 그와 같은 시정을 구하지 아니한 결과 권리 내지 이익을 회복하지 못한 사람은 원칙적으로 국가배상에 의한 권리구제를 받을 수 없다고 봄이 상당하다고 하겠으나, 재판에 대하여 불복절차 내지 시정절차 자체가 없는 경우에는 부당한 재판으로 인하여 불이익 내지 손해를 입은 사람은 국가배상 이외의 방법으로는 자신의 권리 내지 이익을 회복할 방법이 없으므로, 이와 같은 경우에는 배상책임의 요건이 충족되는 한 국가배상책임을 인정하지 않을 수 없다 (대법원 2003. 7. 11. 선고 99다24218 판결).

ㄴ. 국가가 일정한 사항에 관하여 헌법에 의하여 부과되는 구체적인 입법의무를 부담하고 있음에도 불구하고 그 입법에 필요한 상당한 기간이 경과하도록 고의 또는 과실로 이러한 입법의무를 이행하지 아니하는 등 극히 예외적인 사정이 인정되는 사안에 한정하여 국가배상법 소정의 배상책임이 인정될 수 있으며, 위와 같은 구체적인 입법의무 자체가 인정되지 않는 경우에는 애당초 부작위로 인한 불법행위가 성립할 여지가 없다(대법원 2008. 5. 29. 선고 2004다33469 판결).

ㄷ. 전투 · 훈련 등 직무집행과 관련하여 공상을 입은 군인 · 군무원 · 경찰공무원 또는 향토예비군대원이 먼저 국가배상법에 따라 손해배상금을 지급받은 다음 보훈보상대상자 지원에 관한 법률(이하 '보훈보상자법'이라 한다)이 정한 보상금 등 보훈급여금의 지급을 청구하는 경우, … 국가배상법에 따른 손해배상청구를 하지 못한다는 것을 넘어 국가배상법상 손해배상금을 받은 경우 보훈보상자법상 보상금 등 보훈급여금의 지급을 금지하는 것으로 해석하기는 어려운 점 등에 비추어, 국가보훈처장은 국가배상법에 따라 손해배상을 받았다는 사정을 들어 보상금 등 보훈급여금의 지급을 거부할 수 없다(대법원 2017. 2. 3. 선고 2015두60075 판결).

ㄹ. 공중보건의인 갑에게 치료를 받던 을이 사망하자 을의 유족들이 갑 등을 상대로 손해배상청구의소를 제기하였고, 갑의 의료과실이 인정된다는 이유로 갑 등의 손해배상책임을 인정한 판결이 확정되어 갑이 을의 유족들에게 판결금 채무를 지급한 사안에서, 직무 수행 중 경과실로 타인에게 손해를 입힌 갑은 국가에 대하여 구상권을 취득한다(대법원 2014. 8. 20. 선고 2012다54478 판결).

09

국가배상법상 배상책임에 대한 설명으로 옳은 것은?

① 국가배상법상 배상책임자는 위법한 직무행위를 한 공무원이 소속된 국가 및 공공단체로 규정되어 있다.

② 가해행위를 한 공무원의 선임 · 감독자와 비용부담자가 다른 경우 그 비용을 부담하는 자는 배상책임이 없다.

③ 한정액설에 의하면 국가배상법 제3조상 배상기준 규정은 배상액의 하한을 규정한 절대규정이라고 본다.

④ 생명, 신체의 침해로 인한 국가배상을 받을 권리는 이를 양도하거나 압류하지 못하게 하고 있다.

> **해설** ① 국가배상법은 배상책임자로 국가와 지방자치단체를 규정하고 있다(동법 제1조).
> ② 비용부담자도 배상책임을 진다(동법 제6조 제1항).
> ③ 한정액설(제한규정설)은 배상액의 상한을 규정한 것으로 본다.

핵심정리

배상책임의 성질

• **대위책임설** : 배상책임은 원칙적으로 공무원이 져야 하나, 국가 등이 가해자인 공무원을 대신해서 부담하는 대위책임의 성질을 갖는다는 견해(종래의 다수설)

• **자기책임설** : 국가 등의 배상책임은 그 기관인 공무원의 행위라는 형식을 통하여 직접 자기의 책임으로 부담하는 것이라는 견해

• **절충설(중간설)** : 공무원의 고의 · 중과실에 대한 국가 등의 배상책임은 대위책임이지만, 경과실에 의한 국가 등의 배상책임은 자기책임이라는 견해로 대법원은 현행 국가배상법이 절충설을 취하고 있는 것으로 해석하고 있음

제**4**편

행정구제법

10 　서울시 9급 기출

행정상 손해배상(국가배상)에 대한 설명으로 가장 옳은 것은?

① 국가배상은 공행정작용을 대상으로 하므로 국가배상청구 소송은 당사자소송이다.

② 대한민국 구역 내에 있다면 외국인에게도 국가배상청구권은 당연히 인정된다.

③ 공무원이 고의 또는 중과실로 불법행위를 하여 손해를 입힌 경우 피해자는 공무원개인에 대하여 손해배상을 청구할 수 있다.

④ 사무귀속주체와 비용부담주체가 동일하지 아니한 경우에는 사무귀속주체가 손해를 우선적으로 배상하여야 한다.

> **해설** 공무원이 고의 또는 중과실로 불법행위를 하여 손해를 입힌 경우에는 공무원 개인의 책임이 면제되지 않는 바, 피해자의 선택적 청구권을 긍정한다(대판 전합 1996.2.15, 95다38677). 따라서 피해자는 공무원 개인에 대하여 손해배상과 국가배상청구를 선택적으로 할 수 있다.
> ① 국가배상청구 소송은 실무상 민사소송이다. '국가나 지방자치단체의 손해배상책임에 관하여는 이 법에 규정된 사항 외에는 민법에 따른다(국가배상법 제8조).'
> ② 외국인은 상호주의 하에 허용이 결정된다. '이 법은 외국인이 피해자인 경우에는 해당 국가와 상호 보증이 있을 때에만 적용한다(국가배상법 제7조).'
> ④ 사무귀속주체와 비용부담주체가 동일하지 아니한 경우 모두 피해자에 대한 배상책임이 있고, 피해자는 양자를 선택적으로 청구할 수 있다.

11

국가배상에 대한 설명으로 옳지 않은 것은? (다툼이 있는 경우 판례에 의함)

① 국가, 강원지방경찰청장, 전라남도, 서울특별시, 행정안전부 중 국가배상법에 따라 손해배상의 피고가 될 수 있는 것은 국가, 전라남도, 서울특별시이다.

② '교통할아버지'로 선정된 노인이 위탁받은 공무범위를 넘어 교차로 중앙에서 교통정리를 하다가 교통사고를 발생시킨 경우, 지방자치단체가 국가배상법 제2조 소정의 배상책임을 부담한다.

③ 시청 소속 공무원이 시장을 구 부패방지위원회에 부패혐의자로 신고한 후 동사무소로 전보된 경우, 사회통념상 용인될 수 없을 정도로 객관적 상당성을 결여하였으므로 불법행위를 구성한다.

④ 구청 세무과 소속 공무원 갑이 을에게 무허가 건물 세입자들에 대한 시영아파트 입주권매매 행위를 한 경우 외형상 직무범위 내의 행위라고 볼 수 없다.

> **해설** 시청 소속 공무원이 시장을 부패방지위원회에 부패혐의자로 신고한 후 동사무소로 하향 전보된 사안에서, 그 전보인사 조치는 해당 공무원에 대한 다면평가 결과, 원활한 업무 수행의 필요성 등을 고려하여 이루어진 것으로 볼 여지도 있으므로, 사회통념상 용인될 수 없을 정도로 객관적 상당성을 결여하였다고 단정할 수 없어 불법행위를 구성하지 않는다(대판 2009.5.28, 2006다16215).

12 [국가직 9급 기출]

행정상 손실보상에 대한 설명으로 옳지 않은 것은? (다툼이 있는 경우 판례에 의함)

① 토지수용위원회는 손실보상의 신청범위와 관계없이 손실보상의 증액재결을 할 수 없다.

② 공공용물에 관하여 적법한 개발행위 등이 이루어짐으로 말미암아 이에 대한 일정 범위의 사람들의 일반사용이 종전에 비하여 제한받게 되었다 하더라도 특별한 사정이 없는 한 그로 인한 불이익은 손실보상의 대상이 되는 특별한 손실에 해당한다고 할 수 없다.

③ 손실보상청구권의 성질에 관하여 대법원은 전통적으로 사권설의 입장에서 민사소송으로 다루어 왔으나, 최근에는 당사자소송으로 보는 판례도 나타나고 있다.

④ 헌법재판소는 재산권의 제한이 특별한 희생에 해당하는 경우에 보상규정을 두지 않는 것은 위헌이라고 하면서도 단순위헌이 아닌 헌법불합치결정을 하였다.

해설 토지수용위원회는 신청범위에서 재결하는 것이 원칙이나, 손실보상의 경우에는 증액재결(增額裁決)을 할 수 있다(공익사업을위한토지등의취득및보상에관한법률 제50조 제2항).

핵심정리

토지수용위원회의 재결사항

• 수용하거나 사용할 토지의 구역 및 사용방법
• 손실보상(증액재결할 수 있음)
• 수용 또는 사용의 개시일과 기간
• 그 밖에 공익사업을위한토지등의취득및보상에관한법률 및 다른 법률에서 규정한 사항

13

국가배상법 제2조에 의한 국가배상책임의 요건에 대한 설명으로 가장 옳지 않은 것은?

① 신분상의 공무원에 국한하지 않는다.

② 직무의 범위에는 권력적 작용만이 아니라 비권력적 작용도 포함된다.

③ 위법성 판단기준으로서의 법령에는 널리 성문법 이외에 불문법과 행정법의 일반원칙 및 행정규칙도 포함된다는 것이 학설과 판례의 일치된 입장이다.

④ 반사적 이익의 침해는 포함되지 않는다.

해설 행정규칙의 경우 법규성을 인정하게 되면 당연히 법령위반으로 볼 수 있으나, 법규성을 인정하지 않는 다수설과 판례의 입장에서는 단순히 부당에 그치고 법령위반에 포함되지 않는다.

14

공무원의 직무상 불법행위로 인한 손해배상에 대한 설명으로 옳지 않은 것은?

① 공무원에게 중대한 과실이 있어야 한다.

② 피해자가 받은 손해는 적극적 · 소극적 손해를 불문한다.

③ 공무원의 직무를 집행함에 당하여 행한 행위여야 한다.

④ 지방자치단체의 공무원의 행위로 인한 손해배상책임자는 지방자치단체이다.

해설 공무원의 과실은 중과실 · 경과실을 불문한다.

제4편
행정구제법

15 지방직 9급 기출

손실보상에 대한 설명으로 옳은 것은? (다툼이 있는 경우 판례에 의함)

① 공익사업을위한토지등의취득및보상에관한법률에 의한 잔여지 수용청구를 받아들이지 않은 토지수용위원회의 재결에 대하여 토지소유자가 불복하여 제기하는 소송은 항고소송에 해당한다.

② 공익사업을위한토지등의취득및보상에관한법률에 따른 사업폐지 등에 대한 보상청구권은 사법상 권리로서 그에 관한 소송은 민사소송 절차에 의하여야 한다.

③ 공익사업을위한토지등의취득및보상에관한법률에 의한 보상합의는 공공기관이 사경제주체로서 행하는 사법상 계약의 실질을 가진다.

④ 공유수면매립면허의 고시가 있는 경우 그 사업이 시행되고 그로 인하여 직접 손실이 발생한다고 할 수 있으므로, 관행어업권자는 공유수면매립면허의 고시를 이유로 손실보상을 청구할 수 있다.

해설 구 공공용지의취득및손실보상에관한특례법은 사업시행자가 토지 등의 소유자로부터 토지 등의 협의취득 및 그 손실보상의 기준과 방법을 정한 법으로서, 이에 의한 협의취득 또는 보상합의는 공공기관이 사경제주체로서 행하는 사법상 매매 내지 사법상 계약의 실질을 가진다(대법원 2004. 9. 24. 선고 2002다68713 판결).

① 공익사업을위한토지등의취득및보상에관한법률(이하 '토지보상법'이라고 한다) 제72조의 문언, 연혁 및 취지 등에 비추어 보면, 위 규정이 정한 수용청구권은 토지보상법 제74조 제1항이 정한잔여지 수용청구권과 같이 손실보상의 일환으로 토지소유자에게 부여되는 권리로서 그 청구에 의하여 수용효과가 생기는 형성권의 성질을 지니므로, 토지소유자의 토지수용청구를 받아들이지 아니한 토지수용위원회의 재결에 대하여 토지소유자가 불복하여 제기하는 소송은 토지보상법 제85조 제2항에 규정되어 있는 '보상금의 증감에 관한 소송'에 해당하고, 피고는 토지수용

위원회가 아니라 사업시행자로 하여야 한다(대법원 2015. 4. 9. 선고 2014두46669 판결).

② 구 공익사업을위한토지등의취득및보상에관한법률 제79조 제2항, 공익사업을 위한 토지 등의 취득 및 보상에 관한 법률 시행규칙 제57조에 따른 사업폐지 등에 대한 보상청구권은 공익사업의 시행 등 적법한 공권력의 행사에 의한 재산상 특별한 희생에 대하여 전체적인 공평부담의 견지에서 공익사업의 주체가 손해를 보상하여 주는 손실보상의 일종으로 공법상 권리임이 분명하므로 그에 관한 쟁송은 민사소송이 아닌 행정소송절차에 의하여야 한다(대법원 2012. 10. 11. 선고 2010다 23210 판결).

④ 공유수면 매립면허의 고시가 있다고 하여 반드시 그 사업이 시행되고 그로 인하여 손실이 발생한다고 할 수 없으므로, 매립면허 고시 이후 매립공사가 실행되어 관행어업권자에게 실질적이고 현실적인 피해가 발생한 경우에만 공유수면매립법에서 정하는 손실보상청구권이 발생하였다고 할 것이다(대법원 2010. 12. 9. 선고 2007두6571 판결).

핵심정리

행정상 손실보상

- **의의** : 공공필요에 의한 적법한 공권력의 행사로 타인의 재산권에 가하여진 특별한 희생에 대하여 사유재산의 보장과 공평부담의 견지에서 행정주체가 이를 조정하기 위해 행하는 재산권전보제도이다.

- **다른 제도와의 구별** : 손실보상은 적법한 공권력의 행사라는 점에서 비적법한 공권력의 행사에 대한 손해배상과 구별되고 의도적 침해라는 점에서 비의도적 침해에 대한 수용적 침해와 구별된다. 한편 공권력의 행사로 인한 점에서 비권력적 작용에 의한 공특법상의 임의매수를 수반하는 보상과 구별되나 실질적으로 양자는 차이는 없다고 보는 것이 일반적이다.

16

국가배상법 제2조에 의한 배상책임요건이 아닌 것은?

① 여기서 말하는 공무원은 공무원의 신분을 갖지 않더라도 널리 공무를 위탁받아 종사하는 자가 모두 포함된다는 것이 통설과 판례의 입장이다.

② 여기서 말하는 공무원은 특정될 필요가 없다는 것이 오늘날의 일반적인 견해이다.

③ 여기서 말하는 공무원의 직무는 행정작용에 의한 것이지 입법작용, 사법작용은 포함되지 않는다.

④ 여기서 말하는 손해는 공무원의 가해행위로 입은 모든 불이익을 의미한다.

해설 공무원의 직무행위는 입법 · 사법 · 행정작용을 모두 포함한다.

핵심정리

직무행위의 범위

- **협의설(권력작용설)** : 직무는 공법상 권력작용만을 의미한다는 견해이다.
- **광의설(관리작용설)** : 직무에는 권력작용과 비권력적 작용(관리작용)도 포함된다는 견해이다(다수설 · 판례). 다만, 관리작용 중에서 영조물의 설치 · 관리작용은 국가배상법 제5조에 별도로 규정되어 있으므로 여기서는 제외된다.
- **최광의설(국고작용설)** : 직무에는 권력작용 · 비권력적 작용 및 사경제 작용이 모두 포함된다는 견해이다.
- **판례의 태도** : 국가배상법이 정한 배상청구의 요건인 공무원의 직무에는 권력적 작용만이 아니라 행정지도와 같은 비권력적 작용도 포함되며, 단지 행정주체가 사경제주체로서 하는 활동만이 제외된다(대판 1998.7.10, 96다38971). → 과거에 최광의설의 입장을 취하였으나, 현재는 광의설 입장을 취하고 있다.

---

17 국가직 9급 기출

국가배상법 제5조에 따른 배상책임에 대한 설명으로 옳지 않은 것은? (다툼이 있는 경우판례에 의함)

① '공공의 영조물'이란 국가 또는 지방자치단체가 소유권, 임차권 그 밖의 권한에 기하여 관리하고 있는 경우를 의미하고, 그러한 권원 없이 사실상의 관리를 하고 있는 경우는 제외된다.

② '영조물의 설치 또는 관리의 하자'란 공공의 목적에 제공된 영조물이 그 용도에 따라 통상 갖추어야 할 안전성을 갖추지 못한 상태에 있음을 말한다.

③ 예산부족 등 설치 · 관리자의 재정사정은 배상책임 판단에 있어 참작사유는 될 수 있으나 안전성을 결정지을 절대적 요건은 아니다.

④ 소음 등을 포함한 공해 등의 위험지역으로 이주하여 거주하는 것이 피해자가 위험의 존재를 인식하고 그로 인한 피해를 용인 하면서 접근한 것이라고 볼 수 있는 경우 가해자의 면책이 인정될 수 있다.

해설 '공공의 영조물'이란 국가 또는 지방자치단체가 소유권, 임차권 그 밖의 권한에 기하여 관리하고 있는 경우를 의미하고, 그러한 권원 없이 사실상의 관리를 하고 있는 경우도 포함된다(대판 1995.2.24, 94다45602).

제**4**편

행정구제법

18 <u>지방직 9급 기출</u>

다음 행정상 손해배상과 관련된 사례에 대한 설명으로 옳은 것은? (다툼이 있는 경우판례에 의함)

> (가) 甲은 자동차로 좌로 굽은 내리막 국도 편도 1차로를 달리던 중 커브 길에서 앞선 차량을 무리하게 추월하기 위하여 중앙선을 침범하여 반대편 도로를 벗어나 도로 옆계곡으로 떨어져 중상해를 입었다.
> (나) 乙은 자동차로 겨울철 눈이 내린 직후에 산간지역에 위치한 국도를 달리던 중 도로에 생긴 빙판길에 미끄러져 상해를 입었다.

① (가)와 (나) 사례에서 국가가 甲과 乙에게 손해배상책임을 부담할 것인지 여부는 위도로들이 모든 가능한 경우를 예상하여 고도의 안전성을 갖추었는지 여부에 따라 결정될 것이다.

② (가) 사례에서 만약 반대편 갓길에 차량용 방호울타리가 설치되었다면 甲이 상해를 입지 않았거나 경미한 상해를 입었을 것이므로 그 방호울타리 미설치만으로도 손해배상을 받기에 충분한 요건을 갖추었다고 볼 수 있다.

③ (나) 사례에서 乙은 산악지역의 특성상 빙판길 위험 경고나 위험 표지판이 설치되었다면 주의를 기울여 운행하여 상해를 입지 않았을 것이므로 그 미설치만으로도 국가에 대한 손해배상책임을 묻기에 충분하다.

④ (가)와 (나) 사례에서 만약 도로의 관리상 하자가 인정된다면 비록 그 사고의 원인에 제3자의 행위가 개입되었더라도 甲과 乙은 국가에 대하여 손해배상책임을 물을 수 있다.

<u>해설</u> (가) '영조물 설치·관리상의 하자'는 공공의 목적에 공여된 영조물이 그 용도에 따라 통상 갖추어야할 안전성을 갖추지 못한 상태에 있음을 말한다. 그리고 위와 같은 안전성의 구비 여부는 영조물의 설치자 또는 관리자가 그 영조물의 위험성에 비례하여 사회통념상 일반적으로 요구되는 정도의 방호조치의무를 다하였는지를 기준으로 판단하여야 하고, 아울러 그 설치자 또는 관리자의 재정적·인적·물적 제약 등도 고려하여야 한다. 따라서 영조물인 도로의 경우도 그 설치 및 관리에 있어 완전무결한 상태를 유지할 정도의 고도의 안전성을 갖추지 아니하였다고 하여 하자가 있다고 단정할 수는 없고, 그것을 이용하는 자의 상식적이고 질서 있는 이용 방법을 기대한 상대적인 안전성을 갖추는 것으로 족하다. 갑이 차량을 운전하여 지방도 편도 1차로를 진행하던 중 커브길에서 중앙선을 침범하여 반대편도로를 벗어나 도로 옆 계곡으로 떨어져 동승자인 을이 사망한 사안에서, 좌로 굽은 도로에서 운전자가 무리하게 앞지르기를 시도하여 중앙선을 침범하여 반대편 도로로 미끄러질 경우까지 대비하여 도로 관리자인 지방자치단체가 차량용 방호울타리를 설치하지 않았다고 하여 도로에 통상 갖추어야 할 안전성이 결여된 설치·관리상의 하자가 있다고 보기 어렵다(대법원 2013. 10. 24. 선고 2013다208074 판결).

(나) 강설의 특성, 기상적 요인과 지리적 요인, 이에 따른 도로의 상대적 안전성을 고려하면 겨울철 산간지역에 위치한 도로에 강설로 생긴 빙판을 그대로 방치하고 도로상황에 대한 경고나 위험표지판을 설치하지 않았다는 사정만으로 도로관리상의 하자가 있다고 볼 수 없다(대법원 2000. 4. 25.선고 판결). 따라서 (가)와 (나) 사례에서 만약 도로의 관리상 하자가 인정된다면 비록 그 사고의 원인에 제3자의 행위가 개입되었더라도 甲과 乙은 국가에 대하여 손해배상책임을 물을 수 있다

● <u>관련 판례</u>

영조물의 설치 또는 관리상의 하자로 인한 사고라 함은 영조물의 설치 또는 관리상의 하자만이 손해발생의 원인이 되는 경우만을 말하는 것이 아니고, 다른 자연적 사실이나 제3자의 행위 또는 피해자의 행위와 경합하여 손해가 발생하더라도 영조물의 설치 또는 관리상의 하자가 공동원인의 하나가 되는 이상 그 손해는 영조물의 설치 또는 관리상의 하자에 의하여 발생한 것이라고 해석함이 상당하다(대법원1994. 11. 22. 선고 94다32924 판결).

19

국가배상에 대한 판례의 입장과 다른 것은?

① 경비교도로 임용된 자는 군인의 신분을 상실하고 군인과는 다른 경비교도로서의 신분을 취득하게 되었다고 할 것이어서 국가배상법상의 군인 등에 해당하지 아니한다.

② 경찰서의 숙직실에서 순직한 경찰공무원은 국가배상법상 및 민법의 규정에 의한 손해배상을 청구할 수 없다.

③ 민간인과 공무원의 공동불법행위로 인해 다른 공무원에게 손해가 발생한 경우 피해군인은 공동불법행위자로서의 국가에 대해서는 배상청구를 할 수 없으나 민간인에 대해서는 손해배상을 청구할 수 있다.

④ 대법원은 국가배상청구의 요건인 '공무원의 직무'에는 권력적 작용만이 아니라 비권력적 작용도 포함되며 단지 행정주체가 사경제주체로서 하는 활동만 제외된다고 판시한 바 있다.

해설 경찰서지서의 숙직실은 국가배상법 제2조 제1항 단서에서 말하는 전투·훈련에 관련된 시설이라고 볼 수 없으므로 위 숙직실에서 순직한 경찰공무원의 유족들은 국가배상법 제2조 제1항 본문에 의하여 국가배상법 및 민법의 규정에 의한 손해배상을 청구할 권리가 있다(대판 1979.1.30, 77다2389).
① 대판 1998.2.10, 97다45914
③ 대판 2001.2.15, 96다42420
④ 대판 2001.1.5, 98다39060

20 국가직 9급 기출

공익사업을위한토지등의취득및보상에관한법률상 손실보상의 원칙에 대한 설명으로 옳지 않은 것은?

① 공익사업에 필요한 토지 등의 취득 또는 사용으로 인하여 토지 소유자나 관계인이 입은 손실은 사업시행자가 보상하여야 한다.

② 사업시행자는 동일한 사업지역에 보상시기를 달리하는 동일인 소유의 토지 등이 여러 개 있는 경우 토지소유자나 관계인이 요구할 때에는 한꺼번에 보상금을 지급하도록 하여야 한다.

③ 재결에 의한 수용 또는 사용의 경우 보상액의 산정은 재결 당시의 가격을 기준으로 하고, 해당 공익사업으로 인하여 토지 등의 가격이 변동되었을 때에는 이를 고려하여야 한다.

④ 사업시행자는 동일한 소유자에게 속하는 일단의 토지의 일부를 취득하거나 사용하는 경우 해당 공익사업의 시행으로 인하여 잔여지의 가격이 증가하거나 그 밖의 이익이 발생한 경우에도 그 이익을 그 취득 또는 사용으로 인한 손실과 상계할 수 없다.

해설 공익사업을위한토지등의취득및보상에관한법률 제67조 제1항에 따르면, '보상액의 산정은 협의에 의한 경우에는 협의 성립 당시의 가격을, 재결에 의한 경우에는 수용 또는 사용의 재결 당시의 가격을 기준으로 한다'고 하였다. 또한 제2항에 따르면, '보상액을 산정할 경우에 해당 공익사업으로 인하여 토지 등의 가격이 변동되었을 때에는 이를 고려하지 아니한다'고 하였다.
① 공익사업을위한토지등의취득및보상에관한법률 제61조
② 동법 제65조
④ 동법 제66조

21 서울시 9급 기출

행정상 손실보상에 대한 설명으로 옳지 않은 것은?

① 민간기업을 토지수용의 주체로 정한 법률조항도 헌법 제23조 제3항에서 정한 공공필요를 충족하면 헌법에 위반되지 아니한다.

② 수용대상 토지의 보상가격이 당해 토지의 개별공시지가를 기준으로 하여 산정한 것보다 저렴하게 되었다는 사정만으로 그 보상액 산정이 위법한 것은 아니다.

③ 공익사업의 시행으로 지가가 상승하여 발생한 개발이익을 손실보상금액에 포함시키지 않더라도 헌법이 규정한 정당 보상의 원리에 어긋나는 것은 아니다.

④ 토지소유자가 손실보상금의 액수를 다투고자 할 경우에는 사업시행자가 아니라 토지수용위원회를 상대로 보상금의 증액을 구하는 소송을 제기하여야 한다.

해설 제기하려는 행정소송이 보상금의 증감(增減)에 관한 소송인 경우 그 소송을 제기하는 자가 토지소유자 또는 관계인일 때에는 사업시행자를, 사업시행자일 때에는 토지소유자 또는 관계인을 각각 피고로 한다(공익사업을 위한 토지 등의 취득 및 보상에 관한 법률 제85조 제2항).

22

공공의 영조물의 설치·관리의 하자로 인한 국가배상책임에 대한 판례의 입장으로 옳지 않은 것은?

① 고속도로의 설치·관리의 하자로 인한 손해의 배상책임 주체는 해당 사용자가 된다.

② '공공의 영조물의 설치·관리의 하자'에는 영조물이 공공의 목적에 이용됨에 있어 그 이용상태 및 정도가 일정한 한도를 초과하여 제3자에게 사회통념상 참을 수 없는 피해를 입히고 있는 경우가 포함된다.

③ 공공의 영조물은 국가 또는 지방자치단체가 소유권, 임차권 그 밖의 권한에 기하여 관리하고 있을 경우뿐만 아니라 사실상의 관리를 하고 있는 경우도 포함된다.

④ 국가배상청구소송에서 공공의 영조물에 하자가 있다는 입증책임은 피해자가 지지만, 관리주체에게 손해발생의 예견가능성과 회피가능성이 없다는 입증책임은 관리주체가 진다.

해설 고속도로(고속국도)의 관리자는 한국도로공사이므로 고속도로의 설치·관리의 하자로 인한 손해에 대한 배상책임의 주체는 한국도로공사가 된다.

핵심정리

공작물 또는 영조물에 대한 책임

- **민법 제758조(공작물 등의 점유자, 소유자의 책임)** : 공작물의 설치 또는 보존의 하자로 인하여 타인에게 손해를 가한 때에는 공작물점유자가 손해를 배상할 책임이 있다. 그러나 점유자가 손해의 방지에 필요한 주의를 해태하지 아니한 때에는 그 소유자가 손해를 배상할 책임이 있다.
- **국가배상법 제5조(공공시설 등의 하자로 인한 책임)** : 도로·하천 그 밖의 공공의 영조물(營造物)의 설치나 관리에 하자(瑕疵)가 있기 때문에 타인에게 손해를 발생하게 하였을 때에는 국가나 지방자치단체는 그 손해를 배상하여야 한다. 이 경우 제2조제1항 단서, 제3조 및 제3조의2를 준용한다. 이를 적용할 때 손해의 원인에 대하여 책임을 질 자가 따로 있으면 국가나 지방자치단체는 그 자에게 구상할 수 있다.

23 국가직 9급 기출

행정상 손해배상에 대한 설명으로 옳은 것은?
(다툼이 있는 경우 판례에 의함)

① 국가나 지방자치단체는 공무원이 직무를 집행하면서 고의 또는 과실로 위법하게 타인에게 손해를 가한 때에 국가배상법상 배상책임을 지고, 공무원의 선임 및 감독에 상당한 주의를 한 경우에도 그 배상책임을 면할 수 없다.

② 국가 또는 지방자치단체가 공무원의 위법한 직무집행으로 발생한 손해에 대해 국가배상법에 따라 배상한 경우에 당해 공무원에게 구상권을 행사할 수 있는지에 대해 국가배상법은 규정을 두고 있지 않으나, 판례에 따르면 당해 공무원에게 고의 또는 중과실이 인정될 경우 국가 또는 지방자치단체는 그 공무원에게 구상권을 행사할 수 있다.

③ 국가배상법상 공무원의 직무행위는 객관적으로 직무행위로서의 외형을 갖추고 있어야 할 뿐만 아니라 주관적 공무집행의 의사도 있어야 한다.

④ 민간인과 직무집행 중인 군인의 공동불법행위로 인하여 직무집행 중인 다른 군인이 피해를 입은 경우 민간인이 피해 군인에게 자신의 과실비율에 따라 내부적으로 부담할 부분을 초과하여 피해금액 전부를 배상한 경우에 대법원 판례에 따르면 민간인은 국가에 대해 가해 군인의 과실비율에 대한 구상권을 행사할 수 있다.

해설 국가배상법은 민법상의 사용자책임을 규정한 민법 제756조 제1항 단서에서 사용자가 피용자의 선임감독에 무과실인 경우에는 면책되도록 규정한 것과는 달리 이러한 면책규정을 두지 아니함으로써 국가배상책임이 용이하게 인정되도록 하고 있다(대법원 1996. 2. 15. 선고 95다38677).

② 국가나 지방자치단체는 공무원 또는 공무를 위탁받은 사인(이하 "공무원"이라 한다)이 직무를 집행하면서 고의 또는 과실로 법령을 위반하여 타인에게 손해를 입히거나, 자동차손해배상보장법에 따라 손해배상의 책임이 있을 때에는 이 법에 따라 그 손해를 배상하여야 한다. 다만, 군인 · 군무원 · 경찰공무원 또는 예비군대원이 전투 · 훈련 등 직무 집행과 관련하여 전사(戰死) · 순직(殉職)하거나 공상(公傷)을 입은 경우에 본인이나 그 유족이 다른 법령에 따라 재해보상금 · 유족연금 · 상이연금 등의 보상을 지급받을 수 있을 때에는 이 법 및 민법에 따른 손해배상을 청구할 수 없다(국가배상법 제2조 제1항). 국가배상법 제2조 제1항 본문의 경우에 공무원에게 고의 또는 중대한 과실이 있으면 국가나 지방자치단체는 그 공무원에게 구상(求償)할 수 있다(국가배상법 제2조 제2항).

③ 국가배상법 제2조 제1항에서 말하는 "직무를 행함에 당하여"라는 취지는 공무원의 행위의 외관을 객관적으로 관찰하여 공무원의 직무행위로 보여질 때에는 비록 그것이 실질적으로 직무행위이거나 아니거나 또는 행위자의 주관적 의사에 관계없이 그 행위는 공무원의 직무집행행위로 볼 것이요 이러한 행위가 실질적으로 공무집행행위가 아니라는 사정을 피해자가 알았다 하더라도 그것을 "직무를 행함에 당하여"라고 단정하는데 아무런 영향을 미치는 것이 아니다(대법원 1966. 6. 28. 선고 66다781 판결).

④ 민간인은 피해 군인 등에 대하여 그 손해 중 국가 등이 민간인에 대한 구상의무를 부담한다면 그 내부적인 관계에서 부담하여야 할 부분을 제외한 나머지 자신의 부담부분에 한하여 손해배상의무를 부담하고, 한편 국가 등에 대하여는 그 귀책부분의 구상을 청구할 수 없다고 해석함이 상당하다(대법원 2001. 2. 15. 선고 96다42420 전원합의체 판결).

24

공무원의 직무상 불법행위에 대한 국가배상책임에 대한 설명으로 옳은 것은?

① 여기서의 공무원은 조직법적 의미로 파악해야 한다.

② 공권의 확대화로 인하여 반사적 이익에 대한 침해로 인한 불이익 역시 배상책임의 성립요건인 손해에 포함된다.

③ 생명, 신체 이외의 법익이 침해되어 성립한 손해배상청구권의 양도가 가능하다.

④ 어떠한 행정처분이 항고소송에서 취소되면 그 자체만으로 그 행정처분은 곧바로 공무원의 고의 또는 과실로 인한 불법행위에 해당한다.

> **해설** ① 국가배상법상의 공무원은 조직법상의 공무원뿐만 아니라 널리 공무를 위탁받아 그에 종사하는 모든 자를 말한다.
> ② 반사적 이익의 침해는 배상책임의 성립요건인 손해에 포함되지 않는다.
> ④ 어떠한 행정처분이 항고소송에서 취소되었다는 것은 동 처분이 위법하다는 것이 확정되었을 뿐이며, 공무원에게 고의나 과실이 있다는 것이 확인된 것은 아니다.

25

국가배상에 대한 설명으로 옳지 않은 것은?

① 국가배상법에는 배상청구권의 소멸시효에 대한 명문규정이 없다.

② 헌법과 국가배상법에 실정법적 근거가 있다.

③ 공무원의 구상책임은 외부적 책임이다.

④ 외국인에 대해 상호주의를 채택하고 있다.

> **해설** 공무원의 구상책임은 내부적 책임이다.

26 국가직 9급 기출

행정상 손해배상에 관한 설명으로 옳지 않은 것은? (다툼이 있는 경우 판례에 의함)

① 국가배상법이 정한 손해배상청구의 요건인 '공무원의 직무'에는 국가나 지방자치단체의 권력적 작용뿐만 아니라 비권력적 작용도 포함되지만 단순한 사경제의 주체로서 하는 작용은 포함되지 않는다.

② 지방자치단체장이 설치하여 관할 지방경찰청장에게 관리권한이 위임된 교통신호기 고장에 의한 교통사고가 발생한 경우 해당 지방자치단체뿐만 아니라 국가도 손해배상책임을 진다.

③ 어떠한 행정처분이 후에 항고소송에서 취소되었다면 그 기판력에 의하여 당해 행정처분은 곧바로 공무원의 고의 또는 과실로 인한 것으로서 불법행위를 구성한다.

④ 생명 · 신체의 침해로 인한 국가배상을 받을 권리는 양도하거나 압류하지 못한다.

> **해설** 행정청이 관계 법령의 해석이 확립되기 전에 어느 한 설을 취하여 업무를 처리한 것이 결과적으로 위법하게 되어 그 법령의 부당집행이라는 결과를 빚었다고 하더라도 처분 당시 그와 같은 처리 방법 이상의 것을 성실한 평균적 공무원에게 기대하기 어려웠던 경우라면 특별한 사정이 없는 한 이를 두고 공무원의 과실로 인한 것이라고는 할 수 없기 때문에, 그 행정처분이 후에 항고소송에서 취소되었다고 할지라도 당해 행정처분이 곧바로 공무원의 고의 또는 과실로 인한 불법행위를 구성한다고 단정할 수는 없다(대판 1997.07.11. 97다7608).

27 서울시 9급 기출

국가배상책임에 대한 설명으로 가장 옳지 않은 것은?

① 국가배상책임에서의 법령위반에는 널리 그 행위가 객관적인 정당성을 결여하고 있는 경우도 포함된다.

② 담당공무원이 주택구입대부제도와 관련하여 지급보증서제도에 관해 알려주지 않은 조치는 법령위반에 해당하지 않는다.

③ 공무원의 직무집행이 법령이 정한 요건과 절차에 따라 이루어진 것이라도, 그 과정에서 개인의 권리가 침해되면 법령위반에 해당한다.

④ 교육공무원 성과상여금 지급지침에서 기간제교원을 성과상여금 지급대상에서 제외하여도 이에 대해 국가배상책임이 있다고 할 수 없다.

해설 공무원의 직무집행이 법령이 정한 요건과 절차에 따라 이루어진 것이라면 특별한 사정이 없는 한 이는 법령에 적합한 것이고 그 과정에서 개인의 권리가 침해되는 일이 생긴다고 하여 그 법령 적합성이 곧바로 부정되는 것은 아니다(대법원 1997. 7. 25. 선고 94다2480 판결).

28 지방직 9급 기출

영조물의 설치·관리상 하자책임에 대한 설명으로 옳지 않은 것은? (다툼이 있는 경우 판례에 의함)

① 일반 공중이 사용하는 공공용물 외에 행정주체가 직접 사용하는 공용물이나 하천과 같은 자연공물도 국가배상법 제5조의 '공공의 영조물'에 포함된다.

② 영조물의 하자 유무는 객관적 견지에서 본 안전성의 문제이며, 국가의 예산 부족으로 인해 영조물의 설치·관리에 하자가 생긴 경우에도 국가는 면책될 수 없다.

③ 고속도로의 관리상 하자가 인정되더라도 고속도로의 관리상 하자를 판단할 때 고속도로의 점유관리자가 손해의 방지에 필요한 주의의무를 해태하였다는 주장·입증책임은 피해자에게 있다.

④ 소음 등의 공해로 인한 법적 쟁송이 제기되거나 그 피해에 대한 보상이 실시되는 등 피해지역임이 구체적으로 드러나고 이러한 사실이 그 지역에 널리 알려진 이후에 이주하여 오는 경우에는 위와 같은 위험에의 접근에 따른 가해자의 면책 여부를 보다 적극적으로 인정할 여지가 있다.

해설 고속도로의 관리상 하자가 인정되는 이상 고속도로의 점유관리자는 그 하자가 불가항력에 의한 것이거나 손해의 방지에 필요한 주의를 해태하지 아니하였다는 점을 주장·입증하여야 비로소 그 책임을 면할 수 있다(대판2008.3.13. 2007다29287, 29294).

핵심정리

배상책임의 요건

- **공공의 영조물**

  본조의 영조물은 인적·물적 종합시설이라는 본래적 의미의 영조물이 아니라, 국가나 공공단체 등의 행정주체에 의하여 공공목적에 제공된 유체물, 즉 공물을 가리킨다고 보는 것이 통설이다. 판례도 공공의 영조물이란 국가 또는 지방자치단체에 의하여 특정 공공의 목적에 공여된 유체물 내지 물적 설비를 지칭하며, 특정 공공목적에 공여된 물이라 함은 일반공중의 자유로운 사용에 직접적으로 제공되는 공공용물에 한하지 아니하고, 행정주체 자신의 사용에 제공되는 공용물도 포함하며 국가 또는 지방자치단체가 소유권, 임차권 그 밖의 권한에 기하여 관리하고 있는 경우 뿐만 아니라 사실상의 관리를 하고 있는 경우도 포함한다고 한다.

- **설치 또는 관리의 하자**

  영조물의 설치 또는 관리의 하자라 함은 영조물이 통상 갖추어야 할 안전성을 결여한 것을 의미하며, 이러한 안전성의 결여가 설치 단계의 것이든, 관리단계의 것이든지를 불문한다. 이러한 하자의 유무는 당해 영조물의 구조 용법 장소적 환경 이용상황 등의 여러사정을 종합적으로 참작하여 개별적·구체적으로 판단하여야 할 것이다.

- **손해의 발생**

  영조물의 설치 관리상의 하자로 인하여 손해가 발생하여야 하는바, 이 경우 영조물의 하자와 손해 사이에는 상당인과관계가 인정되어야 함은 물론이다.

- **면책사유**

  국가배상법 제5조상의 하자는 영조물이 통상 갖추어야 할 안전성을 결여한 상태를 의미하는 것이므로, 이러한 통상의 안전성이 구비되어 있는 한, 손해가 발생하여도 그것은 불가항력으로서 국가 등의 배상책임은 발생하지 않는다.

29

행정상 손실보상에 대한 설명으로 옳지 않은 것은?

① 적법한 공권력의 행사로 인한 손해의 전보제도이다.

② 현행 헌법은 정당한 보상을 지급하도록 규정하고 있다.

③ 손실보상은 원칙적으로 재산·생명·신체의 침해에 대한 보상이다.

④ 손실보상은 당해 재산권 자체에 내재하는 사회적인 제약에 해당하는 경우에는 인정되지 않는다.

> **해설** 행정상 손실보상은 재산적 손실만을 그 대상으로 한다. 따라서 비재산적 손해, 즉 생명·신체에 대한 침해와 같은 것은 행정상 손실보상의 대상이 될 수 없다.

30

재산권의 수용유사적 침해의 일반유형에 해당하는 것은?

① 적법한 침해

② 위법·과실의 침해

③ 위법·무과실의 침해

④ 위법·부당의 침해

> **해설** 수용유사적 침해보상은 특별희생이 존재함에도 불구하고 보상규정이 결여되어 있다. 따라서 이러한 침해행위는 행정청의 불법행위는 아니지만, 보상규정을 결여하고 있다는 점에서 우리 헌법상의 재산권 보장규정에 위반되는 위법이라 보아야 하며, 이에 대한 보상을 요구할 수 있으므로, 수용유사적 침해는 위법·무과실책임으로 본다.

31

국가배상법 제5조에 대한 설명으로 옳지 않은 것은? (다툼이 있는 경우 판례에 의함)

① 도로 · 하천, 그 밖의 공공의 영조물(營造物)의 설치나 관리에 하자(瑕疵)가 있기 때문에 타인에게 손해를 발생하게 하였을 때에는 국가나 지방자치단체는 그 손해를 배상하여야 한다.

② 판례는 영조물의 결함이 영조물의 설치 또는 관리자의 관리 행위가 미칠 수 없는 상황 아래에 있는 경우 그 하자를 인정할 수 없다고 보고 있다.

③ 영조물의 설치 또는 관리의 하자를 판단함에 있어서는 영조물의 위험성에 비례하여 고도로 요구되는 정도의 방호조치의무를 다하였는지를 기준으로 삼아야 한다.

④ 가변차로에 설치된 2개의 신호등에서 서로 모순된 신호가 들어오는 오작동이 발생하였고 그 고장이 현재의 기술수준상 부득이 하다는 사정만으로 영조물의 하자가 면책되는 것은 아니다.

해설 안전성의 구비 여부를 판단함에 있어서는 당해 영조물의 용도, 그 설치장소의 현황 및 이용 상황 등 제반 사정을 종합적으로 고려하여 설치 · 관리자가 그 영조물의 위험성에 비례하여 사회통념상 일반적으로 요구되는 정도의 방호조치의무를 다하였는지 여부를 그 기준으로 삼아야 하며, 만일 객관적으로 보아 시간적 · 장소적으로 영조물의 기능상 결함으로 인한 손해발생의 예견가능성과 회피가능성이 없는 경우, 즉 그 영조물의 결함이 영조물의 설치 · 관리자의 관리행위가 미칠 수 없는 상황 아래에 있는 경우임이 입증되는 경우라면 영조물의 설치 · 관리상의 하자를 인정할 수 없다(대판 2001.7.27, 2000다56822).

32

재산권에 대한 공법상 제약으로서 손실보상의 원인으로 보기 가장 어려운 것은?

① 위락시설 설치를 위하여 토지를 수용하는 경우
② 광우병이 발생한 나라에서 수입한 쇠고기를 수거하여 폐기처분하는 경우
③ 개발제한구역지정으로 나대지를 지목(地目)대로 사용할 수 없게 된 경우
④ 하천의 흐름이 바뀌어 사유지가 하천에 편입되게 된 경우

해설 광우병이 발생한 나라에서 수입한 쇠고기를 수거하여 폐기처분하는 것은 이미 고유의 가치가 없는 위험성이 있는 물건을 폐기하는 것이므로 손실보상의 대상이 되지 않는다.

제**4**편

행정구제법

33 [지방직 9급 기출]

행정상 손실보상제도에 대한 설명으로 옳지 않은 것은?

① 헌법 제23조제1항의 규정이 재산권의 존속을 보호하는 것이라면 제23조 제3항의 수용제도를 통해 존속보장은 가치보장으로 변하게 된다.

② 평등의 원칙으로부터 파생된 '공적 부담 앞의 평등'은 손실 보상의 이론적 근거가 될 수 있다.

③ 헌법 제23조 제3항을 불가분조항으로 볼 경우, 보상규정을 두지 아니한 수용법률은 헌법위반이 된다.

④ 대법원은 구 하천법 부칙 제2조와 이에 따른 특별조치법에 의한 손실보상청구권의 법적 성질을 사법상의 권리로 보아 그에 대한 쟁송은 행정소송이 아닌 민사소송절차에 의하여야 한다고 판시하고 있다.

해설 토지가 준용하천의 하천구역으로 편입됨으로써 손실을 받은 토지의 소유자는 재결에 불복할 때에는 바로 관할 토지수용위원회를 상대로 재결 자체에 대한 행정소송을 제기하여 그 결과에 따라 손실보상을 받을 수 있다. 직접 하천관리청을 상대로 민사소송으로 손실보상을 청구할 수는 없다. 토지가 하천구역으로 편입된 경우 토지소유자로서는 하천관리청인 지방자치단체의 점유를 권원 없는 점유와 같이 보아 부당이득의 반환을 청구 할 수는 없다(대판 1995.12.8.).

34

행정상 손실보상에 대한 설명으로 옳지 않은 것은?

① 행정상 손실보상은 특별한 희생에 대한 보상이다.

② 행정상 손실보상에 관한 일반법은 없으나 다수의 개별법이 있다.

③ 손실보상액을 결정하는 데 있어서 기업자의 재산상태는 고려의 대상이 된다.

④ 손실보상은 원칙적으로 금전보상으로 하고 예외적으로 현물보상 등으로 할 수 있다.

해설 기업자의 재산상태는 고려대상이 되지 않는다.

35

손실보상규정의 흠결시 권리구제에 대한 설명으로 옳지 않은 것은?

① 방침규정설은 손실보상에 관한 헌법규정은 입법의 방침을 정한 것에 불과한 프로그램규정으로 보고 있다.

② 직접효력설에 의하면 재산권의 침해를 당한 국민은 헌법규정에 의하여 직접 정당한 보상 청구를 할 수 있다.

③ 위헌무효설은 입법자에 대한 직접효력설이라 부르기도 한다.

④ 대법원은 일관되게 위헌무효설을 따르고 있다.

해설 위헌무효설뿐만 아니라 유추적용설과 직접효력설을 취한 판례도 있다.

36 서울시 9급 기출

국가배상에 관한 설명으로 가장 옳지 않은 것은?

① 소방공무원들이 다중이용업소인 주점의 비상구와 피난시설 등에 대한 점검을 소홀히 함으로써 주점의 피난통로 등에 중대한 피난 장애요인이 있음을 발견하지 못하여 업주들에 대한 적절한 지도·감독을 하지 아니한 경우 직무상 의무 위반과 주점 손님들의 사망 사이에 상당인과관계가 인정된다.

② 일본 국가배상법이 국가배상청구권의 발생요건 및 상호보증에 관하여 우리나라 국가배상법과 동일한 내용을 규정하고 있는 점 등에 비추어 우리나라와 일본 사이에 우리나라 국가배상법 제7조가 정하는 상호보증이 있다.

③ 국가배상청구권의 소멸시효 기간이 지났으나 국가가 소멸시효 완성을 주장하는 것이 신의성실의 원칙에 반하는 권리남용으로 허용될 수 없어 배상책임을 이행한 경우에는, 그 소멸시효 완성 주장이 권리남용에 해당하게 된 원인행위와 관련하여 해당 공무원이 그 원인이 되는 행위를 적극적으로 주도하였다는 등의 특별한 사정이 없는 한, 국가가 해당 공무원에게 구상권을 행사하는 것은 신의칙상 허용되지 않는다.

④ 전투·훈련 등 직무집행과 관련하여 공상을 입은 군인 등이 먼저 국가배상법에 따라 손해배상금을 지급받은 다음 보훈보상대상자지원에관한법률이 정한 보상금 등 보훈급여금의 지급을 청구하는 경우, 보훈지청장은 국가배상법에 따라 손해배상을 받았다는 사정을 들어 지급을 거부할 수 있다.

해설 전투·훈련 등 직무집행과 관련하여 공상을 입은 군인·군무원·경찰공무원 또는 향토예비군대원이 먼저

국가배상법에 따라 손해배상금을 지급받은 다음 보훈보상대상자지원에관한법률(이하 '보훈보상자법'이라 한다)이 정한 보상금 등 보훈급여금의 지급을 청구하는 경우, 국가배상법 제2조 제1항 단서가 명시적으로 '다른 법령에 따라 보상을 지급받을 수 있을 때에는 국가배상법 등에 따른 손해배상을 청구할 수 없다'고 규정하고 있는 것과 달리 보훈보상자법은 국가배상법에 따른 손해배상금을 지급받은 자를 보상금 등 보훈급여금의 지급대상에서 제외하는 규정을 두고 있지 않은 점, 국가배상법 제2조 제1항 단서의 입법 취지 및 보훈보상자법이 정한 보상과 국가배상법이 정한 손해배상의 목적과 산정 방식의 차이 등을 고려하면 국가배상법 제2조 제1항 단서가 보훈보상자법 등에 의한 보상을 받을 수 있는 경우 국가배상법에 따른 손해배상청구를 하지 못한다는 것을 넘어 국가배상법상 손해배상금을 받은 경우 보훈보상자법상 보상금 등 보훈급여금의 지급을 금지하는 것으로 해석하기는 어려운 점등에 비추어, 국가보훈처장은 국가배상법에 따라 손해배상을 받았다는 사정을 들어 보상금 등 보훈급여금의 지급을 거부할 수 없다(대법원 2017. 2. 3. 선고 2015두60075 판결).

37

행정상 손해배상에 대한 설명으로 옳은 것만을 모두 고르면? (다툼이 있는 경우 판례에 의함)

> ㄱ. 국가배상법 제2조에 따른 공무원은 국가공무원법 등에 의해 공무원의 신분을 가진 자에 국한하지 않고, 널리 공무를 위탁받아 실질적으로 공무에 종사하고 있는 일체의 자를 가리킨다.
>
> ㄴ. 경찰이 범인을 제압하는 과정에서 범인을 사망에 이르게 한 경우 형사상 무죄판결 확정 받았으나 국가배상책임은 인정되며, 형사상 범죄를 구성하지 아니하는 침해행위도 민사상 불법행위를 구성할 수 있다.
>
> ㄷ. 법률상 이익과 반사적 이익의 구별을 국가배상책임에도 적용하여 반사적 이익의 침해에 대해서는 국가배상책임이 인정되지 않는다.
>
> ㄹ. 국가배상책임에서 '법령을 위반하여'라고 함은 엄격하게 형식적 의미의 법령에서 명시적으로 공무원의 행위의무가 정하여져 있음에도 이를 위반하는 경우만을 의미한다.
>
> ㅁ. 서울특별시 강서구 교통할아버지사건과 같은 경우 공무를 위탁받아 수행하는 일반 사인(私人)은 국가배상법 제2조 제1항에 따른 공무원이 될 수 있다.

① ㄱ, ㄴ, ㄷ, ㄹ   ② ㄱ, ㄴ, ㄷ, ㅁ
③ ㄱ, ㄷ, ㄹ, ㅁ   ④ ㄴ, ㄷ, ㄹ, ㅁ

해설 ㄱ. 행정보조자, 행정대행자 그리고 사인이 사법상 계약에 의해 공무를 수행하는 경우라 하더라도 그 행위가 공법적 작용에 속하면 그 사인은 국가배상법상 공무원에 해당한다.

ㄴ. 불법행위에 따른 형사책임은 사회의 법질서를 위반한 행위에 대한 책임을 묻는 것으로서 행위자에 대한 공적인 제재를 그 내용으로 함에 비하여, 민사책임은 타인의 법익을 침해한 데 대하여 행위자의 개인적 책임을 묻는 것으로서 피해자에게 발생한 손해의 전보를 그 내용으로 하는 것이고, 손해배상제도는 손해의 공평·타당한 부담을 그 지도 원리로 하는

것이므로, 형사상 범죄를 구성하지 아니하는 침해행위라고 하더라도 그것이 민사상 불법행위를 구성하는지 여부는 형사책임과 별개의 관점에서 검토하여야 한다(대판 2008.2.1, 2006다6713).

ㄷ. 항고소송에서 원고적격과 관련된 법률상 이익과 반사적 이익의 구별이 국가배상청구에도 적용되는지의 여부가 문제된다. 이에 판례는 법률상 이익과 반사적 이익의 구별을 국가배상책임에도 적용하여 반사적 이익의 침해에 대해서는 국가배상책임이 인정되지 않는다고 보고 있다.

ㅁ. 판례는 국가배상법 제2조 소정의 '공무원'을 공무원으로서의 신분을 가진 자에 국한하지 않고 널리 공무를 위탁받아 실질적으로 공무에 종사하고 있는 일체의 자를 가리키는 것으로 보아, 공무를 위탁하여 집행하게 하던 '교통할아버지 봉사원'도 국가배상법상 공무원이라 하였다(대판 2001.1.5, 98다39060).

ㄹ. 국가배상책임에 있어서 '법령위반'은 엄격한 의미의 법령위반뿐 아니라 인권존중, 권력남용금지, 신의성실과 같이 공무원으로서 마땅히 지켜야 할 준칙이나 규범을 지키지 아니하고 위반한 경우를 포함하여 널리 그 행위가 객관적인 정당성을 결여하고 있음을 뜻한다.

38

강동경찰서의 청사가 붕괴되어 행인이 다친 경우 배상책임자는?

① 강동구   ② 서울특별시
③ 국가   ④ 강동경찰서

해설 강동경찰서의 청사는 국가의 영조물에 해당하므로 국가가 배상책임자가 된다.

39

손실보상에 대한 설명으로 옳지 않은 것은?

① 법률에 의한 재산권 침해는 공공필요가 있는 경우에만 허용된다.

② 특허권을 수용하는 경우에도 손실보상의 원인이 될 수 있다.

③ 공용수용절차의 개시점은 사업인정이다.

④ 헌법재판소는 그린벨트로 지정되어 토지가격이 하락된 경우 사회적 구속성을 벗어났기 때문에 손실보상을 해 주어야 한다고 결정내리고 있다.

> **해설** 개발제한구역의 지정으로 인한 개발가능성의 소멸과 그에 따른 지가의 하락이나 지가상승률의 상대적 감소는 토지소유자가 감수해야 하는 사회적 제약의 범주에 속하는 것으로 보아야 한다. 자신의 토지를 장래에 건축이나 개발목적으로 사용할 수 있으리라는 기대가능성이나 신뢰 및 이에 따른 지가상승의 기회는 원칙적으로 재산권의 보호범위에 속하지 않는다. 구역지정 당시의 상태대로 토지를 사용·수익·처분할 수 있는 이상, 구역지정에 따른 단순한 토지이용의 제한은 원칙적으로 재산권에 내재하는 사회적 제약의 범주를 넘지 않는다(헌재 1998.12.24, 89헌마214·90헌바16·97헌바78 병합).

40

행정상 손실보상의 생활보상으로 볼 수 없는 것은?

① 이주대책보상 ② 전시(戰時)보상
③ 잔지보상 ④ 영업손실보상

> **해설** 전시보상은 개별적·구체적 재산손실에 대한 대가성을 갖는 보상인 재산권보상이다.

41

행정상 손해배상의 청구절차에 대한 설명으로 옳지 않은 것은?

① 국가배상법은 배상심의회에의 배상신청절차를 임의적 전치절차로 변경하였다.

② 본부심의회와 특별심의회는 모두 법무부장관의 지휘를 받는다.

③ 신청인은 배상결정에 동의한 이후에는 손해배상청구소송을 제기할 수 없다.

④ 국가배상청구소송에서도 가집행선고를 붙일 수 있다.

> **해설** 종래 국가배상법 제16조의 "배상결정은 신청인이 동의하거나 지방자치단체가 배상금을 지급한 때에는 민사소송법상의 재판상 화해가 성립된 것으로 본다."는 규정에 대해, 헌법재판소는 '재판상 화해와 동일한 효력을 인정하는 것은 재판청구권을 제한하는 것'이라 하여 위헌결정을 하였다(헌재 91헌가7). 따라서 배상결정에 대하여 신청인이 동의하였더라도 청구금액의 증액을 위하여 다시 법원에 손해배상을 청구할 수 있다.
> → 국가배상법 제16조는(97.12.13) 삭제되었다.

핵심정리

행정상 손해배상의 행정절차에 의한 배상청구
- **임의적 결정전치주의** : 손해배상의 소송은 배상심의회에 배상신청을 하지 않고도 제기할 수 있음
- **배상심의회에 의한 결정절차**
  - 배상금지급신청 : 배상심의회에 신청
  - 배상심의회 : 합의제 행정관청(본부심의회는 법무부에, 특별심의회는 국방부에, 본부심의회 소속 지구심의회는 각 지방검찰청에, 특별심의회 소속 지구심의회는 각군 본부와 일정한 군부대에 둠)
  - 배상심의회의 심의·결정 : 4주일 이내에 배상결정. 결정이 있은 날부터 1주일 이내에 결정정본을 신청인에게 송달
  - 재심신청 : 결정정본을 송달받은 날부터 2주일 이내에 본부심의회 또는 특별심의회에 재심 신청

42

손실보상에 대한 설명으로 옳지 않은 것은?

① 이주대책은 생활보상에 포함된다.

② 문화적 · 학술적 가치도 원칙적으로 손실보상의 대상이 된다.

③ "참으라, 그리고 청산하라"는 재산권의 가치보장의 원리를 나타낸다.

④ 근래 헌법재판소는 재산권의 내용결정과 수용(공용침해)의 구분과 관련하여 이른바 분리이론적 접근을 한다.

해설 문화적 · 학술적 가치는 특별한 사정이 없는 한 그 토지의 부동산으로서의 경제적 · 재산적 가치를 높여 주는 것이 아니므로 토지수용법 제51조 소정의 손실보상의 대상이 될 수 없으니, 이 사건 토지가 철새 도래지로서 자연 문화적인 학술가치를 지녔다 하더라도 손실보상의 대상이 될 수 없다(대판 1989.9.12, 88누11216).

43

판례가 국가배상법상 직무행위로 인정한 것은?

① 실탄사격교육훈련 도중의 군인의 휴식 중 꿩 사격

② 부대이탈 후 민간인 사살

③ 결혼식 참석을 위한 군용차 운행

④ 압류도중의 절도행위

해설 **직무행위와 관련 있는 것으로 본 사례**
- 상관의 명에 의한 이삿짐 운반
- 수사도중의 고문행위
- 시위진압 중 전경이 조경수를 짓밟는 행위
- 운전병이 관용차를 가지고 상관을 귀대시키고 오던 중 친지와 음주 후 대리운전을 시키다가 사고가 발생한 경우

44

공무원의 직무상 불법행위에 대한 책임의 내용으로 옳지 않은 것은?

① 공무원의 고의 · 과실에 대한 입증책임은 피해자에게 있다.

② 대법원은 국가나 공무원에 대한 선택적인 배상청구를 인정한다.

③ 공공조합 및 영조물법인의 임직원은 국가배상법상의 공무원에 해당하지 않는다.

④ 별정우체국장, 촉탁소방원, 의용소방대원은 국가배상법상의 공무원에 해당한다.

해설 의용소방대원은 국가배상법상의 공무원에 해당하지 않는다.

핵심정리

공무원 또는 공무를 위탁받은 사인

- **통설 · 판례** : 국가공무원법 · 지방공무원법상의 공무원뿐만 아니라 널리 공무를 위탁받아 실질적으로 공무에 종사하는 모든 자를 포함하는 넓은 의미의 공무원을 의미한다.
- **국가배상법상의 공무원에 해당하는 자(판례)** : 통장, 집행관, 공탁공무원, 조세의 원천징수의무자, 별정우체국장, 소방원, 임시공무원, 소집 중인 향토예비군(현 예비군), 미군부대 카투사, 국회의원, 헌법재판소재판관, 판사, 검사, 전경, 일정 급료를 받는 부대차량 운전업무 종사자, 국가 또는 지방자치단체의 청원경찰, 수당을 지급하는 교통할아버지, 시청소차운전자, 철도차장, 국공립학교 강사, 특허기업자, 각종 위원회 위원 등
- **국가배상법상의 공무원에 해당하지 않는 자(판례)** : 의용소방대원, 시영버스운전사, 단순노무자, 정부기관에서 아르바이트하는 자, 농협의 임직원, 한국은행총재 및 그 임직원, 서울대학교병원의 의사 · 간호사 등

45

손실보상에 대한 설명으로 옳지 않은 것은?

① 분묘의 이전에 대하여는 이장에 소요되는 비용 등을 산정하여 보상하여야 한다.

② 영업을 폐지하는 경우 영업손실에 대해서는 영업이익과 시설의 이전비용 등을 참작하여 보상하여야 한다.

③ 사업시행자가 공익 사업에 직접 사용할 목적으로 이전 대상 물건을 취득하는 경우 공시지가보다 낮은 가격으로 보상하여야 한다.

④ 휴직하는 근로자의 임금손실에 대해서는 근로기준법에 의한 평균임금 등을 참작하여 보상하여야 한다.

해설 공익사업을위한토지등의취득및보상에관한법률 제75조 제1항은 '해당 물건의 가격으로 보상하여야 한다'고 규정하고 있을 뿐이므로 이와 같이 단언할 수 없다.

46

공법상 결과제거청구권에 대한 설명으로 가장 옳지 않은 것은?

① 공행정작용으로 인한 침해의 존재를 전제로 한다.

② 위법 상태의 계속이 필요하다.

③ 가해행위의 위법 및 가해자의 과실이 필요하다.

④ 타인의 권리 또는 법률상 이익의 침해가 있어야 한다.

해설 공법상 결과제거청구권은 위법 · 무과실책임으로서 가해자의 고의나 과실을 요하지 않는다.

47 지방직 9급 기출

당사자소송에 대한 설명으로 옳지 않은 것은? (다툼이 있는 경우 판례에 의함)

① 대등 당사자 간에 다투어지는 공법상의 법률관계를 소송의 대상으로 한다.

② 개인의 권익구제를 주된 목적으로 하는 주관적 소송이다.

③ 당사자소송에도 제3자의 소송참가가 허용된다.

④ 당사자소송이 부적법하여 각하되는 경우 그에 병합된 관련청구소송 역시 부적법 각하되어야 하는 것은 아니다.

해설 본래의 당사자소송이 부적법하여 각하되는 경우, 행정소송법 제44조, 제10조에 따라 병합된 관련청구소송도 소송요건 흠결로 부적합하여 각하되어야 한다(대판 2011.9.29. 2009두10963).

핵심정리

당사자소송의 요건

- **재판관할** : 제1심 관할법원은 항고소송처럼 피고의 소재지를 관할하는 행정법원이 된다. 다만, 국가 또는 공공단체가 피고인 경우에는 관계 행정청의 소재지를 피고의 소재지로 본다(제40조).
- **당사자 및 참가인**
  - 원고적격 : 행정소송법에서는 규정이 없으나, 민사소송과 같이 권리보호의 이익이 있는 자가 원고가 된다(제8조 제2항).
  - 피고적격 : 당사자소송은 국가 · 공공단체 그 밖의 권리주체를 피고로 한다(제39조). 국가가 피고인 경우 법무부장관이 국가를 대표하며(국가를당사자로하는소송에관한법률 제2조), 지방자치단체가 피고가 되는 때에는 당해 지방자치단체의 장이 대표한다.
  - 소송참가 : 취소소송의 제3자 소송참가(제16조)와 행정청의 소송참가(제17조), 공동소송제도(제15조)도 당사자소송에 준용된다(제44조 제1항).

제 **4** 편

행정구제법

48 [지방직 9급 기출]

국가배상책임의 요건에 대한 판례의 입장으로 옳은 것은?

① 사인이 지방자치단체로부터 공무를 위탁받아 공무에 종사하는 경우 공무의 위탁이 일시적이고 한정적인 사항에 관한 활동이라면 국가배상법상 공무원에 해당하지 아니한다.

② 국가배상법상 공무원의 직무에는 사경제의 주체로서 하는 작용이 포함된다.

③ 인사업무담당 공무원이 다른 공무원의 공무원증 등을 위조하여 대출받은 경우, 인사업무담당 공무원의 공무원증 위조행위는 실질적으로 직무행위에 속하지 아니하므로 대출은행은 국가배상청구를 할 수 없다.

④ 유흥주점의 화재로 여종업원들이 사망한 경우, 담당 공무원의 유흥주점의 용도변경, 무허가 영업 및 시설기준에 위배된 개축에 대하여 시정명령 등 식품위생법상 취하여야 할 조치를 게을리한 직무상 의무위반행위와 여종업원들의 사망 사이에는 상당인과관계가 존재하지 아니한다.

해설 유흥주점에 감금된 채 윤락을 강요받으며 생활하던 여종업원들이 유흥주점에 화재가 났을 때 미처 피신하지 못하고 유독가스에 질식해 사망한 사안에서, 소방공무원의 직무상 의무 위반과 위 사망의 결과 사이에 상당한 인과관계가 존재한다고 인정하였다. 하지만 지방자치단체의 담당 공무원이 위 유흥주점의 용도변경, 무허가 영업 및 시설기준에 위배된 개축에 대하여 시정명령 등 식품위생법상 취하여야 할 조치를 게을리한 직무상 의무위반행위와 위 종업원들의 사망 사이에 상당인과관계가 존재하지 않는다고 하였다(대판 2008.04.10, 2005다48994).

49

수용유사 · 수용적 침해법리에 대한 설명으로 옳지 않은 것은?

① 이들 법리는 손해배상제도와 손실보상제도가 지닌 결함을 보완하기 위하여 독일에서 성립 · 발전한 이론이다.

② 수용유사의 침해란 타인의 재산권에 대한 위법한 공용침해를 말하고, 수용적 침해란 적법한 행정작용의 이형적 · 비의욕적인 부수적 결과로서 타인의 재산권에 수용적 영향을 가하는 침해를 말한다.

③ 대법원의 판례는 개발제한구역지정으로 인한 재산권제한을 수용유사침해로 보아 손실보상을 인정하고 있다.

④ 개발제한구역의 지정으로 개인이 입는 현격한 재산권의 제한은 수용유사침해의 법리를 수용하면 손실보상이 가능하다.

해설 판례는 개발제한구역지정으로 인한 재산권제한을 수용유사침해로 보아 손실보상을 인정하지 않았다.

● 관련 판례

도시계획법 제21조의 규정에 의하여 개발제한구역 안에 있는 토지의 소유자는 재산상의 권리 행사에 많은 제한을 받게 되고 그 한도 내에서 일반 토지소유자에 비하여 불이익을 받게 됨은 명백하지만, … 토지소유자의 불이익은 공공의 복리를 위하여 감수하지 아니하면 안 될 정도의 것이라고 인정되므로, 손실보상의 규정을 두지 아니하였다 하여 헌법에 위배되는 것으로 볼 수 없다(대판 1996.6.28, 94다54511).

50 〔국회직 8급 기출〕

행정상 손해배상에 관한 설명으로 옳지 않은 것은? (다툼이 있는 경우 판례에 따름)

① 청구기간 내에 제기된 헌법소원을 헌법재판소 재판관이 청구기간 오인으로 각하한 경우 법원은 국가배상책임을 인정할 수 있다.

② 50년 만의 최대강우량을 기록한 집중호우로 인한 제방도로 유실로 보행자가 익사한 경우라면 불가항력적 사고에 해당되어 국가배상은 인정되지 않는다.

③ 국가배상청구의 요건인 '공무원의 직무행위'에는 행정주체가 사경제 주체로서 하는 활동은 제외된다.

④ 국가배상에서 공무원의 직무상 불법행위와 손해 사이의 인과관계는 상당인과관계가 요구된다.

⑤ 국회의원과 입법행위는 그 입법내용이 헌법의 문언에 명백히 위반됨에도 불구하고 국회가 굳이 당해 입법을 한 것과 같은 특수한 경우가 아닌 한 위법행위에 해당된다고 볼 수 없다.

해설 집중호우로 제방도로가 유실되면서 그 곳을 걸어가던 보행자가 강물에 휩쓸려 익사한 경우, 사고 당일의 집중호우가 50년 빈도의 최대강우량에 해당한다는 사실만으로 불가항력에 기인한 것으로 볼 수 없다는 이유로 제방도로의 설치 · 관리상의 하자를 인정했다(대판 2000.5.26, 99다53247).

① 헌법재판소 재판관이 청구기간 내에 제기된 헌법소원심판청구 사건에서 청구기간을 오인하여 각하결정을 한 경우, 이에 대한 불복절차 내지 시정절차가 없는 때에는 국가배상책임(위법성)을 인정하였다(대판 2003.07.11, 99다24218).

③ 국가배상법이 정한 손해배상청구의 요건인 '공무원의 직무'에는 국가나 지방자치단체의 권력적 작용뿐만 아니라 비권력적 작용도 포함되지만 단순한 사경제의 주체로서 하는 작용은 포함되지 않는다(대판 2004.04.09, 2002다10691).

④ 생명 · 신체에 대한 침해와 물건의 멸실 · 훼손으로 인한 손해 외의 손해는 불법행위와 상당한 인과관계

가 있는 범위에서 배상한다(국가배상법 제3조 제4항). 공무원이 그와 같은 직무상 의무를 위반함으로 인하여 피해자가 입은 손해에 대하여는 상당인과관계가 인정되는 범위 내에서 국가 또는 지방자치단체가 배상책임을 지는 것이고, 이 때 상당인과관계의 유무를 판단함에 있어서는 일반적인 결과 발생의 개연성은 물론 직무상의 의무를 부과하는 법령 기타 행동규범의 목적이나 가해행위의 태양 및 피해의 정도 등을 종합적으로 고려하여야 한다(대판 1997.09.09, 97다12907).

⑤ 국회의원은 입법에 관하여 원칙적으로 국민 전체에 대한 관계에서 정치적 책임을 질 뿐 국민 개개인의 권리에 대응하여 법적 의무를 지는 것은 아니므로, 국회의원의 입법행위는 그 입법 내용이 헌법의 문언에 명백히 위배됨에도 불구하고 국회가 굳이 당해 입법을 한 것과 같은 특수한 경우가 아닌 한 국가배상법 제2조 제1항 소정의 위법행위에 해당한다고 볼 수 없다(대판 2008.05.29, 2004다33469).

51

행정상 손해배상과 행정상 손실보상에 대한 설명으로 옳지 않은 것은?

① 전자는 위법작용을 원인으로 하나, 후자는 적법작용을 원인으로 한다.

② 전자는 생명, 신체에 대한 침해의 배상을 포함하지만, 후자는 재산적 침해만을 대상으로 한다.

③ 전자는 개인주의적인 도의적 과실책임주의를, 후자는 단체주의적 사회적 공평부담주의에 기초한다.

④ 양자 모두 과실책임주의를 취한다는 점은 동일하다.

해설 행정상 손해배상(특히 공무원의 위법한 직무행위로 인한 손해배상)의 경우 공무원의 고의 · 과실을 요건으로 하므로 과실책임주의가 지배하지만, 손실보상은 고의 · 과실을 그 성립요건으로 하지 않으므로 과실책임주의가 지배한다고 볼 수 없다.

52
손해배상제도의 확립에 가장 큰 장애가 되었던 것은?

① 무과실책임주의   ② 주권면책사상

③ 위험책임주의   ④ 과실책임주의

해설 영국에서는 '국왕은 악을 행할 수 없다(The king can do no wrong)'는 원칙에 의해, 미국에서는 영국으로부터 계수한 '국왕은 악을 행할 수 없다'라는 원칙에 근거를 둔 주권면책사상의 논리에 의하여 국가무책임의 원칙이 지배적이었는데, 이는 손해배상제도 확립의 장애요인이 되었다.

53 지방직 9급 기출
국가배상에 대한 설명으로 옳은 것만을 모두 고르면? (다툼이 있는 경우 판례에 의함)

ㄱ. 헌법재판소 재판관이 청구기간 내에 제기된 헌법소원심판청구 사건에서 청구기간을 오인하여 각하결정을 한 경우, 이에 대한 불복절차 내지 시정절차가 없는 때에는 국가배상책임을 인정할 수 있다.

ㄴ. 형벌에 관한 법령이 헌법재판소의 위헌결정으로 소급하여 효력을 상실한 경우, 위헌 선언 전 그 법령에 기초하여 수사가 개시되어 공소가 제기되고 유죄판결이 선고되었더라도, 그러한 사정만으로 국가의 손해배상책임이 발생한다고 볼 수 없다.

ㄷ. 법령의 위탁에 의해 지방자치단체로부터 대집행을 수권받은 구 한국토지공사는 지방자치단체의 기관으로서 국가배상법 제2조 소정의 공무원에 해당한다.

ㄹ. 취소판결의 기판력은 국가배상청구소송에도 미치므로, 행정처분이 후에 항고소송에서 위법을 이유로 취소된 경우에는 그 기판

력에 의하여 당해 행정처분이 곧바로 공무원의 고의 또는 과실에 의한 불법행위를 구성한다고 보아야 한다.

① ㄱ, ㄴ   ② ㄱ, ㄹ

③ ㄴ, ㄷ   ④ ㄷ, ㄹ

해설 ㄱ. 재판에 대하여 따로 불복절차 또는 시정절차가 마련되어 있는 경우에는 재판의 결과로 불이익 내지 손해를 입었다고 여기는 사람은 그 절차에 따라 자신의 권리 내지 이익을 회복하도록 함이 법이 예정하는 바이므로, 불복에 의한 시정을 구할 수 없었던 것 자체가 법관이나 다른 공무원의 귀책사유로 인한 것이라거나 그와 같은 시정을 구할 수 없었던 부득이한 사정이 있었다는 등의 특별한 사정이 없는 한, 스스로 그와 같은 시정을 구하지 아니한 결과 권리 내지 이익을 회복하지 못한 사람은 원칙적으로 국가배상에 의한 권리구제를 받을 수 없다고 봄이 상당하다고 하겠으나, 재판에 대하여 불복절차 내지 시정절차 자체가 없는 경우에는 부당한 재판으로 인하여 불이익 내지 손해를 입은 사람은 국가배상 이외의 방법으로는 자신의 권리 내지 이익을 회복할 방법이 없으므로, 이와 같은 경우에는 배상책임의 요건이 충족되는 한 국가배상책임을 인정하지 않을 수 없다(대법원 2003. 7. 11. 선고 99다24218 판결).

ㄴ. 형벌에 관한 법령이 헌법재판소의 위헌결정으로 소급하여 효력을 상실하였거나 법원에서 위헌·무효로 선언된 경우, 그 법령이 위헌으로 선언되기 전에 그 법령에 기초하여 수사가 개시되어 공소가 제기되고 유죄판결이 선고되었더라도, 그러한 사정만으로 수사기관의 직무행위나 법관의 재판상 직무행위가 국가배상법 제2조 제1항에서 말하는 공무원의 고의 또는 과실에 의한 불법행위에 해당하여 국가의 손해배상책임이 발생한다고 볼 수는 없다(대법원 2014. 10. 27. 선고 2013다 217962 판결).

ㄷ. 한국토지공사는 구 한국토지공사법 제2조, 제4조에 의하여 정부가 자본금의 전액을 출자하여 설립한 법인이고, 같은 법 제9조 제4호에 규정된 한국토지공사의 사업에 관하여는 공익사업을 위한 토지 등의 취득 및 보상에 관한 법률 제89조 제1항, 위 한국토지공사법 제22조 제6호 및 같은 법 시행령 제40조의3 제1항의 규정에 의하여 본래 시·도지사나 시장·군수 또는 구청장의 업무에 속하는 대집행권한을 한국토지공사에게 위탁하도록 되어 있는바, 한국토지공사는 이러한 법령의 위탁에 의하여 대집행

을 수권받은 자로서 공무인 대집행을 실시함에 따르는 권리·의무 및 책임이 귀속되는 행정주체의 지위에 있다고 볼 것이지 지방자치단체 등의 기관으로서 국가배상법 제2조 소정의 공무원에 해당한다고 볼 것은 아니다(대법원 2010. 1. 28. 선고 2007다82950,82967 판결).

ㄹ. 어떠한 행정처분이 후에 항고소송에서 취소되었다고 할지라도 그 기판력에 의하여 당해 행정처분이 곧바로 공무원의 고의 또는 과실로 인한 것으로서 불법행위를 구성한다고 단정할 수는 없는 것이고, 그 행정처분의 담당공무원이 보통 일반의 공무원을 표준으로 하여 볼 때 객관적 주의의무를 결하여 그 행정처분이 객관적 정당성을 상실하였다고 인정될 정도에 이른 경우에 국가배상법 제2조 소정의 국가배상책임의 요건을 충족하였다고 봄이 상당할 것이며, 이 때에 객관적 정당성을 상실하였는지 여부는 피침해이익의 종류 및 성질, 침해행위가 되는 행정처분의 태양 및 그 원인, 행정처분의 발동에 대한 피해자측의 관여의 유무, 정도 및 손해의 정도 등 제반 사정을 종합하여 손해의 전보책임을 국가 또는 지방자치단체에게 부담시켜야 할 실질적인 이유가 있는지 여부에 의하여 판단하여야 한다(대법원 2000. 5. 12. 선고 99다70600 판결).

54

개별법률에서 재산권의 수용·사용·제한 등을 규정하면서 손실보상규정을 두지 않는 경우 독일의 수용유사침해이론을 우리나라에 도입하고자 하는 학자들이 주장하고 있는 것은?

① 헌법 제23조 제1항(재산권 보장)과 제11조(평등원칙)를 근거로 하여 헌법 제23조 제3항 및 관계법률의 보상조항을 유추적용할 수 있다.

② 이러한 법률은 위헌·무효이므로 피해자는 '정당한 보상'을 규정한 헌법 제23조 제3항에 의거하여 직접 손실보상을 청구할 수 있다.

③ 이러한 법률은 위헌·무효이며, 이에 의거한 침해행위는 당연히 위헌·위법행위가 되므로 이론상 손해배상을 청구할 수 있다.

④ 사례에 따라 개별적으로 민법상의 불법행위이론이나 공법규정의 유추적용 등을 통하여 문제를 해결하여야 한다.

해설 **독일의 행정상 손해배상제도**

• 연혁 : 독일은 19세기 초부터 사경제적 작용인 국고작용에서만 국가책임을 인정하다가, 바이마르헌법에 의해서 20세기 초 이후 공행정작용에 있어서도 공무원의 불법행위책임을 국가가 대신하여 책임을 진다는 대위책임과 과실책임을 인정하게 되었다. 이후 1994년에 본 기본법을 개정하여 국가책임법 제정의 명시적 근거규정을 두었다.

• 특징 : 과실책임과 대위책임의 성격을 지닌 독일의 배상책임은 위험책임을 인정하고 있는 프랑스보다는 그 배상책임의 범위가 제한적이었다. 이에 위법·무과실인 행위에 대한 그 배상책임을 인정하기 위하여 수용유사침해이론을 판례에 의하여 정립하게 되면서 국가책임을 무과실책임과 위험책임론으로 발전시키고 있다.

제4편
행정구제법

실전문제

제4장 행정쟁송

● **대표유형문제** ●

취소소송의 제기와 집행정지제도에 대한 설명으로 옳지 않은 것은?

① 취소소송의 제기는 처분 등의 효력이나 집행에 영향을 주지 아니한다.

❷ 행정소송은 민사소송과는 달리 본안소송이 법원에 계속되어 있음을 요하므로 행정소송제기와 동시에 집행정지를 신청할 수 없다.

③ 집행정지요건으로 긴급한 필요란 회복하기 어려운 손해발생가능성이 절박하여 본안판단을 기다릴 만한 시간적 여유가 없음을 말한다.

④ 집행정지요건으로 회복하기 어려운 손해란 행정처분을 받은 당사자가 사회통념상 참고 견디기가 매우 어려운 유형·무형의 손해를 말한다.

정답해설 집행정지는 본안소송이 법원에 계속되고 있음을 요하나(행정소송법 제23조 제2항), 소제기는 소송계속의 효과를 발생시키므로 행정소송제기와 동시에 집행정지를 신청할 수 있다.

오답해설 ① 취소소송의 제기는 처분 등의 효력이나 그 집행 등에 영향을 주지 아니한다(행정소송법 제23조 제1항).

③, ④ 집행정지요건으로 긴급한 필요란 회복하기 어려운 손해의 발생이 시간적으로 절박하여 본안판단을 기다릴 여유가 없음을 말하며, '회복하기 어려운 손해'란 행정처분을 받은 당사자가 사회 관념상 참고 견딜 수 없거나 그것이 현저히 곤란한 유형·무형의 손해를 말한다(서울행법 2010.3.12, 2009아3749).

핵심정리 집행정지 요건
- 적법한 본안소송이 계속 중일 것
- 처분 등이 존재할 것
- 회복하기 어려운 손해를 예방하기 위한 것이어야 할 것
- 긴급한 필요성이 있을 것
- 공공복리에 중대한 영향을 미칠 우려가 없을 것
- 본안청구의 이유 없음이 명백하지 않을 것

01 국가직 9급 기출

행정심판법에 의해 행정청이 행정심판위원회의 재결의 취지에 따라 재처분을 할 의무가 있음에도 그 의무를 이행하지 않은 경우에 행정심판위원회가 직접 처분을 할 수 있는 재결은?

① 당사자의 신청에 따른 처분을 절차가 부당함을 이유로 취소하는 재결

② 당사자의 신청을 거부한 처분의 이행을 명하는 재결

③ 당사자의 신청을 거부하는 처분을 취소하는 재결

④ 당사자의 신청을 거부하는 처분을 부존재로 확인하는 재결

해설 당사자의 신청을 거부하거나 부작위로 방치한 처분의 이행을 명하는 재결이 있으면 행정청은 지체 없이 이전의 신청에 대하여 재결의 취지에 따라 처분을 하여야 한다(행정심판법 제49조 제3항). 위원회는 피청구인이 제49조 제3항에도 불구하고 처분을 하지 아니하는 경우에는 당사자가 신청하면 기간을 정하여 서면으로 시정을 명하고 그 기간에 이행하지 아니하면 직접 처분을 할 수 있다. 다만, 그 처분의 성질이나 그 밖의 불가피한 사유로 위원회가 직접 처분을 할 수 없는 경우에는 그러하지 아니하다(행정심판법 제50조 제1항).

02 국가직 9급 기출

행정소송법상 피고 및 피고의 경정에 대한 설명으로 옳은 것은? (다툼이 있는 경우 판례에 의함)

① 취소소송에서 원고가 처분청 아닌 행정관청을 피고로 잘못 지정한 경우, 법원은 석명권의 행사 없이 소송요건의 불비를 이유로 소를 각하할 수 있다.

② 소의 종류의 변경에 따른 피고의 변경은 교환적 변경에 한 한다고 봄이 상당하므로 예비적 청구만이 있는 피고의 추가 경정신청은 예외적 규정이 있는 경우를 제외하고는 원칙적으로 허용되지 않는다.

③ 상급행정청의 지시에 의해 하급행정청이 자신의 명의로 처분을 하였다면, 당해 처분에 대한 취소소송에서는 지시를 내린 상급행정청이 피고가 된다.

④ 취소소송에서 피고가 될 수 있는 행정청에는 대외적으로 의사를 표시할 수 있는 기관이 아니더라도 국가나 공공단체의 의사를 실질적으로 결정하는 기관이 포함된다.

해설 소위 주관적. 예비적 병합은 행정소송법 제28조 제3항과 같은 예외적 규정이 있는 경우를 제외하고는 원칙적으로 허용되지 않는 것이고, 또 행정소송법상 소의 종류의 변경에 따른 당사자(피고)의 변경은 교환적 변경에 한 한다고 봄이 상당하므로 예비적 청구만이 있는 피고의 추가경정신청은 허용되지 않는다(대법원 1989. 10. 27. 자 89두1 결정).

① 행정소송에서 원고가 처분청이 아닌 행정관청을 피고로 잘못 지정하였다면 법원으로서는 석명권을 행사하여 원고로 하여금 피고를 처분청으로 경정하게 하여 소송을 진행케 하여야 할 것이다(대법원 1990. 1. 12. 선고 89누1032 판결).

③ 행정처분의 취소 또는 무효확인을 구하는 행정소송은 다른 법률에 특별한 규정이 없는 한 소송의 대상인 행정처분 등을 외부적으로 그의 명의로 행한 행정청을 피고로 하여야 하는 것으로서 그 행정처분을 하게 된 연유가 상급행정청이나 타행정청의 지시나 통

보에 의한 것이라 하여 다르지 않다고 할 것이며, 권한의 위임이나 위탁을 받아 수임행정청이 정당한 권한에 기하여 그 명의로 한 처분에 대하여는 말할 것도 없고, 내부위임이나 대리권을 수여받은 데 불과하여 원행정청 명의나 대리관계를 밝히지 아니하고는 그의 명의로 처분 등을 할 권한이 없는 행정청이 권한 없이 그의 명의로 한 처분에 대하여도 처분명의자인 행정청이 피고가 되어야 할 것이다(대법원 1995. 12. 22. 선고 95누14688 판결).

④ 대외적으로 표시할 수 있는 기관이 아니라 할 것이므로 원심이 같은 취지에서 위 보훈심사위원회는 독립하여 행정처분이나 재결을 할 수 있는 행정청이라 할 수 없고 보훈심사위원회 위원장은 처분의 주체가 될 수 없다는 취지에서 피고적격이 없다고 판단한 것은 정당하다(대법원 1989. 1. 24. 선고 88누3314 판결).

핵심정리

행정소송법 제14조(피고경정)
① 원고가 피고를 잘못 지정한 때에는 법원은 원고의 신청에 의하여 결정으로써 피고의 경정을 허가할 수 있다.
② 법원은 제1항의 규정에 의한 결정의 정본을 새로운 피고에게 송달하여야 한다.
③ 제1항의 규정에 의한 신청을 각하하는 결정에 대하여는 즉시 항고할 수 있다.
④ 제1항의 규정에 의한 결정이 있은 때에는 새로운 피고에 대한 소송은 처음에 소를 제기한 때에 제기된 것으로 본다.
⑤ 제1항의 규정에 의한 결정이 있은 때에는 종전의 피고에 대한 소송은 취하된 것으로 본다.
⑥ 취소소송이 제기된 후에 제13조제1항 단서 또는 제13조제2항에 해당하는 사유가 생긴 때에는 법원은 당사자의 신청 또는 직권에 의하여 피고를 경정한다. 이 경우에는 제4항 및 제5항의 규정을 준용한다.

03 국가직 9급 기출

甲회사는 '토석채취허가지 진입도로와 관련 우회도로 개설 등은 인근 주민들과의 충분한 협의를 통해 민원발생에 따른 분쟁이 생기지 않도록 조치 후 사업을 추진할 것'이란 조건으로 토석채취허가를 받았다. 그러나 甲은 위 조건이 법령에 근거가 없다는 이유로 이행하지 아니하였고, 인근 주민이 민원을 제기하자 관할 행정청은 甲에게 공사중지명령을 하였다. 甲은 공사중지명령의 해제를 신청하였으나 거부되자 거부처분 취소소송을 제기하였다. 이에 대한 설명으로 옳지 않은 것은? (다툼이 있는 경우 판례에 의함)

① 일반적으로 기속행위의 경우 법령의 근거 없이 위와 같은 조건을 부가하는 것은 위법하다.
② 공사중지명령의 원인사유가 해소되었다면 甲은 공사중지명령의 해제를 신청할 수 있고, 이에 대한 거부는 처분성이 인정된다.
③ 甲에게는 공사중지명령 해제신청 거부처분에 대한 집행정지를 구할 이익이 인정되지 아니한다.
④ 甲이 앞서 공사중지명령 취소소송에서 패소하여 그 판결이 확정되었더라도, 甲은 그 후 공사중지명령의 해제를 신청한 후 해제신청 거부처분 취소소송에서 다시 그 공사중지명령의 적법성을 다툴 수 있다.

해설 행정청이 관련 법령에 근거하여 행한 공사중지명령의 상대방이 명령의 취소를 구한 소송에서 패소함으로써 그 명령이 적법한 것으로 이미 확정되었다면, 이후 이러한 공사중지명령의 상대방은 그 명령의 해제신청을 거부한 처분의 취소를 구하는 소송에서 그 명령의 적법성을 다툴 수 없다. 그와 같은 공사중지명령에 대하여 그 명령의 상대방이 해제를 구하기 위해서는 명령의 내용 자체로 또는 성질상으로 명령 이후에 원인사유가 해소되었음이 인정되어야 한다(대판 2014. 11. 27. 2014두37665).
① 일반적으로 기속행위나 기속적 재량행위에는 부관을 붙일 수 없고 가사 부관을 붙였다 하더라도 무효이다(대판 1995. 6. 13. 94다56883).

② 국민의 신청에 대하여 한 행정청의 거부행위가 취소소송의 대상이 되기 위하여는 국민이 그 신청에 따른 행정행위를 하여 줄 것을 요구할 수 있는 법규상 또는 조리상의 권리가 있어야 하는 것인데, 지방자치단체장이 건축회사에 대하여 당해 신축공사와 관련하여 인근 주택에 공사로 인한 피해를 주지 않는 공법을 선정하고 이에 대하여 안전하다는 전문가의 검토의견서를 제출할 때까지 신축공사를 중지하라는 당해 공사중지명령에 있어서는 그 명령의 내용 자체로 또는 그 성질상으로 명령 이후에 그 원인사유가 해소되는 경우에는 잠정적으로 내린 당해 공사중지명령의 해제를 요구할 수 있는 권리를 위 명령의 상대방에게 인정하고 있다고 할 것이므로, 위 회사에게는 조리상으로 그 해제를 요구할 수 있는 권리가 인정된다고 한 사례이다(대법원 1997. 12. 26. 96누17745).

③ 신청에 대한 거부처분의 효력을 정지하더라도 거부처분이 없었던 것과 같은 상태 즉 거부처분이 있기 전의 신청시의 상태로 되돌아가는 데에 불과하고 행정청에게 신청에 따른 처분을 하여야 할 의무가 생기는 것이 아니므로, 거부처분의 효력정지는 그 거부처분으로 인하여 신청인에게 생길 손해를 방지하는 데에 아무런 소용이 없어 그 효력정지를 구할 이익이 없다 (대판 1992. 2. 13.자 91두47).

04

행정심판의 재결에 대한 설명으로 옳지 않은 것은?

① 심판청구사건에 대하여 행정심판위원회가 심리·의결한 내용에 따라 행정심판위원회가 행하는 종국적 판단의 의사표시이다.
② 행정심판에 있어서 처분의 위법·부당 여부는 원칙적으로 처분 시를 기준으로 판단한다.
③ 행정심판재결은 피청구인 또는 행정심판위원회가 심판청구서를 받은 날부터 60일 이내에 하여야 한다.
④ 행정심판의 재결은 소정의 사항을 기재한 서면으로 하는 것이 원칙이지만 구두에 의한 약식재결도 가능하다.

해설 심판청구는 서면으로 하여야 한다(행정심판법 제28조).

핵심정리

심판청구의 방식
• **서면주의(요식행위)** : 심판청구는 서면(심판청구서)으로 하여야 한다. 심판청구서에는 청구인의 이름과 주소 등 관련 사항이 포함되어야 한다(제28조 제1항·제2항). 또한, 심판청구서에는 청구인·대표자·관리인·선정대표자 또는 대리인이 서명하거나 날인하여야 한다(동조 제5항).
• **심판청구서의 제출**
– 행정심판을 청구하려는 자는 심판청구서를 작성하여 피청구인이나 위원회에 제출하여야 한다. 이 경우 피청구인의 수만큼 심판청구서 부본을 함께 제출하여야 한다(제23조 제1항).
– 행정청이 고지를 하지 않거나 잘못 고지하여 청구인이 심판청구서를 다른 행정기관에 제출한 경우에는 행정기관은 지체 없이 심판청구서를 정당한 권한이 있는 피청구인에게 보내고 그 사실을 청구인에게 알려야 한다(제23조 제2항·제3항).

05

행정소송법 제18조에서 행정심판의 재결을 거치지 아니하고 취소소송을 제기할 수 있는 경우로 옳지 않은 것은?

① 행정심판청구가 있은 날로부터 60일이 지나도 재결이 없는 때
② 법령의 규정에 의한 행정심판기관이 의결 또는 재결을 하지 못할 사유가 있는 때
③ 처분의 집행 또는 절차의 속행으로 생길 중대한 손해를 예방하여야 할 긴급한 필요가 있는 때
④ 동종사건에 관하여 이미 행정심판의 기각재결이 없은 때

해설 **행정소송법 제18조 제2항, 제3항**
- 제2항 : 다음에 해당하는 사유가 있는 때에는 행정심판의 재결을 거치지 아니하고 취소소송을 제기할 수 있다.
  - 행정심판청구가 있은 날로부터 60일이 지나도 재결이 없는 때
  - 처분의 집행 또는 절차의 속행으로 생길 중대한 손해를 예방하여야 할 긴급한 필요가 있는 때
  - 법령의 규정에 의한 행정심판기관이 의결 또는 재결을 하지 못할 사유가 있는 때
  - 그 밖의 정당한 사유가 있는 때
- 제3항 : 다음에 해당하는 사유가 있는 때에는 행정심판을 제기함이 없이 취소소송을 제기할 수 있다.
  - 동종사건에 관하여 이미 행정심판의 기각재결이 있은 때
  - 서로 내용상 관련되는 처분 또는 같은 목적을 위하여 단계적으로 진행되는 처분중 어느 하나가 이미 행정심판의 재결을 거친 때
  - 행정청이 사실심의 변론종결후 소송의 대상인 처분을 변경하여 당해 변경된 처분에 관하여 소를 제기하는 때
  - 처분을 행한 행정청이 행정심판을 거칠 필요가 없다고 잘못 알린 때

06

행정심판의 재결에 대한 설명으로 옳은 것은?

① 기각재결이 있은 후에는 처분청은 직권으로 당해 처분을 취소할 수 없다.
② 의무이행심판에는 사정재결이 적용되지 않는다.
③ 재결도 행정행위이므로 공정력 등의 행정행위의 일반적 효력이 있다.
④ 사정재결도 인용재결에 해당한다.

해설 ① 기각재결은 기속력이 없으므로 기각재결이 있은 후에 처분청은 직권으로 당해 처분을 취소할 수 있다.
② 사정재결은 취소심판과 의무이행심판에 적용되며 무효등확인심판에 적용되지 않는다.
④ 인용재결은 취소재결, 무효등확인재결, 의무이행재결 등으로 구분된다.

07

항고소송 판결의 효력에 대한 설명으로 옳지 않은 것은?

① 판결이 일단 선고되면 선고법원 자신도 이를 취소·변경할 수 없는 구속을 받는다.
② 기판력은 당해 소송의 당사자 및 그와 동일시할 수 있는 승계인뿐만 아니라 제3자에게도 미친다.
③ 기판력은 사실심의 구두변론종결 시를 표준으로 하여 발생한다.
④ 행정처분의 취소판결이 있으면 처분의 효력은 소급하여 소멸한다.

해설 기판력은 제3자에게는 미치지 않는다(기판력의 상대성).

08 지방직 9급 기출

행정심판에 대한 설명으로 옳은 것은?

① 행정심판위원회는 직접 처분을 하였을 때에는 그 사실을 해당 행정청에 통보하여야 하며, 그 통보를 받은 행정청은 행정심판위원회가 한 처분을 자기가 한 처분으로 보아 관계 법령에 따라 관리 · 감독 등 필요한 조치를 하여야 한다.

② 임시처분은 집행정지와 보충성 관계가 없고, 행정심판위원회는 집행정지로 목적을 달성할 수 있는 경우에도 임시처분 결정을 할 수 있다.

③ 취소심판의 인용재결에는 취소재결, 취소명령재결, 변경재결, 변경명령재결이 있다.

④ 행정심판법에서는 재결의 집행력을 확보하는 수단으로서 간접강제제도를 두고 있다.

해설 위원회는 제1항 본문에 따라 직접 처분을 하였을 때에는 그 사실을 해당 행정청에 통보하여야 하며, 그 통보를 받은 행정청은 위원회가 한 처분을 자기가 한 처분으로 보아 관계 법령에 따라 관리 · 감독 등 필요한 조치를 하여야 한다.(행정심판법 제50조 제2항)
② 임시처분은 집행정지로 목적을 달성할 수 있는 경우에는 허용되지 아니한다.(동법 제31조 제3항)
③ 위원회는 취소심판의 청구가 이유가 있다고 인정하면 처분을 취소 또는 다른 처분으로 변경하거나 처분을 다른 처분으로 변경할 것을 피청구인에게 명한다.(취소명령재결은 2010.1.25. 개정에서 삭제)
④ 행정심판법에서는 권력분립의 문제가 발생하지 않기 때문에 간접강제제도를 두고 있지 않다.

09

심판청구의 고지제도에 대한 설명으로 옳지 않은 것은?

① 고지제도란 행정청이 처분을 하는 경우 상대방 등에게 심판청구의 가부, 재결청, 제소기간 등 당해 처분에 대한 행정심판제기에 필요한 사항을 알려주는 제도를 말한다.

② 고지는 행정심판법에 규정된 심판청구에 필요한 사항을 구체적으로 알려주는 비권력적 사실행위로 고지 자체는 아무런 법적 효과를 발생하지 않는다.

③ 행정청이 처분을 서면으로 하는 경우에는 그 상대방에게 처분에 관하여 행정심판을 제기할 수 있는지의 여부, 제기하는 경우의 심판청구 절차 및 청구기간을 알려야 한다.

④ 여기서 말하는 처분은 행정심판법에 의한 처분에 한하고, 행정심판법 이외의 다른 법령에 의한 심판청구의 대상이 되는 처분은 포함하지 않는다는 것이 통설이다.

해설 여기서 말하는 처분은 행정심판법에 의한 처분뿐만 아니라 행정심판법 이외의 다른 법령에 의한 심판청구의 대상이 되는 처분도 포함한다.

10 [국가직 9급 기출]

행정소송법상 집행정지에 대한 설명으로 옳은 것은? (다툼이 있는 경우 판례에 의함)

① 집행정지는 적법한 본안소송이 계속 중일 것을 요한다.

② 거부처분에 대한 취소소송에서도 집행정지가 허용된다.

③ 민사집행법에 따른 가처분은 항고소송에서도 인정된다.

④ 집행정지결정은 판결이 아니므로 기속력은 인정되지 않는다.

해설 집행정지는 적법한 본안소송이 계속 중일 것을 요한다(대결 2007.6.28, 2005무75).
② 거부처분에 대한 취소소송에서 집행정지가 허용되지 않는다(대판 1992.2.13, 91두47).
③ 민사집행법에 따른 가처분은 항고소송에서 인정되지 않는다(대판 1992.7.6, 92마54).
④ 집행정지결정은 기속력이 인정된다(행정소송법 제23조 제6항, 제30조 제1항).

11

행정심판위원회에 대한 설명으로 옳은 것은?

① 감사원의 처분 또는 부작위에 대한 심판청구는 중앙행정심판위원회에서 심리·재결한다.

② 행정심판의 청구를 수리하여 이를 심리·의결하는 권한을 가지며 재결기능은 담당하지 않는다.

③ 행정심판위원회의 의결은 과반수출석에, 출석위원 2/3 이상의 찬성으로 행한다.

④ 행정심판위원에 대하여 제척, 기피, 회피를 할 수 있으며, 이는 직원에 대하여도 적용된다.

해설 ① 해당 행정청에 두는 행정심판위원회에서 심리·재결한다.
② 2008년 행정심판법의 개정으로 행정심판위원회로 일원화하여 행정심판위원회에서 심리·재결하도록 하였다.
③ 행정심판위원회는 구성원 과반수의 출석과 출석위원 과반수의 찬성으로 의결한다.

핵심정리

해당 행정청 소속 행정심판위원회

• **설치** : 해당 행정청(처분청·부작위청)에 설치한다.

• **심리·재결** : 다음의 행정청 또는 그 소속행정청(감독을 받거나 위탁을 받은 모든 행정청을 말함)의 처분 또는 부작위에 대한 심판청구에 대하여는 해당 행정청에 두는 행정심판위원회에서 심리·재결한다.
- 감사원, 국가정보원장, 그 밖에 대통령령으로 정하는 대통령 소속기관의 장
- 국회사무총장·법원행정처장·헌법재판소 사무처장 및 중앙선거관리위원회 사무총장
- 국가인권위원회, 진실·화해를 위한 과거사 정리위원회, 그 밖에 지위·성격의 독립성과 특수성 등이 인정되어 대통령령으로 정하는 행정청

12 [지방직 9급 기출]

행정심판에 대한 설명으로 옳지 않은 것은?

① 행정심판은 행정의 자기통제절차이므로 심판청구의 대상이 되는 처분보다 청구인에게 불리한 재결을 하는 것도 가능하다.

② 기속력은 인용재결에만 발생하고 각하재결이나 기각재결에는 발생하지 않는다.

③ 처분청은 기각재결을 받은 후에도 정당한 이유가 있으면 원처분을 취소·변경할 수 있다.

④ 무효등확인심판의 경우에는 사정재결이 인정되지 않는다.

해설 위원회는 심판청구의 대상이 되는 처분보다 청구인에게 불리한 재결을 하지 못한다(행정심판법 제47조 제2항).

② 행정심판 재결의 기속력은 청구 인용재결에서만 발생하며 각하, 기각재결에 대해서는 인정되지 않는다. 따라서 각하, 기각재결이 있은 후에도 처분을 직권으로 취소할 수 있다.

③ 기각재결이 있은 후에도 원처분을 취소하는 것은 기속력에 위반되지 않는다.

④ 사정재결은 취소심판과 의무이행심판에서 인정되므로 무효등확인심판에서는 인정되지 않는다(행정심판법 제44조 제3항).

핵심정리
행정심판법 47조(재결의 범위)
- 위원회는 심판청구의 대상이 되는 처분 또는 부작위 외의 사항에 대하여는 재결하지 못한다.
- 위원회는 심판청구의 대상이 되는 처분보다 청구인에게 불리한 재결을 하지 못한다.

13

행정심판의 재결에 대한 설명으로 옳지 않은 것은?

① 행정심판위원회는 심판청구의 대상이 되는 처분보다 청구인에게 불리한 재결을 하지 못한다.

② 행정심판에 있어서 처분의 위법·부당 여부는 원칙적으로 처분시를 기준으로 판단하여야 한다.

③ 행정심판재결은 피청구인이나 위원회가 심판청구서를 받은 날부터 60일 이내에 하는 것이 원칙이나 부득이한 사정이 있는 경우 연장할 수 있다.

④ 심판청구에 대한 재결이 있은 후 재결 자체에 고유한 위법이 있다하더라도 재결의 취소를 구하는 행정소송은 할 수 없으며 다시 행정심판을 청구해야 한다.

해설 심판청구에 대한 재결이 있으면 그 재결 및 같은 처분 또는 부작위에 대하여 다시 행정심판을 청구할 수 없다(행정심판법 제51조).

핵심정리
재결에 대한 불복
- **행정심판 재청구의 금지** : 심판청구에 대한 재결이 있으면 그 재결 및 같은 처분 또는 부작위에 대하여 다시 행정심판을 청구할 수 없다(행정심판법 제51조).
- **행정소송** : 재결의 불복으로 행정소송을 제기하는 경우는, 원 처분의 위법을 이유로 그 원처분의 취소·변경을 구하는 행정소송을 제기할 수 있을 뿐이다. 다만, 재결 자체에 고유한 위법이 있는 때에는 재결의 취소를 구하는 행정소송을 할 수 있다(행정소송법 제19조).

14 지방직 9급 기출

행정소송에 대한 판례의 입장으로 옳은 것은?

① 개발제한구역 중 일부 취락을 개발제한구역에서 해제하는 내용의 도시관리계획변경결정에 대하여 개발제한구역 해제 대상에서 누락된 토지의 소유자는 그 결정의 취소를 구할 법률상 이익이 있다.

② 금융기관 임원에 대한 금융감독원장의 문책경고는 상대방의 권리의무에 직접 영향을 미치지 않으므로 행정소송의 대상이 되는 처분에 해당하지 않는다.

③ 부가가치세 증액경정처분의 취소를 구하는 항고소송에서 납세의무자는 과세관청의 증액경정사유만 다툴 수 있을 뿐이지 당초 신고에 관한 과다신고사유는 함께 주장하여 다툴 수 없다.

④ 주택건설사업 승인신청 거부처분에 대한 취소의 확정판결이 있은 후 행정청이 재처분을 하였다 하더라도 그 재처분이 종전 거부처분에 대한 취소의 확정판결의 기속력에 반하는 경우, 행정소송법상 간접강제신청에 필요한 요건을 갖춘 것으로 보아야 한다.

해설 거부처분에 대한 취소의 확정판결이 있음에도 행정청이 아무런 재처분을 하지 아니하거나, 재처분을 하였다 하더라도 그것이 종전 거부처분에 대한 취소의 확정판결의 기속력에 반하는 등으로 당연무효라면 이는 아무런 재처분을 하지 아니한 때와 마찬가지라 할 것이므로 이러한 경우에는 행정소송법 제30조 제2항, 제34조 제1항 등에 의한 간접강제신청에 필요한 요건을 갖춘 것으로 보아야 한다(대법원 2002. 12. 11. 자 2002무22 결정).

① 개발제한구역으로 지정된 상태에 있으므로 이 사건 도시관리계획변경결정으로 인하여 그 소유자인 원고가 위 토지를 사용·수익·처분하는 데 새로운 공법상의 제한을 받거나 종전과 비교하여 더 불이익한 지위에 있게 되는 것은 아니다. 또한, 원고의 청구취지와 같이 이 사건 도시관리계획 변경결정 중 중리취락 부분이 취소된다 하더라도 그 결과 이 사건 도시

관리계획변경결정으로 개발제한구역에서 해제된 제3자 소유의 토지들이 종전과 같이 개발제한구역으로 남게 되는 결과가 될뿐, 원고 소유의 이 사건 토지가 개발제한구역에서 해제되는 것도 아니다. 따라서 원고에게 제3자 소유의 토지에 관한 이 사건 도시관리계획변경결정의 취소를 구할 직접적이고 구체적인 이익이 있다고 할 수 없다(대법원 2008. 7. 10. 선고 2007두10242 판결).

② 금융기관의 임원이 문책경고를 받은 경우에는 금융업 관련 법 및 당해 금융기관의 감독 관련 규정에서 정한 바에 따라 일정기간 동안 임원선임의 자격제한을 받는다고 규정하고 있고, 은행법 제18조 제3항의 위임에 기한 구 은행업감독규정 제17조 제2호 (다)목, 제18조 제1호는 제재규정에 따라 문책경고를 받은 자로서 문책경고일로부터 3년이 경과하지 아니한 자는 은행장, 상근감사위원, 상임이사, 외국은행지점 대표자가 될 수 없다고 규정하고 있어서, 문책경고는 그 상대방에 대한 직업선택의 자유를 직접 제한하는 효과를 발생하게 하는 등 상대방의 권리의무에 직접 영향을 미치는 행위로서 행정처분에 해당한다(대법원 2005. 2. 17. 선고 2003두14765 판결).

③ 납세의무자는 증액경정처분의 취소를 구하는 항고소송에서 과세관청의 증액경정사유뿐만 아니라 당초 신고에 관한 과다신고사유도 함께 주장하여 다툴 수 있다고 할 것이다(대법원 2013. 4. 18. 선고 2010두11733 전원합의체 판결).

15

취소심판에서 사정재결을 하는 이유로 가장 타당한 것은?

① 처분을 한 행정청의 권위를 존중하기 때문이다.
② 처분의 취소로 회복할 수 없는 손해가 예상되기 때문이다.
③ 청구 인용재결의 결과가 현저히 공공복리에 적합하지 않기 때문이다.
④ 청구인에게 손해배상, 재해시설의 설치 등 상당한 구제방법을 명할 수 있기 때문이다.

> **해설** 위원회는 심판청구가 이유가 있다고 인정하는 경우에도 이를 인용하는 것이 공공복리에 크게 위배된다고 인정하면 그 심판청구를 기각하는 재결을 할 수 있다. 이 경우 위원회는 재결의 주문에서 그 처분 또는 부작위가 위법하거나 부당하다는 것을 구체적으로 밝혀야 한다(행정심판법 제44조 제1항).

16

원칙적으로 행정심판을 거쳐야 행정소송이 가능한 경우에 해당하는 것은?

① 세관장의 관세처분에 대한 심사청구
② 국민연금재심사위원회의 재심사청구
③ 행정심판의 재결을 거쳐야 행정소송을 제기할 수 있다고 잘못 고지된 경우
④ 처분의 집행으로 생길 중대한 손해를 예방하여야 할 긴급한 필요가 있는 때

> **해설** 관세에 관한 처분에 대한 행정소송은 심사청구 또는 심판청구와 그에 대한 결정을 거치지 아니하면 이를 제기할 수 없다(관세법 제120조 제2항).

17

행정소송법에 대한 설명으로 옳지 않은 것은?

① 행정소송에 대한 대법원판결에 의하여 명령·규칙이 헌법 또는 법률에 위반된다는 것이 확정된 경우에는 대법원은 지체없이 그 사유를 행정안전부장관에게 통보하여야 한다.
② 행정소송법 제3조에서는 행정소송의 종류를 항고소송, 당사자소송, 민중소송, 기관소송으로 구분하고 있다.
③ 판결에 의하여 취소되는 처분이 당사자의 신청을 거부하였을 때, 행정청은 판결의 취지에 따라 이후 신청에 대한 처분을 하여야 한다.
④ 처분등을 취소하는 판결에 의하여 권리 또는 이익의 침해를 받은 제3자는 자기에게 책임없는 사유로 소송에 참가하지 못함으로써 판결의 결과에 영향을 미칠 공격 또는 방어방법을 제출하지 못한 때에는 이를 이유로 확정된 종국판결에 대하여 재심의 청구를 할 수 있다.

> **해설** 판결에 의하여 취소되는 처분이 당사자의 신청을 거부하는 것을 내용으로 하는 경우에는 그 처분을 행한 행정청은 판결의 취지에 따라 다시 이전의 신청에 대한 처분을 하여야 한다.

핵심정리

행정소송의 종류(제3조)
- **항고소송** : 행정청의 처분 등이나 부작위에 대하여 제기하는 소송
- **당사자소송** : 행정청의 처분 등을 원인으로 하는 법률관계에 관한 소송 그 밖에 공법상의 법률관계에 관한 소송으로서 그 법률관계의 한쪽 당사자를 피고로 하는 소송
- **민중소송** : 국가 또는 공공단체의 기관이 법률에 위반되는 행위를 한 때에 직접 자기의 법률상 이익과 관계없이 그 시정을 구하기 위하여 제기하는 소송
- **기관소송** : 국가 또는 공공단체의 기관 상호 간에 있어서의 권한의 존부 또는 그 행사에 관한 다툼이 있을 때에 이에 대하여 제기하는 소송. 다만, 헌법재판소법 제2조의 규정에 의하여 헌법재판소의 관장사항으로 되는 소송은 제외한다.

제**4**편
행정구제법

18

취소소송의 성격으로 옳지 않은 것은?

① 대표적인 항고소송으로 행정소송법에서는 취소소송에 관하여 규정하고 다른 항고소송에서 이를 준용한다.

② 시심적 항고소송의 대표적인 소송이다.

③ 취소소송의 피고는 처분을 담당한 행정청이 한다.

④ 취소소송에서 취소는 취소 또는 변경을 모두 포함한다.

해설 취소소송은 이미 행하여진 처분의 위법을 이유로 그에 대한 재심사를 구하는 복심적 쟁송이다.

19

행정심판전치주의에 대한 설명으로 옳지 않은 것은?

① 행정심판전치주의는 기본적으로 취소소송에 대해 적용될 수 있고, 이를 다른 소송유형에 준용하는 형식을 취한다.

② 부작위위법확인소송에 준용하는 규정을 두고 있다.

③ 무효등확인소송에 준용하는 규정을 두고 있다.

④ 당사자소송에는 준용하는 규정이 없다.

해설 행정소송법 제38조 제1항, 제44조, 제46조에서 무효등확인소송과 당사자소송, 민중소송에는 행정심판전치주의가 적용되지 않는다는 준용규정을 두고 있다.

20

병무청장의 징집처분에 불복하여 행정심판을 제기하는 경우 행정심판을 심리하는 기관은?

① 병무청행정심판위원회

② 국방부행정심판위원회

③ 병무청장

④ 중앙행정심판위원회

해설 **중앙행정심판위원회**

중앙행정기관(각 부·처·청 등), 특별시·광역시·도, 중앙행정기관 소속 특별지방행정기관(지방경찰청, 지방병무청, 지방식품의약품안전청, 지방환경청, 지방노동청 등)의 처분 또는 부작위에 대한 심판청구사건을 심리·의결

21

현행 행정심판법에 대한 설명으로 옳지 않은 것은?

① 행정심판의 심리는 서면심리를 원칙으로 한다.

② 중앙행정심판위원회는 위원장 1명을 포함한 50명 이내의 위원으로 구성하되, 위원 중 상임위원은 4명 이내로 한다.

③ 행정심판법상 행정심판의 종류로 취소심판, 무효등확인심판, 의무이행심판을 규정하고 있다.

④ 재결은 피청구인 또는 행정심판위원회가 심판청구서를 받은 날부터 60일 이내에 하여야 하며, 부득이한 사정이 있는 경우에는 위원장이 직권으로 30일을 연장할 수 있다.

해설 행정심판의 심리는 구술심리 또는 서면심리로 한다(행정심판법 제40조 제1항).

22 국가직 9급 기출

행정소송법상 취소소송에서 확정된 청구인용판결의 효력에 대한 설명으로 옳지 않은 것은? (다툼이 있는 경우 판례에 의함)

① 취소판결의 효력은 원칙적으로 소급적이므로, 취소판결에 의해 취소된 영업허가취소처분 이후의 영업행위는 무허가영업에 해당하지 않는다.

② 취소된 행정처분을 기초로 하여 새로 형성된 제3자의 권리가 취소판결 자체의 효력에 의해 당연히 그 행정처분 전의 상태로 환원되는 것은 아니다.

③ 취소판결의 기속력은 주로 판결의 실효성 확보를 위하여 인정되는 효력으로서 판결의 주문뿐만 아니라 그 전제가 되는 처분 등의 구체적 위법사유에 관한 이유 중의 판단에 대하여도 인정된다.

④ 행정처분이 판결에 의해 취소된 경우, 취소된 처분의 사유와 기본적 사실관계에서 동일성이 인정되지 않는 다른 사유를 들어 새로이 처분을 하는 것은 기속력에 반한다.

해설 취소 확정판결의 기속력은 판결의 주문 및 전제가 되는 처분 등의 구체적 위법사유에 관한 판단에도 미치나, 종전 처분이 판결에 의하여 취소되었더라도 종전 처분과 다른 사유를 들어서 새로이 처분을 하는 것은 기속력에 저촉되지 않는다(대법원 2016. 3. 24. 선고 2015두 48235 판결).

23 국가직 9급 기출

판례의 입장으로 옳은 것은?

① 변상금부과처분이 당연무효인 경우, 당해 변상금부과처분에 의하여 납부한 오납금에 대한 납부자의 부당이득반환청구권의 소멸시효는 변상금부과처분의 부과시부터 진행한다.

② 행정소송에서 쟁송의 대상이 되는 행정처분의 존부에 관한 사항이 상고심에서 비로소 주장된 경우에 행정처분의 존부에 관한 사항은 상고심의 심판범위에 해당한다.

③ 어떠한 처분의 근거나 법적인 효과가 행정규칙에 규정되어 있다면, 그 처분이 행정규칙의 내부적 구속력에 의하여 상대방의 권리 의무에 직접 영향을 미치는 행위라도 항고소송의 대상이 되는 행정처분이라 볼 수 없다.

④ 어떠한 허가처분에 대하여 타법상의 인·허가가 의제된 경우, 의제된 인·허가는 통상적인 인·허가와 동일한 효력을 갖는 것은 아니므로 '부분 인·허가 의제'가 허용되는 경우에도 의제된 인·허가에 대한 쟁송취소는 허용되지 않는다.

해설 행정소송에서 쟁송의 대상이 되는 행정처분의 존부는 소송요건으로서 직권조사사항이고, 자백의 대상이 될 수 없는 것이므로, 설사 그 존재를 당사자들이 다투지 아니한다 하더라도 그 존부에 관하여 의심이 있는 경우에는 이를 직권으로 밝혀 보아야 할 것이고, 사실심에서 변론종결시까지 당사자가 주장하지 않던 직권조사사항에 해당하는 사항을 상고심에서 비로소 주장하는 경우 그 직권조사사항에 해당하는 사항은 상고심의 심판범위에 해당한다(대법원 2004. 12. 24. 선고 2003두15195 판결).

① 변상금부과처분이 당연무효인 경우에 이 변상금부과처분에 의하여 납부자가 납부하거나 징수당한 오납금은 지방자치단체가 법률상 원인 없이 취득한 부당이득에 해당하고, 이러한 오납금에 대한납부자의 부당이득반환청구권은 처음부터 법률상 원인이 없이 납부 또는 징수된 것이므로 납부 또는 징수시에 발생하여 확정되며, 그 때부터 소멸시효가 진행한다(대법원 2005. 1. 27. 선고 2004다 50143 판결).

③ 어떠한 처분의 근거나 법적인 효과가 행정규칙에 규정되어 있다고 하더라도, 그 처분이 행정규칙의 내부적 구속력에 의하여 상대방에게 권리의 설정 또는 의무의 부담을 명하거나 기타 법적인 효과를 발생하게 하는 등으로 그 상대방의 권리 의무에 직접 영향을 미치는 행위라면, 이 경우에도 항고소송의 대상이 되는 행정처분에 해당한다(대법원 2002. 7. 26. 선고 2001두3532 판결).

④ 구 주택법 제17조 제1항에 따르면, 주택건설사업계획 승인권자가 관계 행정청의 장과 미리 협의한 사항에 한하여 승인처분을 할 때에 인허가 등이 의제될 뿐이고, 각호에 열거된 모든 인허가 등에 관하여 일괄하여 사전협의를 거칠 것을 주택건설사업계획 승인처분의 요건으로 규정하고 있지 않다. 따라서 인허가 의제 대상이 되는 처분에 어떤 하자가 있더라도, 그로써 해당 인허가 의제의 효과가 발생하지 않을 여지가 있게 될 뿐이고, 그러한 사정이 주택건설사업계획 승인처분 자체의 위법사유가 될 수는 없다. 또한 의제된 인허가는 통상적인 인허가와 동일한 효력을 가지므로, 적어도 '부분 인허가 의제'가 허용되는 경우에는 그 효력을 제거하기 위한 법적 수단으로 의제된 인허가의 취소나 철회가 허용될 수 있고, 이러한 직권 취소·철회가 가능한 이상 그 의제된 인허가에 대한 쟁송취소 역시 허용된다(대법원 2018. 11. 29. 선고 2016두38792 판결).

24

행정소송법상 부작위위법확인소송에 대한 설명으로 옳지 않은 것은? (다툼이 있는 경우 판례에 의함)

① 어떠한 처분에 대하여 그 근거 법률에서 행정소송 이외의 다른 절차에 의하여 불복할 것을 예정하고 있는 경우, 그 처분이 행정소송법상 처분의 개념에 해당한다고 하더라도 그 처분의 부작위는 부작위위법확인소송의 대상이 될 수 없다.

② 어떠한 행정처분에 대한 법규상 또는 조리상의 신청권이 인정되지 않는 경우, 그 처분의 신청에 대한 행정청의 무응답이 위법하다고 하여 제기된 부작위위법확인소송은 적법하지 않다.

③ 취소소송의 제소기간에 관한 규정은 부작위위법확인소송에 준용되지 않으므로 행정심판 등 전심절차를 거친 경우에도 부작위위법확인소송에 있어서는 제소기간의 제한을 받지 않는다.

④ 처분의 신청 후에 원고에게 생긴 사정의 변화로 인하여, 그 처분에 대한 부작위가 위법하다는 확인을 받아도 종국적으로 침해되거나 방해받은 원고의 권리·이익을 보호·구제받는 것이 불가능하게 되었다면, 법원은 각하판결을 내려야 한다.

해설 부작위위법확인의 소는 부작위상태가 계속되는 한 그 위법의 확인을 구할 이익이 있다고 보아야 하므로 원칙적으로 제소기간의 제한을 받지 않는다. 그러나 행정소송법 제38조 제2항이 제소기간을 규정한 같은 법 제20조를 부작위위법확인소송에 준용하고 있는 점에 비추어 보면, 행정심판 등 전심절차를 거친 경우에는 행정소송법 제20조가 정한 제소기간 내에 부작위위법확인의 소를 제기하여야 한다(대법원 2009. 7. 23. 선고 2008두10560 판결).

핵심정리

행정입법부작위에 대한 통제(부작위위법확인소송)

- **의의**
  - 행정입법부작위란 행정입법을 제정 및 개폐할 법적 의무가 있음에도 불구하고 행정청이 이를 시행하지 않는 경우를 말한다.
  - 우리 법제에서는 행정입법의 제정의무를 규정하는 명시적인 법률규정이 없음에도 불구하고, 법치행정상 현행 헌법하에서 행정입법의 제정의무가 있다는 것이 다수설이자 헌법재판소의 태도이다. 다만, 집행명령이 없어도 법령이 시행될 수 있는 경우에 특별한 규정이 없는 한 행정권에게 집행명령을 제정해야 할 의무는 없다.
- **인정근거**
  - 행정입법부작위가 인정되기 위해서는 행정권에게 명령을 제정·개폐할 법적 의무가 있고 이를 상당한 시간(제정 등에 필요한 합리적인 시간)이 지났음에도 명령이 제정·개폐되지 않아야 한다(진정입법부작위).
  - 시행명령 등을 제·개정하였지만 그것이 불충분·불완전한 경우(부진정입법부작위)는 행정입법부작위에 해당되지 않는다.
- **항고소송의 여부**
  - 학설과 판례: 행정입법부작위가 행정소송법상 항고소송의 대상이 되는 '부작위'에 해당되는가(행정청에게 처분을 해야 할 법률상 의무가 있는가)와 관련하여, 부정설과 긍정설의 다툼이 있으나 판례는 부정설의 입장을 취하고 있다(대판 91누11261).
  - 행정소송법 : 행정소송법 제36조("부작위위법확인소송은 처분의 신청을 한 자로서 부작위의 위법의 확인을 구할 법률상 이익이 있는 자만이 제기할 수 있다.") 규정에 근거하여 행정입법부작위에 대해 부작위위법확인소송이 가능한지 여부에 대하여, 행정소송법의 규정은 '행정입법의 부작위'를 다투는 소송이 아니라 '신청한 처분의 부작위'를 다투는 것이므로 행정입법의 부작위에 대해 소송을 제기할 수 없다고 본다.
  - 처분적 법규명령의 입법부작위의 경우에는 처분조치에 대한 부작위에 해당되기에 부작위위법확인소송의 제기가 가능하다고 보며, 행정입법부작위로 인하여 손해가 발생한 경우 국가배상청구가 인정될 수 있다.

25

행정소송에 대한 설명으로 옳지 않은 것은? (다툼이 있는 경우 판례에 의함)

① 취소소송은 처분등의 취소를 구할 법률상 이익이 있는 자가 제기할 수 있다. 처분등의 효과가 기간의 경과, 처분등의 집행 그 밖의 사유로 인하여 소멸된 뒤에도 그 처분등의 취소로 인하여 회복되는 법률상 이익이 있는 자의 경우에는 또한 같다.

② 재량행위의 경우는 재량권의 일탈 또는 남용에 이르지 아니한 때에는 소송의 대상이 되지 못하며, 소송이 제기된 경우 이를 각하하여야 한다.

③ 지방소방공무원이 자신이 소속된 지방자치단체를 상대로 초과근무수당의 지급을 구하는 청구에 관한 소송은 당사자소송의 절차에 따라야 한다.

④ 행정소송은 행정청의 위법한 처분 등으로 인한 국민의 권리 또는 이익의 침해를 구제하고 공법상 권리 관계 또는 법률적용에 관한 다툼을 적정하게 해결함을 목적으로 한다.

> **해설** 재량행위에 대해 소송이 제기된 경우 법원은 이를 각하할 것인가, 본안판단을 해야 할 것인가를 판단해야 한다. 다수설은 재량행위도 일종의 처분이고, 재량권의 일탈 또는 남용은 위법성에 대한 문제이므로 각하할 것이 아니라 본안판단을 통해 기각 또는 인용판결을 하여야 한다고 보고 있다.

제4편

행정구제법

26

취소소송에 대한 설명으로 옳지 않은 것은?

① 취소소송은 원고의 소재지를 관할하는 법원에 제기하는 것이 원칙이다.

② 취소소송은 처분이 있음을 안 날로부터 90일, 있은 날로부터 1년 이내에 제기하여야 한다.

③ 취소소송을 제기하기 위해서 행정심판을 반드시 거쳐야 하는 것은 아니다.

④ 권한이 위임된 경우 위임청이 아닌 권한을 위임받은 수임청을 피고로 하여야 한다.

해설 취소소송은 피고의 소재지를 관할하는 법원에 제기하는 것이 원칙이다.

핵심정리

취소소송의 재판관할

• **심급관할** : 취소소송은 지방법원급인 행정법원을 제1심법원으로 하며, 그 항소심을 고등법원, 상고심을 대법원이 담당하는 3심제를 채택하고 있다.

• **사물관할** : 행정법원의 심판권은 판사 3인으로 구성된 합의부에서 한다. 다만, 행정법원에 있어서 단독판사가 심판할 것으로 행정법원 합의부가 결정한 사건의 심판권은 단독판사가 이를 행한다(법원조직법 제7조 제3항).

• **토지관할**

 – 취소소송은 피고인 행정청의 소재지를 관할하는 행정법원이 그 관할법원이다. 다만 중앙행정기관, 중앙행정기관의 부속기관과 합의제행정기관 또는 그 장, 국가의 사무를 위임 또는 위탁받은 공공단체 또는 그 장의 피고에 대하여 취소소송을 제기하는 경우 대법원소재지를 관할하는 행정법원에 제기할 수 있다.(행정소송법 제9조 2항)

 – 토지의 수용 기타 부동산 또는 특정의 장소에 관계되는 처분 등에 대한 취소소송은 그 부동산 또는 장소의 소재지를 관할하는 행정법원에 이를 제기할 수 있다(동조 제3항).

27

행정소송에 대한 설명으로 옳지 않은 것은?

① 법원이 필요하다고 인정할 때에는 직권으로 증거조사할 수 있다.

② 취소소송의 위법성 판단의 기준 시는 원칙적으로 판결 시라는 것이 판례의 입장이다.

③ 판례는 사정판결의 필요성을 변론종결 시를 기준으로 판단하여야 한다고 한다.

④ 행정처분의 존부 및 원고적격은 법원의 직권조사사항이다.

해설 법원이 어느 시점의 사실 및 법상태를 기준으로 처분의 위법성을 판단할 것인지의 문제와 관련하여서는 처분시설과 판결시설의 대립이 있으나, 처분의 위법 여부는 처분 시의 법령 및 사실을 기준으로 판단하여야 한다는 처분시설이 다수설이다.

● **관련 판례**

행정처분의 위법성을 판단하는 표준시기는 그 처분 당시이고 재판 시를 표준으로 할 수 없다(대판 1995.6.16, 94누7133).

28 국가직 9급 기출

행정심판에 대한 설명으로 옳은 것은? (다툼이 있는 경우 판례에 의함)

① 종중이나 교회와 같은 비법인사단은 사단 자체의 명의로 행정심판을 청구할 수 없고 대표자가 청구인이 되어 행정심판을 청구하여야 한다.

② 행정심판의 대상과 관련되는 권리나 이익을 양수한 특정승계인은 행정심판위원회의 허가를 받아 청구인의 지위를 승계할 수 있다.

③ 행정심판에서는 항고소송에서와 달리 처분청이 당초 처분의 근거로 삼은 사유와 기본적 사실관계가 동일성이 인정되지 않는 다른 사유를 처분사유로 추가하거나 변경할 수 있다.

④ 행정심판의 재결이 확정되면 피청구인인 행정청을 기속하는 효력이 있고 그 처분의 기초가 된 사실관계나 법률적 판단이 확정되므로 이후 당사자 및 법원은 이에 모순되는 주장이나 판단을 할 수 없다.

해설 심판청구의 대상과 관계되는 권리나 이익을 양수한 자는 위원회의 허가를 받아 청구인의 지위를 승계할 수 있다(행정심판법 제16조 제5항).
① 법인이 아닌 사단 또는 재단으로서 대표자나 관리인이 정하여져 있는 경우에는 그 사단이나 재단의 이름으로 심판청구를 할 수 있다(행정심판법 제14조).
③ 행정처분의 취소를 구하는 항고소송에서 처분청은 당초 처분의 근거로 삼은 사유와 기본적 사실관계가 동일성이 있다고 인정되는 한도 내에서만 다른 사유를 추가 또는 변경할 수 있고, 이러한 기본적 사실관계의 동일성 유무는 처분사유를 법률적으로 평가하기 이전의 구체적 사실에 착안하여 그 기초인 사회적 사실관계가 기본적인 점에서 동일한지에 따라 결정되므로, 추가 또는 변경된 사유가 처분 당시에 이미 존재하고 있었다거나 당사자가 그 사실을 알고 있었다고 하여 당초의 처분사유와 동일성이 있다고 할 수 없다. 그리고 이러한 법리는 행정심판 단계에서도 그대로 적용된다(대법원 2014. 5. 16. 선고 2013두26118 판결).

④ 행정심판의 재결은 피청구인인 행정청을 기속하는 효력을 가지므로 재결청이 취소심판의 청구가 이유 있다고 인정하여 처분청에 처분을 취소할 것을 명하면 처분청으로서는 재결의 취지에 따라 처분을 취소하여야 하지만, 나아가 재결에 판결에서와 같은 기판력이 인정되는 것은 아니어서 재결이 확정된 경우에도 처분의 기초가 된 사실관계나 법률적 판단이 확정되고 당사자들이나 법원이 이에 기속되어 모순되는 주장이나 판단을 할 수 없게 되는 것은 아니다(대법원 2015. 11. 27. 선고2013다6759 판결).

29 국가직 9급 기출

항고소송에서 수소법원이 하여야 하는 판결에 대한 설명으로 옳지 않은 것은? (다툼이 있는 경우 판례에 의함)

① 무효확인소송의 제1심 판결시까지 원고적격을 구비하였는데 제2심 단계에서 원고적격을 흠결하게 된 경우, 제2심 수소법원은 각하판결을 하여야 한다.

② 행정처분이 있음을 안 날부터 90일을 넘겨 행정심판을 청구하였다가 각하재결을 받은 후 그 재결서를 송달받은 날부터 90일 내에 원래의 처분에 대하여 취소소송을 제기한 경우, 수소법원은 각하판결을 하여야 한다.

③ 허가처분 신청에 대한 부작위를 다투는 부작위위법확인소송을 제기하여 제1심에서 승소판결을 받았는데 제2심 단계에서 피고 행정청이 허가처분을 한 경우, 제2심 수소법원은 각하판결을 하여야 한다.

④ 행정심판을 청구하여 기각재결을 받은 후 재결 자체에 고유한 위법이 있음을 주장하며 그 기각재결에 대하여 취소소송을 제기한 경우, 수소법원은 심리 결과 재결자체에 고유한 위법이 없다면 각하판결을 하여야 한다.

> **해설** 행정소송법 제19조는 취소소송은 행정청의 원처분을 대상으로 하되(원처분주의), 다만 "재결 자체에 고유한 위법이 있음을 이유로 하는 경우"에 한하여 행정심판의 재결도 취소소송의 대상으로 삼을 수 있도록 규정하고 있으므로 재결취소소송의 경우 재결 자체에 고유한 위법이 있는지 여부를 심리할 것이고, 재결 자체에 고유한 위법이 없는 경우에는 원처분의 당부와는 상관없이 당해 재결취소소송은 이를 기각하여야 한다(대법원 1994. 1. 25. 선고 93누16901 판결).

30

취소소송에 대한 설명으로 옳은 것은?

① 취소소송에서는 직접적으로 공공의 이익과 관련하여 객관적으로 적법하고 공정한 결과가 요구되기 때문에 민사소송상의 원칙인 변론주의가 배제되고 직권탐지주의가 채용되고 있다.

② 행정처분은 적법성이 추정되므로 취소소송에서의 입증책임은 원고에게 있다.

③ 취소소송에서는 법원이 필요하다고 인정한 때에는 당사자의 신청 없이도 관계 행정청을 소송에 참가시킬 수 있다.

④ 취소판결이 확정되더라도 처분의 효력을 소멸시키기 위하여는 처분청 등에 의한 취소처분이 필요하다.

> **해설** ① 변론주의가 원칙이며 예외적으로 직권탐지주의를 가미하고 있다.
> ② 통설·판례인 법률요건분류설은 행정처분의 권리근거규정의 요건사실은 피고인 행정청이 입증책임을 지고 권리장애규정·권리멸각규정·권리저지규정의 요건사실은 원고가 입증책임을 진다고 본다.
> ④ 행정처분을 취소한다는 확정판결이 있으면 그 취소판결의 형성력에 의하여 당해 행정처분의 취소나 취소통지 등의 별도의 절차를 요하지 아니하고 당연히 취소의 효과가 발생한다(대판 1991.10.11. 90누5443).

31 국가직 9급 기출

취소소송에서 협의의 소의 이익에 대한 설명으로 옳지 않은 것은? (다툼이 있는 경우 판례에 의함)

① 현역입영대상자가 현역병입영통지처분에 따라 현실적으로 입영을 한 후에는 처분의 집행이 종료되었고 입영으로 처분의 목적이 달성되어 실효되었으므로 입영통지처분을 다툴 법률상 이익이 인정되지 않는다.

② 가중요건이 법령에 규정되어 있는 경우, 업무정지처분을 받은 후 새로운 제재처분을 받음이 없이 법률이 정한 기간이 경과하여 실제로 가중된 제재처분을 받을 우려가 없어졌다면 특별한 사정이 없는 한 업무정지처분의 취소를 구할 법률상 이익이 인정되지 않는다.

③ 공장등록이 취소된 후 그 공장시설물이 철거되었고 다시 복구를 통하여 공장을 운영할 수 없는 상태라 하더라도 대도시 안의 공장을 지방으로 이전할 경우 조세감면 및 우선입주 등의 혜택이 관계 법률에 보장되어 있다면, 공장등록취소처분의 취소를 구할 법률상 이익이 인정된다.

④ 지방의회 의원에 대한 제명의결 취소소송 계속 중 의원의 임기가 만료된 경우에도 여전히 제명의결의 취소를 구할 법률상 이익이 인정된다.

해설 입영으로 그 처분의 목적이 달성되어 실효되었다는 이유로 다툴 수 없도록 한다면, 병역법상 현역입영대상자로서는 현역병입영통지처분이 위법하다 하더라도 법원에 의하여 그 처분의 집행이 정지되지 아니하는 이상 현실적으로 입영을 할 수밖에 없으므로 현역병입영통지처분에 대하여는 불복을 사실상 원천적으로 봉쇄하는 것이 되고, 또한 현역입영대상자가 입영하여 현역으로 복무하는 과정에서 현역병입영통지처분 외에는 별도의 다른 처분이 없으므로 입영한 이후에는 불복할 아무런 처분마저 없게 되는 결과가 되며, 나아가 입영하여 현역으로 복무하는 자에 대한 병적을 당해 군 참모총장이 관리한다는 것은 입영 및 복무의 근거가 된 현역병입영통지처분이 적법함을 전제로 하는 것으로서 그 처분이 위법한 경우까지를 포함하는 의미는 아니라고 할 것이므로, 현역입영대상자로서는 현실적으로 입영을 하였다고 하더라도, 입영 이후의 법률관계에 영향을 미치고 있는 현역병입영통지처분 등을 한 관할지방병무청장인 피고를 상대로 위법을 주장하여 그 취소를 구할 소송상의 이익이 있다(대법원2003. 12. 26. 선고 2003두1875 판결).

32

통설과 판례상 항고소송의 피고적격에 관한 내용으로 가장 옳지 않은 것은?

① 법률에 특별한 규정이 없는 한 처분청
② 권한의 위임이 있는 경우 수임청
③ 권한의 대리가 있는 경우 피대리관청
④ 조례가 항고소송의 대상인 경우 당해 조례를 의결한 지방의회

해설 조례가 집행행위의 개입 없이도 그 자체로서 직접 국민의 구체적인 권리의무나 법적 이익에 영향을 미치는 등의 법률상 효과를 발생하는 경우 그 조례는 항고소송의 대상이 되는 행정처분에 해당하고, 이러한 조례에 대한 무효확인소송을 제기함에 있어서 행정소송법 제38조 제1항, 제13조에 의하여 피고적격이 있는 처분 등을 행한 행정청은, 행정주체인 지방자치단체 또는 지방자치단체의 내부적 의결기관으로서 지방자치단체의 의사를 외부에 표시할 권한이 없는 지방의회가 아니라, 구 지방자치법(1994.3.16. 법률 제4741호로 개정되기 전의 것) 제19조 제2항, 제92조에 의하여 지방자치단체의 집행기관으로서 조례로서의 효력을 발생시키는 공포권이 있는 지방자치단체의 장이다(대판 1996.9.20. 95누8003).

33

행정소송법상 인정되지 않는 소송은?

① 부작위위법확인소송
② 취소소송
③ 의무이행소송
④ 당사자소송

해설 행정소송법상 인정되는 소송은 항고소송(취소소송, 무효등확인소송, 부작위위법확인소송), 당사자소송, 민중소송, 기관소송이다(행정소송법 제3조·제4조).

34 [지방직 9급 기출]

행정소송법상 행정소송에 해당하지 않는 것은? (다툼이 있는 경우 판례에 의함)

① 행정재산의 사용·수익 허가에 따른 사용료를 미납한 경우에 부과된 가산금의 징수를 다투는 소송
② 행정편의를 위하여 사법상의 금전급부의무의 불이행에 대하여 국세징수법상 체납처분에 관한 규정을 준용하는 경우에 체납처분을 다투는 소송
③ 국가나 지방자치단체에 근무하는 청원경찰의 징계처분에 대한 소송
④ 개발이익환수에관한법률상 개발부담금 부과처분이 취소된 경우 그 과오납금의 반환을 청구하는 소송

해설 개발부담금 부과처분이 취소된 경우, 그 과오납금에 대한 부당이득반환청구권은 개발부담금 부과처분의 취소로 개발부담금 채무가 소멸한 때에 확정되고 개발이익환수에관한법률시행령 제17조 제3항에 의하여 비로소 발생하는 것은 아니므로, 그 징수자는 악의의 수익자로서 수령한 금원에 대하여 민법 소정의 연 5푼의 법정이자를 지급할 책임이 있다. 개발부담금 부과처분이 취소된 이상 그 후의 부당이득으로서의 과오납금 반환에 관한 법률관계는 단순한 민사 관계에 불과한 것이고, 행정소송 절차에 따라야 하는 관계로 볼 수 없다(대법원 1995. 12.22. 선고 94다51253 판결).

35

행정심판에 대한 설명으로 옳지 않은 것은?

① 거부처분에 대한 의무이행심판은 행정심판청구기간의 제한이 없다.

② 처분의 상대방뿐만 아니라 제3자도 심판청구인이 될 수 있다.

③ 처분이 부당한 경우에도 행정심판의 대상이 될 수 있다.

④ 무효등확인심판에서는 사정재결이 인정되지 않는다.

해설 거부처분에 대한 의무이행심판청구의 경우는 심판제기기간의 제한이 적용되나, 부작위에 대한 의무이행심판청구에는 심판제기기간의 제한이 적용되지 않는다(행정심판법 제27조 제7항).

36

무효등확인소송에 대한 설명으로 옳지 않은 것은?

① 제소기간의 제한이 없다.

② 처분시를 기준으로 처분의 무효 등을 판단해야 한다.

③ 무효등확인소송에서는 사정판결이 행해질 수 있다는 것이 다수설·판례의 입장이다.

④ 무효등확인판결은 제3자에 대하여도 효력이 있다.

해설 무효등확인소송에서는 사정판결이 행해질 수 없다는 것이 다수설·판례의 입장이다.

37

행정심판에 대한 설명으로 옳지 않은 것은?

① 이의신청을 제기해야 할 사람이 처분청에 표제를 '행정심판청구서'로 한 서류를 제출한 경우라 할지라도 서류의 내용에 이의신청 요건에 맞는 불복취지와 사유가 충분히 기재되어 있다면 이를 처분에 대한 이의신청으로 볼 수 있다.

② 과세처분에 관한 이의 신청절차에서 과세관청이 이의신청사유가 옳다고 인정하여 과세처분을 직권으로 취소한 이상 그 후 특별한 사유 없이 이를 번복하고 종전 처분을 되풀이하는 것은 허용되지 않는다.

③ 대통령의 처분 또는 부작위에 대하여는 다른 법률에서 행정심판을 청구할 수 있도록 정한 경우 외에는 행정심판을 청구할 수 없다.

④ 행정심판의 대상과 관련되는 권리나 이익을 양수한 특정승계인은 행정심판위원회의 허가를 받아 청구인의 지위를 승계할 수 없다.

해설 행정심판이 제기된 후에 당해 심판청구의 대상과 관계되는 권리 또는 이익을 양수한 자는 관계행정심판위원회의 허가를 받아 청구인의 지위를 승계할 수 있다(행정심판법 제16조 제5항).

제**4**편

행정구제법

38

집행정지제도에 대한 설명으로 옳지 않은 것은?

① 집행정지의 대상이 되는 것은 처분의 효력, 처분의 집행 및 절차의 속행이다.

② 불허가처분 · 거부처분 등과 같은 소극적 처분에 대하여는 집행정지를 할 수 있다는 것이 통설 및 판례이다.

③ 사실행위도 공권력의 행사이면서 사인에게 법률상 직접 영향을 미치는 한, 집행정지의 대상이 된다.

④ 집행정지가 허용되지 않는 경우에는 사인이 입게 될 손해보다도 공공복리에 미칠 영향이 중대한 때가 포함된다.

> **해설** 신청에 대한 거부처분의 효력을 정지하더라도 거부처분이 없었던 것과 같은 상태, 즉 거부처분이 있기 전의 신청시의 상태로 되돌아가는 데 불과하고 행정청에게 신청에 따른 처분을 하여야 할 의무가 생기는 것은 아니므로, 거부처분의 효력정지는 그 거부처분으로 인하여 생길 손해를 방지하는 데 아무런 보탬이 되지 아니하여 그 효력정지를 구할 이익이 없다(대결 1995.6.21, 95두26).

39

행정심판의 대상이 될 수 없는 것은?

① 일반처분

② 권력적 사실행위

③ 대통령의 처분 또는 부작위

④ 거부처분

> **해설** 대통령의 처분 또는 부작위에 대하여는 다른 법률에 특별한 규정이 있는 경우를 제외하고는 행정심판을 제기할 수 없다.

40 지방직 9급 기출

공법상 객관적 권리구제의 성질이 가장 강한 것은?

① 취소소송

② 처분의 상대방에 의한 이의신청

③ 지방자치법상 주민소송

④ 민주화운동 관련 보상을 위한 당사자소송

> **해설** 주민소송은 객관적 소송에 해당한다. 객관적 소송이란 개인의 권리보호가 아닌 공공이익의 보호를 목적으로 하는 소송을 말하며, 민중소송(국민투표소송, 선거소송, 당선소송, 주민소송 등)과 기관소송이 있다.

핵심정리

주관적 소송과 객관적 소송

구분	주관적 소송	객관적 소송
의의	개인의 권리보호를 목적으로 하는 소송	공공이익의 보호(적법성 보장)를 목적으로 하는 소송
종류	항고소송(취소소송, 무효등확인소송, 부작위위법확인소송), 당사자소송(형식적 당사자소송, 실질적 당사자소송)	민중소송(국민투표소송, 주민투표소송, 선거소송, 당선소송, 주민소송 등), 기관소송

41

행정소송의 특수성으로 볼 수 없는 것은?

① 직권심리주의

② 행정심판임의주의

③ 사정판결제도

④ 집행정지의 원칙

> **해설** 집행정지의 원칙이 아닌 집행부정지원칙을 채택하고 있다.

42 지방직 9급 기출

행정소송과 그 피고에 대한 연결이 옳은 것만을 모두 고르면?

> ㄱ. 대통령의 검사임용처분에 대한 취소소송 – 법무부장관
> ㄴ. 국토교통부장관으로부터 권한을 내부위임 받은 국토교통부차관이 처분을 한 경우에 그에 대한 취소소송 – 국토교통부차관
> ㄷ. 헌법재판소장이 소속직원에게 내린 징계처분에 대한 취소소송 – 헌법재판소 사무처장
> ㄹ. 환경부장관의 권한을 위임받은 서울특별시장이 내린 처분에 대한 취소소송 – 서울특별시장

① ㄱ, ㄴ
② ㄷ, ㄹ
③ ㄱ, ㄷ, ㄹ
④ ㄱ, ㄴ, ㄷ, ㄹ

해설 ㄱ. 국가공무원법 제16조 제1항에 따른 행정소송을 제기할 때에는 대통령의 처분 또는 부작위의 경우에는 소속 장관(대통령령으로 정하는 기관의 장을 포함한다. 이하 같다)을, 중앙선거관리위원회위원장의 처분 또는 부작위의 경우에는 중앙선거관리위원회사무총장을 각각 피고로 한다(국가공무원법 제16조 제2항).

ㄷ. 헌법재판소장이 한 처분에 대한 행정소송의 피고는 헌법재판소 사무처장으로 한다(헌법재판소법 제17조 제5항).

ㄹ. 행정소송법을 적용함에 있어서 행정청에는 법령에 의하여 행정권한의 위임 또는 위탁을 받은 행정기관, 공공단체 및 그 기관 또는 사인이 포함된다(행정소송법 제2조 제2항).

ㄴ. 행정관청이 특정한 권한을 법률에 따라 다른 행정관청에 이관한 경우와 달리 내부적인 사무처리의 편의를 도모하기 위하여 그의 보조기관 또는 하급행정관청으로 하여금 그의 권한을 사실상 행하도록 하는 내부위임의 경우에는 수임관청이 그 위임된 바에 따라 위임관청의 이름으로 권한을 행사하였다면 그 처분청은 위임관청이므로 그 처분의 취소나 무효확인을 구하는 소송의 피고는 위임관청으로 삼아야 한다(대법원 1991. 10. 8. 선고 91누520 판결).

43 지방직 9급 기출

항고소송에 대한 설명으로 옳은 것은? (다툼이 있는 경우 판례에 의함)

① 취소소송의 소송물을 처분의 위법성 일반으로 보게 되면, 어떠한 처분에 대한 청구기각의 확정판결이 있는 경우에도 후에 제기되는 취소소송에서 그 처분의 위법성을 주장할 수 있다.

② 소송에 있어서 처분권주의는 사적자치에 근거를 둔 법질서에 뿌리를 두고 있으므로 취소소송에는 적용되지 않는다.

③ 취소소송의 심리에 있어서 주장책임은 직권탐지주의를 보충적으로 인정하고 있는 한도 내에서 그 의미가 완화된다.

④ 부작위위법확인소송에서 사인의 신청권의 존재여부는 부작위의 성립과 관련하므로 원고적격의 문제와는 관련이 없다.

해설 주장책임이란 분쟁의 주요한 사실관계를 주장하지 않음으로 인하여 당사자 일방의 불이익 내지 부담을 말하는 것으로, 이러한 주장책임의 완화의 의미로 직권조사주의가 있다.

① 과세처분취소소송의 소송물은 그 취소원인이 되는 위법성 일반이고 그 심판의 대상은 과세처분에 의하여 확인된 조세채무인 과세표준 및 세액의 객관적 존부이므로, 과세관청이 법인세의 과세표준과 세액을 결정 또는 경정함에 있어서 납세의무자인 법인이 손금으로 계상한 손비가 법인세법 제16조 제4호에 해당하는 것으로 법률해석을 잘못하여 손금산입을 부인하였더라도, 그 손비가 같은법 조 제5호에 해당하여 어차피 손금에 산입하지 아니하는 손비로 판단되는 이상, 과세관청의 결정 또는 경정처분을 위법한 것이라고 볼 수는 없다(대법원 1990. 3. 23. 선고 89누5386 판결).

② 행정소송에 관하여 이 법에 특별한 규정이 없는 사항에 대하여는 법원조직법과 민사소송법 및 민사집행법의 규정을 준용한다(행정소송법 제8조 제2항).

④ 부작위위법확인소송은 처분의 신청을 한 자로서 부작위의 위법의 확인을 구할 법률상의 이익이 있는 자만이 제기할 수 있다 할 것이며, 이를 통하여 구하는 행정청의 응답행위는 행정소송법 제2조 제1항 제1호

소정의 처분에 관한 것이라야 하므로, 당사자가 행정청에 대하여 어떠한 행정행위를 하여 줄 것을 신청하지 아니하거나 그러한 신청을 하였더라도 당사자가 행정청에 대하여 그러한 행정행위를 하여 줄 것을 요구할 수 있는 법규상 또는 조리상의 권리를 갖고 있지 아니하든지 또는 행정청이 당사자의 신청에 대하여 거부처분을 한 경우에는 원고적격이 없거나 항고소송의 대상인 위법한 부작위가 있다고 볼 수 없어 그 부작위위법확인의 소는 부적법하다(대법원 1995. 9. 15.선고 95누7345 판결).

44

취소소송에 있어서 협의의 소익에 대한 설명으로 옳지 않은 것은? (다툼이 있는 경우 판례에 의함)

① 처분 등의 효과가 소멸된 뒤에도 그 처분 등의 취소로 인하여 회복되는 법률상의 이익이 있는 자는 소를 제기할 수 있다.

② 대집행이 완료된 경우 대집행계고처분의 취소를 구하는 소는 소의 이익이 없다.

③ 제재적 행정처분의 효력이 소멸한 경우에도 행정규칙에 의해 당해 처분의 존재가 가중처분의 전제가 되는 경우 처분의 취소를 구할 이익이 있다.

④ 명예, 신분 등 인격적 이익의 침해만으로는 협의의 소익을 인정할 수 없으므로 검정고시에 합격한 경우 퇴학처분의 취소를 구할 이익이 없다.

> **해설** 판례는 명예, 신분 등의 사회적·인격적 이익에 대해서는 원칙적으로 행정소송법 제12조의 회복되는 법률상의 이익에 포함되지 않는다고 보고 있으나, 검정고시에 합격한 경우 퇴학처분의 취소를 구할 소송상의 이익이 있다고 보았다(대판 1992.7.14, 91누4737).
> ① 처분 등의 효과가 기관의 경과, 처분 등의 집행 그 밖의 사유로 인하여 소멸된 뒤에도 그 처분 등의 취소로 인하여 회복되는 법률상 이익이 있는 자도 소를 제기할 수 있다(행정소송법 제12조).
> ② 사실행위로서 대집행의 실행이 완료된 경우에는, 행위가 위법한 것이라는 이유로 손해배상이나 원상회복 등을 청구하는 것은 별론으로 하고 처분의 취소를 구할 법률상 이익은 없다(대판 1993.6.8, 93누6164).
> ③ 제재적 행정처분의 효력이 기간의 경과로 소멸한 경우에도 행정규칙에 의해 당해처분의 존재가 가중처분의 전제가 되는 경우 처분의 취소를 구할 이익이 있다(대판 2006.6.22, 2003두1684).

45

취소소송에 대한 설명으로 옳은 것은?

① 취소소송은 피고인 행정청의 소재지를 관할하는 법원에서 제기하는 것이 원칙이다.

② 행정소송법은 전속관할주의를 채택하고 있다.

③ 이송결정에 의해 이송 받은 법원은 다시 다른 법원에 이송할 수 있다.

④ 행정소송으로 제기할 사항을 민사소송으로 제기한 경우 수소법원은 이를 각하하여야 한다.

해설 ② 행정소송법은 개인의 제소의 편의를 도모하기 위하여 임의관할주의를 채택하고 있다.

③ 이송결정은 이송 받은 법원을 기속하며, 따라서 이송 받은 법원은 다시 다른 법원에 이송하지 못함이 원칙이다(민사소송법 제38조).

④ 민사소송법 제34조 제1항은 원고의 고의 또는 중대한 과실 없이 행정소송이 심급을 달리하는 법원에 잘못 제기된 경우에도 적용된다(행정소송법 제7조). 그러므로 수소법원은 이를 행정법원으로 이송하여야 한다.

핵심정리

취소소송

- **의의** : 취소소송이란 행정청의 위법한 처분 등을 취소 또는 변경하는 소송을 말하는 것으로(행정소송법 제4조 제1호), 여기서 '처분 등'이라 함은 행정청이 행하는 구체적 사실에 관한 법집행으로서의 공권력의 행사 또는 그 거부와 그 밖에 이에 준하는 행정작용(처분) 및 행정심판에 대한 재결을 말한다(동법 제2조 제1항 제1호).

- **종류** : 취소소송의 대상이 되는 처분 등은 처분과 재결이다. 따라서 위법한 처분과 재결(당해 재결 자체에 고유한 위법이 있음을 이유로 인하여)에 대한 취소·변경의 소를 구할 수 있다. 그 유형은 처분취소소송과 처분변경소송·재결취소소송과 재결변경소송, 그리고 판례상 인정된 무효인 처분에 대한 무효선언을 구하는 취소소송으로 구분된다.

46

항고소송에서 판결의 기속력에 대한 설명으로 옳지 않은 것은?

① 취소판결의 기속력은 인용판결뿐만 아니라 기각판결에도 인정된다.

② 기속력은 취소판결 등의 실효성을 도모하기 위하여 인정된 효력이므로, 판결주문 및 그 전제가 된 요건사실의 인정과 효력의 판단에만 미친다.

③ 취소판결이 확정된 후에 그 기속력에 위반하여 같은 사유에 의한 동일한 내용의 처분은 그 하자가 중대하고도 명백하여 당연무효이다.

④ 거부처분이 있은 후 법령이 개정되어 시행된 경우에는 개정된 법령과 그에 따른 기준을 새로운 사유로 들어 다시 거부처분을 하더라도 기속력에 반하는 것은 아니다.

해설 취소판결의 기속력은 그 사건의 당사자인 행정청과 그 밖의 관계행정청에게 확정판결의 취지에 따라 행동하여야 할 의무를 지우는 것으로 이는 인용판결에 한하여 인정된다. 반면 기판력은 소송법상의 구속력으로 인용판결과 기각판결 모두에 인정된다.

② 기속력은 주로 판결의 실효성 확보를 위하여 인정되는 효력으로서 판결주문 및 그 전제가 된 요건사실의 인정과 효력의 판단에만 미친다.

③ 당사자인 처분행정청이 그 행정소송의 사실심 변론 종결 이전의 사유를 내세워 다시 확정판결과 저촉되는 행정처분을 하는 것은 허용되지 않는 것으로서 이러한 행정처분은 그 하자가 중대하고도 명백한 것이어서 당연무효라 할 것이다(대판 1990. 12. 11. 90누3560).

④ 행정처분의 적법 여부는 그 행정처분이 행하여 진 때의 법령과 사실을 기준으로 하여 판단하는 것이므로 거부처분 후에 법령이 개정·시행된 경우에는 개정된 법령 및 허가기준을 새로운 사유로 들어 다시 이전의 신청에 대한 거부처분을 할 수 있다(대판 1998. 1. 7.자 97두22).

47

사정재결에 대한 설명으로 옳지 않은 것은?

① 심판청구가 이유가 있다고 인정하는 경우에도 이를 인용하는 것이 공공복리에 크게 위배된다고 인정하는 경우에 행한다.

② 취소심판과는 달리 의무이행심판에는 사정재결이 인정이 되지 아니한다.

③ 행정심판위원회는 사정재결을 할 때에는 재결의 주문에서 그 처분 또는 부작위가 위법하거나 부당하다는 것을 구체적으로 밝혀야 한다.

④ 위원회는 사정재결을 함에 있어서 청구인에 대하여 상당한 구제방법을 취하거나 상당한 구제방법을 취할 것을 피청구인에게 명할 수 있다.

해설 사정재결은 취소심판과 의무이행심판에만 적용하며 무효등확인심판에는 적용하지 않는다.

핵심정리

사정재결(행정심판법 제44조)

- **의의** : 위원회는 심판청구가 이유가 있다고 인정하는 경우에도 이를 인용하는 것이 공공복리에 크게 위배된다고 인정하면 그 심판청구를 기각하는 재결을 할 수 있는데, 이를 사정재결이라 한다. 사정재결의 경우 위원회는 재결의 주문(主文)에서 그 처분 또는 부작위가 위법하거나 부당하다는 것을 구체적으로 밝혀야 한다.

- **요건** : 사정재결은 공공복리에 크게 위배될 수 있는 경우 공익과 사익을 합리적으로 조정하기 위해 예외적으로 인정되는 제도로, 공공복리의 요건을 엄격하고 제한적으로 해석해야 한다.

- **구제방법** : 위원회는 사정재결을 할 경우 청구인에 대하여 상당한 구제방법을 취하거나 상당한 구제방법을 취할 것을 피청구인에게 명할 수 있다.

- **적용 배제** : 사정재결은 취소심판과 의무이행심판에만 적용하며, 무효등확인심판에는 적용하지 않는다.

48 국가직 9급 기출

행정심판법상 행정심판에 대한 설명으로 옳지 않은 것은? (다툼이 있는 경우 판례에 의함)

① 대통령의 처분 또는 부작위에 대하여는 다른 법률에서 행정심판을 청구할 수 있도록 정한 경우 외에는 행정심판을 청구할 수 없다.

② 당사자의 신청에 대한 행정청의 부당한 거부처분에 대하여 일정한 처분을 하도록 하는 행정심판의 청구는 현행법상 허용되고 있다.

③ 행정심판법에 따른 서류의 송달에 관하여는 행정절차법 중 송달에 관한 규정을 준용한다.

④ 행정심판 청구인이 경제적 능력으로 인해 대리인을 선임할 수 없는 경우에는 행정심판위원회에 국선대리인을 선임하여 줄 것을 신청할 수 있다.

해설 행정심판법에 따른 서류의 송달에 관하여는 민사소송법 중 송달에 관한 규정을 준용한다(행정심판법 제57조).

49

행정심판의 기본원칙에 해당하지 않는 것은?

① 대심주의　　　　② 구술심리
③ 공개주의　　　　④ 직권심리주의

> **해설** 이 문제와 관련하여 행정심판법이 구술심리를 우선시키고 있는 점을 고려할 때 심리공개의 원칙이 채택되어 있다고 볼 수 있다는 견해와 행정심판의 심리에 있어 비공개주의가 채택되어 있다고 보아야 한다는 견해가 대립되어 있어 단정적으로 말할 수 없다.

50

형식적 당사자소송에 해당하는 것은?

① 공법상 계약에 관한 소송
② 보상금의 증감에 관한 소송
③ 각종사회보험 급부청구소송
④ 공무원의 직위확인소송

> **해설** 재결신청이나 이의신청에 따른 재결에 대해 제기하는 행정소송이 보상금의 증감에 관한 소송인 경우에 토지소유자 등이 원고인 경우 사업시행자를 피고로, 사업시행자가 원고인 경우에는 토지소유자 등을 피고로 하여 보상금액의 증감을 청구하는 것이 종래 형식적 당사자소송의 전형적인 예로 들어져 왔다.

━━ 핵심정리 ━━

형식적 당사자소송
형식적 당사자소송이란 실질적으로는 행정청의 처분 등을 다투는 것이나, 형식적으로는 처분 등의 효력을 다투지도 않고, 처분청을 피고로 하지도 않고, 그 대신 처분 등으로 인해 형성된 법률관계를 다투기 위해 관련 법률관계의 일방당사자를 피고로 하여 제기하는 소송을 말한다.

51

부작위위법확인소송에 취소소송 규정의 준용이 배제되는 경우는?

① 원고적격
② 직권심리주의
③ 재판관할
④ 관련청구소송의 이송 및 병합

> **해설** 부작위위법확인소송에는 선결문제, 원고적격, 처분변경으로 인한 소의 변경, 집행정지, 사정판결의 취소소송 규정이 준용되지 않는다.

52

사정판결에 대한 설명으로 옳지 않은 것은?

① 행정상 공공복리를 위한 제도이다.
② 판례에 의하면 취소소송에만 인정된다.
③ 판례는 직권에 의한 사정판결을 인정한다.
④ 사정판결의 소송비용은 패소자인 원고가 부담해야 한다.

> **해설** 사정판결은 원고의 주장이 이유 있음에도 불구하고 공공복리를 위하여 청구를 기각하는 것이므로 소송비용은 피고의 부담으로 한다(행정소송법 제32조).

━━ 핵심정리 ━━

사정판결
• **의의** : 원고의 청구가 이유 있다고 인정하는 경우에도 처분 등을 취소하는 것이 현저히 공공복리에 적합하지 않다고 인정하는 때에 법원이 원고의 청구를 기각하는 판결을 말한다.
• **인정이유** : 사정판결은 행정의 법률적합성의 원칙의 예외적인 현상으로, 이익형량의 원칙에 입각하여 공익을 사익에 우선시키는 제도이므로, 제한적으로만 허용되어야 한다.

53

행정심판법의 내용에 대한 설명으로 옳지 않은 것은?

① 행정심판위원회는 필요하면 당사자가 주장하지 아니한 사실에 대하여도 심리할 수 있다.

② 행정심판위원회는 임시처분을 결정한 후에 임시처분이 공공복리에 중대한 영향을 미치는 경우에는 직권으로 또는 당사자의 신청에 의하여 이 결정을 취소할 수 있다.

③ 행정심판은 처분이 있음을 알게 된 날부터 90일 이내에 청구하여야 한다.

④ 당사자의 신청을 거부하거나 부작위로 방치한 처분의 이행을 명하는 재결이 있어도 행정청은 재처분의무를 지지 않는다.

해설 당사자의 신청을 거부하거나 부작위로 방치한 처분의 이행을 명하는 재결이 있으면 행정청은 지체 없이 이전의 신청에 대하여 재결의 취지에 따라 처분을 하여야 한다(행정심판법 제49조 제3항).

핵심정리

심판청구의 기간(행정심판법 제27조)

• 행정심판은 처분이 있음을 알게 된 날부터 90일 이내에 청구하여야 한다.
• 청구인이 천재지변, 전쟁, 사변(事變), 그 밖의 불가항력으로 인하여 제1항에서 정한 기간에 심판청구를 할 수 없었을 때에는 그 사유가 소멸한 날부터 14일 이내에 행정심판을 청구할 수 있다. 다만, 국외에서 행정심판을 청구하는 경우에는 그 기간을 30일로 한다.
• 행정심판은 처분이 있었던 날부터 180일이 지나면 청구하지 못한다. 다만, 정당한 사유가 있는 경우에는 그러하지 아니하다.
• 행정청이 심판청구 기간을 제1항에 규정된 기간보다 긴 기간으로 잘못 알린 경우 그 잘못 알린 기간에 심판청구가 있으면 그 행정심판은 규정된 기간에 청구된 것으로 본다.
• 행정청이 심판청구 기간을 알리지 아니한 경우에는 제3항에 규정된 기간에 심판청구를 할 수 있다.
• 위의 규정은 무효등확인심판청구와 부작위에 대한 의무이행심판청구에는 적용하지 아니한다.

54

판례상 공법상 당사자소송에 해당하지 않는 것은?

① 주택개량재개발조합의 조합원지위확인소송

② 과세처분의 무효를 전제로 한 과오납금환급청구소송

③ 석탄산업법에 의한 석탄가격안정지원금청구소송

④ 서울시무용단원해촉의 무효확인소송

해설 조세부과처분이 당연무효임을 전제로 하여 이미 납부한 세금의 반환을 청구하는 것은 민사상의 부당이득반환청구로서 민사소송절차에 따라야 한다(대판 1995.4.28, 94다55019).

55

항고소송의 피고적격에 대한 설명으로 옳지 않은 것은?

① 중앙노동위원회의 처분에 대한 소는 중앙노동위원회 위원장을 피고로 하여 제기하여야 한다.

② 공정거래위원회의 처분에 대한 소는 공정거래위원회를 피고로 하여 제기하여야 한다.

③ 처분적 조례에 대한 항고소송의 경우 지방자치단체장이 피고가 된다.

④ 국회의장이 행한 처분에 대한 불복의 소는 국회의장을 피고로 한다.

해설 국회의장이 행한 처분에 대한 불복의 소는 국회규칙이 정하는 자를 피고로 한다.

56 지방직 9급 기출

협의의 소익에 대한 판례의 입장으로 옳은 것은?

① 학교법인 임원취임승인의 취소처분 후 그 임원의 임기가 만료되고 구 사립학교법 소정의 임원결격사유기간마저 경과한 경우에 취임승인이 취소된 임원은 취임승인 취소처분의 취소를 구할 소의 이익이 없다.

② 배출시설에 대한 설치허가가 취소된 후 그 배출시설이 철거되어 다시 가동할 수 없는 상태라도 그 취소처분이 위법하다는 판결을 받아 손해배상청구소송에서 이를 원용할 수 있다면 배출시설의 소유자는 당해 처분의 취소를 구할 법률상 이익이 있다.

③ 건축물에 대한 사용검사처분이 취소되면 사용검사 전의 상태로 돌아가 건축물을 사용할 수 없게 되므로 구 주택법상 입주자나 입주예정자가 사용검사처분의 무효확인 또는 취소를 구할 법률상 이익이 있다.

④ 구 도시 및 주거환경정비법상 조합설립추진위원회 구성승인처분을 다투는 소송계속 중에 조합설립인가처분이 이루어졌다면 조합설립추진위원회 구성승인처분의 취소를 구할 법률상 이익은 없다.

해설 추진위원회 구성승인처분에 대한 취소 또는 무효확인 판결의 확정만으로는 이미 조합설립인가를 받은 조합에 의한 정비사업의 진행을 저지할 수 없다. 따라서 추진위원회 구성승인처분을 다투는 소송 계속 중에 조합설립인가처분이 이루어진 경우에는, 추진위원회 구성승인처분에 위법이 존재하여 조합설립인가 신청행위가 무효라는 점 등을 들어 직접 조합설립인가처분을 다툼으로써 정비사업의 진행을 저지하여야 하고, 이와는 별도로 추진위원회 구성승인처분에 대하여 취소 또는 무효확인을 구할 법률상의 이익은 없다고 보아야 한다(대법원 2013. 1. 31. 선고 2011두11112,2011두11129 판결).

① 취임승인이 취소된 학교법인의 정식이사들에 대하여 원래 정해져 있던 임기가 만료되고 구 사립학교법 제22조 제2호 소정의 임원결격사유기간마저 경과하였다 하더라도, 그 임원취임승인취소처분이 위법하다고 판명되고 나아가 임시이사들의 지위가 부정되어 직무권한이 상실되면, 그 정식이사들은 후임이사 선임시까지 민법 제691조의 유추적용에 의하여 직무수행에 관한 긴급처리권을 가지게 되고 이에 터잡아 후임 정식이사들을 선임할 수 있게 되는바, 이는 감사의 경우에도 마찬가지이다. 따라서 취임승인이 취소된 학교법인의 정식이사들로서는 취임승인취소처분에 대한 취소를 구할 법률상 이익이 있다(대법원 2007. 7. 19. 선고 2006두19297 전원합의체 판결).

② 소음·진동배출시설에 대한 설치허가가 취소된 후 그 배출시설이 어떠한 경위로든 철거되어 다시복구 등을 통하여 배출시설을 가동할 수 없는 상태라면 이는 배출시설 설치허가의 대상이 되지 아니하므로 외형상 설치허가취소행위가 잔존하고 있다고 하여도 특단의 사정이 없는 한 이제 와서 굳이 위 처분의 취소를 구할 법률상의 이익이 없다(대법원 2002. 1. 11. 선고 2000두2457 판결).

③ 구 주택법상 입주자나 입주예정자는 사용검사처분의 무효확인 또는 취소를 구할 법률상 이익이 없다(대법원 2015. 1. 29. 선고 2013두24976 판결).

정답 53 ④   54 ②   55 ④   56 ④

57 국가직 9급 기출

항고소송의 대상인 처분에 대한 설명으로 옳은 것은? (다툼이 있는 경우 판례에 의함)

① 국립대학교 총장의 임용권한은 대통령에게 있으므로, 교육부장관이 대통령에게 임용제청을 하면서 대학에서 추천한 복수의 총장 후보자들 중 일부를 임용제청에서 제외한 행위는 처분에 당하지 않는다.

② 인터넷 포털사이트의 개인정보 유출사고로 주민등록번호가 불법 유출되었음을 이유로 주민등록번호 변경신청을 하였으나 관할 구청장이 이를 거부한 경우, 그 거부행위는 처분에 해당하지 않는다.

③ 검사의 불기소결정은 공권력의 행사에 포함되므로, 검사의 자의적인 수사에 의하여 불기소결정이 이루어진 경우 그 불기소결정은 처분에 해당한다.

④ 국가인권위원회가 진정에 대하여 각하 및 기각결정을 할 경우 피해자인 진정인은 인권침해 등에 대한 구제조치를 받을 권리를 박탈당하게 되므로, 국가인권위원회의 진정에 대한 각하 및 기각결정은 처분에 해당한다.

해설 국가인권위원회가 진정을 각하 및 기각결정을 할 경우 피해자인 진정인으로서는 자신의 인격권 등을 침해하는 인권침해 또는 차별행위 등이 시정되고 그에 따른 구제조치를 받을 권리를 박탈당하게 되므로, 진정에 대한 국가인권위원회의 각하 및 기각결정은 피해자인 진정인의 권리행사에 중대한 지장을 초래하는 것으로서 항고소송의 대상이 되는 행정처분에 해당한다(2015. 3. 26. 2013헌마214 · 245 · 445 · 804 · 833, 2014헌마 104 · 506 · 1047(병합)).

① 교육부장관이 자의적으로 대학에서 추천한 복수의 총장 후보자들 전부 또는 일부를 임용제청하지 않는다면 대통령으로부터 임용을 받을 기회를 박탈하는 효과가 있다. 이를 항고소송의 대상이 되는 처분으로 보지 않는다면, 침해된 권리 또는 법률상 이익을 구제받을 방법이 없다. 따라서 교육부장관이 대학에서 추천

한 복수의 총장 후보자들 전부 또는 일부를 임용제청에서 제외하는 행위는 제외된 후보자들에 대한 불이익처분으로서 항고소송의 대상이 되는 처분에 해당한다(대법원 2018.6. 15. 선고 2016두57564 판결).

② 인터넷 포털사이트 등의 개인정보 유출사고로 자신들의 주민등록번호 등 개인정보가 불법 유출되자 이를 이유로 관할 구청장에게 주민등록번호를 변경해 줄 것을 신청하였으나 구청장이 '주민등록번호가 불법 유출된 경우 주민등록법상 변경이 허용되지 않는다'는 이유로 주민등록번호 변경을 거부하는 취지의 통지를 한 사안에서, 피해자의 의사와 무관하게 주민등록번호가 유출된 경우에는 조리상 주민등록번호의 변경을 요구할 신청권을 인정함이 타당하고, 구청장의 주민등록번호 변경신청 거부행위는 항고소송의 대상이 되는 행정처분에 해당한다(대법원 2017. 6. 15. 선고 2013두 2945 판결).

③ 행정소송법 제2조의 처분의 개념 정의에는 해당한다고 하더라도 그 처분의 근거 법률에서 행정소송 이외의 다른 절차에 의하여 불복할 것을 예정하고 있는 처분은 항고소송의 대상이 될 수 없다. 검사의 불기소결정에 대해서는 검찰청법에 의한 항고와 재항고, 형사소송법에 의한 재정신청에 의해서만 불복할 수 있는 것이므로, 이에 대해서는 행정소송법상 항고소송을 제기할 수 없다(대법원 2018. 9. 28. 선고 2017두47465 판결).

58

행정소송법상의 행정처분에 포함되지 않는 것은?

① 통고처분　　　② 불허가처분

③ 취소처분　　　④ 징계처분

해설 통고처분은 행정소송의 대상이 되는 행정처분이 아니므로 그 처분의 취소를 구하는 소송은 부적법하다(대판 1995.6.29, 95누4674 ; 대판 1980.10.14, 80누380).

59

행정심판제도의 필요성으로 옳지 않은 것은?

① 행정능률의 보장

② 법원 및 당사자의 시간, 노력, 경비의 부담경감

③ 행정의 자율적 통제의 보장 기여

④ 재결의 객관성 보장

해설 행정소송은 행정부로부터 독립된 국가기관인 법원에서 재판을 받는 사법절차이므로 행정심판보다 객관성과 공정성이 보장된다.

핵심정리

행정심판제도의 필요성

- **행정의 자기통제** : 행정결정의 적법성 · 합목적성에 대한 흠을 행정청 스스로 시정함으로써 행정의 적법 · 타당성 확보
- **권리구제 기능** : 행정행위의 적법성 이외에 합목적성에 대한 통제까지 함으로써 궁극적인 국민의 권리구제 기능 수행
- **행정능률 보장** : 사법절차에 앞서 신속 · 간편하게 분쟁해결 도모
- **법원 부담경감** : 행정소송 폭주를 방지하여 법원의 부담경감
- **소송상 경제성 확보** : 약식쟁송으로 사법절차에 비해 경비나 시간을 절약

60 〔지방직 9급 기출〕

사정판결의 요건으로 옳지 않은 것은? (다툼이 있는 경우 판례에 의함)

① 처분이 위법하여야 한다.

② 처분을 취소하는 것이 현저히 공공복리에 적합하지 아니하다고 인정되어야 한다.

③ 사정판결의 경우 처분 등의 위법성은 판결 시를 기준으로 판단하여야 한다.

④ 공공복리를 위한 사정판결의 필요성은 변론종결시를 기준으로 판단하여야 한다.

해설 항고소송에 있어서 행정처분의 위법 여부를 판단하는 기준 시점에 대하여 판결 시가 아니라 처분 시라고 하는 의미는 행정처분이 있을 때의 법령과 사실상태를 기준으로 하여 위법 여부를 판단할 것이며 처분 후 법령의 개폐나 사실상태의 변동에 영향을 받지 않는다 뜻이다 (대판 1993.5.27, 92누19033).

핵심정리

사정판결의 요건

- **요건**
  - 취소소송일 것 : 사정판결은 당사자소송, 객관적 소송, 무효등확인소송, 부작위위법확인소송에서는 인정되지 않고 취소소송에서만 인정된다는 것이 통설 및 판례의 입장이다.
  - 처분 등이 위법할 것 : 원고의 청구가 이유 있다고 인정하는 경우이어야 하므로 처분이 위법하여야 한다.
  - 처분 등을 취소하는 것이 현저히 공공복리에 적합하지 않을 것 : 위법한 처분을 취소하여 개인의 권익을 구제할 필요와 그 취소로 인하여 발생할 수 있는 공공복리에 대한 현저한 침해를 비교형량하여 결정하여야 한다.
- **주장 및 입증책임** : 사정판결을 할 사정에 관한 주장 및 입증책임은 피고행정청에 있다. 다만, 판례는 당사자의 주장이 없더라도 직권으로 사정판결을 할 수 있다고 보고 있다(대판 2003두10046).

61

무효등확인소송에 대한 설명으로 옳지 않은 것은?

① 무효등확인소송은 처분 등의 효력 유무 또는 존재 여부의 확인을 구할 법률상 이익이 있는 자가 제기할 수 있다.

② 교육에 관한 조례의 무효확인소송을 제기함에 있어서는 그 집행기관인 시·도 교육감을 피고로 하여야 한다.

③ 동일한 행정처분에 대하여 무효확인의 소를 제기하였다가 그 후 그 처분의 취소를 구하는 소를 추가적으로 병합한 경우, 주된 청구인 무효확인의 소가 적법한 제소기간 내에 제기되었다면 추가로 병합된 취소청구의 소도 적법하게 제기된 것으로 봄이 상당하다.

④ 다른 직접적이고 효과적인 소송형식이 있다면 무효등확인소송은 인정되지 않는다.

해설 종전의 판례는 다수설의 견해와 달리 필요설의 입장에서, 무효등확인소송의 경우 민사소송에서와 같이 별도의 확인의 이익이 있어야 무효등확인소송의 제기가 가능하며(보충성이 적용됨), 행정처분의 무효를 전제로 한 이행소송 등과 같은 직접적 구제수단이 있는 경우에는 소송제기를 할 수 없다고 보았다(소송제기시 각하). 그러나 최근 대법원은 전원합의체 판결을 통해 이를 변경하고, 무효등확인소송의 경우도 다른 직접적인 구제수단의 존재여부와 관계없이 무효등확인을 구할 법률상 이익이 있으면 동 소송의 제기가 가능하며, 이와는 별도의 확인의 이익이 그 소송요건으로 요구되는 것은 아니라 하여 동 소송에서의 보충성의 적용을 배제하였다(대판 2008.3.20, 2007두6342).

62

처분성을 인정한 대법원 판례로 옳은 것은?

① 대학입시기본계획 내의 내신성적산정기준

② 지방자치단체장이 한 국유잡종재산 대부신청의 거부

③ 국세기본법상의 국세환급금결정

④ 폐기물처리업허가 전의 사업계획에 대한 부적정통보

해설 처분성 인정 여부(판례)

인정	• 표준지공시지가결정(대판 2008.8.21, 2007두13845) • 민주화운동관련자 명예회복 및 보상심의위원회의 보상금 등의 지급 결정(대판 2008. 4.17, 2005두16185) • 국토의 계획 및 이용에 관한 법률에 따른 토지거래 허가구역지정(대판 2006.12.22, 2006두12883) • 청소년유해매체물 결정 및 고시(대판 2007.6.14, 2004두619) • 유역환경청장의 토지매수 거부행위(대판 2009.9.10, 2007두20638) • 친일반민족행위자재산조사위원회의 재산조사 개시결정(대판 2009.10.15, 2009두6513) • 납골시설에 관한 도시관리계획의 입안제안 반려처분(대판 2010.7.22, 2010두57)
부정	• 혁신도시의 최종입지 선정행위(대판 2007.11.15, 2007두10198) • 한국마사회의 기수에 대한 징계처분(대판 2008.1.31, 2005두8269) • 관할관청의 무허가건물관리대장에서의 삭제행위(대판 2009.3.12, 2008두11525) • 과세관청이 직권으로 행한 실사업자명의로의 정정행위(대판 2011.1.27, 2008두2200)

63 지방직 9급 기출

행정소송에 대한 설명으로 옳지 않은 것은? (다툼이 있는 경우 판례에 의함)

① 검사의 불기소결정은 행정소송법상 처분에 해당되어 항고소송을 제기할 수 있다.

② 납세의무부존재확인의 소는 공법상의 법률관계 그 자체를 다투는 소송으로서 당사자소송이다.

③ 행정청의 부작위에 대하여 행정심판을 거치지 않고 부작위위법확인소송을 제기하는 경우에는 제소기간의 제한을 받지 않는다.

④ 거부처분에 대하여 무효확인 판결이 확정된 경우, 행정청에 대해 판결의 취지에 따른 재처분의무가 인정될 뿐 그에 대하여 간접강제까지 허용되는 것은 아니다.

해설 검사의 불기소결정에 대해서는 검찰청법에 의한 항고와 재항고, 형사소송법에 의한 재정신청에 의해서만 불복할 수 있는 것이므로, 이에 대해서는 행정소송법상 항고소송을 제기할 수 없다(대법원 2018. 9. 28. 선고 2017두47465 판결).

핵심정리

행정소송
- **정의** : 행정법상의 법률관계에 관하여 분쟁이 생겼을 경우에 법원의 재판에 의하여 그 분쟁을 해결하는 절차
- **민사소송과의 차이점**
  - 원칙적으로 행정법원에서 한다.
  - 행정소송 이전에 행정심판절차를 거치도록 하는 경우가 있다.
  - 원칙적으로 소를 제기할 수 있는 기간이 정해져 있다.
  - 행정처분 등 행정상의 권리관계를 대상으로 한다.
  - 행정소송의 피고는 처분을 한 행정청이다.
- **소제기기간** : 행정소송은 처분이 있음을 안 날로부터 90일 이내, 처분이 있는 날로부터 1년이내

64 지방직 9급 기출

도로법 제61조에서 "공작물 · 물건, 그 밖의 시설을 신설 · 개축 · 변경 또는 제거하거나 그 밖의 사유로 도로를 점용하려는 자는 도로관리청의 허가를 받아야 한다."고 규정하고 있다. 甲은 도로관리청 乙에게 도로점용허가를 신청하였으나, 상당한기간이 지났음에도 아무런 응답이 없어 행정쟁송을 제기하여 권리구제를 강구하려고 한다. 다음 설명으로 옳은 것은? (다툼이 있는 경우 판례에 의함)

① 甲이 의무이행심판을 제기한 경우, 도로점용허가는 기속행위이므로 의무이행심판의 인용재결이 있으면 乙은 甲에 대하여 도로점용허가를 발급해 주어야 한다.

② 甲이 부작위위법확인소송을 제기한 경우, 법원은 乙이 도로 점용허가를 발급해 주어야 하는지의 여부를 심리할 수 있다.

③ 甲이 제기한 부작위위법확인소송에서 법원의 인용판결이 있는 경우, 乙은 甲에 대하여 도로점용허가신청을 거부하는 처분을 할 수 있다.

④ 甲은 의무이행소송을 제기하여 권리구제가 가능하다.

해설 부작위위법확인소송에 대하여 법원의 인용판결이 있게 되면 행정청에게 재처분 의무가 부과 되지만 행정청은 판결의 취지에 따라 거부처분도 가능하다.

① 도로점용허가는 재량행위에 해당한다.

② 부작위위법확인소송은 의무이행소송이 인정되지 않음으로 인하여 부득이하게 인정되는 소송이므로 도로점용허가를 발급해 주어야 하는지에 대하여 법원은 실체적 심리를 할 수 없다.

④ 현행 행정소송법상 의무이행소송은 허용되지 않는다.

65

행정소송의 판결에 대한 설명으로 옳지 않은 것은? (다툼이 있을 경우 판례에 의함)

① 소송요건이 결여된 경우 각하판결을 한다.

② 사정판결의 경우 공공복리를 위한 사정판결의 필요성은 처분 시를 기준으로 한다.

③ 취소판결의 효력은 제3자에게도 미친다.

④ 징계처분이 취소된 경우 다른 징계사유를 들어 동일한 내용의 징계처분을 하는 것은 기속력에 반하지 않는다.

> **해설** 사정판결의 처분의 위법성의 판단은 처분시에 하나 사정판결의 필요가 인정되는 공공복리에 적합성 여부는 판결 시를 기준으로 한다.

66

현행 행정심판법에서 채택하고 있지 않은 것은?

① 사정재결제도

② 의무이행심판

③ 행정심판사항의 열기주의

④ 고지제도

> **해설** 현행 행정심판법은 행정심판사항의 열기주의가 아닌 개괄주의를 채택하고 있다.

67

제3자의 소송참가에 대한 설명으로 옳지 않은 것은?

① 제3자의 소송참가에는 신청에 의한 경우와 직권에 의한 경우가 있다.

② 행정소송법은 제3자 보호를 위하여 제3자의 소송참가 외에 제3자의 재심청구를 인정하고 있다.

③ 법원은 소송의 결과에 따라 권리 또는 이익의 침해를 받을 제3자가 있는 경우가 아니어도 제3자를 소송에 참가시킬 수 있다.

④ 제3자는 판결의 형성력에 의해 권리 또는 이익의 침해를 받은 자를 말하며, 판결의 기속력에 의해 권리 또는 이익의 침해를 받은 경우도 포함된다.

> **해설** 법원은 소송의 결과에 따라 권리 또는 이익의 침해를 받을 제3자가 있는 경우에는 당사자 또는 제3자의 신청 또는 직권에 의하여 결정으로써 그 제3자를 소송에 참가시킬 수 있다.

핵심정리

소송참가제도

- **의의** : 소송과 이해관계가 있는 제3자나 다른 행정청을 소송에 참여시키는 제도를 말한다. 소송참가제도는 취소소송 이외의 항고소송, 당사자소송, 민중소송 및 기관소송에도 준용된다(행정소송법 제38조, 제44조, 제46조).

- **제3자의 소송참가** : 법원은 소송의 결과에 따라 권리 또는 이익의 침해를 받을 제3자가 있는 경우에는 당사자 또는 제3자의 신청 또는 직권에 의하여 결정으로써 그 제3자를 소송에 참가시킬 수 있다(동법 제16조 제1항).

68

행정심판의 청구기간에 대한 설명으로 옳지 않은 것은?

① 행정심판의 청구는 처분이 있음을 안 날로부터 90일이며 이 기간은 불변기간이다.

② 처분이 있은 날로부터 180일 이내에 심판청구를 제기하지 못할 정당한 사유가 있는 경우 이 기간이 경과해도 심판청구를 제기할 수 있다.

③ 무효등확인심판청구의 경우에는 청구기간에 대한 제한을 적용하지 않는다.

④ 행정청이 심판청구기간을 알리지 않은 경우에는 90일 이내에 심판청구를 할 수 있다.

해설 행정청이 심판청구기간을 알리지 않은 경우에는 정당한 사유가 없는 경우 행정심판은 처분이 있었던 날부터 180일 이내에 심판청구를 할 수 있다(행정심판법 제27조 6항).

핵심정리

행정심판의 청구기간

원칙	예외
행정심판은 처분이 있음을 알게 된 날부터 90일 이내에 청구하여야 한다. (불변기간)	청구인이 천재지변, 전쟁, 사변(事變), 그 밖의 불가항력으로 인하여 90일 이내에 심판청구를 할 수 없었을 때에는 그 사유가 소멸한 날부터 14일(국외 청구시 30일) 이내에 행정심판을 청구할 수 있다.(불변기간)
행정심판은 처분이 있었던 날부터 180일 이내에 청구하여야 한다.	정당한 사유가 있는 경우에는 180일이 경과한 후라도 청구할 수 있다.

69 지방직 9급 기출

행정심판법의 행정심판에 대한 설명으로 옳지 않은 것은?

① 심판청구서를 받은 행정청은 그 심판청구가 이유있다고 인정할 때에는 심판청구의 취지에 따라 처분을 취소·변경 또는 확인을 하거나 신청에 따른 처분을 할 수 있고, 이를 청구인에게 알리고 행정심판위원회에 그 증명서류를 제출하여야 한다.

② 중앙행정심판위원회의 위원장은 국민권익위원회의 부위원장 중 1명이 되며 필요한 경우에는 상임위원이 그 직무를 대행한다.

③ 행정심판위원회로부터 재결서의 정본을 송달받은 행정청은 청구인 및 참가인에게 재결서의 등본을 송달하여야 한다.

④ 사정재결은 무효등확인심판에는 적용하지 아니한다.

해설 행정심판위원회로부터 재결서의 정본을 송달받은 행정청이 재결서의 등본을 송달하는 것이 아니라, 행정심판위원회가 당사자에게 재결서의 정본을 송달하고 참가인에게는 등본을 송달한다(행정심판법 제48조 제1항 및 제3항).

핵심정리

재결의 송달과 효력발생(행정심판법 제48조)

- 위원회는 지체 없이 당사자에게 재결서의 정본을 송달하여야 한다. 이 경우 중앙행정심판위원회는 재결 결과를 소관 중앙행정기관의 장에게도 알려야 한다.
- 재결은 청구인에게 송달되었을 때에 그 효력이 생긴다.
- 위원회는 재결서의 등본을 지체 없이 참가인에게 송달하여야 한다. 처분의 상대방이 아닌 제3자가 심판청구를 한 경우 위원회는 재결서의 등본을 지체 없이 피청구인을 거쳐 처분의 상대방에게 송달하여야 한다.

제**4**편

행정구제법

70

행정소송의 피고적격에 대한 설명으로 가장 옳지 않은 것은?

① 조례가 항고소송의 대상이 되는 경우 피고는 지방자치단체의 의결기관으로서 조례를 제정한 지방의회이다.

② 대리권을 수여받은 데 불과하여 그 자신의 명의로는 행정처분을 할 권한이 없는 행정청의 경우 대리관계를 밝힘이 없이 그 자신의 명의로 행정처분을 하였다면 그에 대하여는 처분명의자인 당해 행정청이 항고소송의 피고가 되어야 하는 것이 원칙이다.

③ 취소소송은 다른 법률에 특별한 규정이 없는 한 그 처분등을 행한 행정청을 피고로하며, 당사자소송은 국가·공공단체 그 밖의 권리주체를 피고로 한다.

④ 국가공무원법에 의한 처분, 기타 본인의 의사에 반한 불리한 처분이나 부작위에 관한 행정소송을 제기할 때에 대통령의 처분 또는 부작위의 경우에는 소속 장관을 피고로 한다.

해설 조례는 항고소송의 대상이 되는 행정처분에 해당하고, 이러한 조례에 대한 무효확인 소송을 제기함에 있어서 피고적격이 있는 처분 등을 행한 행정청은, 행정주체인 지방자치단체 또는 지방자치단체의 내부적 의결기관으로서 지방자치단체의 의사를 외부에 표시할 권한이 없는 지방의회가 아니라, 지방자치단체의 집행기관으로서 조례로서의 효력을 발생시키는 공포권이 있는 지방자치단체의 장이라고 할 것이다(1996. 9. 20. 선고 95누8003 판결).

71

부작위위법확인소송에 대한 설명으로 옳은 것은?

① 부작위위법확인소송은 객관적 소송의 일종이다.

② 법령상 일정기간의 부작위를 거부처분으로 의제하고 있는 경우, 부작위위법확인소송을 제기할 수 있다.

③ 법원은 부작위에 대하여 집행정지 결정을 할 수 있다.

④ 행정심판을 거친 경우에는 제소기간의 제한이 있다.

해설 ① 부작위위법확인소송은 항고소송의 일종으로서 주관적 소송의 성질을 가진다.
② 법령이 일정한 상태에서 부작위를 거부처분으로 의제하는 경우에는 부작위가 있다고 볼 수 없으므로 부작위위법확인소송을 제기할 것이 아니라 거부처분에 대한 취소소송을 제기하여야 한다.
③ 본안소송이 부작위위법확인소송인 경우 집행정지의 문제는 발생하지 않는다.

핵심정리

부작위의 성립요건
• **당사자의 신청이 있을 것** : 당사자의 적법한 신청이 있어야 함
• **상당한 기간이 지날 것** : 상당한 기간이 경과하도록 아무런 처분이 없을 때 그 부작위는 위법이 됨
• **행정청에 처분을 하여야 할 법률상 의무가 존재할 것** : 여기서 법률상 의무는 법령에서 명문으로 규정한 의무만이 아니라, 법령의 취지나 당해 처분의 성질에서 오는 의무도 포함
• **행정청이 아무런 처분을 하지 않을 것** : 거부처분이 있거나 외관적 존재가 있는 무효인 행정처분의 경우는 부작위가 성립되지 않음

72 지방직 9급 기출

행정소송법상의 취소소송에 대한 설명으로 옳지 않은 것은?

① 취소소송의 제1심 관할법원은 피고의 소재지를 관할하는 행정법원으로 함을 원칙으로 한다.

② 취소소송은 법령의 규정에 의하여 행정심판을 제기할 수 있는 경우에도 이를 거치지 아니하고 제기할 수 있다.

③ 취소소송은 처분 등의 취소를 구할 법률상 이익이 있는 자가 제기할 수 있다.

④ 처분 등을 취소하는 확정판결은 당사자 이외의 제3자에게는 효력이 없다.

해설 취소판결의 형성력(대세적 효력, 제3자에 대한 효력)으로 인해 처분 등을 취소하는 확정판결은 제3자에 대하여도 효력이 있다(행정소송법 제29조 제1항). 판결의 형성력은 판결의 내용에 따라 기존의 법률관계 또는 법률상태에 변동을 가져오는 힘, 즉 처분·재결의 취소판결의 효력은 처분청의 별도의 행위를 기다릴 것 없이 처분·재결시에 소급하여 소멸되어 처음부터 처분 등이 없었던 것과 같은 효력을 가져오는 것을 말한다.

① 취소소송의 제1심 관할법원은 피고의 소재지를 관할하는 행정법원으로 하는 것이 원칙이다.

② 취소소송은 법령의 규정에 의하여 당해 처분에 대한 행정심판을 제기할 수 있는 경우에도 이를 거치지 아니하고 제기할 수 있다. 다만 다른 법률에 당해 처분에 대한 행정심판의 재결을 거치지 아니하면 취소소송을 제기할 수 없다는 규정이 있는 때에는 그러하지 아니하다(동법 제18조 제1항).

③ 취소소송의 원고적격과 관련하여, 취소소송은 처분 등의 취소를 구할 법률상 이익이 있는 자가 제기할 수 있다(동법 제12조).

73 지방직 9급 기출

행정소송의 당사자에 대한 설명으로 옳지 않은 것은? (다툼이 있는 경우 판례에 의함)

① 대리기관이 대리관계를 표시하고 피대리 행정청을 대리하여 행정처분을 한 때에는 피대리 행정청이 피고로 되어야 한다.

② 국가공무원법에 따른 처분, 그 밖에 본인의 의사에 반한 불리한 처분이나 부작위에 관한 행정소송을 제기할 때에 대통령의 처분 또는 부작위의 경우에는 소속 장관을 피고로 한다.

③ 약제를 제조·공급하는 제약회사는 보건복지부 고시인 약제급여·비급여 목록 및 급여 상한금액표 중 약제의 상한금액 인하 부분에 대하여 그 취소를 구할 원고적격이 있다.

④ 개발제한구역 안에서의 공장설립을 승인한 처분이 위법하다는 이유로 쟁송취소 되었다면, 설령 그 승인처분에 기초한 공장건축허가처분이 잔존하는 경우에도 인근주민들에게는 공장건축허가처분의 취소를 구할 법률상 이익이 없다.

해설 개발제한구역 안에서의 공장설립을 승인한 처분이 위법하다는 이유로 쟁송취소 되었다고 하더라도 그 승인처분에 기초한 공장건축허가처분이 잔존하는 이상, 공장설립승인처분이 취소되었다는 사정만으로 인근 주민들의 환경상 이익이 침해되는 상태나 침해될 위험이 종료되었다거나 이를 시정할 수 있는 단계가 지나버렸다고 단정할 수는 없고, 인근 주민들은 여전히 공장건축허가처분의 취소를 구할 법률상 이익이 있다(대법원 2018. 7. 12. 선고 2015두3485 판결).

74

행정심판제도에 대한 설명으로 옳은 것은?

① 처분 시 불복기간을 고지하지 않은 경우에는 언제든지 행정심판을 청구할 수 있다.

② 국토해양부장관의 위법한 행정처분에 대한 행정심판의 재결청은 중앙행정심판위원회이다.

③ 집행정지는 회복하기 어려운 손해를 예방하기 위한 것인 때에는 긴급한 필요가 없더라도 허용된다.

④ 행정청의 위법한 부작위를 다투기 위해서는 부작위위법확인심판을 청구하여야 한다.

해설 ① 처분 시 불복기간을 고지하지 않은 경우라도 처분이 있은 날로부터 180일 내에만 행정심판을 청구할 수 있다.

③ 집행정지는 회복하기 어려운 손해를 예방할 긴급한 필요가 있을 때에만 허용된다.

④ 부작위에 대한 행정심판으로서 행정심판법은 의무이행심판을 규정하고 있을 뿐이므로, 부작위에 대한 부작위위법확인심판은 현행법상 허용되지 않는다.

핵심정리

중앙행정심판위원회의 심리·재결

- 해당 행정청 소속 행정심판위원회에서 심리·재결하는 행정청(감사원, 국가정보원장, 국회사무총장·법원행정처장·헌법재판소사무처장 및 중앙선거관리위원회사무총장 등)을 제외한 국가행정기관의 장 또는 그 소속 행정청

- 특별시장·광역시장·도지사·특별자치도지사(해당 교육감을 포함함) 또는 특별시·광역시·도·특별자치도(시·도)의 의회(의장, 위원회의 위원장, 사무처장 등 의회 소속 모든 행정청을 포함함)

- 지방자치법에 따른 지방자치단체조합 등 관계 법률에 따라 국가·지방자치단체·공공법인 등이 공동으로 설립한 행정청(다만, 시·도의 관할구역에 있는 둘 이상의 기초자치단체·공공법인 등이 공동으로 설립한 행정청은 제외함)

75

판례에 의할 때 항고소송의 대상성이 인정된 것은?

① 병역법상 징병검사시 신체등위판정

② 공무원에 대한 법정징계처분에 속하지 않는 단순 서면 경고

③ 지가공시 및 토지 등의 평가에 관한 법률상의 개별공시지가결정

④ 공무원법상 결격사유로 인한 당연퇴직의 인사발령

해설 시장, 군수. 구청장이 산정하여 한 개별토지가액의 결정은 토지초과이득세, 택지초과소유부담금 또는 개발부담금 산정 등의 기준이 되어 국민의 권리, 의무 내지 법률상 이익에 직접적으로 관계된다고 할 것이고, 이는 … 구체적 사실에 관한 법집행으로서의 공권력행사이어서 행정소송의 대상이 되는 행정처분으로 보아야 할 것이다(대판 1993.1.15, 92누12407).

① 병역법상 신체등위판정은 행정청이라고 볼 수 없는 군의관이 하도록 되어 있으며, 그 자체만으로 바로 병역법상의 권리의무의 종류가 정하여지는 것이 아니라 그에 따라 지방병무청장이 병역처분을 함으로써 비로소 병역의무의 종류가 정하여지는 것이므로 항고소송의 대상이 되는 처분이라 보기 어렵다(대판 1993.8.27, 93누3356).

② 서면에 의한 경고가 … 그 때문에 공무원으로서의 신분에 불이익을 초래하는 법률상의 효과가 발생하는 것도 아니므로, 경고가 국가공무원법상의 징계처분이나 행정소송의 대상이 되는 행정처분이라고 할 수 없다(대판 1991.11.12, 91누2700).

④ 국가공무원법상 당연퇴직사유로 인한 당연퇴직의 인사발령은 공무원의 신분을 상실시키는 새로운 형성적 행위가 아니므로 행정소송의 대상이 되는 독립한 행정처분이 아니다(대판 1995.11.14, 95누2036).

76 국가직 9급 기출

행정소송과 행정심판의 관계에 관한 설명으로 옳지 않은 것은? (다툼이 있는 경우 판례에 의함)

① 원처분의 위법을 이유로 행정심판재결에 대한 취소소송을 제기할 수 없다.

② 원고가 전심절차에서 주장하지 아니한 처분의 위법사유를 소송절차에서 새로이 주장한 경우 다시 그 처분에 대하여 별도의 전심절차를 거쳐야 한다.

③ 행정소송법 이외의 법률에 당해 처분에 대한 행정심판의 재결을 거치지 아니하면 취소소송을 제기할 수 없다는 규정이 있는 경우에도, 처분의 집행 또는 절차의 속행으로 생길 중대한 손해를 예방하여야 할 긴급한 필요가 있는 때에는 행정심판의 재결을 거치지 아니하고 취소소송을 제기할 수 있다.

④ 행정소송법 이외의 법률에 당해 처분에 대한 행정심판의 재결을 거치지 아니하면 취소소송을 제기할 수 없다는 규정이 있는 경우에도, 동종사건에 관하여 이미 행정심판의 기각재결이 있은 때에는 행정심판을 제기함이 없이 취소소송을 제기할 수 있다.

해설 행정소송이 전심절차를 거쳤는지 여부를 판단함에 있어서 전심절차에서의 주장과 행정소송에서의 주장이 전혀 별개의 것이 아닌 한 그 주장이 반드시 일치하여야 하는 것은 아니다. 따라서 어떤 처분에 대하여 전심절차로서 행정심판을 거쳤다면 행정심판에서 미처 주장하지 못한 공격방어방법을 소송절차에서 주장할 수 있다(대판 1996.6.14, 96누754).

77

행정소송의 대상인 행정처분에 대한 설명으로 옳지 않은 것은? (다툼이 있는 경우 판례에 의함)

① 행정청이 처분을 할 때에는 긴급히 처분을 할 경우를 제외하고는 모든 경우에 있어 당사자에게 그 근거와 이유를 제시하여야 한다.

② 교육공무원법상 승진후보자 명부에 의한 승진심사 방식으로 행해지는 승진임용에서 승진후보자 명부에 포함되어 있던 후보자를 승진임용인사발령에서 제외하는 행위는 항고소송의 대상인 처분에 해당한다.

③ 사업시행자인 한국도로공사가 구 지적법에 따라 고속도로 건설공사에 편입되는 토지소유자들을 대위하여 토지면적등록 정정신청을 하였으나 관할 행정청이 이를 반려하였다면, 이러한 반려행위는 항고소송 대상이 되는 행정처분에 해당한다.

④ 건축주가 토지소유자로부터 토지사용승낙서를 받아 그 토지 위에 건축물을 건축하는 건축허가를 받았다가 착공에 앞서 건축주의 귀책사유로 해당 토지를 사용할 권리를 상실한 경우, 토지소유자의 건축허가 철회신청을 거부한 행위는 항고소송의 대상이 된다.

해설 행정청은 처분을 할 때에는 당사자에게 그 근거와 이유를 제시하여야 한다. 다만, 신청내용을 모두 그대로 인정하는 처분인 경우, 단순·반복적인 처분 또는 경미한 처분으로서 당사자가 그 이유를 명백히 알 수 있는 경우, 긴급히 처분을 할 필요가 있는 경우에는 제시하지 않을 수 있다. 행정청은 이러한 경우에 처분 후 당사자가 요청하는 경우에는 그 근거와 이유를 제시하여야 한다(행정절차법 제23조).

78

행정소송에 대한 설명으로 옳지 않은 것은?

① 무효등확인소송은 집행정지결정이 인정된다.

② 무효등확인소송에도 민사소송에 있어서의 보충성이 요구된다는 것이 종래 판례의 입장이다.

③ 부작위위법확인소송은 부작위에 대한 직접 상대방이 청구가능하고 그와 관련 없는 제3자는 소송을 제기할 수 없다.

④ 거부처분에 대해 취소판결이 내려졌다 해도 다른 이유로 재차 거부가 가능하다.

> **해설** 부작위위법확인소송은 처분의 신청을 한 자로서 부작위의 위법의 확인을 구할 법률상 이익이 있는 자만이 제기할 수 있다(행정소송법 제36조). 따라서 법률상의 이익이 있다면 상대방이든 제3자이든 소송을 제기할 수 있다.

핵심정리

부작위위법확인소송 소송요건
- **재판관할** : 부작위위법확인소송의 제1심 관할법원은 피고인 행정청의 소재지를 관할하는 행정법원이 되며(제9조), 관할의 이송(제7조), 관련청구소송의 이송 및 병합(제10조) 등은 취소소송과 동일하다.
- **소송의 대상** : 부작위위법확인소송의 대상은 부작위이다.
  - 부작위의 의의 : 부작위란 행정청이 당사자의 신청에 대하여 상당한 기간 내에 일정한 처분을 하여야 할 법률상 의무가 있음에도 불구하고 이를 하지 아니하는 것을 말한다(법 제2조 제1항 제2호).
  - 부작위의 성립요건 : 당사자의 신청이 있을 것, 상당한 기간이 지날 것, 행정청에 처분을 하여야 할 법률상 의무가 존재할 것, 행정청이 아무런 처분을 하지 않을 것

79 [지방직 9급 기출]

다음 행정심판제도에 대한 설명으로 옳지 않은 것을 모두 고른 것은?

> ⊙ 서울특별시장의 식품위생업무에 관련된 처분에 대하여 행정심판이 제기된 경우에는 보건복지부장관 소속 행정심판위원회가 재결을 행한다.
> ⓒ 중앙행정심판위원회의 위원장은 법제처장이 된다.
> ⓒ 행정심판의 청구기간에 관한 규정은 무효등확인심판청구와 부작위에 대한 의무이행심판청구에는 이를 적용하지 아니한다.
> ② 요건심리의 결과 심판청구의 제기요건을 갖추고 있지 못한 것으로 판단되는 경우에는 기각재결을 한다.
> ⑩ 행정심판의 청구는 서면으로 하여야 하며, 구술에 의한 청구는 허용되지 아니한다.

① ⊙, ⓒ, ⓒ 　　② ⓒ, ⓒ, ⑩

③ ⊙, ⓒ, ② 　　④ ⊙, ⓒ, ②, ⑩

> **해설** ⊙ 특별시장·광역시장·특별자치시장·도지사·특별자치도지사 또는 특별시·광역시·특별자치시·도·특별자치도의 의회의 행정청의 처분 또는 부작위에 대한 심판청구에 대하여는 중앙행정심판위원회에서 심리·재결한다(행정심판법 제6조 제2항 제2호).
> ⓒ 중앙행정심판위원회의 위원장은 국민권익위원회의 부위원장 중 1명이 되며, 위원장이 없거나 부득이한 사유로 직무를 수행할 수 없거나 위원장이 필요하다고 인정하는 경우에는 상임위원이 위원장의 직무를 대행한다(동법 제8조 제2항).
> ② 위원회는 심판청구가 적법하지 아니하면 그 심판청구를 각하(却下)한다(동법 제43조 제1항).

80

행정소송의 판결의 효력에 관한 설명으로 옳지 않은 것은?

① 기속력은 청구인용판결에만 미친다.

② 처분 등의 무효를 확인하는 확정판결은 소송 당사자 이외의 제3자에 대하여도 효력이 미친다.

③ 사정판결은 제한적으로만 허용되어야 한다.

④ 세무서장을 피고로 하는 과세처분취소소송에서 패소하여 그 판결이 확정된 자가 국가를 피고로 하여 과세처분의 무효를 주장하여 과오납금반환청구소송을 제기하더라도 취소소송의 기판력에 반하는 것은 아니다.

해설 과세처분의 취소소송은 과세처분의 실체적, 절차적 위법을 그 취소원인으로 하는 것으로서 그 심리의 대상은 과세관청의 과세처분에 의하여 인정된 조세채무인 과세표준 및 세액의 객관적 존부, 즉 당해 과세처분의 적부가 심리의 대상이 되는 것이며, 과세처분 취소청구를 기각하는 판결이 확정되면 그 처분이 적법하다는 점에 관하여 기판력이 생기고 그 후 원고가 이를 무효라 하여 무효확인을 소구할 수 없는 것이어서 과세처분의 취소소송에서 청구가 기각된 확정판결의 기판력은 그 과세처분의 무효확인을 구하는 소송에도 미친다(대법원 1998. 7. 24. 선고 98다10854 판결).

① 기속력은 청구인용판결에만 미친다.

② 처분 등을 취소하는 확정판결은 제3자에 대하여도 효력이 있다(행정소송법 제29조 제1항). 행정소송법 제9조, 제10조, 제13조 내지 제17조, 제19조, 제22조 내지 제26조, 제29조 내지 제31조 및 제33조의 규정은 무효등 확인소송의 경우에 준용한다(행정소송법 제38조 제1항).

③ 사정판결은 행정의 법률적합성의 원칙의 예외적인 현상으로, 이익형량의 원칙에 입각하여 공익을 사익에 우선시키는 제도이므로, 제한적으로만 허용되어야 한다.

81 지방직 9급 기출

행정심판법상 심판절차에 대한 설명으로 옳은 것은?

① 취소심판이 제기된 경우, 행정청이 처분시에 심판청구 기간을 알리지 아니하였다 할지라도 당사자가 처분이 있음을 알게 된 날부터 90일이 경과하면 행정심판위원회는 부적법 각하재결을 하여야 한다.

② 행정심판위원회는 당사자가 주장하지 아니한 사실에 대하여 심리할 수 없다.

③ 당사자의 신청을 거부하거나 부작위로 방치한 처분의 이행을 명하는 재결이 있으면 행정청은 지체 없이 이전의 신청에 대하여 재결의 취지에 따라 처분을 하여야 한다.

④ 시 · 도 행정심판위원회의 기각 재결이 내려진 경우 청구인은 중앙행정심판위원회에 그 재결에 대하여 다시 행정심판을 청구할 수 있다.

해설 당사자의 신청을 거부하거나 부작위로 방치한 처분의 이행을 명하는 재결이 있으면 행정청은 지체 없이 이전의 신청에 대하여 재결의 취지에 따라 처분을 하여야 한다(행정심판법 제49조제2항).

① 행정청이 심판청구 기간을 알리지 아니한 경우에는 180일 이내 심판청구를 할 수 있다(행정심판법 제27조 제6항).

② 위원회는 필요하면 당사자가 주장하지 아니한 사실에 대하여도 심리할 수 있다(행정심판법 제39조).

④ 심판청구에 대한 재결이 있으면 그 재결 및 같은 처분 또는 부작위에 대하여 다시 행정심판을 청구할 수 없다(행정심판법 제51조). 행정심판은 재심판 청구가 금지된다. 따라서 시 · 도 행정심판위원회의 기각 재결이 내려진 경우 중앙행정심판위원회에 그 재결에 대하여 다시 행정심판을 청구할 수 있는 것이 아니다.

제 4 편

행정구제법

● 관련 판례

교육부장관이 내신성적 산정기준의 통일을 기하기 위해 대학 입시기본계획의 내용에서 내신성적 산정기준에 관한 시행지침을 마련하여 시·도 교육감에게 통보한 것은 행정조직 내부에서 내신성적 평가에 관한 내부적 심사기준을 시달한 것에 불과하며, 그것만으로는 현실적으로 특정인의 구체적인 권리의무에 직접적으로 변동을 초래케 하는 것은 아니라 할 것이어서 내신성적 산정지침을 항고소송의 대상이 되는 행정처분으로 볼 수 없다(대판 1994.9.10, 94두33).

82

재결의 효력에 대한 설명으로 옳지 않은 것은?

① 심판청구에 대한 재결이 있는 경우 재결 자체에 고유한 위법이 있는 경우에 한하여 행정소송을 제기할 수 있다.
② 재결의 형성력은 심판청구의 당사자에게만 효력이 미친다.
③ 이행재결이 있으면 행정청은 지체없이 이전의 신청에 대하여 재결의 취지에 따라 처분을 하여야 한다.
④ 재결의 기속력은 인용재결에만 인정된다.

해설 재결의 형성력이란 재결의 내용에 따라 새로운 법률관계의 발생이나 종래의 법률관계의 변경·소멸을 가저오는 효력을 말한다. 이러한 형성력은 심판청구의 당사자뿐만 아니라 제3자에게도 효력이 미친다(대세적 효력).

83 국가직 9급 기출

행정소송의 심리에 대한 설명으로 옳지 않은 것은? (다툼이 있는 경우 판례에 의함)

① 소송요건의 존부는 사실심 변론종결 시를 기준으로 판단한다.
② 행정소송법은 법원이 직권으로 관계행정청에 자료제출을 요구할 수 있음을 규정하고 있다.
③ 법원은 소송제기가 없는 사건에 대하여 심리·재판할 수 없다.
④ 법원은 행정소송에서 기록상 자료가 나타나 있다면 당사자가 주장하지 않았더라도 판단할 수 있다.

해설 법원은 당사자의 신청이 있는 때에는 결정으로써 재결을 행한 행정청에 대하여 행정심판에 관한 기록의 제출을 명할 수 있다며 행정심판기록의 제출명령을 명시하고 있다(행정소송법 제25조).
① 취소소송에서 요건 존부의 판단은 법원의 직권조사 사항이다. 다만, 제소 당시에는 소송요건이 결여되었더라도 사실심의 변론종결 시까지 이를 구비하면 족하고 고공제기요건을 구비하지 못하였다면 법원은 이를 각하한다.
④ 행정소송에서 기록상 자료가 나타나 있다면 당사자가 주장하지 않았더라도 판단할 수 있고, 당사자가 제출한 소송자료에 의하여 법원이 처분의 적법 여부에 관한 합리적인 의심을 품을 수 있음에도 단지 구체적 사실에 관한 주장을 하지 아니하였다는 이유만으로 당사자에게 석명을 하거나 직권으로 심리·판단하지 아니함으로써 구체적 타당성이 없는 판결을 하는 것은 행정소송법 제26조의 규정과 행정소송의 특수성에 반하므로 허용될 수 없다(대판 2010.02.11, 2009두18035).

84

부작위위법확인소송에 대한 설명으로 옳지 않은
것은?

① 확인소송의 성질을 갖는다.
② 집행정지제도에 관한 규정은 부작위위법확인
소송에도 적용된다.
③ 부작위의 위법 여부는 판결시의 사실 및 법상
태를 기초로 판단한다.
④ 사정판결은 부작위위법확인소송에서는 행해
질 수 없다.

> 해설 취소소송에 있어서의 집행정지제도에 관한 규정은 성질
> 상 부작위위법확인소송에는 준용될 수 없다.

85

운전면허를 소지한 갑이 면허정지처분을 받고 면
허정지처분의 취소를 구하는 행정심판을 제기하
였다. 이에 대한 설명으로 옳은 것은?

① 운전면허는 학문상 허가에 속한다.
② 갑이 면허정지기간 중에 운전하더라도 무면허
운전행위에는 속하지 아니한다.
③ 법률이 달리 정하는 바가 없는 한 행정심판의
제기는 위 처분의 효력을 정지하게 한다.
④ 행정소송은 원칙적으로 행정심판이 기각된 경
우 그 기각재결을 대상으로 한다.

> 해설 ② 면허정지처분에 설사 취소에 해당하는 하자가 있다
> 고 할지라도 권한 있는 기관에 의하여 취소되기까지
> 는 효력이 있으므로 면허정지기간 중의 운전행위는
> 무면허운전행위에 해당한다.
> ③ 집행부정지의 원칙에 위배된다.
> ④ 행정소송의 대상에 관한 원처분주의에 배치된다.

86 국가직 9급 기출

항고소송의 대상에 대한 설명으로 판례의 태도와
다른 것은?

① 국가균형발전 특별법에 따른 혁신도시 최종입
지 선정행위는 항고소송의 대상이 되는 행정
처분이다.
② 국가공무원법에 따른 당연퇴직의 인사발령은
항고소송의 대상이 되는 독립한 행정처분이라
고 할 수 없다.
③ 지적공부 소관청의 지목변경신청 반려행위
는 항고소송의 대상이 되는 행정처분에 해당
한다.
④ 공무원에 대한 불문경고조치는 항고소송의 대
상이 되는 행정처분에 해당한다.

> 해설 대법원은 항고소송의 대상이 되는 행정처분은 행정
> 청의 공법상 행위로서 특정사항에 대하여 법규에 의
> 한 권리의 설정 또는 의무의 부담을 명하거나 기타 법
> 률상 효과를 발생하게 하는 등 국민의 권리의무에 직
> 접 관계가 있는 행위를 가리키는 것인데, 이 사건의 관
> 련 법률 등은 공공기관의 지방이전을 위한 정부 등
> 의 조치와 공공기관이 이전할 혁신도시 입지선정을 위
> 한 사항 등을 규정하고 있을 뿐 혁신도시입지 후보지
> 에 관련된 지역 주민 등의 권리의무에 직접 영향을 미
> 치는 규정을 두고 있지 않다고 보아, 원주시를 혁신도
> 시 최종입지로 선정한 행위는 항고소송의 대상이 되
> 는 행정처분으로 볼 수 없다고 판단하였다(대판 2007.
> 11.15. 2007두10198).

● 관련 판례

정부의 수도권 소재 공공기관의 지방이전시책을 추진하는 과
정에서 도지사가 도 내 특정시를 공공기관이 이전할 혁신도시
최종입지로 선정한 행위는 항고소송의 대상이 되는 행정처분
이 아니다.

87

행정소송의 한계에 대한 설명으로 옳지 않은 것은?

① 의무이행소송에 대해 판례는 적극적인 이행판결을 할 수 있다는 입장에 있다.

② 추상적인 법령의 효력이나 해석 그 자체는 행정소송의 대상이 되지 않음이 원칙이다.

③ 통치행위는 사법심사의 대상에서 제외된다.

④ 행정청의 재량에 속하는 처분이라도 한계를 넘거나 남용이 있는 때에는 행정소송의 대상이 될 수 있다.

해설 행정청에 대하여 행정상의 처분의 이행을 구하는 청구는 특별한 규정이 없는 한 행정소송의 대상이 될 수 없다(대판 1990.10.23, 90누5467). 즉, 소극설을 따른다.

핵심정리

행정소송의 한계

- **사법본질적 한계** : 행정소송의 대상은 당사자 간 구체적인 권리·의무에 관한 다툼(구체적 사건성)으로, 법령의 해석·적용을 통한 해결할 수 있는 분쟁(법적 해결가능성)이어야 한다.
  - 구체적 사건성 : 사실행위, 추상적 규범통제(법령의 효력 및 해석), 반사적 이익, 객관적 소송
  - 법 적용상의 한계(법적 해결성) : 통치행위, 재량행위, 특별권력관계, 행정상 방침규정(훈시규정), 학문·문화적·예술적 차원의 분쟁
- **권력분립에 따르는 한계(의무이행소송 등의 인정여부)** : 의무이행소송·예방적 부작위를 구하는 소송 등이 인정될 수 있는가의 여부
  - 의무이행소송 : 상대방의 신청에 대해 행정청이 일정한 처분을 할 법적 의무가 있음에도 불구하고 이를 거부하거나 부작위를 한 경우, 법원에 당해 처분을 명하는 판결을 구하는 소송
  - 예방적 부작위소송 : 행정청이 특정한 행정행위나 그 밖의 행정작용을 하지 않을 것을 구하는 내용의 행정소송(예방적 금지소송)

---

88 국가직 9급 기출

항고소송에서 처분과 피고가 옳게 연결된 것은?

① 교육·학예에 관한 도의회의 조례 – 도의회

② 지방의회의 지방의회의원에 대한 징계의결 – 지방의회의장

③ 내부위임을 받은 경찰서장의 권한 없는 자동차운전면허정지처분 – 지방경찰청장

④ 중앙노동위원회의 처분 – 중앙노동위원회 위원장

해설 중앙노동위원회의 처분에 대한 소는 중앙노동위원회 위원장을 피고로 하여 처분의 통지를 받은 날부터 15일 이내에 이를 제기하여야 한다(노동위원회법 제27조).

① 교육·학예에 관한 조례가 항고소송의 대상이 되는 행정처분에 해당되는 경우 공포권자인 교육감이 피고가 된다.

② 지방의회 의원에 대한 징계의결의 경우 피고는 징계의결을 한 지방의회가 된다.

③ 행정처분을 행할 적법한 권한 있는 상급행정청으로부터 내부위임을 받은데 불과한 하급행정청이 권한 없이 행정처분을 한 경우에는 실제로 그 처분을 행한 하급행정청을 피고로 한다(대판 1991.2.22, 90누5641).

89

항고소송의 원고적격에 대한 설명으로 옳지 않은 것은?

① 취소소송에 있어서는 권리 또는 법률상 보호되는 이익이 침해된 자에게 원고적격이 있다.

② 당해 처분에 대하여 법률상 이익을 가진 자이면 제3자라도 취소소송의 원고적격을 갖는다.

③ 판례는 부작위법확인소송에서 원고적격이 인정되기 위해서는 일정한 처분의 신청을 한 것으로 족하다는 견해를 따르고 있다.

④ 선거소송에 있어서는 선거인, 후보자, 정당이 원고적격을 갖는다.

해설 행정청이 국민으로부터 어떤 신청을 받고서도 그 신청의 내용에 따르는 행위를 하지 아니한 것이 항고소송의 대상이 되는 위법한 부작위가 된다고 하기 위하여는 국민이 행정청에 대하여 그 신청에 따른 행정행위를 해줄 것을 요구할 수 있는 법규상 또는 조리상 권리가 있어야 한다(대판 1990.5.25, 89누5786)라고 하여 법령에 의한 신청권을 가져야 한다는 입장에 있다.

90 [지방직 9급 기출]

항고소송의 대상이 되는 행정처분은? (다툼이 있는 경우 판례에 의함)

① 행정대집행상 1차 계고처분 후에 이루어진 제2차, 제3차 계고처분

② 혁신도시 최종입지 선정 행위

③ 청소년유해매체물 결정 및 고시처분

④ 당연퇴직의 인사발령

해설 ① 반복된 계고의 경우 1차 계고는 처분성을 가지며, 2차, 3차의 계고처분은 대집행기한의 연기통지에 불과하므로 독립한 처분으로 보지 않는다(대판 1994.10.28, 94누5144).
② 정부의 수도권 소재 공공기관의 지방이전시책을 추진하는 과정에서 도지사가 도 내 특정시를 공공기관이 이전할 혁신도시 최종입지로 선정한 행위는 항고소송의 대상이 되는 행정처분이 아니다(대판 2007.11.15, 2007두10198).
④ 당연퇴직의 인사발령 등에 대해서는 단순한 사실행위로서의 통지에 불과하다고 보아 그 처분성을 부정하였다(대판 1995.11.14, 95누2036).

91

행정행위의 취소를 구하는 행정쟁송은?

① 시심적 쟁송　　② 항고쟁송
③ 당사자쟁송　　④ 민중쟁송

해설 ① 법률관계의 형성 또는 존부에 관한 최초의 행정작용 그 자체가 쟁송의 형식을 거쳐 행하여지는 경우의 쟁송을 말한다.
③ 양 당사자가 대등한 지위에서 법률상 분쟁을 다투는 쟁송을 말한다.
④ 행정법규의 위법한 적용을 시정하기 위하여 일반민중 또는 선거인 등에 제소권이 부여되는 쟁송을 말한다.

92

행정쟁송의 대상이 되는 처분에 대한 판례의 입장으로 옳지 않은 것은?

① 세무당국이 소외 ○○맥주회사에 대해 갑과의 주류거래를 일정기간 정지하여 줄 것을 요청한 행위는 행정처분이라 볼 수 없다.
② 행정청이 전기공급자에게 위법건축물에 대한 단전을 요청한 행위는 행정처분이 아니다.
③ 공공용지를 협의 취득한 사업시행자가 그 양도인과 사이에 체결한 건설 사업 부지 예정토지 매매계약은 국가배상법이 적용된다.
④ 병역법상 신체등위판정은 행정처분이 아니다.

해설 구 공공용지의 취득 및 손실보상에 관한 특례법에 의하여 공공용지를 협의취득한 사업시행자가 그 양도인과 사이에 체결한 도봉차량 건설사업부지 예정토지 매매계약은 공공기관이 사경제주체로서 행한 사법상 매매이므로 이와 관련한 손해에 대하여는 국가배상법이 적용되기 어렵다(대판 1999. 11. 26. 98다47245).
① 대판 1980.10.27. 80누395
② 대판 1996.3.22. 96누433
④ 대판 1993.8.27. 93누3356

핵심정리

처분성 인정여부가 변경된 사례

• 지적공부소관청의 지목변경신청반려행위가 항고소송의 대상이 되는 행정처분인지 여부
  – 종전의 판례 : 처분성 부정(대판 80누456, 94누4295 등)
  – 변경된 판례 : 처분성 인정(대판 2003두9015)
• 교원재임용거부 취지의 임용기간만료 통지가 항고소송의 대상이 되는 처분에 해당하는지 여부
  – 종전의 판례 : 처분성 부정(대판 96누4305)
  – 변경된 판례 : 처분성 인정(대판 2000두7735)
• 소득금액변동통지가 행정처분에 해당하는지 여부
  – 종전의 판례 : 처분성 부정(대판 83누589)
  – 변경된 판례 : 처분성 인정(대판 2002두1878)

93 서울시 9급 기출

판례에 따를 때 항고소송의 대상이 되는 처분에 해당하는 것은?

① 구 약관의규제에관한법률에 따른 공정거래위원회의 표준약관 사용권장행위
② 지적 공부 소관청이 토지대장상의 소유자명의 변경 신청을 거부한 행위
③ 국세기본법에 따른 과세관청의 국세환급금 결정
④ 국가균형발전특별법에 따른 시·도지사의 혁신도시 최종입지 선정행위

해설 공정거래위원회의 '표준약관 사용권장행위'는 그 통지를 받은 해당 사업자 등에게 표준약관과 다른 약관을 사용할 경우 표준약관과 다르게 정한 주요내용을 고객이 알기 쉽게 표시하여야 할 의무를 부과하고, 그 불이행에 대해서는 과태료에 처하도록 되어 있으므로, 이는 사업자 등의 권리·의무에 직접 영향을 미치는 행정처분으로서 항고소송의 대상이 된다(대법원 2010. 10. 14. 선고 2008두23184 판결.)
② 토지대장에 기재된 일정한 사항을 변경하는 행위는, 그것이 지목의 변경이나 정정 등과 같이 토지소유권 행사의 전제요건으로서 토지소유자의 실체적 권리관계에 영향을 미치는 사항에 관한 것이 아닌 한 행정사무집행의 편의와 사실증명의 자료로 삼기 위한 것일 뿐이어서, 그 소유자 명의가 변경된다고 하여도 이로 인하여 당해 토지에 대한 실체상의 권리관계에 변동을 가져올 수 없고 토지소유권이 지적공부의 기재만에 의하여 증명되는 것도 아니다. 따라서 소관청이 토지대장상의 소유자명의변경신청을 거부한 행위는 이를 항고소송의 대상이 되는 행정처분이라고 할 수 없다(대법원2012. 1. 12. 선고 2010두12354 판결).
③ 국세환급금결정이나 이 결정을 구하는 신청에 대한 환급거부결정 등은 납세의무자가 갖는 환급청구권의 존부나 범위에 구체적이고 직접적인 영향을 미치는 처분이 아니어서 항고소송의 대상이 되는 처분이라고 볼 수 없다(대법원 1989. 6. 15. 선고 88누6436 전원합의체판결).
④ 정부의 수도권 소재 공공기관의 지방이전시책을 추진하는 과정에서 도지사가 도 내 특정시를 공공기관이 이전할 혁신도시 최종입지로 선정한 행위는 항고소송의 대상이 되는 행정처분이 아니다(대법원 2007. 11. 15. 선고 2007두10198 판결).

94 지방직 9급 기출

행정소송의 한계에 대한 설명으로 옳지 않은 것은?

① 단순한 사실관계의 존부 등의 문제는 행정소송의 대상이 되지 아니한다.
② 반사적 이익의 침해는 행정소송의 대상이 되지 아니한다.
③ 통치행위는 행정소송의 대상에서 제외된다는 것이 우리의 학설과 판례의 경향이다.
④ 법령은 그 자체가 직접 국민의 권리·의무를 침해하는 경우에도 행정소송의 대상이 되지 아니한다.

해설 일반적으로 법령의 경우 일반적·추상적 규율이므로 구체적 규범통제(규범 그 자체는 직접 소송의 대상이 될 수 없고, 구체적 사건에서 재판의 전제가 된 경우에 한하여 법원의 심사대상이 될 수 있다는 것)를 채택하고 있는 이상 원칙적으로 행정소송의 대상이 되지 않는다. 그러나 판례는 법령 그 자체가 직접 국민의 권리·의무를 침해하는 경우(이른바 처분 법규. 처분적 명령의 경우)에는 구체적 사건성을 갖게 되므로 행정소송의 대상이 된다고 보고 있으며, 여기서 나아가 법규명령뿐만 아니라 행정규칙의 경우도 그 자체로서 국민의 권리·의무를 침해하는 경우 행정소송의 대상이 된다고 판시한 바 있다.

● **관련 판례**

• 조례가 집행행위의 개입 없이도 그 자체로서 직접 국민의 구체적인 권리의무나 법적 이익에 영향을 미치는 등의 법률상 효과를 발생하는 경우 그 조례는 항고소송의 대상이 되는 행정처분에 해당한다(대판 1996.9.20, 95누8003).
• 어떠한 고시가 일반적·추상적 성격을 가질 때에는 법규명령 또는 행정규칙에 해당할 것이지만, 다른 집행행위의 매개 없이 그 자체로서 직접 국민의 구체적인 권리의무나 법률관계를 규율하는 성격을 가질 때에는 항고소송의 대상이 되는 행정처분에 해당한다(대결 2003.10.9, 2003무23).

95

행정심판의 청구기간에 대한 설명으로 옳지 않은 것은?

① 처분이 있음을 안 날로부터 90일 이내에 제기하여야 한다.
② 위의 청구기간은 불변기간이다.
③ 청구기간이 도과하여 심판을 제기하면 기각사유에 해당한다.
④ 심판청구는 처분이 있은 날로부터 180일을 경과하면 제기하지 못한다. 다만, 정당한 사유가 있는 경우에는 그러하지 아니한다.

해설 청구기간이 도과하여 심판을 제기하면 원칙적으로 각하사유에 해당한다.

96

행정청이 甲에게 연탄공장허가를 하였을 때 인근주민이 취소소송을 제기한 경우에 옳지 않은 것은?

① 원고적격의 확장과 관련된다.
② 연탄공장허가를 받은 사업자 甲은 이 소송과정상에 소송참가 할 수 없다.
③ 이러한 제3자의 소송참가제도는 복효적 행정행위와 관련이 깊다.
④ 제3자의 소송참가인은 공동소송적 보조참가인의 지위에 있다고 보는 것이 통설이다.

해설 법원은 소송의 결과에 따라 권리 또는 이익의 침해를 받을 제3자가 있는 경우에는 당사자 또는 제3자의 신청 또는 직권에 의하여 결정으로써 그 제3자를 소송에 참가시킬 수 있다(행정소송법 제16조 제1항).

97 국가직 9급 기출

행정처분에 대한 판례의 태도로 옳은 것은?

① 지방경찰청장이 횡단보도를 설치하여 보행자의 통행방법을 규제하는 것은 행정처분이 아니다.

② 권한 있는 장관이 행한 국립공원지정처분에 따라 공원관리청이 행한 경계측량 및 표지의 설치는 행정처분이다.

③ 교통안전공단이 구 교통안전공단법에 의거하여 교통안전 분담금 납부의무자에게 한 분담금납부통지는 행정처분이 아니다.

④ 종합소득세 부과처분을 위한 과세관청의 세무조사결정은 항고소송의 대상이 되는 행정처분이다.

[해설] 부과처분을 위한 과세관청의 질문조사권이 행해지는 세무조사결정이 있는 경우 납세의무자는 세무공무원의 과세자료 수집을 위한 질문에 대답하고 검사를 수인하여야 할 법적 의무를 부담하게 되는 점, 세무조사는 기본적으로 적정하고 공평한 과세의 실현을 위하여 필요한 최소한의 범위 안에서 행하여져야 하고, 더욱이 동일한 세목 및 과세기간에 대한 재조사는 납세자의 영업의 자유 등 권익을 심각하게 침해할 뿐만 아니라 과세관청에 의한 자의적인 세무조사의 위험마저 있으므로 조세공평의 원칙에 현저히 반하는 예외적인 경우를 제외하고는 금지될 필요가 있는 점, 납세의무자로 하여금 개개의 과태료 처분에 대하여 불복하거나 조사 종료 후의 과세처분에 대하여만 다툴 수 있도록 하는 것보다는 그에 앞서 세무조사결정에 대하여 다툼으로써 분쟁을 조기에 근본적으로 해결할 수 있는 점 등을 종합하면, 세무조사결정은 납세의무자의 권리·의무에 직접 영향을 미치는 공권력의 행사에 따른 행정작용으로서 항고소송의 대상이 된다(대판 2011.03.10, 2009두23617).

98

사정판결에 대한 설명으로 옳지 않은 것은?

① 사정판결의 필요성은 판결 시를 기준으로 판단하여야 한다.

② 사정판결의 필요성에 대한 주장·입증책임은 피고인 행정청이 부담한다.

③ 사정판결 시 원고는 그에 불복하여 상소할 수 없다.

④ 사정판결을 하는 경우 법원은 판결의 주문에서 그 처분 등이 위법함을 명시하여야 한다.

[해설] 사정판결도 기각판결의 일종이며, 따라서 원고는 그에 불복하여 상소할 수 있다.

핵심정리

판결의 효과

- **위법명시** : 사정판결을 하는 경우 법원은 그 판결의 주문에서 그 처분 등이 위법함을 명시하여야 한다(행정소송법 제28조 제1항). 이로써 처분의 위법성에 대하여는 기판력이 발생한다.
- **소송비용** : 사정판결에 의해 원고의 청구가 각하 또는 기각된 경우 소송비용은 피고의 부담으로 한다(동법 제32조).
- **권리구제** : 원고는 피고인 행정청이 속하는 국가 또는 공공단체를 상대로 손해배상, 제해시설의 설치 그 밖에 적당한 구제방법의 청구를 당해 취소소송 등이 계속된 법원에 병합하여 제기할 수 있다(동법 제28조 제3항). 법원이 사정판결을 함에 있어서는 미리 원고가 그로 인하여 입게 될 손해의 정도와 배상방법 그 밖의 사정을 조사하여야 한다(동법 제28조 제2항).

99

판례의 입장으로 옳지 않은 것은?

① 항공노선에 대한 운수권 배분은 항고소송의 대상이 되는 행정처분에 해당한다.

② 표준지공시지가결정이 위법한 경우에는 수용보상금의 증액을 구하는 소송에서도 선행처분으로서 그 수용대상 토지가격 산정의 기초가 된 비교표준지공시지가결정의 위법을 독립한 사유로 주장할 수 있다.

③ 행위 자체의 외관이 객관적으로 관찰하여 공무원의 직무행위로 보일 때에는 그것이 실질적으로 직무 행위가 아니거나 또는 행위자에게 주관적으로 공무집행의 의사가 없었다고 하더라도 그 행위는 직무행위에 해당한다.

④ 공무원의 직무집행이 법령이 정한 요건과 절차에 따라 이루어진 것이어도 그 과정에서 개인의 권리가 침해되는 일이 생기면 법령적합성은 부정된다.

[해설] 공무원의 직무집행이 법령이 정한 요건과 절차에 따라 이루어진 것이라면 그 과정에서 개인의 권리가 침해되는 일이 생긴다고 하여 법령적합성이 곧바로 부정되는 것은 아니다(즉, 손해배상청구권이 인정되지 않는다).

● **관련 판례**

불법시위를 진압하는 경찰관들의 직무집행이 법령에 위반한 것이라고 하기 위하여는 그 시위진압이 불필요하거나 또는 불법시위의 태양 및 시위장소의 상황 등에서 예측되는 피해발생의 구체적 위험성의 내용에 비추어 시위진압의 계속 수행 내지 그 방법 등이 현저히 합리성을 결하여 이를 위법하다고 평가할 수 있는 경우이어야 할 것이다(대판 1997. 7. 25, 94다2480).

100

행정소송법 제12조의 법률상 이익에 관한 학설의 내용으로 옳지 않은 것은?

① 권리향유회복설은 권리를 침해당한 자만이 제소할 수 있는 원고적격을 가지는 것으로 본다.

② 법률상 이익구제설은 권리를 침해받은 자 외에 법률이 보호하고 있는 이익을 침해 받은 자에게도 원고적격을 인정하나 반사적 이익은 제외한다.

③ 보호가치이익설은 위법한 처분의 취소 또는 변경을 구하여야 할 실질적 이익을 가지는 한, 그 이익이 법률이 보호하는 이익인지 사실상의 이익인지를 가리지 않는다는 것이며 이것이 통설 · 판례의 입장이다.

④ 적법성보장설은 당해처분의 성질에 관하여 판단해서 당해처분을 다툴 가장 적합한 이익상태에 있는 자가 제소한 경우에는 원고적격을 인정한다.

[해설] 행정소송법 제12조의 법률상 이익의 의미는 권리향유회복설 · 법률상 이익구제설 · 보호가치이익설 · 적법성보장설이 주장되고 있으나, 현재의 다수설 및 판례는 법률상 이익구제설에 따르고 있는 것으로 보인다(대판 1995.12.26, 95누14661).

[핵심정리]

보호가치이익설
법에 의해 보호되는 이익이 아니라고 하여도 그 이익의 실질적인 내용이 재판상 보호할 가치가 있다고 판단되는 경우에도 법률상 이익이 있다는 견해이다.

101 국가직 9급 기출

행정소송에서의 가구제에 대한 설명으로 옳지 않은 것은? (다툼이 있는 경우 판례에 의함)

① 처분의 효력정지는 처분 등의 집행 또는 절차의 속행을 정지함으로써 목적을 달성할 수 있는 경우에는 허용되지 아니한다.

② 본안문제인 행정처분 자체의 적법여부는 집행정지 신청의 요건이 되지 아니하는 것이 원칙이지만, 본안소송의 제기 자체는 적법한 것이어야 한다.

③ 유흥접객영업허가의 취소처분으로 5,000여만 원의 시설비를 회수하지 못하게 된다면 생계까지 위협받을 수 있다는 등의 사정이 집행정지를 인정하기 위한 회복하기 어려운 손해가 생길 우려가 있는 경우에 해당하지 아니한다.

④ 행정소송법은 다툼이 있는 법률관계에 대하여 임시의 지위를 정하기 위한 가처분신청의 경우 현저한 손해나 급박한 위험을 피할 것을 목적으로 한다고 규정하고 있다.

> **해설** 행정소송법의 가처분에 대한 규정은 없다.
> 항고소송의 대상이 되는 행정처분의 효력이나 집행 혹은 절차속행 등의 정지를 구하는 신청은 행정소송법상 집행정지신청의 방법으로서만 가능할 뿐 민사소송법상 가처분의 방법으로는 허용될 수 없다(대판 2009.11.02. 자 2009마596).

102

행정심판법상 행정심판에 관한 설명으로 가장 옳지 않은 것은?

① 무효등확인심판에서는 사정재결이 허용되지 아니한다.

② 재결에 의하여 취소되거나 무효 또는 부존재로 확인되는 처분이 당사자의 신청을 거부하는 것을 내용으로 하는 경우에는 그 처분을 한 행정청은 재결의 취지에 따라 다시 이전의 신청에 대한 처분을 할 수 없다.

③ 행정청이 처분을 할 때에 처분의 상대방에게 심판 청구 기간을 알리지 아니한 경우에는 처분이 있었던 날부터 180일까지가 취소심판이나 의무이행심판의 청구기간이 된다.

④ 대통령의 처분 또는 부작위에 대하여는 다른 법률에서 행정심판을 청구할 수 있도록 정한 경우 외에는 행정심판을 청구할 수 없다.

> **해설** 재결에 의하여 취소되거나 무효 또는 부존재로 확인되는 처분이 당사자의 신청을 거부하는 것을 내용으로 하는 경우에는 그 처분을 한 행정청은 재결의 취지에 따라 다시 이전의 신청에 대한 처분을 하여야 한다(행정심판법 제49조 제2항). 위원회는 피청구인이 제49조제2항(동법 제49조 제4항에서 준용하는 경우를 포함한다) 또는 제3항에 따른 처분을 하지 아니하면 청구인의 신청에 의하여 결정으로 상당한 기간을 정하고 피청구인이 그 기간 내에 이행하지 아니하는 경우에는 그 지연기간에 따라 일정한 배상을 하도록 명하거나 즉시 배상을 할 것을 명할 수 있다.

103

취소소송의 제기에 대한 설명으로 옳지 않은 것은?

① 취소소송 제기 후 중복하여 동일 사건에 대하여 제소할 수 없다.

② 법원이 필요하다고 인정할 때에는 직권으로 증거를 조사할 수 있다.

③ 소송의 제기로 처분의 집행이 당연히 중단되는 것은 아니다.

④ 취소소송의 위법판단의 기준 시는 원칙적으로 판결 시라는 것이 판례의 입장이다.

해설 취소소송의 위법판단은 성립 시의 하자를 판단하는 것이므로 원칙적으로 처분 시이다.

104 서울시 9급 기출

행정소송에 있어서 일부취소판결의 허용여부에 대한 판례의 입장으로 가장 옳은 것은?

① 재량행위의 성격을 갖는 과징금부과처분이 법이 정한 한도액을 초과하여 위법한 경우에는 법원으로서는 그 한도액을 초과한 부분만을 취소할 수 있다.

② 독점규제및공정거래에관한법률을 위반한 광고 행위와 표시행위를 하였다는 이유로 공정거래위원회가 사업자에 대하여 법위반사실공표명령을 행한 경우, 표시행위에 대한 법위반사실이 인정되지 아니한다면 법원으로서는 그 부분에 대한 공표명령의 효력만을 취소할 수 있을 뿐, 공표명령 전부를 취소할 수 있는 것은 아니다.

③ 개발부담금부과처분에 대한 취소소송에서 당사자가 제출한 자료에 의하여 정당한 부과금액을 산출할 수 없는 경우에도 법원은 증거조사를 통하여 정당한 부과금액을 산출한 후 정당한 부과금액을 초과하는 부분만을 취소하여야 한다.

④ 독점규제및공정거래에관한법률을 위반한 수개의 행위에 대하여 공정거래위원회가 하나의 과징금부과처분을 하였으나 수개의 위반행위 중 일부의 위반행위에 대한 과징금부과만이 위법하고, 그 일부의 위반행위를 기초로 한 과징금액을 산정할 수 있는 자료가 있는 경우에도 법원은 과징금부과처분 전부를 취소하여야 한다.

해설 외형상 하나의 행정처분이라 하더라도 가분성이 있거나 그 처분대상의 일부가 특정될 수 있다면 일부만의 취소도 가능하고 그 일부의 취소는 당해 취소부분에 관하여만 효력이 생기는 것인바, 공정거래위원회가 사업자에 대하여 행한 법위반사실공표명령은 비록 하나의 조항으로 이루어진 것이라고 하여도 그 대상이 된 사업자의 광고행위와 표시행위로 인한 각 법위반사실은 별개로 특정될 수 있어 위각 법위반사실에 대한 독립적인 공표명령이 경합된 것으로 보아야 할 것이므로, 이 중 표시행위에 대한 법위반사실이 인정되지 아니하는 경우에 그 부분에 대한 공표명령의 효력만을 취소할 수 있을 뿐, 공표명령 전부를 취소할 수 있는 것은 아니다(대법원 2000. 12. 12. 선고 99두12243 판결).

① 자동차운수사업면허조건 등을 위반한 사업자에 대하여 행정청이 행정제재수단으로 사업 정지를 명할 것인지, 과징금을 부과할 것인지, 과징금을 부과키로 한다면 그 금액은 얼마로 할 것인지에 관하여 재량권이 부여되었다 할 것이므로 과징금부과처분이 법이 정한 한도액을 초과하여 위법할 경우 법원으로서는 그 전부를 취소할 수밖에 없고, 그 한도액을 초과한 부분이나 법원이 적정하다고 인정되는 부분을 초과한 부분만을 취소할 수 없다(대법원 1998. 4. 10. 선고 98두2270 판결).

③ 개발부담금부과처분 취소소송에 있어 당사자가 제출한 자료에 의하여 적법하게 부과될 정당한 부과금액이 산출할 수 없을 경우에는 부과처분 전부를 취소할 수밖에 없으나, 그렇지 않은 경우에는 그 정당한 금액을 초과하는 부분만 취소하여야 한다(대법원 2004. 7. 22. 선고 2002두868 판결).

④ 공정거래위원회가 부당지원행위에 대한 과징금을 부과함에 있어 여러 개의 위반행위에 대하여 하나의 과징금 납부명령을 하였으나 여러 개의 위반행위 중 일부의 위반행위만이 위법하고 소송상 그 일부의 위반행위를 기초로 한 과징금액을 산정할 수 있는 자료가 있는 경우에는, 하나의 과징금납부명령일지라도 그 중 위법하여 그 처분을 취소하게 된 일부의 위반행위에 대한 과징금액에 해당하는 부분만을 취소할 수 있다(대법원 2006. 12. 22. 선고 2004두1483 판결).

105

취소소송에서 입증책임에 대한 다음 설명으로 옳지 않은 것은?

① 통설과 판례는 재량권의 일탈, 남용의 입증책임이 원고에게 있다고 본다.
② 처분의 절차의 적법성 및 송달에 관한 입증책임은 행정청에 있다는 것이 판례의 입장이다.
③ 처분의 존재, 제소기간의 준수 등 소송요건은 취소소송에서의 직권조사사항이므로 원고가 입증책임을 지지 않는다.
④ 과세처분의 적법성 및 과세요건 사실의 존재에 관하여는 원칙적으로 과세관청인 피고가 그 입증책임을 부담한다.

해설 소송요건은 원칙적으로 직권조사사항이나 그 존부가 불명확한 경우에는 원고의 불이익으로 귀결된다는 점을 고려할 때 소송요건의 존재에 대한 입증책임이 원고에게 있다고 보아야 한다.

106

항고소송의 대상이 되는 처분에 해당하는 것은? (다툼이 있는 경우 판례에 의함)

① 행정대집행법상 제2차, 제3차 계고처분
② 한국마사회의 기수에 대한 징계처분
③ 어업권면허에 선행하는 우선순위결정
④ 폐기물관리법상의 사업계획서 부적정통보

해설 ① 위법건축물에 대한 철거명령 및 계고처분에 불응하자 행한 제2차, 제3차 계고처분은 새로운 철거의무를 부과한 것이 아니고 대집행기한의 연기통지에 불과하므로 행정처분이 아니다(대판 1994.10.28, 94누5144). 즉, 제1차 계고만 행정소송의 대상인 처분에 해당한다.
② 한국마사회가 조교사 또는 기수의 면허를 부여하거나 취소하는 것은 경마를 독점적으로 개최할 수 있는 지위에서 우수한 능력을 갖추었다고 인정되는 사람에게 경마에서의 일정한 기능과 역할을 수행할 수 있는 자격을 부여하거나 이를 박탈하는 것에 지나지 아니하므로, 이는 국가 기타 행정기관으로부터 위탁받은 행정권한의 행사가 아니라 일반 사법상의 법률관계에서 이루어지는 단체 내부에서의 징계 내지 제재처분이다(대판 2008.1.31, 2005두8269).
③ 어업권면허에 선행하는 우선순위결정은 … 강학상 확약에 불과하고 행정처분은 아니므로, 우선순위결정에 공정력이나 불가쟁력과 같은 효력은 인정되지 않는다(대판 1995.1.20, 94누6529).

● **관련 판례**

폐기물관리법 관계 법령의 규정에 의하면 폐기물처리업의 허가를 받기 위하여는 먼저 사업계획서를 제출하여 허가권자로부터 사업계획에 대한 적정통보를 받아야 하고, 그 적정통보를 받은 자만이 … 허가신청을 할 수 있으므로, 결국 부적정통보는 허가신청 자체를 제한하는 등 개인의 권리 내지 법률상의 이익을 개별적이고 구체적으로 규제하고 있어 행정처분에 해당한다(대판 1998.4.28, 97누21086).

107 국가직 9급 기출

취소소송의 원고적격에 대한 설명으로 옳지 않은 것은? (다툼이 있는 경우 판례에 의함)

① 대법원은 속리산국립공원 용화집단시설지구의 개발을 위한 공원사업시행허가에 대한 취소소송사건에서 자연공원법령뿐만 아니라 허가와 불가분적으로 관계가 있는 환경영향평가법령도 공원사업시행허가처분의 근거법령이 된다고 판시하여 근거법률의 범위를 확대하였다.
② 행정처분의 직접 상대방이 아닌 제3자라도 당해 행정처분의 취소를 구할 법률상의 이익이 있는 경우에는 원고적격이 인정된다.
③ 법률상 이익의 의미에 관하여 법률상 보호이익설(법률상 이익구제설)은 위법한 처분에 의하여 침해되고 있는 이익이 근거법률에 의하여 보호되고 있는 이익인 경우에는 그러한 이익이 침해된 자에게 당해 처분의 취소를 구할 원고적격이 인정된다고 한다.
④ 행정처분의 취소를 구할 이익은 불이익처분의 상대방뿐만 아니라 수익처분의 상대방에게도 인정되는 것이 원칙이다.

해설 수익처분의 상대방은 권리나 법률상 보호이익의 침해에 해당되지 않으므로 원칙상 그 처분의 취소를 구할 이익이 인정되지 않는다.

● **관련 판례**

행정처분에 있어서 불이익처분의 상대방은 직접 개인적 이익의 침해를 받은 자로서 원고적격이 인정되지만 수익처분의 상대방은 그의 권리나 법률상 보호되는 이익이 침해되었다고 볼 수 없으므로 달리 특별한 사정이 없는 한 취소를 구할 이익이 없다(대판 1995.8.22, 94누8129).

108

행정소송에 있어 민중소송과 기관소송에 대한 설명으로 옳지 않은 것은?

① 민중소송과 기관소송은 행정작용의 적법성 보장을 목적으로 하는 소송이다.

② 판례는 민중소송은 법률이 규정하고 있는 경우에 한하여 제기할 수 있다고 보고 있다.

③ 기관소송은 법률이 특별히 규정한자(지방자치단체장 등)에 한하여 소송을 제기할 수 있으며, 법률이 규정한자(지방의회, 교육위원회 등)가 피고가 된다.

④ 기관소송은 국가 또는 공공단체의 기관이 법률에 위반되는 행위를 한 때에 직접 자기의 법률상 이익과 관계없이 그 시정을 구하기 위하여 제기하는 소송이다.

> **해설** 기관소송은 국가 또는 공공단체의 기관 상호 간에 있어서의 권한의 존부 또는 그 행사에 관한 다툼이 있을 때에 이에 대하여 제기하는 소송을 말하며, 국가 또는 공공단체의 기관이 법률에 위반되는 행위를 한 때에 직접 자기의 법률상 이익과 관계없이 그 시정을 구하기 위하여 제기하는 소송은 민중소송이다.

핵심정리

법정소송의 구분

- 주관적 소송
  - 항고소송 : 취소소송, 무효등확인소송, 부작위위법확인소송
  - 당사자소송 : 형식적 당사자소송, 실질적 당사자소송
- 객관적 소송 : 민중소송, 기관소송

---

109 서울시 9급 기출

판례가 행정소송의 대상이 아니라 민사소송의 대상이라고 판단한 것만을 〈보기〉에서 모두 고른 것은?

> ㄱ. 개발부담금 부과처분 취소로 인한 그 과오납금의 반환을 청구하는 소송
>
> ㄴ. 공립유치원 전임강사에 대한 해임처분의 시정 및 수령 지체된 보수의 지급을 구하는 소송
>
> ㄷ. 도시 및 주거환경정비법상 관리처분계획안에 대한 조합총회결의의 효력을 다투는 소송
>
> ㄹ. 공무원의 직무상 불법행위로 손해를 받은 국민이 국가 또는 공공단체에 배상을 청구하는 소송
>
> ㅁ. 하천구역 편입토지 보상에 관한 특별조치법 제2조 제1항의 규정에 의한 손실보상금의 지급을 구하거나 손실보상청구권의 확인을 구하는 소송

① ㄱ, ㄷ   ② ㄱ, ㄹ

③ ㄴ, ㅁ   ④ ㄱ, ㄹ, ㅁ

> **해설** ㄱ. 개발부담금 부과처분이 취소된 이상 그 후의 부당이득으로서의 과오납금 반환에 관한 법률관계는 단순한 민사 관계에 불과한 것이고, 행정소송 절차에 따라야 하는 관계로 볼 수 없다(대법원 1995.12. 22. 선고 94다51253 판결).
>
> ㄹ. 공무원의 직무상 불법행위로 손해를 받은 국민이 국가 또는 공공단체에 배상을 청구하는 경우 국가 또는 공공단체에 대하여 그의 불법행위를 이유로 손해배상을 구함은 국가배상법이 정한바에 따른다 하여도 이 역시 민사상의 손해배상 책임을 특별법인 국가배상법이 정한데 불과하다(대법원 1972. 10. 10. 선고 69다701 판결).
>
> ㄴ. 교육부장관(당시 문교부장관)의 권한을 재위임 받은 공립교육기관의 장에 의하여 공립유치원의 임용기간을 정한 전임강사로 임용되어 지방자치단체로부터 보수를 지급받으면서 공무원복무규정을 적용받고 사실상 유치원 교사의 업무를 담당하여 온 유치원 교사의 자격이 있는 자는 교육공무원에 준하여 신분보장을 받는 정원 외의 임시직 공무원으로 봄이 상당하므로 그에

대한 해임처분의 시정 및 수령지체 된 보수의 지급을 구하는 소송은 행정소송의 대상이지 민사소송의 대상이 아니다(대법원 1991. 5. 10. 선고 90다10766 판결).

ㄷ. 행정주체인 재건축조합을 상대로 관리처분계획안에 대한 조합 총회결의의 효력 등을 다투는 소송은 행정처분에 이르는 절차적 요건의 존부나 효력 유무에 관한 소송으로서 그 소송결과에 따라 행정처분의 위법여부에 직접 영향을 미치는 공법상 법률관계에 관한 것이므로, 이는 행정소송법상의 당사자소송에 해당한다(대법원 2009. 11. 26. 선고 2008다41383 판결).

ㅁ. 하천법 부칙(1984. 12. 31.) 제2조와 '법률 제3782호 하천법 중 개정법률 부칙 제2조의 규정에 의한 보상청구권의 소멸시효가 만료된 하천구역 편입토지 보상에 관한 특별조치법' 제2조, 제6조의 각 규정들을 종합하면, 위 규정들에 의한 손실보상청구권은 1984. 12. 31. 전에 토지가 하천구역으로 된 경우에는 당연히 발생되는 것이지, 관리청의 보상금지급결정에 의하여 비로소 발생하는 것은 아니므로, 위 규정들에 의한 손실보상금의 지급을 구하거나 손실보상청구권의 확인을 구하는 소송은 행정소송법 제3조 제2호 소정의 당사자소송에 의하여야 한다(대법원 2006. 5. 18. 선고 2004다6207 전원합의체 판결).

핵심정리

행정소송(법정소송)의 종류

- **항고소송** : 항고소송이란 행정청의 처분 등이나 부작위에 대하여 제기하는 소송, 즉 행정청이 우월한 지위에서 행하는 공권력의 행사·불행사를 직접 다투는 소송을 말한다. 항고소송에는 취소소송, 무효등확인소송, 부작위위법확인소송이 있다(행정소송법 제4조 제1호).
- **당사자소송** : 행정청의 처분 등을 원인으로 하는 법률관계에 관한 소송 그 밖에 공법상의 법률관계에 관한 소송으로서 그 법률관계의 한쪽 당사자를 피고로 하는 소송을 말한다(동법 제3조 제2호). 이러한 당사자소송은 대등한 지위의 권리주체가 다투는 소송으로서, 실질적 당사자소송과 형식적 당사자소송으로 구분된다.
- **민중소송** : 국가 또는 공공단체의 기관이 법률에 위반되는 행위를 한 때에 직접 자기의 법률상 이익과 관계없이 그 시정을 구하기 위하여 제기하는 소송을 말한다(동조 제3호).
- **기관소송** : 국가 또는 공공단체의 기관 상호 간에 있어서의 권한의 존부 또는 그 행사에 관한 다툼이 있을 때에 이에 대하여 제기하는 소송을 말한다. 다만, 헌법재판소법 제2조의 규정에 의하여 헌법재판소의 관장사항으로 되는 소송은 제외한다(동조 제4호).

---

110 국회직 8급 기출

판례에 의할 때 사정판결이 허용되는 경우를 〈보기〉에서 모두 고른 것은?

─ 보기 ─

ㄱ. 위법하게 징계면직된 검사의 복직이 상명하복의 검찰조직의 안정과 인화를 저해할 우려가 있는 경우

ㄴ. 법학전문대학원 설치예비인가 취소소송이 인용될 경우 이미 입학한 재학생의 불이익이 예상되고 총정원제로 운영되는 법학전문대학원의 시행에 중대한 지장을 초래할 우려가 있는 경우

ㄷ. 도시재개발법에 따른 재개발조합설립 및 사업시행인가처분이 처분 당시 법정요건인 토지 및 건축물 소유자 총수의 각 3분의 2 이상의 동의를 얻지 못하여 위법하더라도 그 후 90% 이상의 소유자가 재개발사업의 속행을 바라고 있는 경우

ㄹ. 위법한 관리처분계획의 수정을 위한 조합원총회의 재결의를 위하여 시간과 비용이 많이 소요된다는 등의 사정이 있는 경우

ㅁ. 신뢰보호의 원칙과 비례의 원칙에 반하는 위법한 생활폐기물 처리업허가의 거부처분이 취소될 경우 기존의 동종업체에게 경쟁상대를 추가시킴으로써 일시적인 공급시설의 과잉현상이 나타나 업체의 난립 및 과당경쟁으로 인한 부작용이 예상되는 경우

① ㄱ, ㄹ 　　　　② ㄴ, ㄷ

③ ㄷ, ㅁ 　　　　④ ㄴ, ㄷ, ㄹ

⑤ ㄷ, ㄹ, ㅁ

해설 ㄴ. 교육을 하고 있는데 인가처분이 취소되면 그 입학생들이 피해를 입을 수 있는 점, 법학전문대학원의 인가 취소가 이어지면 우수한 법조인의 양성을 목적으로 하는 법학전문대학원 제도 자체의 운영에 큰 차질을 빚을 수 있는 점, 법학전문대학원의 설치인가 심사기준의 설정과 각 평가에 있어 법 제13조에 저

촉되지 않는 점, 교수위원이 제15차 회의에 관여하
지 않았다고 하더라도 그 소속대학의 평가점수에 비
추어 동일한 결론에 이르렀을 것으로 보여, … 전남
대에 대한 이 사건 인가처분이 법 제13조에 위배되
었음을 이유로 취소하는 것은 현저히 공공복리에 적
합하지 아니하다고 인정하였다(대판 2009.12.10,
2009두8359).

ㄷ. 재개발조합설립 및 사업시행인가처분이 처분 당시
법정요건인 토지 및 건축물 소유자 총수의 각 3분의
2 이상의 동의를 얻지 못하여 위법하나, 그 후 90%
이상의 소유자가 재개발사업의 속행을 바라고 있어
재개발사업의 공익목적에 비추어 그 처분을 취소하
는 것은 현저히 공공복리에 적합하지 아니하다고 인
정하여 사정판결을 한 사례(대판 1995.07.28, 95누
4629)

ㄱ. 징계면직된 검사의 복직이 검찰조직의 안정과 인화
를 저해할 우려가 있다는 등의 사정은 검찰 내부에
서 조정ㆍ극복하여야 할 문제일 뿐이고 준사법기
관인 검사에 대한 위법한 면직처분의 취소 필요성
을 부정할 만큼 현저히 공공복리에 반하는 사유라고
볼 수 없다는 이유로, 사정판결을 할 경우에 해당하
지 않는다고 한 사례(대판 2001.08.24, 선고 2000두
7704)

ㄹ. 관리처분계획의 수정을 위한 조합원총회의 재결의
를 위하여 시간과 비용이 많이 소요된다는 등의 사
정만으로는 재결의를 거치지 않음으로써 위법한 관
리처분계획을 취소하는 것이 현저히 공공복리에 적
합하지 아니하다고 볼 수 없다는 이유로 사정판결
의 필요성을 부정한 사례(대판 2001.10.12, 2000두
4279)

ㅁ. 폐기물처리업에 대하여 사전에 관할 관청으로부터
적정통보를 받고 막대한 비용을 들여 허가요건을 갖
춘 다음 허가신청을 하였음에도 다수 청소업자의 난
립으로 안정적이고 효율적인 청소업무의 수행에 지
장이 있다는 이유로 한 불허가처분이 신뢰보호의 원
칙 및 비례의 원칙에 반하는 것으로서 재량권을 남용
한 위법한 처분이라고 본 사례(대판 1998.05.08, 98
두4061)